MADAGASCAR

ET

SES HABITANTS.

PUBLIÉ PAR LA SOCIÉTÉ DES LIVRES RELIGIEUX
DE TOULOUSE.

TOULOUSE. — IMPRIMERIE A. CHAUVIN ET FILS.

Danse de minuit des Bétanimènes.

MADAGASCAR
ET
SES HABITANTS

JOURNAL D'UN SÉJOUR DE QUATRE ANS DANS L'ILE,

PAR

JAMES SIBREE,

ARCHITECTE DES ÉGLISES ÉVANGÉLIQUES A TANANARIVE.

Traduit de l'anglais par H. MONOD, pasteur,
et Henry MONOD, avocat.

TOULOUSE,
SOCIÉTÉ DES LIVRES RELIGIEUX,
DÉPÔT : RUE ROMIGUIÈRES, 7.

1873

PRÉFACE
DU TRADUCTEUR.

Ce livre a été écrit, comme l'indique le titre, à la manière d'un journal, au jour le jour, dans les intervalles de loisir que laissait à l'auteur une vie très-occupée. Il ne faut donc pas s'attendre à y trouver un ordre méthodique et un plan rigoureusement suivi. Nous nous sommes attaché à conserver dans la traduction ce caractère simple et familier, qui n'ôte rien à l'intérêt et au charme du récit.

L'auteur s'accuse lui-même, dans sa préface, de quelques répétitions, provenant de la manière dont l'ouvrage a été composé; nous avons cherché à les faire disparaître dans notre travail; mais nous ne répondrions pas qu'il n'en soit resté quelques-unes. Il en est même que nous avons conservées avec intention, parce que l'auteur, en se répétant, ajoute presque toujours quelque détail nouveau, que nous aurions regretté de sacrifier. Un des traits caractéristiques de ce livre est l'abondance, par fois minutieuse, des détails. Les Anglais apportent dans leurs observations une exactitude, une patience, un scrupule qui ne sont pas dans les habitudes des écrivains français ; quand ils tiennent un sujet, ils ne l'abandonnent pas qu'ils ne l'aient étudié sous toutes ses faces, creusé dans ses moindres détails, et mesuré dans toutes ses dimensions s'il s'agit d'un objet matériel ; aussi, quand on a lu une de leurs descriptions, connaît-on parfaitement ce dont ils parlent. Ceux-là pourront en juger qui liront ce livre ; et nous espérons qu'ils trouveront, comme nous, un sérieux intérêt dans ces tableaux si consciencieux et si fidèles, vraies photographies à la plume. L'auteur s'étend avec une complaisance particulière sur les détails relatifs à la construction des maisons, ce qui s'explique par sa profession d'architecte. Il avait été envoyé à Madagascar par la société des Missions de Londres, pour construire des églises destinées à perpétuer la mémoire des chrétiens indigènes morts pour la foi, pendant les persécutions qui marquèrent le règne de la sanguinaire Ranavalona. Ces églises *commémoratives*, au nombre de quatre, devaient être érigées sur les divers points de la capitale où les martyrs furent mis à mort. Ce fut à l'occasion de cette mission, qui retint M. Sibree à Tananarive pendant quatre ans, qu'il écrivit ce livre, dans lequel son œuvre spéciale n'occupe qu'une place très-secondaire. On y sent d'un bout à l'autre, à côté d'un aimable enjouement, un souffle de vie chrétienne qui fait du bien à l'âme, et qui impressionne doublement sous une plume laïque.

L'auteur, comme tous les hommes foncièrement bons, est optimiste ; il s'attache à découvrir et à mettre en lumière, de préférence, les bons côtés du sujet de son étude ; on sent qu'il aime la nation malgache, et il la fait aimer à ses lecteurs.

Quelques passages de ce livre, en petit nombre du reste, pourront affecter désagréablement la fibre patriotique des lecteurs français. Nous voulons parler de ceux qui touchent aux relations politiques ou religieuses de Madagascar avec l'Angleterre et avec la France. Nous pourrions noter maint endroit où l'auteur rend hommage, avec une impartialité qui l'honore, à tel ou tel de nos compatriotes ; mais en général, les rapprochements amenés dans cet ordre d'idées ne sont pas à l'avantage de notre pays. Le jugement de l'auteur, en pareille matière, est-il toujours juste? ou bien a-t-il été influencé par une partialité bien naturelle en faveur de ses compatriotes? Nous n'avons pas les éléments nécessaires pour décider cette question au point de vue politique. Mais si, laissant de côté la question politique, nous nous plaçons au point de vue religieux — qui est celui de l'auteur et du livre, — nous sommes obligés de reconnaître qu'il est heureux, pour le vrai bien de Madagascar, que l'influence anglaise ait prévalu dans cette île sur celle de la France, et le christianisme évangélique sur celui de Rome.

H. MONOD, *pasteur*.

Marseille, février 1873.

PRÉFACE DE L'AUTEUR.

Exposer sous une forme populaire ce que j'ai pu connaître, par moi-même ou par d'autres, relativement à l'île de Madagascar, soit au point de vue de l'aspect physique du pays, avec sa flore et sa faune; soit au point de vue de ses habitants, avec leurs mœurs, leur langue et leurs croyances religieuses : tel est le but que je me suis proposé en écrivant ce livre. Les détails qu'il renferme sont en grande partie le résultat de mes observations personnelles; mais j'ai mis également à contribution les travaux déjà publiés sur ce sujet par d'autres écrivains, anglais ou français. Pour deux ou trois chapitres, ma tâche a été plutôt celle d'un compilateur que celle d'un auteur original; et le seul mérite auquel je puisse prétendre, dans ces parties du livre, est le soin que j'ai pris de recueillir des renseignements puisés quelquefois à des sources difficilement accessibles, de manière à présenter un tableau plus fidèle et plus complet du pays et de ses habitants.

Il m'a semblé qu'une publication de ce genre ne serait pas superflue ni sans intérêt, aujourd'hui surtout que Madagascar se dégage des superstitions traditionnelles d'une longue suite de siècles, et s'affirme hautement comme un pays chrétien. Les progrès de l'Evangile chez ce peuple, si intéressant et si original, ont déjà été racontés en détail par M. William Ellis ; aussi me suis-je peu étendu sur ce côté de son histoire. Je ne pouvais pas, toutefois, le passer complétement sous silence ; et j'espère avoir donné un résumé à la fois concis et fidèle de cet admirable drame de la mission malgache.

Pendant que j'écrivais les derniers chapitres de ce livre, de nouveaux événements sont survenus qui m'ont obligé à modifier quelques-uns des détails contenus dans les premiers chapitres : ceux-ci décrivent la vie sociale des indigènes telle que je l'ai connue il y a trois ans, plutôt que sous l'aspect qu'elle présenterait à un observateur d'aujourd'hui. Toutefois, je me suis efforcé de tenir à jour mon travail, au moyen de lettres que j'ai reçues de mes amis à Tananarive.

En corrigeant les épreuves de cet ouvrage, j'y ai constaté un certain nombre de répétitions. Cela tient en partie à ce qu'il a été écrit pendant de courts intervalles de loisir entre les périodes d'un travail absorbant ; en partie à ce que les dernières nouvelles reçues de Madagascar ont hâté mon retour dans cette île, sans que j'aie pu consacrer à ma publication le temps et les soins qu'elle eût demandés. Il faut ajouter à cela que chaque récent courrier m'apportait des informations nouvelles, qu'il me fallait fondre tant bien que mal avec ce qui était déjà entre les mains de l'imprimeur. Je réclame à cet endroit l'indulgence de mes lecteurs, et les prie d'excuser des défauts que je suis le premier à reconnaître.

Je ne terminerai pas sans dire combien je suis redevable à l'*Histoire de Madagascar* par M. Ellis, à laquelle j'ai fait un certain nombre d'emprunts indiqués en note. Cette histoire est une source de renseignements aussi sûre qu'abondante ; et pour la période qu'elle embrasse, c'est l'ouvrage le plus complet et le plus exact qui ait été publié sur ce pays.

J. SIBREE.

Birmingham, février 1870.

LISTE DES GRAVURES ET ILLUSTRATIONS.

Danse de minuit. — Frontispice.
Latanier. — Titre.. 1
Carte géographique. 5
Port de Tamatave.. 7
Vue prise de Tamatave. 8
Filanzana ou palanquin. 28
Tanghinia veneniflora.. 38
Gerrhosaure (lézard). 45
L'arbre du voyageur. 53
La feuille de dentelle. 59
Plante à cruche.. 61
Fougère arborescente. 66
Chute d'eau dans la forêt Alamazaotra. 69
Coupe de la route de la côte à la capitale. 70
Palmier de Béthel.. 73
Arbre à pain. 74
Maki à collerette. 77
Maison de chef à Ambatomanga. 89
Manière de recueillir les sauterelles. 93
Tananarive, vue de l'est. 96
Tananarive, quartier des palais. 101
Aviavys, canons, etc.. 115
Tananarive, vue du nord-ouest. 117
Fruits indigènes. 130
Rizières après la récolte.. 148
Village malgache. 159
Ambohimanga, vue du nord-ouest.. 160
Pont indigène. 172
Cases malgaches. 194
Intérieur d'une case.. 194

Intérieur d'une cuisine. 195
Femmes esclaves battant le riz. 204
Plante de riz. 206
Types indigènes de diverses tribus. 208
Coiffures malgaches. 209
Femme indigène tissant le rofia. 210
Costumes hovas. 211
Fonderie et forgerons indigènes. 219
Chasse aux bœufs sauvages. 224
Danse guerrière des Sakalaves. 226
Femmes esclaves puisant de l'eau. 235
Tombeau antique. 242
Tombeau du premier ministre. 243
Tombes malgaches. 246
Types hovas. 270
Officier du palais. 283
Palais royaux à Tananarive. 351
Epreuve du tanghin. 394
Consolation d'un chrétien dans les fers. 453
Radama II. 467
Village de Lazaïna. 552
Classe de prédicateurs indigènes. 553
Ratsilaïngia, prédicateur indigène. 555
Emplacement du premier martyre. 562
Pasteurs et diacres d'Ambatonakanga. 576
Eglise commémorative d'Ambohipotsy. 577

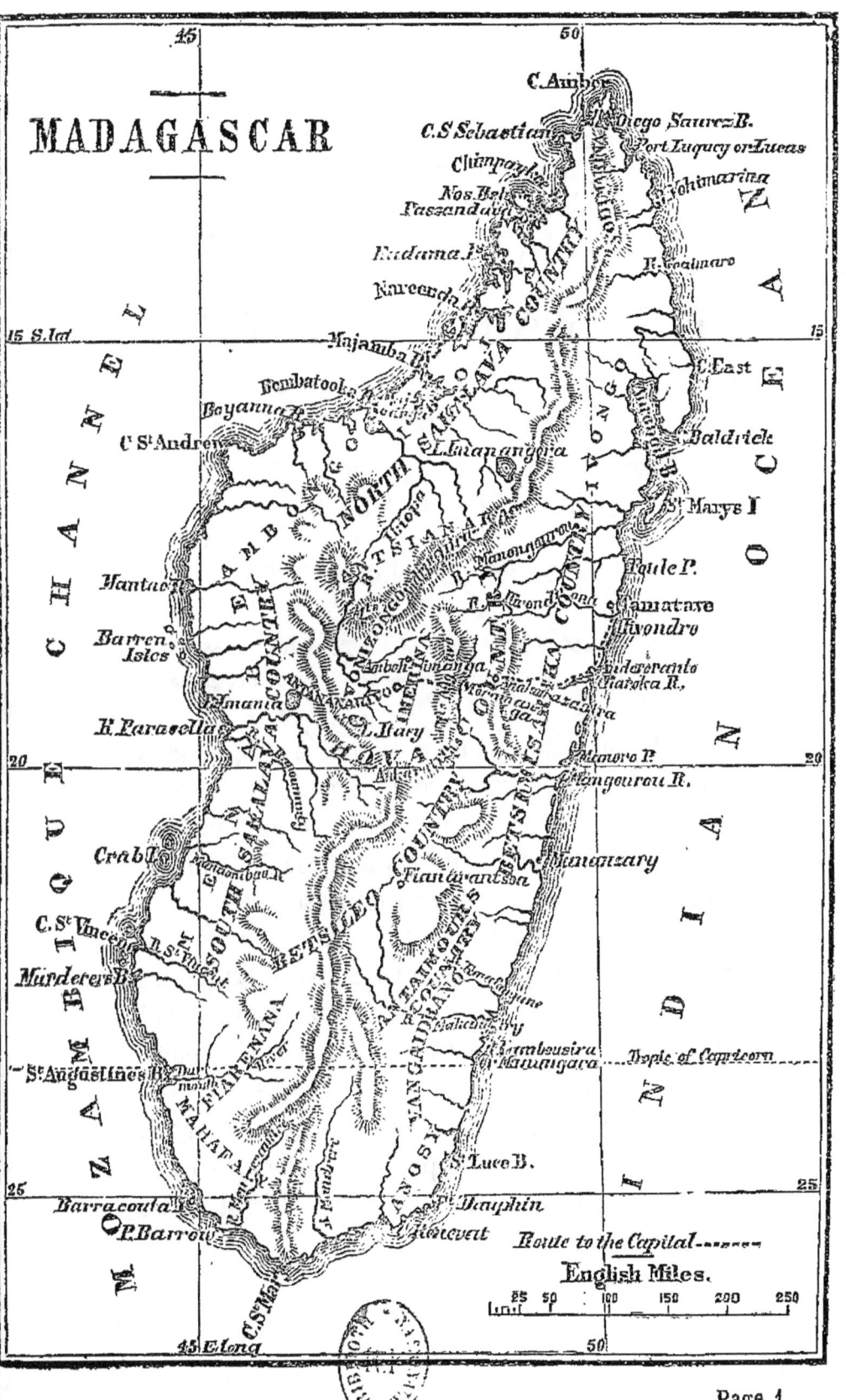

MADAGASCAR
ET
SES HABITANTS.

CHAPITRE PREMIER.

INTRODUCTION.

Etendue de l'île. — Date de sa découverte. — Tentatives de colonisation par les Portugais et les Français. — Configuration et climat.

L'île de Madagascar, qu'on a nommée l'Angleterre de l'Afrique, est située sur la côte orientale de ce vaste continent. Elle a environ 380 lieues (1) de longueur de l'extrémité sud à la pointe septentrionale, qui incline vers l'orient. Sa superficie dépasse celle de la Grande-Bretagne, et égale, à peu de chose près, celle de la France. Sa côte occidentale se trouve à 120 lieues du continent africain; 180 lieues la séparent à l'orient du groupe des îles Mascareignes, dont les principales sont Maurice et la Réunion.

L'existence de Madagascar a été révélée à l'Europe vers la fin du treizième siècle par Marco Polo, le célèbre voyageur vénitien, qui l'appelait *Magaster*. Le

---

(1) La lieue de 4 kilomètres.

premier Européen qui l'ait visitée est Laurence Alméida, vice-roi des possessions portugaises dans l'Hindoustan, qui y débarqua en 1506, dans son voyage en Orient. Cette île était connue toutefois depuis longtemps par les Maures et les Arabes, qui entretenaient un commerce important avec les ports de la côte septentrionale.

Les Portugais firent quelques tentatives pour fonder une colonie à Madagascar, mais ils renoncèrent bientôt à ce projet et abandonnèrent les points qu'ils avaient occupés sur la côte. Les Français, depuis le milieu du dix-septième siècle jusqu'à une époque récente, ont fait des efforts plus sérieux, mais sans plus de succès, pour prendre pied dans le pays, bien plus, pour s'annéxer Madagascar à titre de colonie. La politique et les armes de la France ont également échoué dans cette entreprise hardie. Les relations des indigènes avec des négociants et des colons d'origine française n'ont pas été sans exercer une influence heureuse sur Madagascar, au point de vue de l'industrie et de la civilisation; mais l'impulsion décisive dans ce sens date surtout du traité d'alliance conclu en 1817 entre le roi Radama Ier et le gouvernement britannique. Les pages qui suivent ont pour but de faire connaître les conséquences de ce traité : d'un côté, l'abolition de l'esclavage, l'affermissement de la puissance des Hovas, et le progrès général de la civilisation; de l'autre, les résultats remarquables de l'introduction du christianisme, qui suivit de près l'accès ouvert à l'influence anglaise dans ces contrées.

C'est la mission chrétienne qui constitue l'intérêt capital de l'histoire de Madagascar depuis une période de quarante ans. Il n'est point de pays où le christianisme ait eu à combattre plus sérieusement pour son existence même : il n'en est point où il ait obtenu un plus éclatant triomphe.

Abstraction faite de l'histoire religieuse de Madagascar, peu de contrées offrent un aussi vif intérêt au voyageur, au naturaliste et à l'ethnographe. Il n'est guère de partie du monde qui, sur une étendue aussi restreinte, soit moins connue. Des régions considérables de l'intérieur n'ont jamais été visitées par les Européens. La structure géologique de l'île n'est pas connue, et sa configuration géographique ne l'est que très-imparfaitement; sa faune et sa flore, l'une et l'autre d'un caractère étrange et exceptionnel, sont encore à étudier. Ses habitants diffèrent de tous les autres peuples par les mœurs et les habitudes sociales, aussi bien que par les croyances religieuses.

Bien que Madagascar ne soit qu'à une faible distance de l'Afrique, dont elle est séparée ou plutôt rapprochée par le canal de Mozambique, il n'y a point d'analogie entre l'île et le continent, sauf toutefois pour la conformation du sol. Des deux côtés du canal la mer est bordée par une zone de terrain plat, à la fois fertile et insalubre ; puis le sol s'élève graduellement vers l'intérieur, où il forme de vastes plateaux ; des deux côtés aussi les rivières, larges et profondes à leur embouchure, sont fréquemment interrompues dans leur cours par des cataractes qui offrent de sérieux obstacles à la navigation. Plusieurs de celles de Madagascar, principalement sur la côte orientale, ont à leur embouchure une barre de sable qui ne permet pas d'y établir des ports.

Les collines qui succèdent au terrain plat, à l'est et à l'ouest de l'île, aboutissent par étages successifs à une haute chaîne de montagnes, qui la partage du nord au sud comme une sorte d'épine dorsale. Ces montagnes, d'où descendent toutes les eaux qui arrosent la contrée, se terminent, à l'extrémité méridionale, par des falaises abruptes qui surplombent la mer à une grande élévation. Elles ne forment pas une chaîne absolument continue, mais nulle part il n'est possible de passer de l'est à l'ouest sans traverser des montagnes.

Située entre le 12e et le 26e degré de latitude méridionale, cette île offre, dans les régions basses de la côte, le climat et la végétation des tropiques. Mais les plateaux de l'intérieur, élevés de 12 à 1500 mètres au-dessus du niveau de la mer, jouissent d'un climat tempéré. De plus, le vent alizé du sud-ouest, qui souffle sur toute une moitié de l'île pendant presque toute l'année, modère considérablement la chaleur tropicale; les vastes et épaisses forêts qui couvrent les montagnes concourent au même résultat : elles attirent l'humidité de l'atmosphère, l'agglomèrent en nuages, et garantissent la surface du sol d'une trop rapide évaporation.

Dans la région septentrionale, et en général sur les côtes, la chaleur est forte pendant les mois d'été; mais dans les districts élevés de l'intérieur, pendant les nuits des mois d'hiver, qui sont ceux de juin, juillet et août, le thermomètre descend souvent jusqu'à près de zéro. La température du jour, à la même époque de l'année, varie entre celle du printemps et celle de l'été des régions tempérées en Europe; mais, dans la saison chaude, elle dépasse souvent 50 degrés centigrades au soleil. Toutefois, la chaleur n'est jamais lourde ni fatigante, par suite de la légèreté et de la ténuité de l'atmosphère. De plus, il y a une différence considérable, parfois 25 degrés, entre la température des maisons ou à l'ombre, et celle des endroits exposés au soleil. Dans la saison même la plus chaude, les nuits sont presque toujours plus fraîches qu'elles ne le sont en Europe pendant l'été. Quand le soleil a disparu sous l'horizon, la chaleur absorbée par la terre ne tarde pas à se dissiper, et la température s'abaisse rapidement.

A Madagascar, comme dans la plupart des pays situés entre les tropiques, on ne compte guère que deux saisons : la saison des pluies, qui est aussi celle de la chaleur, et qui dure de novembre jusqu'en avril ; le reste de l'année constitue la saison sèche et relativement froide. Les pluies ne sont pas continues, elles sont coupées par des intervalles de beau temps. Elles commencent ordinairement par de violents orages souvent accompagnés de trombes ; elles tombent avec une abondance et une violence inconnues dans les climats tempérés. Les matinées sont généralement belles, la pluie commence dans l'après-midi et dure souvent toute la nuit. Pendant six mois de l'année il ne tombe pas d'eau, si ce n'est parfois une fine ondée qui ressemble plus à du brouillard qu'à de la pluie. La glace et la neige sont inconnues dans le pays ; mais on voit quelquefois de la gelée blanche sur les collines élevées. Les orages amènent souvent des grêles redoutables, avec des glaçons d'un volume à détruire les récoltes, et même à tuer les bestiaux et les hommes.

La terre est fertile sur les côtes et dans les vallées; elle pourrait nourrir une population vingt fois plus nombreuse. Elle se prêterait à la culture de toutes les productions des tropiques, ainsi qu'à un grand nombre de celles des pays tempérés. Café, sucre, riz, coton, tabac, épices, tout prospère abondamment dans cet heureux climat; et il est probable que, d'ici à peu d'années, tous ces produits y seront cultivés sur une large échelle pour alimenter les marchés européens.

Avec la civilisation et le christianisme, la perspective d'un riche avenir s'est ouverte pour Madagascar. Les habitants sont d'ailleurs heureusement doués du côté de l'intelligence; ils semblent appelés à prendre une part importante au travail de la régénération de l'Afrique; il est permis d'espérer qu'ils arriveront à la solution du rude problème offert à la civilisation par cet immense continent, qu'il s'agit d'arracher à la barbarie.

Quoi qu'il en soit de la réalisation de cette espérance, un tel pays ne peut qu'être l'objet d'un sérieux intérêt pour les Européens, et surtout pour les chrétiens. Quelle que doive être l'histoire future de cette île si remarquable, on ne pourrait douter de l'action profonde et salutaire que le christianisme est destiné à y exercer. Ce ne sera pas en vain que cette religion divine s'est implantée à Madagascar, au prix de trente ans de persécution et du sang de nombreux martyrs. Sous son influence, à la fois douce et puissante, on verra sans doute les Malgaches s'unir pour former une nation homogène, qui honorera le christianisme évangélique.

Port de Tamatave.

CHAPITRE II.

TAMATAVE. — PREMIER ASPECT DU PAYS.

Premier coup d'œil sur Madagascar. — Histoire missionnaire du pays. — Port de Tamatave. — Aspect de la ville. — Aimable réception. — M. Lambert et la compagnie française. — Politique déplorable du feu roi Radama. — Difficultés avec le gouvernement français. — Débarquement des bagages. — Commerce des bœufs. — Mécontentement des commerçants étrangers. — Désordre et anarchie à Tamatave. — Maisons indigènes et autres. — Marché et denrées comestibles. — Visite au gouverneur. — Course en palanquin. — La Batterie. — Organisation militaire du pays. — Garnisons. — Préparatifs de voyage. — Visite de chrétiens indigènes.

Ce fut par une belle matinée de septembre, en 1863, que j'aperçus pour la première fois Madagascar. Un voyage heureux et rapide nous avait amenés en trois jours de l'île Maurice, et j'avais peine à me persuader que je touchais enfin à cette contrée inconnue qui avait absorbé ma pensée depuis plusieurs semaines. Aussi fut-ce avec un intérêt qui tenait presque de l'exaltation qu'au point du jour j'entendis la voix du capitaine qui me criait à travers l'écoutille : « La terre est en vue ! » L'instant d'après j'étais sur le pont, contemplant d'un œil avide l'île qui allait devenir mon domicile pour quelques années, et dont l'histoire religieuse éveillait alors chez les chrétiens d'Angleterre un intérêt exceptionnel. Nous étions à deux lieues de la côte, attendant que la brise marine se calmât et nous permît d'entrer dans le port de Tamatave.

L'aspect du pays, sans avoir rien de frappant, ne manquait pas de beauté : point de basaltes escarpés comme à Maurice et à Bourbon ; mais on apercevait dans l'éloignement une longue ligne de montagnes bleues, dominées par des nuages; entre les hauteurs et la mer s'étendait une plaine unie et verdoyante, couverte de cotonniers, de cannes à sucre et de rizières ; la côte était bordée par les troncs élancés des cocotiers, dont les palmes élégantes ombrageaient les maisons basses de Tamatave. Ajoutez les récifs de coraux qui dessinaient le port, et contre lesquels les vagues se brisaient en écume avec un bruit de tonnerre lointain. L'ensemble formait un tableau essentiellement tropical, et me rappelait l'aspect des îles de l'océan Pacifique.

Mais ce n'étaient pas les traits extérieurs de la scène qui excitaient le plus vivement mon intérêt. Je me rappelais avec émotion que cette contrée, sur laquelle mes regards s'arrêtaient pour la première fois, avait été consacrée par un héroïsme chrétien digne des meilleurs jours de l'Eglise. J'évoquais par la pensée tous ces serviteurs et ces servantes fidèles qui, à une époque bien récente encore, avaient péri dans les plus cruels supplices plutôt que de renier leur Maître divin. Mais je me rappelais aussi que le temps des persécutions était passé; que les indigènes étaient en possession de la liberté religieuse, et que sur plusieurs points du pays la lumière de la vérité divine luttait avec succès contre les ténèbres du paganisme. Dût-on sourire de ce trait comme d'un en-

Vue prise à Tamatave.   Page 8.

fantillage, je tirai un heureux présage d'un arc-en-ciel qui à ce moment se dessinait du nord au sud sur les collines lointaines. Le radieux emblème de l'espérance m'apparut, ainsi qu'à Noé, comme une promesse divine; j'y vis un gage de régénération pour la contrée et de succès pour la tâche ardue qui m'attendait.

Le port de Tamatave est formé par des récifs de coraux qui n'en rendent pas l'accès facile. Il n'est pas rare qu'un navire soit obligé d'attendre plusieurs heures et même plusieurs jours avant de pouvoir franchir l'étroit passage, et le capitaine m'avait prévenu que nous ne pourrions probablement pas entrer avant midi. Je descendis en conséquence pour me préparer au débarquement; mais quelle ne fut pas ma surprise quand, moins d'une demi-heure après, je m'aperçus, au bruit des vagues brisant contre le récif et aux cris des marins amenant les voiles, que nous entrions déjà dans le port. Le vent s'était montré favorable au delà de toute attente. Au bout de quelques minutes les ancres étaient mouillées, et nous nous balancions mollement sur nos amarres.

Il y avait quelques navires dans le port. Tout près de nous était le vapeur anglais la *Gorgone*, et un peu plus loin deux ou trois vaisseaux de guerre français, dont la frégate l'*Hermione*, portant le pavillon du commandant Dupré, chef de la station française dans ces mers; il était envoyé par son gouvernement comme plénipotentiaire dans le différend auquel donnait lieu le traité Lambert. J'éprouvai un certain soulagement à constater que tout, à Tamatave, avait une apparence de paix, et que le long drapeau blanc, avec le nom de la reine Rasohérina en lettres rouges, flottait encore au haut du fort qui termine la ville au sud. On ne m'avait pas caché, à Maurice, que l'idée de se rendre à Madagascar en ce moment était une entreprise hasardée; que l'amiral français serait probablement en train de bombarder la ville à mon arrivée, et que je trouverais le pays en état d'agitation et de bouleversement. Heureusement ces prédictions ne devaient pas se vérifier, non plus que bien d'autres nouvelles données à Maurice sur ce qui se passait à Madagascar. Le commandant Dupré attendait simplement une réponse à ses dépêches au gouvernement hova; les bons offices du consul anglais avaient réussi à maintenir les relations amicales entre les autorités françaises et malgaches.

L'aspect de Tamatave, vu de la mer, n'a rien de fort attrayant, et la main de l'homme a peu ajouté à la beauté naturelle du paysage. Sans la végétation luxuriante des palmiers et des divers arbres des tropiques, rien n'eût appelé l'attention sur cette ville, qui, à cette époque, comptait à peine dix habitations européennes et pas un seul édifice religieux. Des canots, formés d'un simple tronc d'arbre, ne tardèrent pas à entourer notre navire; mais je fus heureux de pouvoir me passer de ces embarcations, peu faites pour inspirer de la confiance, et d'accepter une place dans le canot du capitaine. Nous avions jeté l'ancre depuis moins de trois quarts d'heure quand je sautai sur le sable de la plage, le cœur plein de reconnaissance pour Celui qui m'avait préservé des périls de la mer, et me permettait de fouler le rivage de Madagascar.

En nous engageant dans ce qui nous parut être la

grande rue — une voie poudreuse bordée de bâtiments où se trouvaient les magasins des commerçants européens, — nous arrivâmes à la maison du vice-consul anglais, M. Crueaux. J'eus le plaisir d'y trouver M. Procter, agent de la Société des Missions de Londres, ainsi que M. Plant, délégué du Musée britannique, et chargé de composer une collection d'échantillons d'histoire naturelle dans ce pays encore si peu connu. Ces messieurs m'apprirent qu'un groupe missionnaire, parti de Maurice avant moi et que j'espérais avoir rejoint, s'était mis en route depuis deux jours seulement pour la capitale ; mais que M. Plant offrait obligeamment de m'accompagner pendant la plus grande partie du trajet de Tamatave à Tananarive (1).

Il fut question un moment de nous mettre en route sans désemparer pour rattraper nos amis ; mais ce projet fut écarté comme trop fatigant ; et nous décidâmes de prendre deux ou trois jours pour nous préparer aux aventures nouvelles d'un voyage à travers l'île de Madagascar. J'acceptai ensuite l'hospitalité de M. Procter, chez qui je trouvai le meilleur accueil pendant mon séjour à Tamatave.

Dans la journée, je rendis visite à notre consul, M. Pakenham, qui m'expliqua la situation tendue des relations politiques entre les deux gouvernements français et malgache. Il me dit qu'aucune mesure violente ne serait prise pour l'heure présente par le commandant français, mais que vraisemblablement

---

(1) Le vrai nom de la capitale de Madagascar est Antananarive ; nous adoptons l'orthographe française qui retranche la première syllabe (Trad.)

des forces seraient envoyées l'année prochaine pour faire observer le traité signé entre le dernier roi et M. Lambert.

Disons ici, pour ceux qui ne sont pas au courant de l'histoire malgache contemporaine, que M. Lambert était un Français qui, sous le règne de la feue reine Ranavalona, avait obtenu d'elle certaines concessions. Il avait créé sur la côte une raffinerie de sucre dont il partageait les bénéfices avec la reine, qui était de moitié avec lui dans l'entreprise. Ayant su se rendre utile à son royal associé, il se trouvait fréquemment dans la capitale, et il parvint à gagner les bonnes grâces du prince Rakoto. Une convention secrète, passée entre le prince et M. Lambert, assurait à ce dernier, après le décès de la reine, de vastes propriétés territoriales et des priviléges considérables. A son avénement au trône sous le nom de Radama II, le prince se laissa malheureusement dominer par des hommes sans principes, qui, flattant ses passions, l'induisirent dans des habitudes d'ivrognerie et de débauche; ils lui aliénèrent la confiance des chefs du gouvernement et de l'armée, et l'entraînèrent à des actes où il devait perdre à la fois sa couronne et sa vie.

Méprisant l'avis de ses plus sages conseillers et de ses meilleurs amis, il s'empressa d'accéder à toutes les exigences de M. Lambert, qui le sommait de tenir ses engagements; il lui abandonna de vastes étendues de terre, l'exploitation des mines et des forêts, le contrôle des monnaies, l'établissement des routes et des canaux, ainsi que d'autres travaux publics. A la vérité, quelques-unes de ces mesures auraient pu, restreintes dans de sages limites, contribuer à développer les ressources du pays et tourner à l'intérêt public; mais l'abandon du système politique de la reine défunte fut trop brusque pour n'être pas préjudiciable, et la jalousie nationale fut surexcitée par ces concessions si importantes faites à un étranger. D'après une vieille coutume ayant force de loi, toute la propriété territoriale était concentrée en droit sur la tête du souverain, et les étrangers ne pouvaient, sans permission spéciale, acquérir aucune portion du sol national, ni même la recevoir en location. Ajoutons que ce traité secret disposait en faveur de la Compagnie française des meilleures parties de l'île. Cette Compagnie mettait la main sur toutes les terres inoccupées près des ports importants, le long des rivières navigables, dans le voisinage des forêts, dans une situation favorable au pâturage ou à la culture du riz, et partout où il y avait quelque indice de richesses métalliques ou minérales.

A l'avénement de la reine Rasohérina, le gouvernement malgache, plus soucieux que le précédent des intérêts nationaux, notifia à la compagnie qu'il ne se regardait pas comme lié par une convention secrète, désapprouvée par le premier ministre ainsi que par tous les chefs de la noblesse et de l'armée, et susceptible de provoquer chez le peuple un sérieux mécontentement. Les Français, qui depuis plus de deux cents ans ont convoité Madagascar, saisirent avec empressement ce prétexte de conflit; ils répondirent qu'ils considéraient l'affaire comme un CASUS BELLI, et que pour obliger le gouvernement à céder, ils allaient prendre possession des ports du pays.

Tel était l'état des affaires lorsque j'arrivai à Tamatave. Les bons offices de M. Pakenham avaient pourtant suspendu l'exécution des menaces de représailles de la part de M. Dupré; cet officier dut craindre alors de ne pas voir sa conduite approuvée par son gouvernement, contraire qu'elle était à la bonne intelligence entre la France et l'Angleterre, qui n'aurait pas manqué d'intervenir en faveur de Madagascar. Au risque d'anticiper sur les événements, je puis ajouter ici que les ambassadeurs envoyés en France et en Angleterre, par le gouvernement indigène, vers la fin de 1863, réussirent à arranger le différend, et que la concession Lambert fut abandonnée moyennant le paiement par les Malgaches d'une indemnité d'un million.

Toute l'après-midi du jour de mon arrivée se passa sur la plage, où je surveillais le débarquement de mes malles; opération minutieuse et difficile entre toutes, grâce à la forte houle de l'Océan indien : vingt fois je les vis sur le point de sombrer au milieu de la rade.

Bien que Tamatave soit le port le plus important de la côte orientale de Madagascar, l'embarquement et le débarquement n'y sont point faciles. Les bœufs constituent le principal commerce de la contrée; on les amène à la nage, de la côte aux navires, en les attachant par les cornes au bordage de grands canots, et ils sont ensuite hissés à bord au moyen de poulies fixées aux vergues. L'embarquement de ces animaux est le spectacle le plus caractéristique de Tamatave. Les cris des bouviers indigènes, la résistance des bœufs qui se débattent et reculent de frayeur devant l'élément liquide, tout cela présente souvent une scène fort gaie, voire même émouvante. Le *Fantôme*, qui m'avait amené de Maurice, était un de ces navires à bœufs, qui vont et viennent entre Madagascar et les îles Maurice et Bourbon, qu'ils approvisionnent de viande excellente à un prix très-modique. Cette navigation s'arrête pendant les quatre premiers mois de l'année, à l'époque des grandes tempêtes dans l'Océan indien. Les navires appartiennent presque tous aux bouchers de Maurice, qui forment une riche corporation, assez puissante pour leur assurer le monopole de ce trafic. Comme, à part le riz, les bœufs constituent à peu près la seule exportation du pays, il n'y a pas de commerce suffisant pour entretenir d'autres navires; aussi les emménagements pour les passagers sur ces transports ne sont-ils pas de premier ordre, et il faut, pour y prendre place, être résigné d'avance à tout supporter. J'ajoute que cet état de choses tend à s'améliorer : dans les six dernières années, des quantités considérables de copal, de cire et de caoutchouc ont été récoltées sur la côte; par suite de la richesse du pays en gommes médicinales et autres produits végétaux, ces exportations ne peuvent qu'augmenter indéfiniment, ce qui amènera forcément la création d'autres navires, mieux appropriés aux passagers.

A mon arrivée à Tamatave, il y avait un grand mécontement parmi les commerçants étrangers à cause du rétablissement récent des droits de douane; on blâmait surtout le mode vexatoire de la perception de cet impôt, qui consistait dans le prélèvement en nature, et non en argent, du dixième de toutes les importations, sans autre contrôle que le bon plaisir des douaniers. Dans un gouvernement à demi civilisé, comme celui des Hovas, on passe souvent d'un extrême à l'autre. La politique de la dernière reine Ranavalona avait été d'entraver autant que possible toutes relations avec les puissances étrangères. Radama, en arrivant au trône, prit le contrepied de ce système et ouvrit brusquement les ports, francs de toute espèce de droit. Cette mesure déraisonnable produisit tout d'abord un immense mécontentement chez tous les employés du gouvernement, privés de leurs moyens d'existence. Elle amena aussi une véritable épidémie d'ivrognerie et de débauche par suite de l'importation du rhum, que les commerçants de Maurice pratiquèrent sur une grande échelle. Lors de l'avénement de la reine Rasohérina les droits furent rétablis, mais d'une manière si arbitraire et si capricieuse, que le commerce étranger n'eut plus la confiance indispensable à la poursuite de ses opérations.

Quand je débarquai à Madagascar, les effets de la folle politique du dernier roi se manifestaient encore dans le caractère bruyant et dissolu de la population. Tamatave était devenu un lieu de refuge pour une foule d'aventuriers de Maurice, de Bourbon et d'autres endroits. Ces individus, obérés de dettes, trouvaient là un asile propice où ils pouvaient braver leurs créanciers et la loi, et chacun agissait absolument à sa guise. L'ivrognerie, l'usage habituel du révolver, les désordres de toute espèce, étaient à l'ordre du jour; et bien que cet état de choses ait été réformé en grande partie, grâce aux efforts des consuls étrangers, pendant les quelques mois du règne de la nouvelle reine, il n'en est pas moins resté des traces fâcheuses. Voici un fait qui donnera une idée du caractère de quelques commerçants de Tamatave à cette époque. Un d'entre eux, qui était aussi correspondant d'un journal de Maurice, déchargea son révolver sur un Malgache dont il avait épousé la fille; heureusement il manqua son coup, et l'indigène put s'échapper. Mais croirait-on que l'auteur de cet acte criminel eut l'impudence de faire insérer dans le journal un paragraphe à sensation, où il racontait tranquillement comme quoi un négociant de Tamatave venait d'attenter à la vie de son beau-père !

A Tamatave, comme dans la plupart des villages sur cette côte, les maisons sont très-légèrement construites; elles sont formées d'une charpente de bois et de bambous, dont les intervalles sont remplis avec les larges feuilles de l'*arbre du voyageur*. Quelques-unes n'étaient pas sans une certaine prétention à l'élégance, avec leurs murs tapissés d'une toile grossière en fil de palmier *rofia*, et leur parquet couvert de nattes artistement tressées en paille de riz. Mais l'aspect général du quartier indigène était sale et repoussant; des monceaux d'ordures en putréfaction exhalaient une odeur intolérable. Dans un grand nombre de maisons — une sur deux environ — un large baril de rhum, déjà mis en perce, attestait ce qu'un trafic sans frein avait fait pour la démoralisation du peuple.

Je ne puis passer sous silence les étranges articles comestibles étalés en vente dans le marché. D'énormes tas de petites sauterelles, desséchées et grillées en partie, n'avaient rien d'appétissant, non plus que les monceaux de crevettes qui leur faisaient vis-à-vis. On voyait aussi de riches étalages de racines de manioc, de diverses espèces de riz, de pommes de terre et d'autres légumes, quelques-uns particuliers au pays, ainsi que les gousses écarlates de différentes épices, et plusieurs variétés de fruits, ananas, bananes, melons, pêches, citrons et oranges. Le bœuf, cela va sans dire, était abondant, peu cher et de qualité supérieure; il y avait aussi une espèce de petit mouton, dont la chair ressemble plus à la viande de chèvre qu'à celle du mouton d'Europe. De grandes quantités de volailles, élevées dans l'intérieur du pays, sont apportées sur la côte et vendues aux navires de commerce.

Les maisons des employés du gouvernement et des principaux négociants étaient également bâties en bois, mais plus solidement; les toits étaient couverts en chaume; on comptait deux ou trois seulement de ces habitations construites avec des matériaux moins combustibles. Quelques mois après ma visite, la plupart des maisons de Tamatave furent détruites par un incendie qui emporta plus de la moitié de la ville. Depuis lors, on a travaillé activement à la rebâtir dans de meilleures conditions; bien des maisons et des magasins ont été construits solidement, munis d'une toiture en fer, et donnent à la cité un tout autre aspect. A Tamatave on ne peut ni trouver de la pierre à bâtir ni fabriquer des briques, car le sol n'est qu'une plaine de sable; la ville est assise sur une presqu'île qui s'est formée peu à peu dans la mer, sous la protection des bancs de corail qui forment le port.

La maison où je demeurais consistait en une seule vaste pièce, avec une ouverture au sommet du toit; une petite chambre à coucher était ménagée dans un coin au moyen d'un rideau en *rofia*. Absence complète de fenêtres : le jour et l'air entraient librement par de larges portes toujours ouvertes pendant le jour. Un simple matelas, étendu sur une planche, constituait un lit de sybarite à côté de mon installation sur le navire à bœufs. Tout autour de moi, les chants des indigènes, avec accompagnement de tambours et de battements de mains, se prolongèrent fort avant dans la nuit; cette musique, qui n'avait rien d'harmonieux, ajoutée au bruit des vagues brisant sur les récifs, me tint éveillé jusqu'aux premières heures du matin.

Le jour suivant j'eus à rendre visite au gouverneur de Tamatave pour lui présenter mes respects à mon arrivée dans le pays. Mon hôte m'accompagnait en qualité d'interprète, vu mon ignorance absolue de la langue. Comme il s'agissait d'une visite de cérémonie, nous ne jugeâmes pas convenable d'aller à pied, et nous fîmes usage du mode de locomotion usité dans le pays, le *filanzana* : ce mot désigne tout ce qui sert à porter sur les épaules des fardeaux ou des personnes, et on le traduit ordinairement par « palanquin; » mais le filanzana diffère beaucoup du petit appartement mobile en usage dans les Indes sous ce nom. Notre appareil se composait d'un grand fauteuil, fixé à deux barres de bois, et porté par quatre hommes robustes, des *maromitas*, comme on les appelle dans le pays. Ils nous faisaient aller au pas de course, sans que le mouvement eût rien de désagréable, les porteurs étant exercés à courir en mesure. Toutes les cinq minutes ils changent la barre d'épaule, la faisant passer au-dessus de leur tête sans ralentir leur allure. En quelques instants nous fûmes transportés à la Batterie, fort circulaire à l'extrémité sud de la ville, mesurant environ 60 mètres de diamètre;

il est entouré de remparts en terre, hauts de près de 5 mètres et percés d'embrasures pour les canons. Pendant qu'on annonçait notre visite au gouverneur, nous nous reportions par la pensée à la scène hideuse qui s'était passée là huit ans auparavant, lorsque les têtes d'une trentaine d'Européens, français ou anglais, furent exposées sur des piques autour du fort; c'étaient des soldats et des marins tués dans un assaut donné à Tamatave en 1845, par les forces anglaises et françaises combinées, pour venger certains griefs des négociants étrangers.

On vint nous avertir que le gouverneur était prêt à nous recevoir. Un chemin voûté, percé dans l'épaisseur du rempart, nous conduisit dans la cour intérieure du fort. La maison du gouverneur, longue construction en bois, peu élevée, était en face de nous; à droite, sous l'ombre d'un grand arbre, était assis ce noble personnage, entouré de ses officiers et aides-de-camp accroupis sur le sol. Leur habillement était, pour la plupart, un mélange du vêtement européen et du costume indigène; il se composait d'une chemise et de pantalons, sur lesquels flottait à larges plis le *lamba* malgache : c'est une ample pièce de toile ou de calicot blanc carrée ou rectangulaire, qui fait le tour du corps, et dont l'extrémité pend sur l'épaule gauche non sans une certaine grâce. De simples chapeaux de paille, de fabrique indigène, complétaient ce costume. Le gouverneur, dont le nom est Andriamandroso, était sur un fauteuil, habillé à l'anglaise, avec un chapeau de soie noire et des pantoufles brodées en laine. Il avait, malgré son teint olivâtre, une physionomie européenne: c'est un *andriana*, c'est-à-dire un membre d'une tribu qui tient de près à la famille royale. Il nous tendit la main et nous fit apporter des siéges, pensant que nous aurions de la peine à nous en passer. Il ne parlait pas anglais, mais, grâce à M. Procter, je pus échanger avec lui quelques compliments et lui adresser quelques questions. Je l'assurai de l'intérêt sympathique que les Anglais portent à Madagascar et à l'heureux développement de cette nation. On apporta ensuite du vin, et nous prîmes congé après avoir porté la santé du gouverneur. Le gouvernement hova entretient à Tamatave une garnison de deux ou trois cents hommes. Ces troupes ont leurs quartiers tout près du fort, dans des maisons bien alignées, qu'entoure un vaste enclos, ou *rova*, fermé par de fortes palissades en bois.

Le gouvernement central de la capitale a une organisation assez complète de postes et de stations militaires dans les diverses parties de l'île. A part quelques districts à l'extrémité méridionale, l'autorité des Hovas est reconnue sans opposition d'un bout à l'autre du pays, bien que dans les provinces lointaines la soumission des populations soit plus nominale que réelle. Quoi qu'il en soit, des tributs et des présents sont envoyés au souverain, même des points les plus éloignés, et ceux qui les apportent lui prêtent le serment de fidélité. Tous les ports de mer et toutes les villes de quelque importance ont des garnisons; celles-ci sont maintenues en communication avec le gouvernement par des courriers qui franchissent à pied de grandes distances sans beaucoup de fatigue apparente; ils ne mettent guère plus de quatre jours à faire les 352 kilomètres qui séparent Tamatave de la capitale.

Le jour suivant fut employé à nos préparatifs de voyage. M. Plant me fit observer à cette occasion qu'il y a un sérieux inconvénient à s'encombrer d'ustensiles coûteux, qui prennent du temps à emballer et à déballer, pour traverser un pays comme Madagascar ; quand on arrive à l'étape, après une marche fatigante de plusieurs heures, pour repartir le matin avant le lever du soleil, on est forcément avare de son temps et de sa peine. Un trépied en fer pour faire cuire les volailles, une poêle à frire, quelques assiettes communes, une cafetière qui, par la suppression du filtre, pouvait servir de théière, le tout contenu dans un sac en sparterie, nous constituaient un bagage suffisant pour explorer l'île du nord au sud, parfaitement indépendants des auberges et aubergistes, femmes de chambre et garçons de service, à supposer que cette classe de la société eût des représentants dans cette contrée primitive.

Je reçus le soir la visite de quelques membres de la petite église chrétienne de Tamatave, conduits par le pasteur, David Johns Andrianado. Ils m'apportaient, avec leurs souhaits de bienvenue, des provisions pour la route. Ces braves gens examinèrent avec un vif intérêt un album de photographies, où se trouvaient la reine Victoria et la famille royale. Cet album me fut souvent précieux, comme moyen de reconnaître, rien qu'en en faisant l'exhibition, les petites prévenances que nous reçûmes dans notre voyage.

CHAPITRE III.

VOYAGE A LA CAPITALE. — BORDS DE LA MER.

Voyage dans l'intérieur. — Absence de routes. — Difficultés que présente le passage dans les forêts. — Raisons politiques pour conserver le *statu quo*. — Craintes d'une invasion étrangère. — Beauté du paysage. — Nouveauté de la végétation. — Désagréments du voyage. — Les *maromitas*, ou porteurs. — Le *filanzana*, ou palanquin. — Départ de Tamatave. — Route le long de la mer. — Plantes des tropiques. — Orchis. — Lieux de halte. — Hivondro. — Maisons de la côte. — Bateaux. — Oiseaux. — « L'oiseau aimé des bestiaux. » — Le bœuf de Madagascar. — Coquilles. — Une chaîne de lacs. — Explorations du capitaine Rooke. — Beauté pittoresque de ces lacs. — Le pandanus et le tanghin. — Andranokoditra. — Hospitalité des indigènes. — Insalubrité de la côte. — La fièvre malgache. — Mortalité dans la première station missionnaire. — Mme Ida Pfeiffer. — — Le « trou des serpents. » — Insectes et reptiles. — Andévourante. — L'aye-aye. — Œufs énormes de l'épiornis.

On ne voyage probablement dans aucun pays du monde de la même façon qu'à Madagascar. Les chemins de fer, cela va sans dire, y sont jusqu'à présent inconnus, et il est probable qu'une génération au moins aura passé avant que le niveau de l'arpenteur, le pic ou la pioche du terrassier viennent y troubler la solitude des forêts. Mais il y a plus : il n'existe pas encore dans l'île une seule route, au sens ordinaire de ce mot; et toutes les marchandises amenées de la côte dans l'intérieur sont transportées à dos d'homme, sur des parcours de plusieurs centaines de lieues. Il n'y a que trois modes de locomotion : la marche, le *lakana* ou bateau, et le *filanzana* ou palanquin. Nous allions faire usage de tous ces moyens de franchir l'espace, tour à tour par terre et par eau ; mais la plus grande partie de notre voyage de 352 kilomètres devait se faire en filanzana, sur les robustes épaules de nos porteurs ou *maromitas*. C'est l'unique mode de transport du pays, car on ne trouve pas dans cette grande île un seul véhicule roulant d'aucune espèce; je n'y ai même jamais aperçu une simple brouette.

De fait, les véhicules usités en Europe seraient parfaitement inutiles dans l'état actuel des chemins. Que ferait-on d'une voiture, légère ou solide, dans ces forêts où le pied s'enfonce dans l'épaisseur de la végétation, et où les arbres serrés laissent à peine passer un palanquin? Aucun attelage ne pourrait gravir ni descendre certaines gorges abruptes, ni s'engager sur ces chemins sans nom : ici le sentier zigzague comme un tire-bouchon à travers des rochers et des racines d'arbre qui émergent de terre; là il monte sur une surface glissante de basalte, où un faux pas entraînerait hommes et véhicules dans des précipices insondables ; plus loin, il se perd dans des bourbiers d'argile liquide, où les porteurs enfoncent parfois jusqu'à la ceinture, au grand émoi du voyageur qui, pour se maintenir en équilibre, est réduit à faire de la gymnastique sur leurs épaules. Des ponts mal assurés, formés souvent d'un simple tronc d'arbre, sont à peu près les seuls moyens de franchir les torrents ; plus souvent encore on est réduit à passer les cours d'eau à gué, après qu'un homme s'y est aventuré avec précaution pour en sonder la profondeur. Il arrivait de temps à autre que l'éclaireur disparaissait soudain dans un trou où il perdait pied, en faisant rire de bon cœur toute la troupe à ses dépens. On trouve dans la capitale quelque trente ou quarante chevaux, mais ils ne servent pas pour les longs voyages; on les utilise aux revues de troupes et dans les processions officielles, mais jamais comme bêtes de trait. A vrai dire, il faudrait être un hardi cavalier pour se risquer à conduire un cheval dans la forêt d'Analamazaotra, ou dans certaines autres parties de la route entre Tananarive et la côte orientale.

On demandera pourquoi le gouvernement ne facilite pas les moyens de communication. Cette négligence est intentionnelle de la part des autorités de Madagascar; car il est évident, pour tous ceux qui ont suivi la route en question, qu'elle pourrait être considérablement améliorée à peu de frais. Les Malgaches ont pensé avec raison que la difficulté de pénétrer dans l'intérieur serait le plus sûr des remparts contre une invasion européenne, et, de propos délibéré, ils ont laissé subsister les obstacles naturels. Les tentatives répétées de la France pour parvenir à occuper Madagascar, ont provoqué chez la nation une haine profonde et tenace contre les étrangers, et ce sentiment s'étend aussi, dans une certaine mesure, à l'Angleterre; car les Malgaches n'ignorent pas les empiétements graduels accomplis dans notre vaste empire des Indes. On raconte que Radama Ier répondit, quand on lui parlait du génie militaire de l'armée française : « J'ai à mon service deux officiers, le général Forêt et le général Fièvre (*Hazo* et *Fazo*), que j'opposerais volontiers à n'importe quel chef européen. » On dit même que la route de Tamatave à la capitale a été changée par la feue reine Ranavalona, et détournée vers une partie plus difficile du pays, pour impressionner les Européens qui viennent à Madagascar, par la perspective des grandes difficultés à surmonter pour atteindre le centre de la puissance des Hovas. Dans mon voyage de retour, je remarquai souvent qu'on aurait pu prendre tel chemin moins hérissé d'obstacles, ou éviter telle pente des plus abruptes. La route actuelle présenterait évidemment de formidables obstacles au passage de troupes disciplinées, et dans bien des endroits elle pourrait être défendue avec succès par un petit nombre d'hommes familiers avec le pays.

Le lecteur comprendra, d'après ce qui précède, qu'un voyage dans l'île de Madagascar n'est pas dépourvu d'aventures ni d'imprévu. Avec un temps suffisamment beau, on ne manque pas d'incidents amusants pour égayer le voyage, surtout quand on le fait en société ; et même pour un touriste solitaire, il y a une telle variété de paysages, tant de nouvelles et riches formes de végétation pour arrêter ses regards, qu'il ne peut pas trouver la route monotone ou fatigante. Il est vrai qu'il faut être préparé à tout, et savoir s'amuser des plus piteux désagréments. Il ne faut pas s'effrayer outre mesure d'une surabondance de puces ou de moustiques dans les maisons, ni craindre de dormir au milieu des rats qui trottent autour de vous ou sur vous à l'occasion ; quelquefois aussi vous avez à chasser de la natte qui sert de base à votre matelas un scolopendre ou un scorpion ; mais avec quelques précautions on éloigne tout risque de danger sérieux.

Avouons toutefois que, si le temps cesse d'être favorable, les désagréments prennent de l'importance, et demandent une forte dose de philosophie pour voir les choses du bon côté. Cheminer quatre heures durant sous la pluie, avec vos porteurs qui glissent sur l'argile dure et grasse ou s'enfoncent jusqu'aux genoux dans un creux plein de boue, d'où ils ne se dégagent qu'au prix des plus pénibles efforts ; franchir dans ces conditions rochers et broussailles, avec la chance d'être surpris par la nuit au milieu de la forêt, tout cela ne constitue pas d'agréables incidents de voyage. Mais en se mettant en route dans la bonne saison, et en bien calculant les différentes étapes, on n'a guère à redouter d'autre désagrément que celui de la fatigue.

Le 3 octobre, peu après le déjeuner, la cour de M. Procter fut envahie par les porteurs qui attendaient leur charges. Comme ils étaient venus en plus grand nombre qu'il n'était nécessaire, la répartition des lots entre tous ne se fit pas sans bruit ni sans confusion. Ils s'appellent en malgache *maromitas*, littéralement *passant beaucoup de gués*, par une allusion assez justifiée à l'espèce de voyage où ils sont habituellement employés. Ces hommes sont jeunes pour la plupart, et appartiennent presque exclusivement à une seule peuplade, appelée *Bézanozano*, qui habite la province d'Ankay, entre Ankova et la côte orientale. Cette tribu fut soumise par Radama Ier, qui lui imposa, en manière de tribut, l'obligation de transporter de la côte à la capitale toutes les marchandises appartenant au gouvernement. La plupart de mes maromitas étaient des jeunes gens robustes et actifs, sobres, d'une grande souplesse musculaire, et remarquablement durs à la fatigue. Les fardeaux qu'ils prennent ne sont pas très-lourds, mais on s'étonne de voir avec quelle infatigable patience ils les portent, durant de longues heures consécutives, sous un soleil brûlant, montant et descendant à travers des forêts où la marche n'est souvent qu'une lutte perpétuelle contre les obstacles. Chaque couple de deux hommes porte un poids de dix-huit à dix-neuf livres suspendu au milieu d'un bambou ; cette répartition est plus intelligente, vu les difficultés de certains passages, que celle qui ferait porter un poids double à quatre hommes marchant ensemble.

LE FILANZANA.

Huit des plus robustes et des plus actifs, accoutumés à marcher ensemble, furent chargés du service de mon palanquin. Les menus bagages étaient portés par deux hommes; mais les caisses de bois, contenant mes articles de dessin et mes instruments, en exigeaient quatre. Les porteurs du palanquin sont les seuls que se relaient ; ils vont d'ailleurs plus vite que ceux qui sont préposés aux bagages, et arrivent aux haltes une heure et plus avant ceux-ci. La corde qui attache les caisses aux bambous est faite avec les filaments flexibles et résistants de diverses plantes grimpantes. Le creux du bambou sert à transporter du sel, des cuillers et différents menus objets appartenant aux porteurs, quelquefois aussi de petits articles de fabrication européenne à vendre dans la capitale. Ces hommes sont très-habiles à empaqueter ce qui leur est confié ; les gravures, les étoffes et autres objets délicats sont recouverts avec les feuilles du *vacoa*, variété du pandanus, et mis complétement à l'abri de l'humidité : le sucre même et le sel se transportent ainsi intacts à travers le brouillard et la pluie.

J'avais trente homme pour ma personne et mes bagages, sans compter les douze que M. Plant prit pour son usage personnel ; le départ, on le comprend, ne s'opéra pas rapidement, tous se disputant à qui aurait les paquets les moins lourds et les moins gênants. Ce fut à une heure seulement de l'après-midi que notre long convoi traversa les rues de Tamatave pour s'engager, vers le Sud, dans le cœur du pays. A l'arrière-garde marchait un maromita plus intelligent et plus expérimenté que les autres, qui n'était porteur que d'une lance, et qui exerçait majestueusement les fonctions de capitaine. Il avait à veiller sur l'ensemble des bagages, et à prendre en route tous les arrangements nécessaires pour le gîte et les repas.

Mon filanzana différait de celui qui m'avait servi pour rendre visite au gouverneur. Il était du modèle qui sert habituellement aux dames malgaches : c'était un panier de forme oblongue, peu profond, composé d'une légère carcasse en bois et d'une espèce de treillis en bandes de peau, le tout porté sur deux barres de bois solide et léger à la fois. Je m'y assis, les jambes étendues dans toute leur longueur, une planche fixée derrière le dos pour m'appuyer, et confortablement entouré de coussins et de tapis. J'avais toute la place nécessaire pour des habits de rechange, paletot en caoutchouc, lunette d'approche, livres, etc. Quand les dames se servent de ce filanzana, on y fixe un chaperon en tissu de rofia qui s'avance au-dessus de leur tête, pour la protéger contre le soleil et la pluie. Pour ma part, un solide parapluie m'en tenait lieu, et mon manteau en caoutchouc me préserva suffisamment de la petite pluie qui tomba pendant le voyage. La gravure ci-dessus représente le modèle ordinaire de filanzana employé par les hommes pour les courts trajets ; il consiste simplement en deux barres de bois réunies par des bandes de fer, avec une pièce de peau non tannée ou de tissu résistant, fixée au milieu en guise de siége. On ajoute quelquefois une petite planche suspendue pour appuyer les pieds, et un dossier en fer léger pour reposer le dos et les bras. Le filanzana de mon compagnon était de ce modèle ; et souvent, dans le voyage, il fut beaucoup plus commode à manier que le mien, plus large et plus encombrant.

Nous partîmes par une belle journée, assez chaude, sans que la température fût plus élevée que celle d'un été ordinaire en Angleterre. Nous marchâmes droit au sud, à peu de distance de la mer, dont nous pouvions entendre le bruit distinctement pendant toute la première étape. La route de Tamatave à Tananarive ne s'engage pas tout de suite dans l'intérieur, mais suit la côte, vers le Sud, sur un parcours d'environ 106 kilomètres. En arrivant à Andévourante, on quitte la mer pour se diriger à l'ouest, vers le centre de l'île ; on fait une trentaine de kilomètres en remontant la rivière Iharoka, avant de franchir la chaîne de montagnes et de pénétrer dans la grande forêt. — Laissant sur notre gauche les baraques du quartier Retsimisàraka, et la Batterie sur notre droite, nous sortîmes bientôt de Tamatave pour nous trouver en pleine campagne. Nos hommes nous firent faire ce premier jour 15 à 16 kilomètres, toujours au pas accéléré ou au trot, sans aucune fatigue apparente. La route — qui n'est guère qu'un sentier, ou plutôt trois ou quatre sentiers, à travers une plaine de verdure ondoyante, — est bordée, sur une longueur de quelques kilomètres, d'un côté par des arbres, de l'autre par des buissons et des broussailles. Outre les cocotiers et les bananiers aux larges feuilles, peu nombreux en cet endroit, les arbres les plus remarquables pour un étranger étaient l'agave, avec son tronc élancé et ses longues feuilles armées de pointes aiguës, et un autre de la même famille, mais dépourvu de tronc; ces deux variétés se comptaient par milliers. Je remarquai aussi beaucoup d'orchis parasites croissant sur les arbres, particulièrement l'*Angræcum superbum* et l'*A. sesquipedale*, qui venaient de terminer leur floraison ; un autre petit orchis, avec de jolies fleurs blanches, était aussi très-abondant. Les grands modèles de ces plantes ont récemment atteint un prix élevé en Angleterre ; un seul sujet s'est vendu 1,250 fr.

Ce n'était pas une petite affaire que d'examiner ces nouveaux types de végétation, ainsi que les oiseaux, les papillons et autres insectes qui traversaient à chaque instant notre chemin, jusqu'à notre arrivée à Hivondro, gros village épars sur les bords d'une belle rivière du même nom, qui reçoit là quelques autres cours d'eau plus petits et se jette dans la mer. Nous avions eu l'intention d'aller jusqu'à Tranomaro, village situé près de 20 kilomètres plus loin ; mais calculant que, vu le retard apporté à notre départ, nous n'aurions pu y arriver qu'après la tombée de la nuit, nous décidâmes de coucher à Hivondro. Dans la plupart des villages sur la route qui mène à la capitale, une maison est réservée aux voyageurs, qui s'y établissent sur-le-champ, sans rien payer pour le loyer. Ici, cette maison était meilleure que dans les autres stations ; elle se composait, comme toutes les habitations dans cette partie du pays, d'une charpente en bois remplie avec des feuilles de l'*arbre du voyageur*; les murs, faits d'une espèce de treillis en roseau, étaient recouverts, ainsi que le plancher, d'une natte tressée avec les fibres des feuilles du palmier-rofia. Dans un coin se trouve la cheminée : c'est tout simplement une surface d'un mètre et demi carrés de terre nue, avec six grosses pierres pour supporter les ustensiles de cuisine, et un simple trou dans le toit pour la fumée.

Nos hommes arrivèrent bientôt avec les bagages et procédèrent aux préparatifs de la cuisine ; ils allumèrent du feu, installèrent marmites et casseroles ; en quelques minutes, bœuf, volailles et soupe étaient en train de cuire à la fois. Pendant ce temps nous descendîmes, M. Plant et moi, au bord de la mer et dans le village, pour visiter un négociant français, créole, le seul Européen de la localité. Nous le ramenâmes avec nous, et à notre retour, le dîner se trouva prêt. Ma grande caisse de dessins, placée sur d'autres colis, constitua une table excellente; nous nous assîmes autour sur divers ballots, et nous eûmes la satisfaction de constater que notre porteur, chargé de la cuisine, s'en était fort bien tiré. Notre ami nous amusa beaucoup en nous racontant, en mauvais anglais, de plaisantes histoires sur divers aventuriers, anglais, français, allemands et autres, dont on avait été infesté à Tamatave, après l'avénement de Radama et l'ouverture du pays aux Européens; il confirma pleinement ce que j'avais déjà appris du caractère querelleur de plusieurs des résidents étrangers. Après le départ de notre visiteur, je me confectionnai un lit très-passable avec mon matelas et mon sac de nuit disposés sur trois ou quatre caisses; M. Plant dormit par terre, mais son sommeil fut considérablement troublé par certains petits hôtes de la maison.

Le lendemain matin nous étions levés avant le soleil, et lestés d'une tasse de café, nous nous mîmes en route vers six heures. Nous descendîmes à la rivière, qu'il fallait traverser, et nous prîmes place avec nos bagages dans sept canots. Ces canots, comme ceux de Tamatave, sont de construction très-primitive, et creusés simplement dans le tronc d'un arbre nommé *varongy*. Ils mesurent jusqu'à dix à douze mètres de long, et environ un mètre et demi en profondeur et en largeur. L'absence de quille les fait chavirer facilement s'ils ne sont chargés avec soin. Une espèce de bec qui s'avance à chaque extrémité est percé d'un trou pour attacher une amarre. A raison de la surface lisse des flancs, et de la longueur relativement considérable de ces canots, on peut leur imprimer une grande vitesse avec un effort beaucoup moindre que celui qu'exige le déplacement d'un bateau européen. Les rames des indigènes ont la forme d'une pelle en bois ; ils les enfoncent dans l'eau et les font mouvoir verticalement. Nous remontâmes la rivière pendant une demi-heure environ, jusqu'à un endroit où, recevant quelques autres cours d'eau, elle forme des îles, dont les rives sont couvertes d'une luxuriante végétation plongeant jusque dans l'eau. A la surface apparaissaient par milliers les fleurs éclatantes d'immenses nénuphars. Après vingt minutes environ de navigation, notre flotte arriva à destination ; nous reprîmes nos palanquins pour nous engager par un étroit sentier dans les bois qui bordent la rivière. L'air du matin, même dans cette région tropicale, ne laissait pas d'être vif avant le lever du soleil, et rendait nécessaire l'usage du pardessus.

Notre chemin côtoie pendant quelques kilomètres une forêt peu touffue, où l'on voyait dans toutes les directions des souches d'arbre et des troncs à demi-consumés, blancs et noirs. On a ici l'habitude de brûler les arbres, ou du moins les feuilles et les petites branches, en laissant les troncs blancs et dépouillés ; c'est, dit-on, pour préparer le bois de charpente. Autour de nous volaient une multitude de grosses corneilles, pas complétement noires comme nos espèces d'Europe, mais avec un large collier blanc autour du cou, ce qui leur donne un faux air clérical. Il y avait aussi un certain nombre de *vorom-potsy* (oiseaux blancs), nommés aussi *voron-tian'-omby*, c'est-à-dire « oiseau aimé des troupeaux, » parce qu'ils suivent les troupeaux et mangent les insectes qui les tourmentent. Partout où paissent des animaux domestiques, on voit toujours un nombre proportionnel de ces oiseaux. Les bœufs de Madagascar diffèrent de nos espèces européennes par la longueur considérable de leurs cornes, et par une grosse bosse qu'ils ont entre les épaules. A part cela, leur apparence est la même, la qualité et le goût de leur chair presque les mêmes que ceux du bœuf anglais. La bosse, composée principalement d'une graisse délicate comme la moelle, est très-estimée des gourmets malgaches. Quand l'animal dépérit, la bosse diminue beaucoup de volume; elle semble, comme celle du chameau, s'absorber dans le reste du corps; elle tend alors à pendre en dehors des épaules. Aux approches de la grande fête nationale, on engraisse plusieurs mois à l'avance un grand nombre de bœufs.

Nous arrivâmes à Tranomaro vers neuf heures et demie, pour déjeuner. Mes porteurs formaient un groupe de joyeux compagnons, animés de la meilleure volonté et doués du plus heureux caractère. Comme nous approchions de la station, ils prirent la course avec de bruyants éclats de voix et nous firent traverser le village à fond de train, au grand émoi de la population.

Ce village ne justifie guère son nom, qui signifie » beaucoup de maisons, » car il n'y en avait pas une vingtaine. Repartis à midi, nous arrivâmes en quelques minutes à la mer, notre chemin côtoyant les vagues, qui venaient même parfois le mouiller. Des centaines de petits crabes rouges, de 7 à 8 centimètres de long, étaient occupés à prendre leur bain du matin ou à faire le guet au bord de leur trou, où ils disparaissaient instantanément à notre approche. J'eus le désappointement de ne pas trouver de coquilles remarquables par leurs dimensions ou leur beauté. Les seules qui différassent de celles qu'on trouve sur nos côtes étaient un petit bivalve d'une nuance bleu-pourpre admirable, et un coquillage verticillé presque transparent, ressemblant au volute d'un chapiteau d'ordre ionien, mais si fragile qu'il était difficile d'en trouver un échantillon en bon état.

Quelque temps après, nous quittâmes le bord de la mer pour nous engager dans la forêt, en côtoyant un de ces lacs qui s'étendent parallèlement au rivage sur presque toute la route de Tamatave à Andévourante. Les lacs de la côte orientale de Madagascar sont une particularité géographique qui ne se présente probablement dans aucun autre pays. Ils suivent la ligne de la côte non-seulement entre Tamatave et Andévourante, mais encore pendant près de 500 kilomètres au delà de cette dernière localité; leur distance de la mer varie entre quelques centaines de mètres et 7 à 8 kilomètres. Le paysage, sur cette côte, est d'un aspect aussi varié que splendide : l'eau et la végétation s'y unissent pour composer une série de tableaux qui me rappelaient souvent les vues les plus ravissantes que puissent offrir nos rivières et nos lacs d'Angleterre. Pendant la plus grande partie du trajet, notre chemin courait entre les pièces d'eau et la mer. Une bonne partie de ce voyage pourrait se faire en bateau ; mais comme les lacs offrent des solutions de continuité, il faudrait souvent reprendre son palanquin, et perdre du temps à se procurer des canots à chaque nouvelle nappe d'eau.

Quelques mois après mon arrivée à Madagascar, mon ami M. Plant, avec le capitaine Rooke et quelques autres officiers anglais de Maurice, explora cette remarquable chaîne de lacs sur un parcours de plus de 400 kilomètres. Ils avaient un bateau construit exprès à Port-Louis, assez léger pour être porté dans l'intervalle des courtes distances qui séparent les pièces d'eau. Ils trouvèrent si peu d'interruption dans la série des lacs, que sur 400 kilomètres à franchir ils n'en firent que 48 sur terre. On voit combien il serait facile d'unir ces lacs par des canaux, de manière à compléter cette voie de communication parallèle à une grande étendue de la côte orientale. Ce travail fut entrepris et commencé par Radama Ier ; mais, comme beaucoup d'autres projets de cet homme d'Etat éclairé, il fut interrompu par sa mort et n'a jamais été repris depuis. Sous la direction du chef indigène Coroller, quelques milliers d'hommes furent employés à réunir les lacs situés près de Tamatave ; et il est certain que si la confiance se rétablit, si le pays triomphe de ses craintes à l'endroit de l'intervention étrangère, une politique éclairée terminera cette entreprise, qui donnerait une impulsion décisive au commerce de la côte orientale. Le capitaine Rooke et ses compagnons ne poussèrent pas jusqu'à l'extrémité sud de cette série de lacs, par suite de la maladie de quelques-uns des touristes, et de l'incertitude où l'on était relativement au caractère hospitalier de la population de ces parages; mais ils en virent assez pour constater que les lacs se prolongent sur une étendue considérable au delà du point qu'ils avaient atteint.

C'était un admirable panorama que ces lacs bordés de forêts vierges, avec les îles nombreuses qui émaillaient la surface de l'eau. Je remarquai sur les rives des milliers d'arbres des plus pittoresques, entre autres une espèce de pandanus avec de larges racines sortant du sol, comme pour ancrer l'arbre solidement contre les flots et la violence des courants. Nous vîmes dans les bois le copal et plusieurs sortes de palmiers, avec des troncs gracieusement élancés et des couronnes de feuilles légères comme des plumes. Il y avait beaucoup de plantes grimpantes parasites, formant des cordes d'épaisseurs variées qui liaient les arbres ensemble dans toutes les directions. De gros bouquets de fougères langue-de-bœuf (*scolopendra*) s'étalaient à côté des orchis (*angræca*) sur tous les troncs d'arbres qui se penchaient sur notre chemin, partout où une bifurcation des branches offrait un réceptacle à un peu de terre et d'humidité.

Dans mon voyage de retour, je reconnus avec curiosité, parmi les arbres de la côte, le fameux tanghin (*tanghinia veneneflua*), d'où l'on tire le poison qui, depuis un temps reculé, sert à Madagascar à administrer la question aux accusés. Le tanghin a la hauteur d'un grand pommier; en l'acclimatant en Europe, on ajouterait un beau type à nos arbres d'ornement. Ses feuilles sont groupées en grappes et rappellent la disposition de la feuille du marronnier. Le poison se

Tanghinia Veneniflora.

Page 38.

tire du fruit, qui ressemble à une noix; jusqu'à une époque toute récente, il a été employé pour le jugement des accusés. Sous le règne de la reine Ranavalona, il a causé la mort de milliers d'innocents.

Il était encore de bonne heure, dans l'après-midi, quand nous arrivâmes à Andranokoditra, village de douze maisons à peine. De la nôtre, on avait une vue ravissante sur un grand lac, avec ses bois, ses îles, et la mer, qui n'était qu'à deux ou trois cents mètres. Ce jour se trouvait être un dimanche, mais il nous avait été impossible de nous arrêter avant d'avoir atteint cette localité. Je m'attachai à célébrer de mon mieux ce saint jour, en lisant les prières et les hymnes qui sont désignées à cet effet dans la liturgie, et en m'unissant par la pensée à ceux qui, dans la mère patrie, se livraient aux devoirs et aux joies spirituelles du sabbat. Nous passâmes la soirée sur les bords du lac. De gros canards et diverses espèces de gibier se montraient à profusion; mais on ne peut sans bateau atteindre les îles, où ils gitent de préférence. Après notre repas du soir, M. Plant suspendit son hamac; je fis de nouveau mon lit sur mes caisses à dessin, où je finis par m'endormir malgré les blattes qui ne cessaient de courir autour de moi, et sur ma personne.

Lundi, 5 octobre. — On se leva un peu après quatre heures, pour partir avant cinq, au demi-jour. Après un court trajet à travers bois, nous retrouvâmes, sur un espace de quelques kilomètres, le bord de la mer, que nous suivions sur un étroit banc de sable, entre l'eau salée de l'Océan et l'eau douce du lac. En plusieurs endroits, la rive opposée présentait l'apparence d'un gisement rocheux, composé de grès rouge avec une certaine quantité de quartz. Nous laissâmes de nouveau la mer pour rentrer dans les bois, où nous accueillit une pluie pénétrante. Elle ne tarda pas à cesser, et à neuf heures nous déjeunions à Vavony. Le personnage principal du village nous apporta des œufs comme témoignage de son bon vouloir envers les étrangers. Je puis dire qu'il nous est rarement arrivé de nous arrêter dans un village, à quelque heure que ce fût, sans recevoir une visite du chef de la localité et de sa famille, toujours accompagné de quelque cadeau. Volailles, riz, pommes de terre, œufs et miel nous étaient constamment offerts, précédés d'un discours; ce discours, naturellement inintelligible pour moi, roulait, comme on me l'apprit, sur les noms et dignités de la reine, et sur le plaisir causé par la visite du *vazaha* (étranger) dans le village. Les Malgaches sont très-hospitaliers, toujours polis, et recommandables pour la bonne foi qu'ils ont constamment observée dans les traités avec les Européens. C'est le témoignage unanime des voyageurs qui ont visité cette île. Le sentiment de jalousie qui s'est développé récemment n'est que l'effet naturel des tromperies et des violences dont beaucoup d'Européens, les Français surtout, se sont rendus coupables à leur égard.

Quittant Vavony entre onze heures et midi, nous nous avançons de nouveau à travers bois le long des bords d'un lac de 4 à 5 kilomètres d'étendue. Le paysage était charmant; les deux rives couvertes d'arbres me rappelaient souvent les bords de la Wye, ailleurs le lac de Longleat, et quelquefois celui de Studley-Park. Sur une longueur de plusieurs kilomètres, notre chemin ressemblait à une allée de parc seigneurial en Angleterre, serpentant à travers des bouquets d'arbres ou d'arbustes, plantés dans un gazon court et uni. Dans certains endroits où n'apparaissait pas la végétation spéciale des tropiques — les agaves, les cactiers et les palmiers, — l'illusion était complète. Des massifs de *filaos*, grand arbre du genre du mélèze (*casuarina laterifolia*), donnaient à une partie du paysage je ne sais quel aspect anglais. Nous trouvâmes aussi sur notre route le palmier sagou, beaucoup moins élevé que la plupart des palmiers, et ne dépassant pas trois à quatre mètres, mais avec les mêmes longues feuilles penniformes qui caractérisent le genre.

On voyait aussi, en grande quantité, un arbre portant un fruit du volume de l'orange, mais enfermé dans une écorce dure, parfaitement sphérique, et qui exige un coup violent pour la briser. Elle contient une pulpe grisâtre, et de grosses graines noires; le goût ne ressemble en rien à celui de l'orange, mais ce fruit ne laisse pas d'être savoureux et rafraîchissant. On récolte en abondance, sur la côte, du caoutchouc et du copal. Ces produits végétaux constitueront certainement plus tard une part importante du commerce d'exportation de Madagascar.

Cette région si belle est très-insalubre pour les étrangers. Toutes les rivières de la côte communiquent avec les lacs, et pendant la saison des pluies elles entraînent, des forêts de l'intérieur, de grandes quantités de débris végétaux. La vaste étendue des lacs et des marais vicie l'air, et engendre la redoutable fièvre malgache. Ce fléau n'est pas aussi rapidement mortel que la fièvre jaune des Indes, et il en diffère sous plusieurs rapports. Des accès de frisson alternent avec une transpiration surabondante. Les Européens et les Malgaches des autres régions y sont également sujets, tandis que les indigènes fixés sur la côte semblent assurés contre l'influence fatale. Le remède le plus efficace est la quinine, prise après des breuvages anodins ou purgatifs. Les Malgaches emploient les bains de vapeur et les fomentations avec diverses herbes pour provoquer la transpiration ; ce traitement réussit souvent. Lorsqu'une fois la fièvre s'est emparée de toute l'économie, il paraît presque impossible de la chasser ; on peut avoir complétement quitté le pays, vivre dans des contrées tout autres, et rester sujet à de légères attaques, dans la saison chaude ou pluvieuse, pendant bien des années après le départ.

Les relations des premiers établissements français ou portugais sur la côte de Madagascar représentent la fièvre comme un fléau redoutable, faisant de nombreuses victimes parmi les soldats et les autres habitants des forts. Aussi l'île Sainte-Marie (1) fut-elle nommée « le tombeau des Français, » par ces derniers, et « le Cimetière » ou « l'île de la Mort, » par les Danois et autres colons. Il est certain, toutefois, que la fièvre fut souvent aggravée par les habitudes d'intempérance et de débauche des premiers visiteurs européens, comme aussi par le défaut des précautions ordinaires et de médicaments convenables.

Quand M. Bevan et M. Jones, les premiers agents envoyés par la Société des Missions de Londres, dé-

---

(1) Ile sur la côte orientale de Madagascar, autrefois occupée par les Français.

barquèrent sur la côte avec leurs familles en 1819, on avait fort peu de notions sur le climat et sur la saison favorable aux voyages ; aussi arrivèrent-ils à Tamatave en mars, avant la fin de la saison des pluies et lorsqu'il y avait encore de grands dangers de fièvres. Cette première mission ne tarda pas à être atteinte par le fléau ; l'un après l'autre furent frappés, jusqu'à ce que, des six personnes qui la composaient, une seule survécût, M. Jones, qui, abattu et affaibli par les accès, fut obligé de retourner à Maurice pour y recouvrer ses forces ; il reprit son œuvre l'année suivante. Ainsi les premiers efforts pour évangéliser Madagascar furent soumis à une rude épreuve ; mais ces commencements douloureux devaient être suivis de nombreuses années de succès, et d'abondants témoignages de la protection divine.

La hardie voyageuse, Mme Ida Pfeiffer, fut prise également par la fièvre, qui avec le temps devait avoir pour elle une issue fatale. Elle visita Madagascar en 1857, et son voyage de retour se trouva être le dernier. Elle était dans la capitale à l'époque où certains résidents français tentèrent de détrôner la reine Ranavalona au profit de son fils Rakoto. Le complot fut découvert, et Mme Pfeiffer, bien qu'elle n'y eût trempé en rien, encourut le ressentiment de la reine au même degré que ceux qui y avaient joué un rôle actif. Tous les Européens, sans distinction, furent renvoyés à la côte, et on les contraignit de voyager avec une lenteur calculée, qui trahissait chez la reine l'intention de les faire périr dans le voyage ; n'osant pas recourir à une exécution, elle s'en remettait à la fièvre du soin de sa vengeance. Ils passèrent près d'un mois en route ;

Mᵐᵉ Pfeiffer put revoir l'Europe, mais mourut peu après son retour dans son pays, victime des fatigues et des privations de ce douloureux trajet.

Les terres élevées dans l'intérieur de l'île sont généralement exemptes des ravages de la fièvre, mais pas complétement. Il y a certains districts où elle règne avec un caractère encore plus redoutable que sur la côte. Au nord-est de Tananarive, à deux journées de marche environ, se trouve une région qui sert de lieu de bannissement pour certains criminels. On assure qu'il est rare de les voir vivre longtemps dans cet air pestilentiel, et la fièvre les emporte ordinairement quelques mois après leur arrivée. C'est dans de tels parages qu'on a dû placer cet arbre fantastique, dont l'ombre seule constituait un poison mortel.

La saison la plus saine de l'année, pour les étrangers qui débarquent et voyagent dans l'intérieur, comprend les mois de juin, juillet, août et septembre. J'arrivai après cette époque, et je fus assez heureux pour n'éprouver aucune atteinte de la maladie, bien que plusieurs membres de la mission, qui m'avaient précédé d'une semaine, eussent eu quelques attaques de fièvre après leur arrivée dans la capitale.

Revenons à notre voyage. Vers deux heures nous eûmes à traverser le lac, mais il n'y avait qu'un seul petit bateau, et il fallut plus de deux heures pour faire passer hommes et bagages à l'autre bord. Nous errâmes pendant ce temps dans les bois, trouvant un grand intérêt à examiner les orchis, les fougères, et d'autres plantes dont la plupart m'étaient inconnues ; nous prîmes une immense araignée, d'un éclat splendide, et nouvelle pour mon compagnon qui avait fait de l'entomologie son étude favorite. Nous nous amusions à voir de petits crabes terrestres, dont les yeux émergent tout à coup brillants et curieux, pour rentrer bientôt dans leur niche ; ainsi que de splendides lézards

à la robe zébrée, et mille autres objets animés qui abondent dans les forêts tropicales (1). Le bac se trouve près d'un village qui jouit du nom d'Andavaka-Ménarana, c'est-à-dire « le trou des serpents. » En dépit de ce nom de mauvais augure, nous n'eûmes à reculer épouvantés devant aucun reptile, bien qu'une grotte

(1) Le lézard que représente la vignette est le *Gerrhosaurus à raie double*.

voisine fût réputée servir d'embuscade à un grand nombre de ces animaux. De l'autre côté du lac, après avoir retrouvé pendant quelque temps le même paysage, nous débouchâmes dans une immense plaine verdoyante, d'où nous apercevions, du côté de l'intérieur, les lignes empourprées de montagnes couvertes de forêts.

Un peu avant la brune, nous arrivâmes à Andévourante, gros village situé à l'embouchure de la rivière Iharoka, et ancien chef-lieu des tribus Betsimisarakas, avant leur soumission à l'autorité des Hovas. Cette localité serait le port naturel de la capitale, sans le banc de sable qui barre la rivière. N'était cet obstacle, les navires à voile ou à vapeur pourraient pénétrer dans l'intérieur jusqu'à une distance de plusieurs lieues. Comme la plupart des rivières africaines, beaucoup des cours d'eau de cette côte sont ensablés à leur embouchure, ce qui empêche de les utiliser comme ports, sauf pour de petits navires. Entre les mains des Européens, qui sauraient faire disparaître l'obstacle, Andévourante deviendrait un port de mer important, donnant accès dans une grande étendue de pays.

La maison qui nous servit de logement était spacieuse, divisée en trois pièces, et avait cette fois des fenêtres (sans vitres, bien entendu) ainsi que des portes. Toutes les maisons où nous avions logé jusqu'à ce jour étaient sans fenêtres, et une natte suspendue à l'entrée tenait lieu de porte.

Pendant qu'on préparait le dîner, nous allâmes explorer le bord de la mer et les rives du fleuve, dans l'espoir de trouver quelques spécimens nouveaux d'histoire naturelle. M. Plant me raconta à cette occasion qu'il fut un jour assez heureux pour se procurer un aye-aye (*cheiromys madagascariensis*), ce mammifère si remarquable, particulier au pays, et dont deux ou trois échantillons seulement sont parvenus en Europe. L'animal n'est point facile à saisir ; il ne sort guère de sa retraite que la nuit, et les indigènes sont pénétrés à son endroit d'une crainte superstitieuse qui les empêche de mettre la main sur lui, même avec l'appât d'une forte récompense.

L'aye-aye appartient à l'ordre des quadrumanes ; mais il est très-différent des singes, et paraît servir de trait d'union entre ceux-ci et les animaux rongeurs. Sa conformation présente un des exemples les plus intéressants de l'organisation animale, au point de vue de la modification d'un type primitif en vue de certaines fins spéciales. L'aye-aye se nourrit d'une larve qui ronge le bois et se creuse des réduits sous l'écorce de certains arbres. Pour atteindre ces larves, la nature a pourvu l'animal de dents puissantes, véritables ciseaux, avec lesquels il enlève l'écorce extérieure : le ver se réfugie alors au fond de son trou, mais un des doigts de l'aye-aye, plus long et plus mince que les autres, constitue une sonde armée d'un crochet avec laquelle il va chercher au fond de sa retraite l'objet de sa convoitise.

L'aye aye offre encore d'autres particularités, qui tendent toutes au parfait accomplissement des fins de sa création : ainsi les yeux sont larges et proéminents pour voir de nuit, les oreilles très-développées pour saisir le faible bruit du rongeur à l'ouvrage, et les ongles des pieds sont aigus et allongés pour fixer l'animal solidement sur l'arbre pendant qu'il travaille avec ses dents.

Nous n'eûmes pas la chance de trouver dans nos pérégrinations un de ces œufs énormes, dont on a découvert un certain nombre sur cette côte. On en a rapporté en Europe deux ou trois seulement, trouvés avec quelques ossements gigantesques, à Mananzary, ville située à 80 lieues environ au Sud. Si l'oiseau (épiornis), arrivé à son plein développement, tenait le même rang parmi les oiseaux que son œuf parmi les œufs, c'était assurément le plus gros volatile qui ait jamais existé. L'œuf a plus de trente centimètres de long, et sa capacité dépasse celle de six ou sept œufs d'autruche ; elle est de onze à douze litres. Toutefois, le professeur Owen a fait observer qu'un gros œuf n'implique pas nécessairement un oiseau de taille proportionnée, puisque le petit kiwi, ou aptéryx, de la Nouvelle-Zélande, produit un œuf qui ne pèse pas moins du quart de l'oiseau complétement développé (1).

Il y avait dans notre maison, indépendamment du luxe des portes et des fenêtres, jusqu'à un bois de lit, dont je pris possession ; mais j'avais compté sans les puces, qui s'arrangèrent pour m'interdire le repos que je m'étais promis de goûter.

(1) Voir l'appendice A.

CHAPITRE IV.

VOYAGE A LA CAPITALE. — DE LA CÔTE A L'INTÉRIEUR.

Voyage en bateau sur la rivière Iharoka. — Crocodiles. — Crainte superstitieuse qu'ils inspirent aux indigènes. — Fables et légendes. — Paysage et végétation des bords de la rivière. — L'arbre du voyageur. — Maromby. — Plantation de café et orangerie. — Difficultés de la route. — Caractère du paysage. — Climat. — Ranomafana et sa source thermale. — La « feuille de dentelle. » — Greniers indigènes. — Solidité des porteurs. — Aspect de la population. — Musique indigène. — Ressources du pays. — Ampasimbé. — Tissage des étoffes. — Le palmier rofia. — Misères nocturnes. — Beforona. — Elévation des montagnes et intérieur des plateaux. — Maisons sur la route. — Forêt d'Alamazaotra. — Difficultés de la marche. — Luxuriance de la végétation. — Orchis, bambous, plantes grimpantes. — Pauvreté et caractère particulier de la faune. — Théories géologiques. — Intérieur de l'île encore inexploré. — La rivière Mangaro. — Episode de la persécution. — Vue étendue du haut de l'Ifody. — Maisons des Hovas. — Insectes. — Angavo. — Absence d'arbres dans l'Imérina. — Nombreux villages. — Ambatomanga. — Toilette primitive. — Première vue de la capitale. — Ses dimensions. — Vol de sauterelles. — Entrée à Tananarive.

Mardi, 6 octobre. — Il plut à verse toute la nuit, et nous ne fûmes en mesure de quitter Andévourante qu'à six heures et demie. Après une longue explosion de cris, mêlés de querelles, de la part de nos porteurs, qui exprimaient tous à la fois leur opinion respective sur la marche à suivre, nous partîmes dans dix grands canots, en remontant à force de rames la rivière Iharoka. Sur une assez longue étendue, ce cours d'eau a plus de 1500 mètres de large. Nous avions une matinée sereine et calme après une nuit orageuse, et quand je vis notre bateau glisser rapidement à la surface de cette belle route liquide, le cap tourné vers les montagnes de l'intérieur, je sentis, pour la première fois, que je me dirigeais vers la capitale.

Après une demi-heure de navigation, nous arrivions à un point où la rivière se divise en trois branches; celle que nous prîmes avait la moitié environ de la largeur totale. Nous atteignîmes et dépassâmes de nombreux bateaux, chargés pour la plupart de riz ou d'autres denrées, et conduits par un seul rameur; celui-ci se tenait généralement à l'arrière, donnant quelques coups d'aviron de chaque côté du canot alternativement, de manière à maintenir l'embarcation juste au milieu de la rivière. Quelques autres bateaux étaient occupés par des familles indigènes, se rendant à quelque marché dans un des villages voisins. Nos hommes paraissaient enchantés de ramer, exercice qui faisait diversion après le transport de nos palanquins et de nos bagages, et ils nous faisaient voler sur l'eau avec une rapidité prodigieuse. Plus d'une fois, je l'avoue, j'aurais voulu ralentir leur ardeur; car, à les voir lutter de vitesse l'un avec l'autre, je craignais sérieusement de chavirer. La chose leur eût été assez indifférente, attendu qu'ils n'avaient rien à perdre; mais nous n'y aurions trouvé pour notre part aucun agrément, même abstraction faite de la chance de rencontrer des crocodiles, chose ordinaire dans les rivières de Madagascar.

Ces reptiles sont assez nombreux, dans bien des endroits, pour constituer un véritable fléau; ils détruisent beaucoup de moutons et de bestiaux ; souvent aussi des femmes et des enfants deviennent leur proie, lorsqu'ils s'aventurent imprudemment dans l'eau ou même sur le bord. Les Malgaches, toutefois, ont une crainte superstitieuse de ces monstres qui les empêche de chercher à les tuer. Ils essaient plutôt d'adoucir l'animal par des prières et par des présents qu'on jette dans l'eau, comme pour lui rendre hommage dans son élément. Aux environs du lac d'Itazy, qui se trouve à 25 lieues ouest de la capitale, les habitants des villages croient que, si l'on tue un crocodile, une vie humaine sera bientôt réclamée par les frères du monstre, en expiation de sa mort. Il y a quelques années, deux voyageurs français tuèrent un crocodile dans ce lac ; et telle fut la consternation des indigènes en raison des conséquences qu'ils attendaient de cette mort, que les étrangers jugèrent prudent de quitter immédiatement le pays. Les *impanaoodys* (charmeurs) préparent des *odys* ou charmes, qu'ils jettent dans l'eau comme réputés très-efficaces contre les crocodiles ; la prétendue vertu de ces talismans est due sans doute au bruit qu'on fait en criant et en battant l'eau à chaque offrande de l'ody.

Il existe un grand nombre de fables et de légendes indigènes au sujet du crocodile, qui tendent, pour la plupart, à montrer la force et la ruse de cet animal. D'un autre côté, on assure que les chiens, quand ils veulent traverser une rivière, ont un procédé ingénieux pour tromper ces amphibies : au dire des habitants, le chien, en arrivant sur le bord de la rivière, s'arrête quelques minutes et aboie de toutes ses forces, sachant que les crocodiles seront attirés par le bruit; immédiatement après, il court à toutes jambes un peu plus haut, et traverse le fleuve avant que ses ennemis aient eu le temps de remonter le courant pour l'atteindre. On ramasse les œufs du crocodile pour les vendre dans les marchés; mais je n'ai jamais été tenté d'apprécier les mérites de ce mets délicat.

En nous maintenant près des bords de la rivière, nous pouvions examiner à notre aise la puissante végétation qui les couvrait. Dans plusieurs endroits nous vîmes des bambous, avec leurs longues tiges cylindriques, mais petits toutefois, relativement à ceux que nous observâmes ensuite dans la forêt. Des plantations de riz et de cannes à sucre étaient parsemées de bananiers, de palmiers, et d'autres arbres moins différents des espèces européennes. De grands nénuphars, avec leurs feuilles étalées à la surface de l'eau, des liserons et des fleurs innombrables, de formes nouvelles, charmaient de tous côtés notre regard. Les rives, d'abord plates, s'élevaient graduellement, et les sites devenaient plus accidentés à mesure que nous avancions.

A un certain point de notre navigation, « l'arbre du voyageur (1) » commença de se montrer en abondance, et il donna bientôt un aspect tout particulier au paysage. Cet arbre, d'une beauté remarquable, appartient à l'ordre des *musaceæ*, quoiqu'à certains égards sa conformation rappelle le palmier plus que que le bananier. On le reconnaît immédiatement à sa gracieuse couronne de larges feuilles ver-

(1) *Urania speciosa*, ou *Ravinala Madagascariensis*.

tes, disposées en forme d'éventail au sommet du tronc. Les feuilles sont au nombre de vingt à trente,

L'arbre du voyageur.

de deux mètres et demi à trois mètres de long sur près de cinquante centimètres de large. Elles ressemblent beaucoup à celles du bananier, et quand le vent ne les a pas déchirées, leur aspect est d'une singulière beauté. « L'arbre du voyageur » doit son nom à la propriété qu'il possède de fournir en tout temps une certaine quantité d'eau fraîche et potable, lorsqu'on perce le pétiole, autrement dit la queue d'une feuille, avec une lance ou tout autre instrument pointu. Cette propriété est due elle-même aux grandes dimensions de la feuille, qui condense à sa surface l'humidité de l'atmosphère, et d'où l'eau tombe goutte à goutte dans la cavité formée entre le pétiole et le tronc. Chaque arbre contient donc une agglomération de petits réservoirs, qui donnent de l'eau à volonté. Le bananier possède, presque au même degré, ce pouvoir d'absorber l'humidité. En cas d'incendie, on bat les maisons avec ces feuilles pour éteindre le feu, tant est considérable la quantité d'eau qu'elles contiennent. Le tronc lui-même est rempli de petites cavités pleines d'eau, distillée par la surface humide des feuilles.

L'arbre du voyageur pourrait s'appeler, avec non moins de justesse, « arbre du constructeur, » car il est de la même utilité aux habitants de cette côte que le cocotier aux insulaires de la mer du Sud. Les feuilles sont employées pour recouvrir le toit et les murs des maisons; l'écorce, battue et séchée, sert pour les planchers; le tronc fournit un bois excellent de grande ou de petite charpente. Chaque matin on vend dans les marchés des provisions de feuilles fraîches, que les indigènes emploient en guise de plats et d'assiettes. Au festin du premier de l'an et dans quelques autres occasions, le *jaka* ou mouton, tué pour la solennité, est toujours servi, entouré de riz, sur des feuilles de l'arbre du voyageur ou de bananier; on fabrique aussi de grandes cuillères avec des fragments de ces mêmes feuilles, façonnés selon la forme voulue, et assujétis avec les filaments d'une plante grimpante.

Notre voyage en bateau était d'environ 30 kilomètres; la rivière où nous naviguions s'était rétrécie peu à peu en un canal de 6 à 9 mètres de large. A un des points où elle était le plus resserrée, nous fûmes arrêtés par un arbre tombé en travers à la surface de l'eau. Il fallut à grand'peine hisser tous les canots l'un après l'autre par dessus l'obstacle, après les avoir déchargés du poids des bagages, pour les recharger ensuite. J'ai su, par des amis qui ont passé par là neuf mois plus tard, que l'arbre s'y trouvait encore. Parmi les centaines de voyageurs dont il a successivement entravé le passage, pas un n'a eu l'idée, au prix d'un léger surcroît de travail, de l'enlever une bonne fois. Un fait tout semblable arriva dans la forêt : un arbre étant tombé un jour en travers du chemin, il y resta des mois entiers, jusqu'à ce qu'il fût détruit par la pourriture. Les palanquins étaient hissés par-dessus, ou poussés par-dessous à grand'peine ; le temps et la nature travaillèrent seuls à déblayer la voie et à rétablir la facilité des communications. Le « service de la voirie » est inconnu dans ce pays, et le gouvernement ne s'occupe jamais de ces détails.

Nous fûmes heureux de débarquer, vers dix heures, à la station de Maromby ; car la pluie était survenue, et avant que nous fussions à l'abri elle tombait par véritables torrents. Nous eûmes pour dessert, au déjeûner, d'énormes framboises, plus grosses que les espèces européennes, mais dont la graine est plus petite. La maison où nous étions touchait une plantation de café ; les arbres y atteignent près de deux mètres et demi, avec des feuilles d'un vert foncé et lustré. Ce que nous utilisons dans le café n'est pas le fruit, mais la graine : ces graines sont contenues deux par deux dans une petite baie rouge de la grosseur d'une groseille, et remplie, avant la maturité, d'un jus doucâtre. Le caféier prospère dans toutes les parties de l'île, et il pourrait fournir un accroissement considérable aux exportations de Madagascar.

Nous avions aussi près de nous un grand nombre d'orangers, dont les fruits n'étaient pas encore mûrs à cette époque; mais à mon retour j'eus la satisfaction de voir à Maromby une magnifique orangerie, où des milliers de pommes d'or faisaient plier les arbres sous leur poids. La chaleur était intense, et nous ne nous fîmes pas faute de répondre à l'invitation qui nous fut faite d'en prendre à discrétion. Je connais peu de vues plus belles que celle d'une orangerie en pleine maturité. Le jardin des Hespérides, avec ses fruits d'or, n'était certainement pas autre chose qu'une plantation d'orangers.

La pluie cessa quelque temps après, mais nous ne partîmes pas avant deux heures passées, car nos hommes devenaient moins faciles, et ne cachaient pas leur désir de passer à Maromby le reste de la journée, chose que nous n'étions nullement disposés à leur accorder. On finit par se mettre en route, et quelques minutes après, nous eûmes un échantillon des aventures qui nous attendaient en pleine forêt. En essayant de passer un gué, un de mes hommes s'enfonça tout à coup jusqu'à la ceinture dans un amas de boue jaune. Je ne sais par quel heureux hasard je ne fus pas précipité dans l'eau; quoi qu'il en soit, je pus me cramponner successivement aux épaules de tous les porteurs, et atteindre ensuite la terre ferme par une espèce de pont tremblant, suspendu au-dessus du courant.

Nous pénétrâmes alors droit dans la région des montagnes, montant et descendant, descendant et montant, pendant près de quatre heures consécutives. Le chemin n'était qu'un sentier, et quelquefois pas même un sentier, mais simplement le lit d'un torrent formé par les grosses pluies. Tantôt il serpentait autour des montagnes, tantôt il les gravissait sans détour, pour descendre ensuite dans les vallées, avec des pentes difficiles à suivre pour l'individu qui ne porte que sa personne, mais qui exigent de violents efforts de la part de celui qui est lourdement chargé. Mon palanquin décrivait successivement tous les angles connus dans la géométrie; quelquefois j'avais la tête en bas dans une situation presque verticale, et l'instant d'après je me trouvais comme sur mes pieds. Souvent nous avons passé dans des endroits où un faux pas de mes porteurs nous aurait précipités d'une hauteur de vingt ou trente mètres. Maintes fois nous eûmes à traverser des torrents bondissant sur les rochers, à monter et à descendre sur ces roches glissantes, exercice qui demandait autant de force que d'adresse. Je me suis cru, à plusieurs reprises, sur le point d'être jeté dans l'eau ou sur les rochers, en gravissant des sentiers plus raides que le toit d'une maison anglaise. Deux ou trois fois je descendis et marchai à pied pour soulager les porteurs, mais je reconnus ensuite qu'ils me portaient sans fatigue aux montées les plus ardues. Le paysage ne manquait pas de pittoresque ni de beauté : ces eaux, qui bondissaient écumantes au milieu des palmiers, des fougères, des bambous et des bananiers, présentaient un tableau qui aurait fait les délices d'un peintre.

Je fus frappé, à mesure que nous avancions, du contour particulier des collines; elles affectent généralement la forme de cônes arrondis, ou mamelons, non reliés en chaînes, mais détachés ou séparés par de profondes vallées; il faudrait une multiplicité de ponts et de remblais pour y tracer une route accessible aux véhicules. Dans presque tous les creux abrités se trouvaient des groupes d'arbres du voyageur, mêlés aux palmiers et aux bambous. Au delà des collines rapprochées apparaissait, dans le lointain, la ligne de la grande chaîne centrale, couverte d'épaisses forêts sur toute son étendue. Aussi loin que je pouvais en juger, le terrain paraissait composé surtout de grès rouge ou d'argile, mêlés de quartz. De grandes masses de roches noires présentaient, sur le flanc des collines, les formes les plus curieuses et les plus fantastiques.

D'après M. Plant, c'est une erreur de croire qu'il y ait dans ces montagnes une saison sèche; il y pleut, plus ou moins, à toutes les époques de l'année. Il pensait aussi qu'on exagère beaucoup l'insalubrité du climat : il avait traversé le pays en décembre, en mai et en octobre, sans constater de différence notable, si ce n'est qu'il faisait plus chaud en décembre que dans les autres mois. La température n'excédait pas, en général, celle des chaudes journées d'été en Angleterre, avec des soirées et des matinées fraîches.

Nous arrivâmes à la station de Rano-Mafana à l'entrée de la nuit; la pluie avait recommencé, ce qui augmentait la fatigue et les désagréments du voyage. Mes porteurs ne m'en firent pas moins entrer dans le village au grand trot, suivant leur habitude, malgré les 28 kilomètres qu'ils avaient franchis en moins de quatre heures.

Le nom de cette localité signifie « eaux chaudes, » et vient de quelques sources thermales découvertes dans le voisinage. Elles fournissent une eau minérale que les habitants assurent être efficace dans certaines maladies. Le terrain qui avoisine la source est très-chaud au toucher ; l'eau elle-même est à une température trop élevée pour qu'on puisse y plonger la main. Pendant l'automne de 1867, la reine de Madagascar, accompagnée de plusieurs milliers de ses sujets, fit une excursion à la côte orientale pour visiter cette partie de ses domaines. Un des buts de son voyage était de se baigner dans les eaux minérales de Rano-Mafana.

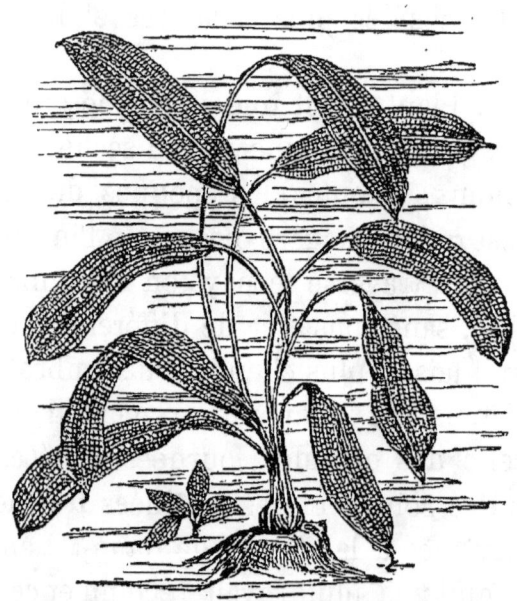

La feuille de dentelle.

Je recueillis en cet endroit quelques échantillons d'une plante remarquable, nommée *Feuille de dentelle*, ou igname d'eau (*ouvirandra fenestralis*). L'existence de cette belle plante est connue depuis longtemps des botanistes, mais elle ne fut introduite en Europe que par le Rév. W. Ellis, au retour de son voyage à Madagascar (1853-54); il en rapporta en Angleterre quelques exemplaires qui servirent à la propager, et on la trouve actuellement dans plusieurs des principales collections botaniques du Royaume-Uni, aux jardins de Kew, de Chiswick et du Palais-de-Cristal. Ayant appris que cette plante prospérait dans quelques cours d'eau de cette côte, j'en fis de mon mieux la description à un de mes porteurs. Nous venions d'arriver dans le village quand il m'en présenta trois ou quatre pieds, dont un en fleur, avec les racines. Les feuilles avaient 15 à 20 centimètres de long et 4 de large; mais j'en trouvai plus tard à Maurice, dans les jardins royaux des Pamplemousses, qui avaient atteint des dimensions doubles. Comme le nom l'indique, la feuille ressemble à une dentelle, ou, pour parler plus exactement, à un treillis à jour. La forme rappelle celle de la feuille du lis; mais les fibres longitudinales, d'une extrémité à l'autre, sont croisées à des intervalles réguliers par des tendons fins comme des fils, qui les coupent à angle droit. Le nom scientifique, *fenestralis*, « percé de fenêtres, » implique l'idée de cet arrangement régulier dans la conformation des feuilles. La longueur des pétioles varie avec la profondeur de l'eau, où ils sont toujours immergés en partie. Chaque plante a dix ou douze feuilles rayonnant de la racine qui, dans les échantillons qui me furent présentés, ressemblait à une petite pomme de terre. Cette racine entre dans l'alimentation des Malgaches, et rappelle pour le goût l'igname farineuse, commune dans les régions tropicales; ainsi s'explique l'étymologie du nom générique *ouvirandra*, qui est dérivé du mot *ouvy* ou *ovy* signifiant igname. La plante croît dans l'eau courante, et prospère surtout dans les endroits chauds où l'eau est tiède. La fleur se développe sur une longue tige et s'élève au-dessus de la surface de l'eau. Elle est de couleur rose clair, et se divise en deux aigrettes touffues décrivant une courbe des plus originales. On trouverait peu de plantes plus belles et plus intéressantes à cultiver dans un aquarium que cette « feuille de dentelle; » M. Hooker la range parmi les plus curieuses productions de la nature végétale. L'ouvirandra est une plante indigène, comprise dans l'ordre des *juncaginaceæ*, auquel appartiennent les herbes sagittées et les joncs.

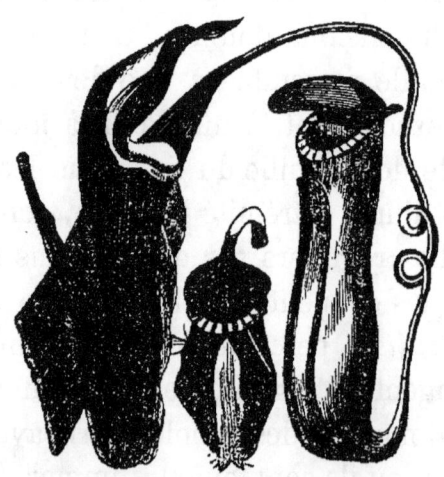

Nepenthès ou plante à cruche.

Les bois de la côte de Madagascar, où l'eau potable est très-rare, présentent plusieurs variétés de ces productions végétales si belles et si curieuses, nommées plantes à cruche (népenthès).

En me promenant autour du village avant la nuit, je remarquai quelques maisons bâties sur des pilotis qui s'élevaient à deux mètres au-dessus du sol. Au sommet de chaque support, un cercle de bois, soigneusement poli, faisait saillie sous le plancher. On m'apprit que ces constructions étaient des greniers, bâtis de cette manière pour protéger le riz contre les rats qui sont un vrai fléau pour le pays. Le cercle de bois glissant les empêchait de dépasser le sommet du pilotis. L'échelle qui donne accès à ces greniers était du modèle le plus primitif, un simple poteau rond avec des entailles pour s'y cramponner.

Mercredi, 7 octobre. — Nous fûmes debout de bonne heure, et quittâmes nos quartiers à six heures, par une matinée splendide. Il nous fallut derechef gravir des collines, descendre dans les vallées, passer de nombreux cours d'eau, avec cette seule différence que les collines devenaient plus hautes et plus escarpées, le chemin plus difficile. Nos porteurs, et les miens en particuliers, étaient toujours admirables de vigueur et de patience.

Pendant la marche, ils ne portaient, pour tout costume, que le *salaka*, petit caleçon pendant autour des reins, et quelquefois une veste d'un tissu grossier. Dans les matinées froides, ils mettaient généralement sur leurs épaules le *lamba* (1), fait avec du

---

(1) *Lamba* est le mot malgache qui désigne l'*habillement* en général, mais on l'applique aussi, dans un sens restreint, à la pièce principale du costume indigène.

rofia ou du chanvre ; mais, pendant le reste de la journée, ce manteau était roulé autour de la ceinture ou jeté sur le palanquin. Les deux groupes, de quatre hommes chaque, se chargeaient tour à tour de la besogne à des intervalles d'un quart d'heure à vingt minutes ; lorsqu'un groupe se faisait relever, il ne s'arrêtait pas : ceux qui devaient le remplacer se glissaient sous le palanquin et l'enlevaient sur leurs épaules presque sans secousse, même lorsque nous allions grand train. Quelquefois les mêmes hommes portaient deux heures de suite ; mais quand nous marchions vite ou sur un terrain difficile, on se relayait très-fréquemment.

Nous rencontrâmes en route un grand nombre de maromitas portant des volailles, du manioc, des pommes de terre, du riz, et autres produits de l'intérieur, à destination de la côte. La plupart de ces articles sont transportés à Tamatave ou dans quelque autre port, en sorte que les navires de commerce peuvent s'approvisionner abondamment et à très-bon marché. Les volailles se transportent dans des cages tressées avec des baguettes de bambou ou dans de grands paniers ouverts, suspendus à chaque extrémité d'un bâton de bambou ou d'autre bois léger. Nous dépassâmes aussi plusieurs individus chargés de produits européens pour la capitale, tels que poteries à bas prix, ustensiles de cuisine en fer, et une grande variété d'autres articles. D'autres portaient du sel, d'autres des paniers d'osier remplis de fibres brutes du palmier rofia, qui croit en si grande abondance sur la côte ; on l'expédie à Tananarive et sur d'autres points de l'intérieur, pour servir à confectionner des tissus. Ces hommes étaient quelquefois isolés, ou marchant deux ou trois ensemble, mais le plus souvent ils voyageaient par groupes de dix, vingt et trente. De temps à autre nous croisions un officier hova dans un palanquin porté par ses esclaves; souvent sa femme et les autres membres de la famille suivaient à quelque distance, également en palanquin, accompagnés de femmes esclaves qui étaient obligées de presser le pas pour tenir pied aux hommes.

Nous vîmes défiler une grande variété de figures de toute couleur appartenant aux différentes tribus qui peuplent l'île. Les Malgaches constituent actuellement une seule nation, mais cette nation se compose de diverses tribus dont la couleur et le type sont loin d'être identiques.

Parmi les têtes que nous voyions journellement, il s'en trouvait peu qu'on pût appeler belles, selon les idées européennes; mais il y avait une forte proportion de bonnes figures, avec un front haut et bien conformé, et un caractère général de vivacité et d'intelligence. L'impression produite n'était nullement celle d'une race pauvre au point de vue des capacités intellectuelles; et, plus tard, l'expérience confirma pleinement chez moi cette première impression.

A Ambatoharana, nous fûmes favorisés d'une modeste musique indigène pendant qu'on apprêtait notre déjeuner. L'instrument consistait en un morceau de bambou long d'environ un mètre, sur lequel étaient tendues, au moyen de petites pièces de bois, des fibres de la même plante, qui rappelaient l'archet d'un violon. Avec cette simple invention, l'instrumentiste parvenait à produire quelque chose d'harmonieux, sur un mode doux et plaintif, rappelant assez les accords de la guitare. Cet instrument s'appelle le *valiha*.

Les heures chaudes de la journée se passèrent en ascensions continuelles, et nous nous trouvâmes enfin à une élévation considérable au-dessus de la mer. Parvenus à un certain sommet nous eûmes une perspective des plus étendues : nous apercevions l'océan Indien à vingt ou vingt-cinq lieues derrière nous, tandis que devant nous se dressait une chaîne de montagnes plus hautes encore, assombries par les épaisses forêts d'Alamazaotra. En parcourant cette région, je ne pus qu'être frappé de la richesse du pays, et des ressources immenses qu'il offrirait à la production s'il était convenablement exploité par la culture. Les collines fourniraient des pâturages pour des millions de têtes de bétail ; dans les vallées, le sucre, le riz et le café croîtraient en quantité suffisante pour la consommation de tout l'empire Britannique ; quant à la côte, elle se prêterait admirablement à la culture du coton. Le pays est riche également en produits minéraux, en cuivre, en fer, et probablement aussi en charbon dans la partie septentrionale. Tous les éléments de prospérité sont là ; il ne manque qu'une population plus nombreuse, et des connaissances plus avancées, pour développer les ressources de l'île.

Nous traversons avec admiration un bouquet de fougères, comme on en voit à Madagascar : véritables arbres, dont quelques-uns très-élevés, avec leurs grandes feuilles disposées horizontalement en cercle autour du tronc. Voici également des masses d'ananas, produit de la seule nature, avec leurs belles fleurs écarlates qui étaient au moment de faire place au fruit.

Fougère arborescente.

Un peu plus loin, nous descendons pour traverser une belle rivière que nous longeons pendant quelque temps ; nous l'avions admirée une heure auparavant du haut d'une colline, coulant au fond de la vallée. Le chemin devient de moins en moins praticable ; ce n'est parfois qu'un étroit passage, aussi pittoresque

que difficile à franchir, entre des roches couronnées de palmiers et de bananiers.

L'après-midi touchait à sa fin quand nous atteignîmes un assez gros village, nommé *Ampasimbé*. En attendant le dîner, nous observâmes des femmes qui, dans la maison d'en face, préparaient la matière première dont elles confectionnent les tissus en rofia : c'est la fibre intérieure des longues feuilles filamenteuses du palmier rofia (*sagus ruffia*). Les feuilles, pelées sur les deux faces, présentent une substance fibreuse, blanche et déliée, qu'on divise avec des peignes de différentes grosseurs, suivant l'espèce de tissu qu'on veut fabriquer. Dans d'autres villages, nous vîmes les femmes tissant le rofia sur un métier plus grossier encore et plus primitif, consistant simplement en quelques pièces de bois fichées dans le sol non planchéié de la maison, et surmontées d'un assemblage de trois ou quatre morceaux de bambou. Le produit qui en résulte n'en est pas moins un tissu excellent, remarquablement solide, avec des raies de diverses couleurs et des dessins tissés dans l'étoffe ; les classes pauvres en font un grand usage.

Le palmier rofia est, je crois, particulier à Madagascar ; il se distingue aisément des autres arbres du même genre. L'écorce, rude et rugueuse, ressemble à celle de la plupart des palmiers ; mais les feuilles ont un caractère à part : elles sortent du tronc légèrement inclinées vers la terre, et leur longueur exceptionnelle atteint de 6 à 9 mètres ; la nervure médiane, aussi solide que légère, est d'un emploi constant pour les échelles, les barres de palanquin, et en général pour tout ce qui exige la réunion de la force et de la légèreté. La feuille se compose d'une infinité de longs filaments insérés à angle droit sur la grande nervure. Dans les endroits abrités, l'arbre se rencontre jusqu'à 1,200 mètres au-dessus du niveau de la mer.

Nous aurions pu, en imitant les titres de quelques comédies populaires, appeler les nuits que nous venions de passer : « Une nuit avec les puces, » et « Une nuit avec les moustiques; » mais la dernière fut, à vrai dire, « Une nuit avec les rats. » Nous les avions entendus, dans la soirée, courir sur les bords du toit; dès que la lumière fut éteinte, ils descendirent et furetèrent, en quête de nourriture, autour de nos ustensiles de cuisine. Le bruit d'un coup de pistolet tiré sur la bande les chassa pour un certain temps; mais après minuit leurs familiarités devinrent si intimes, que nous fûmes obligés de laisser par terre une bougie allumée jusqu'au jour : faute de quoi, ils s'ébattaient sur ma personne étendue par terre, et venaient visiter mon ami jusque dans son hamac.

Le voyage du jeudi, quoique plus court qu'à l'ordinaire, fut un des plus difficiles, surtout pendant la matinée. Nous fûmes souvent obligés de mettre pied à terre et de marcher; pendant près de trois heures, il fallut se frayer péniblement la route à travers une épaisse forêt. J'y remarquai plusieurs variétés de ces belles plantes, à feuilles veinées d'écarlate et de chamois, si appréciées aujourd'hui en Angleterre, ainsi qu'une profusion de fougères de toute espèce, depuis la plante délicate jusqu'au grand arbre dont j'ai parlé.

L'après-midi, nous suivîmes le cours d'une belle

rivière qui mugissait en écumant sur les rochers, et qu'il nous fallut traverser plusieurs fois. A une heure nous étions arrivés à Befarona, avec l'intention bien arrêtée de pousser jusqu'à une autre station; mais nos hommes nous parurent si épuisés, que nous fûmes obligés de nous y arrêter pour la nuit.

Chute d'eau d'Anéroka dans la forêt.

Nous étions alors en train de traverser les plaines centrales de l'île, situées à une élévation considérable au-dessus du niveau de la mer. Pour y arriver en venant de la côte orientale, il faut franchir la grande chaîne de montagnes qui forme l'épine dorsale de Madagascar, et la parcourt dans presque toute son étendue du nord au sud. Cette chaîne est sensiblement à l'est de la ligne centrale ; mais, vers le milieu de sa longueur, elle détache une branche qui décrit une vaste courbe circulaire, où se trouve enfermé presque en entier un plateau relativement uni. Ce plateau porte le nom d'Ankova, ou pays des Hovas ; c'est là que se trouve la capitale de l'île, Tananarive. Ces plaines centrales sont très-élevées au-dessus de la mer ; mais les montagnes elles-mêmes ne s'élèvent pas à de grandes hauteurs au-dessus du sol. Les points les plus élevés de la chaîne appelée Ankaratra, qui ferme l'Ankova au sud et à l'est, ne dépassent pas 3,000 mètres, tandis que l'Ankova lui-même est situé à 12 ou 1,500 mètres au-dessus du niveau de la mer. L'aspect de ces montagnes est celui d'un soulèvement général du sol plutôt que celui de sommités détachées. A mon retour en Angleterre, en 1867, je remarquai combien le voyage de Tananarive à la côte est moins difficile que le voyage inverse, sans doute parce que la route descend au lieu de monter. J'avais mis trois jours d'Alamazaotra à Ranomafana, en allant à la capitale : j'accomplis facilement le même trajet en deux jours à l'époque de mon retour (1).

Beforona est situé dans une vallée presque circulaire. Ce village, au milieu duquel coule une rivière, a une réputation d'insalubrité, probablement à cause de l'atmosphère à la fois chaude et humide, et de la position qu'il occupe, encaissée entre les collines et les bois. Quoi qu'il en soit, chaque fois que j'y ai passé, rien, dans cette localité, ne m'a causé une impression défavorable : c'était plutôt le contraire. Comme beaucoup d'autres villages dans cette partie du pays, les maisons sont disposées en carré. Au centre de ce carré, ou voit tantôt un drapeau, tantôt un mât qui porte des crânes et des cornes de bœuf; ces dépouilles sont ou des souvenirs des réjouissances qui accompagnent la circoncision (2), ou des *sampys*, (charmes), qui sont réputés protéger le lieu et ses habitants contre le diable. A notre grande surprise, nous vîmes les trois quarts des maisons non occupées, beaucoup à moitié détruites, et à peine un ou deux hommes dans le village. Cela venait sans doute de l'alarme causée par les Français, qui avait obligé le gouvernement indigène à grossir considérablement l'armée, et à réquisitionner dans les districts du canton

---

(1) La coupe ci-jointe de la route, de Tamatave à la capitale, a été dressée d'après les observations barométriques du commandant Dupré. On y remarquera l'élévation graduelle du sol depuis la mer jusqu'à la grande forêt, et le saut brusque entre ce dernier point et le plateau central d'Ankova, lequel est plaine d'un côté, et montagne de l'autre.

(2) On trouvera, dans un chapitre subséquent, des détails sur cette cérémonie.

presque toute la population mâle valide. Nous eûmes la visite de la femme du chef du village, qui nous apporta un cadeau de riz et de volailles. Elle s'accroupit par terre avec les personnes qui l'accompagnaient, et nous honora quelques instants de sa présence.

Nous allâmes ensuite explorer les bords de la rivière avec nos fusils, à la recherche de quelques échantillons des oiseaux propres au pays. Nous vîmes, en revenant, des enfants armés d'un instrument appelé *isiriaka*, avec lequel ils parvenaient à tuer de petits oiseaux. C'est un bambou, long et mince, dont les divisions intérieures ont été supprimées; on y introduit une petite flèche, munie d'une pointe en fer, qu'on chasse en soufflant par le gros bout. Ils sont très-habiles à se servir de cette sarbacane, et savent atteindre un but à une distance considérable. Les Indiens de l'Amérique du Sud ont une arme semblable sur les bords de l'Amazone.

Vendredi, 9 octobre. — Nous partîmes de Beforona un peu après cinq heures, pour traverser, quatre heures durant, la forêt d'Alamazaotra, franchissant les pics les plus élevés et les passages les plus difficiles que nous eussions encore rencontrés. Cette journée fut certainement la plus fatigante de tout le voyage. A notre arrivée à la station j'étais absolument épuisé, et ne pus que me jeter sur un matelas étendu par terre pour dormir une couple d'heures.

A un certain endroit du chemin on rencontre une longue pente argileuse, connue sous le nom de Fitomanianomby, « Montée des larmes des bœufs, » à cause de la difficulté extrême qu'éprouvent les pauvres bêtes à gravir cette côte. Nous eûmes souvent be-

Le palmier de Béthel.

soin, dans cette périlleuse ascension, de nos huit hommes à la fois pour soutenir le palanquin. Ces hommes, du reste, étaient admirables de patience et de prudence. Au cœur de ces bois immenses, les villages sont peu nombreux et fort éloignés les uns des autres ; aussi notre halte du déjeuner se fit-elle tout simplement dans quelques huttes de bûcherons, au milieu d'une petite clairière.

La besogne de l'après-midi ne fut pas moins rude que celle du matin. En plusieurs endroits la pluie avait formé des bourbiers profonds et épais, d'où nos hommes ne se dépêtraient qu'à grand'peine. Je ne pouvais assez m'étonner que mon lourd et volumineux bagage sortît intact de pareilles épreuves. Notre chemin côtoya longtemps une rivière à l'aspect des plus romantiques, dont les eaux venaient se briser contre des rochers, d'où elles bondissaient en superbes cascades. Dans les parties les plus escarpées de la route, où les rivières qui coulent dans les gorges sont cachées par l'épaisseur de la végétation, nous entendions le sourd mugissement des eaux au milieu du profond silence de la forêt. Le défilé principal de cette chaîne de montagnes nous fit passer au pied d'une roche formidable qui se dresse, énorme et nue, du fond de la vallée, à une hauteur de 150 mètres : c'est assurément une des œuvres les plus saisissantes que puisse offrir le spectacle de la nature.

Malgré la fatigue du voyage, nous étions saisis d'admiration et d'enthousiasme à la vue de la végétation splendide qui nous entourait. La richesse et l'exubérance de la vie végétale étaient quelque chose de prodigieux. On voyait peu d'arbres remarquables par la grosseur du tronc, mais ils atteignaient une hauteur considérable, surtout dans les vallées. Au-dessus de tous les autres s'élevaient les troncs élancés de plusieurs variétés de palmiers, surmontés de leur gracieuse couronne de feuilles plumiformes. D'épais bouquets d'arbrisseaux, de hautes fougères, des palmiers nains, faisaient en bien des endroits comme un demi-jour de lumière verte; au-dessus de nos têtes les branches s'entrelaçaient, reliées les unes aux autres par d'innombrables plantes grimpantes, dont les vrilles tourmentées se croisaient dans toutes les directions, et tressaient un labyrinthe inextricable. Parfois nous passions sous de grands arbres en pleine floraison qui produisaient de magiques effets de lumière, tels qu'on en chercherait vainement ailleurs que dans les forêts des tropiques.

La variété des grandes fleurs était vraiment surprenante. Mes porteurs s'aperçurent bientôt de l'intérêt que je prenais à observer ces productions, complètement nouvelles pour moi, et il s'empressèrent de m'apporter les diverses espèces qu'ils trouvaient près du chemin; le soir mon palanquin contenait une riche collection, fruit de la récolte du jour. Je m'arrangeai pour en sécher quelques-unes, mais je fus obligé d'en jeter le plus grand nombre, n'ayant aucun moyen de les conserver jusqu'à la capitale.

Dans certains endroits, la réunion de diverses espèces de bambous donnaient à la forêt un caractère tout particulier. Les uns dressaient un tronc long et mince, frangé de feuilles délicates, et s'inclinaient sur notre chemin comme d'énormes fouets;

L'arbre à pain.
Page 74.

d'autres couvraient les arbres plus vigoureux d'un épais manteau de draperie vert-pâle. Dans les bois que nous traversâmes ce jour-là, les arbres étaient souvent ornés de mousse verte ou de lichens, en longues masses pendantes qui leur donnaient un aspect des plus vénérables; ils me rappelaient les vers bien connus, où l'auteur d'*Evangéline* compare les arbres de la forêt vierge, « avec leurs barbes de mousse et leurs manteaux de verdure, » aux « druides des anciens âges, élevant dans les profondeurs des bois une voix grave et prophétique (1). »

Nous remarquâmes, au milieu même de notre chemin, un palmier dont le tronc parfaitement droit ne mesurait pas moins d'une trentaine de mètres avant la naissance des feuilles. Les forêts de Madagascar contiennent une grande variété d'arbres de construction ; les bois durs surtout, acajou, camphrier, ébène, bois de rose et de teck, s'y trouvent en abondance; et il suffirait d'ouvrir des communications intérieures, pour fournir un accroissement considérable aux exportations du pays.

Malgré la richesse de la végétation, un silence presque absolu régnait dans la forêt, et le règne animal s'y trouvait pauvrement représenté. A part une note lancée de loin en loin par un oiseau, et quelques cris plaintifs et lents du singe propre à Madagascar (2), le silence était absolu : on n'entendait pas même un bourdonnement d'insectes. Cela tenait sans doute en partie à la saison et à la sécheresse de la tempéra-

(1) LONGFELLOW.
(2) Le lémurien, ou maki.

ture; car les mois les plus chauds voient éclore une grande variété d'insectes. Mais le fait signalé se rattachait aussi à une observation générale que j'ignorais alors, et qu'il ne sera pas sans intérêt de mentionner ici. D'après les descriptions qui précèdent, on a dû comprendre que, si la flore de Madagascar renferme bien des types nouveaux et remarquables du règne végétal, la faune de ce pays est plus extraordinaire encore: elle présente, au dire du docteur Sclater, secrétaire de la Société zoologique, « une des anomalies les plus étranges qu'on ait jamais observées en géographie. » Cette particularité zoologique consiste autant — si ce n'est plus — dans ce qui fait défaut à la faune de Madagascar que dans ce qui lui appartient. Séparée de l'Afrique par un canal qui, dans sa moindre largeur, n'a pas plus de 480 kilomètres, cette île devrait participer, semble-t-il, de la faune du continent voisin. Mais il n'en est rien. Il y a ici une absence extraordinaire d'animaux, surtout en fait de grands mammifères; et cette observation s'applique non-seulement aux forêts, mais à toutes les parties du pays explorées jusqu'ici.

Et d'abord, les grands carnivores sont tous inconnus à Madagascar; on n'y voit ni lions, ni léopards, ni panthères, ni tigres, ni hyènes; les plus grands animaux de cet ordre sont un chat sauvage et un loup de petite taille. Les pachydermes, si communs dans les rivières et les forêts d'Afrique, n'ont pas de représentants dans l'île; pas un éléphant ne broute dans les bois, pas un rhinocéros ni un hippopotame ne s'ébat dans les cours d'eau. Les nombreuses espèces d'antilopes, de gazelles, de daims et de girafes qui parcourent les plaines de l'Afrique manquent ici complètement. Le cheval lui-même y a été importé d'Europe; et ses congénères, le zèbre et l'onagre, n'ont pas de place dans la faune de Madagascar. On y trouve deux variété de bœufs ; mais le mammifère le plus commun dans l'île et le plus caractéristique appartient à l'ordre des quadrumanes. Encore cet ordre n'y est-il représenté que par un seul groupe: les lémuriens. Ce ne sont pas de vrais singes, ni des orangs-outangs, ni des gorilles. Les lémuriens sont de gracieuses créatures, qui n'ont ni l'aspect grotesque et semi-humain de la plupart des quadrumanes, ni l'aspect sauvage des orangs-outangs et des babouins. La tête et le museau ressemblent à ceux d'un chien ; chez une certaine espèce, la queue, longue, large et touffue, zébrée circulairement de noir et de blanc, s'enroule autour du dos et du cou de l'animal au repos. Une autre

Le maki à collerette.

variété a sur la face un curieux système de poils, qui représente un collier d'épais favoris blancs. Ces animaux sont d'un naturel doux et aimable, et s'apprivoisent avec facilité.

Les mammifères de Madagascar, pour autant qu'on les connaît jusqu'ici, comptent seulement quarante-neuf espèces, dont vingt-huit, ou près des deux tiers, appartiennent aux lémuriens. Ce qui est plus étrange encore, c'est que ces animaux se rattachent plutôt aux types de l'Asie qu'à ceux de l'Afrique. Ces observations remarquables, ajoutées à d'autres faits zoologiques, ont conduit M. Sclater aux conclusions suivantes :

1° L'île de Madagascar n'a jamais été, dans son état actuel, unie à l'Afrique ;

2° Madagascar, ainsi que les îles Mascareignes, ont été séparées, depuis une très-longue période, de toute autre partie du globe ;

3° Dans les âges antérieurs, Madagascar doit avoir été unie au continent indien.

Nous pouvons ajouter qu'à part les deux variétés de bœufs, une espèce de sanglier, les chèvres et les moutons, tous les animaux trouvés dans l'île sont petits. Outre les lémuriens déjà mentionnés, il y a diverses espèces de chauves-souris, quelques-uns des petits animaux insectivores, le hérisson, le tenrec, etc., et une ou deux espèces de rongeurs. La même remarque s'applique aussi aux oiseaux, en exceptant l'épiornis, qui a disparu. Il y a plusieurs variétés de faucons, d'éperviers, de hibous, de perroquets, et beaucoup de petits oiseaux ; mais les espèces plus grandes, les aigles, les vautours, etc., paraissent faire défaut. Il ne faut pas oublier, toutefois, que l'île n'est encore que très-imparfaitement explorée. Bien des vastes régions de l'intérieur n'ont jamais été visitées par les Européens, et une grande partie du pays reste inconnue. Il suffit de comparer entre elles

les quelques cartes qui ont été faites de Madagascar, pour juger combien est imparfaite la connaissance que nous possédons de l'intérieur, et combien sont peu dignes de confiance les renseignements qu'elles fournissent. Il est certain qu'une exploration de l'île dans son entier ajouterait un grand nombre d'espèces nouvelles, plantes et animaux, à celles qui sont connues jusqu'à ce jour (1).

Le samedi matin, à sept heures, je dis adieu à M. Plant et partis avec mes hommes, laissant mon compagnon de route dans le village ; il comptait s'y établir pendant deux ou trois semaines, pour recueillir dans la forêt des échantillons d'histoire naturelle.

J'arrivai rapidement à Ampasimpotsy, où je déjeunai ; le chemin était bien moins difficile que la veille.

Nous quittâmes cette localité à midi; nous sortîmes graduellement des bois et nous gravîmes une colline fort élevée, d'où la vue s'étendait à une grande distance, dans les deux directions est et ouest. Derrière nous était la grande chaîne forestière que nous venions de traverser ; devant nous se déroulaient les ondulations d'une plaine vaste et nue, presque totalement dépourvue d'arbres ; au delà se montrait la ligne des montagnes bleues de l'Ankay, et plus loin encore celles de l'Ankova.

On devine combien mon voyage fut triste après la perte de mon aimable compagnon, et combien ma situation devint perplexe au milieu de serviteurs qui ne pouvaient me comprendre. Nous atteignîmes Mora-

(1) Voir l'appendice B.

manga, à l'entrée de la grande plaine, peu après trois heures, et nous nous y arrêtâmes pour la nuit. Ce village est un poste militaire du gouvernement Hova, et quand on vient de la capitale, les passeports y sont examinés par l'officier qui commande le détachement en station.

Le lendemain nous étions sur pied de bonne heure, et il ne faisait pas encore jour à notre départ de Moramanga. Nous étions enveloppés d'une brume épaisse, et mes hommes tremblaient de froid, insuffisamment couverts par leur pauvre vêtement. Pendant une heure ou deux, c'était à peine si nous voyions à quelques mètres devant nous; mais, à l'apparition du soleil, le brouillard sembla remonter comme un vaste rideau, et nous découvrit la belle ligne des collines Ifody, debout devant nous, à une douzaine de kilomètres. Les versants étaient couverts d'arbres dans certains endroits, mais les sommets étaient dépouillés et sombres. La plaine, unie comparativement au pays que nous venions de traverser, était en réalité pleine d'ondulations et de creux profonds, qui paraissaient être des lits de torrents pendant la saison pluvieuse. Dans la plus accentuée de ces dépressions de terrain coule rapidement une belle rivière, le Mangoro, large d'environ quarante-cinq mètres au point où nous la traversâmes en bateau. Le Mangoro se jette dans la mer vers le centre de la côte orientale, par une vaste embouchure. Ce fleuve serait une précieuse voie de communication avec la capitale, si son cours n'était pas interrompu par des rapides semés de rochers.

Au bac d'Andakana « (les canots) », où nous passâmes le Mangoro, se rattache le souvenir d'un épisode de la persécution qui a marqué le règne de Ranavalona. Lorsque Rafaravary et ses compagnons fuyaient leurs féroces persécuteurs de la capitale, ils furent arrêtés dans leur route vers la côte par la difficulté de passer la rivière. Le jour et la nuit précédents avaient été pleins de périls et de craintes. Les fugitifs avaient dirigé leur course, aussi bien qu'ils pouvaient, à travers la profondeur de la forêt, évitant les sentiers battus et les habitations, jusqu'au milieu de la nuit. Alors, épuisés, ne marchant plus qu'en boitant, ils se laissèrent tomber à terre pour dormir; mais le froid, joint à une grosse pluie, ne leur permit pas de goûter le sommeil. Vers le matin, en s'approchant du bac, ils y aperçurent avec épouvante un corps de deux cents soldats, en route pour Tamatave. Ils se cachèrent jusqu'au soir; mais alors se présenta la terrible question du passage. La rivière était large et profonde, les crocodiles y abondaient, et il eût été trop dangereux de la traverser à la nage. Ils reconnurent bientôt qu'ils ne pouvaient passer l'eau que dans le canot du batelier. Quand l'obscurité fut complète, ils retournèrent donc à la rivière : le canot revenait au moment même de la rive opposée, où il avait transporté une partie des soldats. Payant d'audace, à la faveur des ténèbres qui cachaient leurs traits, ils prièrent l'homme de les prendre dans son bateau; celui-ci, supposant qu'ils faisaient partie du groupe de soldats qui venait de passer, y consentit et devint ainsi, dans les mains de la Providence, l'instrument inconscient de leur salut.

Bientôt après avoir traversé la rivière, nous commençâmes l'ascension des collines Ifody, qui nous prit plus d'une heure. A mesure que nous montions par un sentier escarpé et difficile, une splendide perspective se découvrait à nos regards. Arrivés au sommet, nous apercevions derrière nous la vaste plaine de Moramanga, bornée par les montagnes boisées d'Alamazaotra. Plus près de notre point d'observation, le Mangoro apparaissait comme une ligne bleue sinueuse qui allait se perdre dans le lointain. Devant nous, et à gauche, était une ravissante et fertile vallée où verdoyaient des champs de blé, arrosée par la rivière Valala et fermée par la ligne des monts Angavo; enfin, sur la droite, on voyait une masse confuse de collines, semblable à une vaste mer dont les flots soulevés auraient été subitement solidifiés dans l'agitation de ses flots. A cette époque, où j'allais du côté de la capitale, je fus déjà saisi d'admiration à la vue de ce magnifique panorama, bien que, par suite de la direction presque verticale des rayons solaires, le paysage ne présentât pas ces alternatives d'ombre et de lumière qui accusent les mouvements du sol. Mais, à mon retour, j'eus le bonheur de contempler cette même perspective peu après le lever du soleil, quand les nuages de la brume matinale roulaient encore autour des sommets des collines, et alors je fus réellement émerveillé. Jamais scène de la nature ne m'apparut aussi grande, aussi fantastique que celle qu'on embrasse du sommet des monts Ifody aux premières lueurs du jour.

Les signes de la civilisation devenaient de plus en plus visibles à mesure que nous avancions. Plusieurs vallées étaient couvertes de rizières, où l'eau était maintenue en permanence par un système d'irrigation. Nous étions alors dans le pays des Hovas, et nous pouvions constater une différence remarquable dans l'aspect des habitants. Ils avaient la peau moins noire, les cheveux plus longs que les tribus de la côte. Nous en vîmes passer plusieurs qui avaient une profusion de cheveux noirs frisés, rappelant ceux de certains insulaires des mers du Sud. J'étais souvent embarrassé pour distinguer à première vue un homme d'une femme. L'habillement varie très-peu chez les deux sexes, et ils portent la même chevelure bouclée; ajoutons que les hommes ont généralement l'habitude de s'arracher les poils de la figure à mesure qu'ils poussent, et ne portent que très-peu de barbe ou de moustaches.

Les habitations aussi avaient un aspect nouveau, qui indiquait une civilisation plus avancée. A Ambodin-Angavo, plusieurs maisons étaient construites selon le modèle hova, avec des toits élevés, faits d'une charpente de gros bois, dont les vides étaient garnis de bonnes planches, au lieu des bambous et des feuilles que j'avais observés dans les maisons de la côte. Elles étaient planchéiées à l'intérieur, et avaient des pièces au-dessus du rez-de-chaussée. Les poutres qui aboutissaient au pignon le dépassaient de 60 à 80 centimètres, et les extrémités en étaient grossièrement sculptées, — première tentative d'ornement architectural que j'eusse encore rencontrée à Madagascar. La maison où je descendis avait deux pièces au rez-de-chaussée, des murs garnis de nattes, et jusqu'à des chaises, luxe qui m'était inconnu depuis mon départ de Tamatave. Je rentrais dans la vie civilisée.

Il se passa quelque temps avant l'arrivée de mes bagages; et comme je ne pouvais adresser aucune question, je fus obligé d'attendre en silence que la dernière caisse fût déposée et que le capitaine annonçât « zab, » c'est-à-dire « le lot » (des bagages). Pendant qu'on préparait le dîner, je m'enfonçai dans un ravin près de la maison, où je fus frappé de la beauté et de la variété des insectes : ce qui m'était déjà souvent arrivé dans ce voyage. Il y avait des papillons de couleurs splendides, des libellules, des sauterelles d'une exquise beauté, et les célèbres araignées argent et or. Ces dernières étaient énormes; je les voyais, par centaines, postées au milieu de leurs vastes toiles géométriques. Parmi les gros rayons qui forment la charpente principale de la toile, il en est de tellement solides et résistants, qu'ils exigent un effort pour les briser. La piqûre de certaines de ces araignées, particulièrement douloureuse, développe une tumeur considérable à l'endroit attaqué, et deux petites espèces sont réputées assez venimeuses pour faire mourir en deux ou trois heures. Un jour je trouvai, à ma grande surprise, des buissons entiers couverts de chenilles gigantesques, longues de 12 à 15 centimètres, et magnifiquement vêtues de noir, de jaune et de violet. Je ne puis dire s'il y a plus de phalènes que de papillons, ou réciproquement; je sais seulement que j'ai vu plusieurs gros papillons, au vol pesant, dont les ailes déployées mesurent 20 centimètres (1).

La lecture des Psaumes et des méditations du jour, ainsi que d'une épître de saint Paul, termina ce saint

(1) Voir l'appendice B, sur l'histoire naturelle de l'île.

jour, le plus étrange des sept dimanches que je venais de passer loin de chez moi et des douces réunions du culte chrétien. Je me réjouis en prévoyant que, Dieu voulant, il me serait donné, le dimanche suivant, de m'associer de nouveau à un culte public avec des chrétiens anglais, et je me sentis heureux de toucher au terme de ce voyage, à la fois long et rapide, de sept semaines. Je ne pouvais que désirer et demander ardemment à Dieu que pour ce vaste pays, encore enveloppé de si épaisses ténèbres, le jour vînt bientôt où, dans chaque village, une maison au moins serait consacrée au culte du seul vrai Dieu; où ces vallées et ces rochers qui, jusqu'à ce jour, n'avaient jamais entendu le son de la cloche appelant les chrétiens à l'église, rediraient les louanges du Seigneur et verraient de nombreux fidèles sanctifiant le jour du repos.

Lundi, 12 octobre. — Nous quittâmes le village avant le lever du soleil, pour commencer immédiatement l'ascension de l'Angavo, une des plus hautes collines de cette partie de l'île. C'est une masse énorme de granit, recouverte d'argile, dont le sommet est taillé en escarpe et fortifié par des ouvrages en terre. Cette forteresse, qui appartenait autrefois à une tribu indépendante, a été longtemps assiégée par Radama Ier, qui parvint à la réduire grâce à l'avantage de ses armes à feu, et qui soumit ainsi à son autorité le pays d'alentour. L'Angavo n'est pas une colline isolée au milieu d'une plaine, mais bien un vaste bastion naturel, appartenant à une région élevée du pays. Le lever du soleil fut splendide, et embrasa d'une lumière rouge vif l'étendue presque entière de l'hémisphère céleste; je n'avais jamais rien vu de pareil. Nous nous estimâmes heureux d'avoir à gravir la colline à cette heure matinale et fraîche, car ce fut une des plus longues et des plus rudes ascensions de tout le voyage. Je note, en passant, la traversée d'une petite rivière, où tout se combinait admirablement pour la beauté du site : les eaux écumantes, le feuillage luxuriant des fougères, des palmiers et des bambous, enfin une multitude de papillons étincelants qui voltigeaient au-dessus du courant.

A huit heures nous étions à Ankari-Madinikia, où je m'arrêtai quelques minutes pendant que mes porteurs achetaient au marché du village de la racine de manioc et autres rafraîchissements. Je ne sortis pas de mon palanquin, mais une foule d'individus vinrent autour de moi, m'offrant à vendre divers articles comestibles, des pommes de terre, du miel en rayons, des framboises sauvages. Je ne restai pas longtemps dans cette localité, voulant déjeuner à Ambatomanga, la dernière station avant la capitale, où je tenais à arriver dans la soirée. Mais une colline succédait à une autre, bien des villages passaient sous nos yeux, et celui que nous avions en vue ne paraissait pas. Nous avions fini par laisser derrière nous la région forestière, et nous étions sur les grands plateaux nus d'Imérina. Les collines, moins hautes et moins escarpées, dépourvues de végétation, me rappelaient certaines parties des plateaux crayeux de l'Angleterre. En plusieurs endroits, cependant, on voyait d'énormes masses de calcaire ou de granit qui faisaient saillie sur leurs flancs, en s'élevant parfois à de grandes hauteurs. Parmi ces masses rocheuses, que j'eus longtemps sous les yeux, j'en distinguai deux qui ressemblaient à d'immenses églises, tandis que les autres rappelaient à mon imagination des châteaux de Titans, avec tours et murailles, tellement elles se détachent du sol d'une manière abrupte.

Nous reconnaissions l'approche de la capitale au grand nombre de villages répandus dans le pays. Le sol d'ailleurs était beaucoup mieux cultivé, surtout dans les vallées, où la brillante verdure des plantations de riz contrastait agréablement avec l'aspect sombre et nu des coteaux. Ceux-ci étaient alors brûlés par le soleil, faute d'eau; nous étions sur la fin de la saison sèche et froide, pendant laquelle on passe plus de cinq mois à peu près sans pluie. En bien des endroits, de grandes taches noires indiquaient qu'on avait mis le feu aux herbes et aux fougères. Cela se pratique un peu avant l'arrivée des pluies, pour remplacer les herbes inutiles par de belles prairies propres au pâturage.

Je finis par comprendre que nous n'atteindrions pas la capitale le jour même : j'avais été trop vite dans mes calculs, car l'heure de midi était passée, sans que la ville d'Ambatomanga, distante encore de quatre à cinq kilomètres, eût apparu à nos regards. Cette localité, beaucoup plus peuplée qu'aucune autre ville sur notre route, a un aspect des plus pittoresques. Par-dessus beaucoup de constructions plus petites, se dresse une grande maison, qui attire le regard par son toit aigu et sa double vérandah. Au nord de la ville se trouve une construction en basalte bleu qui a bien soixante mètres de hauteur, surmontée d'un mausolée en pierre et d'autres appendices, qui lui donnaient de loin l'air d'une fortification. On pourrait en faire sans beaucoup de peine une citadelle presque imprenable. En approchant de la ville nous aperçûmes, à quelque distance, un grand nombre d'individus assis par terre en rond, tous munis d'une lance, ce qui me fit d'abord penser qu'il s'agissait d'un *kabary* ou conseil de guerre. Mais cette assemblée n'était autre qu'un grand marché hebdomadaire, où affluaient les habitants des localités voisines, absorbés par des ventes ou des achats de riz, de volailles et d'autres comestibles, ainsi que d'objets manufacturés dans le pays. Mes hommes s'y arrêtèrent quelque temps, pour faire des emplettes à leur usage et au mien ; et à une heure enfin nous abordâmes la dernière station de la route de Tananarive.

Ambatomanga a toutes les apparences d'une ville fortifiée, entourée qu'elle est de murailles en terre et de profonds fossés. Je m'arrêtai devant la grande maison qui m'avait frappé tout d'abord, et lui trouvai des prétentions architecturales que je n'avais pas encore vues dans le pays. Une large vérandah l'entourait, soutenue par des piliers en bois et surmontée d'une galerie au niveau du second étage ; les corniches étaient moulées avec soin et les murs solidement construits. Des volets vénitiens et des portes à panneaux lui donnaient un vrai cachet de civilisation, après les baraques où j'avais couché toutes les nuits précédentes. Le rez-de-chaussée était divisé en trois chambres, dont la plus grande occupait le milieu : c'était une pièce haute et spacieuse, planchéiée, plafonnée, le tout soigneusement raboté et bien fini. Le propriétaire me souhaita la bienvenue par quelques mots décousus qui avaient la prétention d'être de l'anglais. C'était un homme de très-bonne tournure, à l'air intelligent et d'un aspect européen. J'ai su plus tard qu'il était allié à la famille royale. Nous n'avions pas cependant de grandes facilités pour soutenir la conversation; ayant remarqué qu'il employait quelques mots français, je le tâtai dans cette langue, mais sans plus de succès. Sa connaissance des langues européennes paraissait se réduire à une douzaine de courtes phrases; il répétait toujours : « Merci, Mossiou, » avec accompagnement d'une chaleureuse poignée de main, croyant en cela obéir à l'usage.

La maison du chef à Ambatomanga.

A trois heures, je consacrai une heure à mon déjeuner, qui eut lieu en public comme cela m'était arrivé plus d'une fois; cette occupation paraissait être un objet de grand intérêt pour nombre de femmes et d'enfants qui assiégeaient ma porte ouverte, afin d'observer l'étranger et d'apprendre quelque chose sur les « manières et les habitudes de ces Anglais. » C'est à Ambatomanga que les voyageurs, avant d'arriver à la capitale, commencent généralement à reprendre les habitudes de la société civilisée. Aussi m'occupai-je de faucher une barbe qui avait eu libre carrière depuis notre départ de Tamatave ; je trouvai dans la maison une grande assiette à soupe, que je me figurai sans peine être une cuvette. Jusqu'alors mes ablutions s'étaient généralement faites sur le bord des rivières, ou aux fontaines à l'entrée des villages, et l'assiette à soupe constituait un notable progrès sur ces toilettes primitives. Mes faits et gestes absorbaient l'attention d'une trentaine de natifs rassemblés à ma porte, qui suivaient avec une curiosité intense le progrès de mes opérations pour devenir plus présentable. Pendant les quelques jours précédents, j'avais senti que je faisais insensiblement des pas à reculons vers l'état sauvage, et je n'étais pas éloigné de penser qu'il y avait quelque fondement à la théorie d'après laquelle nous aurions commencé par cette condition-là.

Un peu avant la tombée de la nuit, je sortis avec le chef de la localité pour aller visiter sur le sommet de la roche cette tombe semblable à un château, qui avait fixé mon attention. De ce point élevé on jouissait d'un superbe panorama ; les collines d'argile rouge renvoyaient les rayons du soleil couchant avec une intensité de couleurs complétement nouvelle pour moi. La tombe en question était une vaste construction, bien bâtie, avec une espèce de balustrade à jour et des moulures saillantes. Au-dessus se trouve une petite maison en bois destinée à l'esprit du défunt ; on n'observe cette construction particulière que sur les tombes des Andrians, ou membres des familles royales. Elle est protégée par des paratonnerres, ce qui lui donne l'apparence d'une petite poudrière. En me promenant, après la tombée de la nuit, autour de la maison du chef, je fus surpris de voir le ciel entier éclairé d'une lueur lugubre. Elle provenait de l'incendie des herbes sur les collines, incendie dont on suivait la trace en lignes de feu dans toutes les directions jusqu'à plusieurs kilomètres de distance.

Mardi 13 octobre. — Je repris gaiement ma place dans le palanquin à six heures et quelques minutes, tout réjoui de penser que j'étais à la dernière étape de mon long voyage, et que ma prochaine station serait à Tananarive. Trois quarts d'heure environ après notre départ d'Ambatomanga, nous aperçûmes pour la première fois la capitale, à 20 ou 22 kilomètres. Elle était là cette grande cité, différente de toutes les villes que j'avais vues auparavant, assise sur une haute colline de rochers où elle occupe deux kilomètres et demi de longueur ; du centre de ses nombreuses maisons émergeait l'énorme masse du grand palais, avec ses vérandahs découpées en arcades, et son vaste toit blanc qui rayonnait au soleil du matin. Il y a des moments dans notre vie qui ne ressemblent à aucun autre, et qui se gravent dans la mémoire en caractères ineffaçables ; tel fut celui où Tananarive m'apparut pour la première fois. Le souvenir des témoignages de foi, de courage, de persévérance indomptable, qui avaient illustré cette ville, se présenta tout à coup à mon esprit comme une réalité vivante. Je revoyais par la pensée ces jours douloureux, encore si près de moi, où ces hauteurs avaient été sanctifiées par le sang des martyrs ; où elles avaient été témoins d'une fidélité à Christ et à la conscience digne des plus beaux âges de l'Eglise. Quand je me disais que j'étais là pour élever, avec le granit, d'impérissables souvenirs à ces nobles confesseurs de Christ, il me semblait que je faisais un rêve. Et quand j'ouvris, selon mon usage de chaque matin, le livre qui contenait le psaume du jour, avec quel profond sentiment de reconnaissance et de joie j'y lus ces paroles qui me semblèrent s'adresser directement à moi : « Ton Dieu a décrété ta force ! » (Ps. LXVIII, 29.)

Nous avancions toujours sur ces collines, dont les ondulations se développaient lentement sous nos pas, perdant souvent de vue la cité, pour la retrouver quand nous montions sur une éminence. Dans mon impatience il me semblait que nous n'approchions pas ; et pourtant toutes les cinq minutes de nouveaux détails se détachaient de la masse ; nous découvrions graduellement les lignes sombres des maisons agglomérées sur les flancs de la montagne rocheuse. Les chemins étaient pleins de monde, et la civilisation s'accusait plus distinctement par les ponts de pierre qui nous servirent à passer plusieurs cours d'eau. Je fus frappé du grand nombre de villages qu'on apercevait de tous côtés ; plusieurs d'entre eux étaient entourés de murailles d'argile rouge, élevées avec grand soin suivant un tracé régulier, et paraissant très-solides. Les maisons étaient bâties avec la même matière, la plupart entourées d'un enclos circulaire ou carré, où donnait accès une belle porte-cochère. Beaucoup

Manière de recueillir et de faire sécher les sauterelles.

de villages étaient entourés de fossés profonds et quelques-uns de murailles, souvenirs d'une époque où le le pays était agité par la guerre civile.

La région que nous traversions contrastait, au point de vue de la culture, avec celles que nous avions parcourues les jours précédents. Les vallées étalaient la riche verdure des rizières, et les terrains élevés étaient garnis de plantes légumineuses. A deux kilomètres de la ville, nous traversâmes un véritable nuage de sauterelles qui couvraient le sol et remplissaient l'air ; je réalisai alors une des plaies d'Egypte. Plusieurs variétés de cet insecte sont répandues dans l'île, et elles causent parfois de grands désastres dans les plantations.

A mesure que nous approchions, j'étais de plus en plus frappé de la situation hardie de Tananarive, ainsi que de la grandeur de la ville, qui dépassait de beaucoup mon attente. A 1500 mètres environ du pied de la colline, mes hommes m'introduisirent tout à coup dans un enclos de murailles en argile, avec une petite maison au milieu, et me déposèrent à terre. Je trouvai réunis en cet endroit un grand nombre d'officiers et de soldats hovas. En entrant dans la maison je vis M. Laborde, le consul français, avec ses secrétaires, et deux officiers malgaches, éblouissants dans leurs uniformes bleus brodés d'or, qui avaient été envoyés pour escorter le consul à la capitale. M. Laborde, bien qu'ayant quitté Tamatave plus d'une semaine avant moi, venait seulement d'arriver. Il était porteur de dépêches du commandant Dupré relatives au différend occasionné par le traité Lambert. Il m'apprit que j'étais dans l'obligation d'informer le gouvernement de mon arrivée et d'attendre l'autorisation d'entrer en ville. Aussitôt après, tout le cortége partit en palanquin, au son de la musique, par le chemin rude et escarpé qui mène à Tananarive.

J'attendis deux heures, me demandant combien de temps je serais encore retenu. A la fin j'eus le bonheur de voir une figure anglaise, et de pouvoir reprendre l'usage de ma langue après un silence de trois ou quatre jours. C'était un des missionnaires, qui était venu à ma rencontre; ne voyant nulle nécessité d'un plus long délai, nous partîmes bientôt ensemble, et quelques minutes après nous entrions dans la ville par un vrai casse-cou, qui ne le cédait en rien aux plus mauvais pas de la forêt. Dans certains endroits le chemin n'était qu'un escalier impossible taillé dans le roc. La plupart des rues ne valent pas mieux; à proprement parler, il n'en existe que deux de passables; encore sont-elles fort inégales et rudes à la marche, ayant été taillées grossièrement dans le roc. Malgré tout, nous atteignîmes assez rapidement la partie haute de la cité, et quelques minutes après nous étions assis chez le docteur Davidson, à l'angle de la grande place triangulaire appelée Andohalo, où se tient le marché, et où se réunissent les assemblées nationales, ou *Kabarys*. J'y reçus un chaleureux accueil du docteur et de Mme Davidson, ainsi que des autres frères missionnaires, qui vinrent dès qu'ils eurent appris mon arrivée. Je me sentais le cœur plein de joie et de reconnaissance de me trouver enfin dans la capitale de Madagascar, avec la douce espérance de pouvoir faire quelque chose au service de Celui qui m'avait béni et protégé pendant mon voyage de sept semaines.

CHAPITRE V.

TANANARIVE, LA « CITÉ DE MILLE VILLES. »

Situation pittoresque de la capitale. — Vue de la ville du côté de l'orient. — Ambohipotsy. — Eglise commémorative. — Maison en pierre. — Bonnes intentions de Radama. — Chapelle catholique. — Maison du prince Ramonja. — Palais royaux. — Eglise commémorative de Faravohitra. — Mauvais état des chemins dans l'intérieur de la ville. — Peu de rues. — Anciennes portes. — Soldats malgaches. — Termes européens de commandement. — Panorama du haut de la colline. — Andohalo. — Place des réunions publiques. — Eglise indigène. — Bâtiments de la mission catholique. — Vieux figuiers. — Canons. — Ambohijanahary. — Plaine d'Imahamasina. — Pierre sacrée. — Cimetière européen. — Lac et palais d'été de la reine. — Jardins près de la ville. — Ecole centrale. — Imprimerie. — Route pavée. — Ambatonakanga et son église commémorative. — Système de marchés. — Visite à Zoma. — Produits et manufactures indigènes. — Marché aux esclaves. — Ateliers du gouvernement. — Hôpital de la Mission. — Conditions sanitaires. — Approvisionnement d'eau de la ville.

J'ai déjà parlé de la situation hardie et pittoresque de la cité royale de Madagascar. Il serait difficile d'imaginer pour une capitale une position plus dominante que celle-ci, avantage qui ne laisse pas d'être balancé par la difficulté d'accès; car l'escarpement des flancs de la colline rend à peu près impossible de construire une route praticable pour les voitures, s'il existait des voitures dans le pays.

Tananarive couvre le sommet et les pentes d'une

vaste colline de granit et de basalte, qui s'élève à un endroit relativement uni de la province d'Imérina. Cette colline s'étend du nord au sud sur une distance de près de deux kilomètres et demi, et s'élève à une hauteur de 150 mètres au-dessus de la plaine.

Tananarive vue de l'est.

Elle est très-escarpée des trois côtés sud, est et ouest; mais l'extrémité septentrionale se divise en deux bras ou ramifications qui descendent vers la plaine par une pente longue et douce. C'est sur le versant occidental que le terrain est le plus à pic. En un certain point les rochers sont perpendiculaires et même en surplomb; de grandes masses de roches s'avancent en saillie, et d'énormes fragments sont répandus à une grande distance au-dessous, témoignant de la chute d'une partie de la montagne à une époque récente. Cet accident a été causé, dit-on, par un tremblement de terre qui a secoué la ville et le pays d'alentour, il y a une trentaine d'années.

A bien des lieues à la ronde, il n'y a pas d'autre colline dont les dimensions approchent de celle qui porte Tananarive; au sud et au nord le pays est relativement uni jusqu'à une distance de 18 à 20 kilomètres; à l'ouest et au nord-ouest s'étend plus loin encore une plaine parfaitement plate. Aussi la capitale est-elle visible de bien des endroits de l'Imérina, et de certains points du pays à l'ouest; nous la vîmes distinctement à plus de 60 kilomètres de distance, avec les toits blancs et aigus du palais, brillant au soleil de l'après-midi. On doit l'apercevoir d'une distance beaucoup plus grande, depuis quelques-unes des collines du nord-ouest, ainsi que des montagnes Ankaratra au sud-est; car chaque fois que nous cherchions de l'œil la grande ville, nous la reconnaissions immédiatement à la grande masse des palais qui dominent tous les alentours. L'air, dans ces régions élevées, est d'une transparence admirable; on y aperçoit les objets à d'immenses distances avec une précision de contours inconnue, ou du moins très-rare dans notre atmosphère humide et brumeuse.

En nous approchant de Tananarive du côté est, celui par où arrivent généralement les voyageurs, nous vîmes les pentes escarpées de ce versant couvertes d'une masse sombre de maisons, disposées sans aucun ordre appréciable, ce qui est, du reste, une conséquence nécessaire de la nature du sol. Peu de constructions, excepté les palais, se détachent de l'ensemble; car les maisons, bâties en bois, sans peinture, prennent bientôt une teinte sombre et uniforme; les toits en pente, fabriqués avec le *hérana* (roseau triangulaire), ou, pour quelques grandes maisons, composés de bardeaux de bois et de tuiles, ne présentent pas non plus de couleurs saillantes. Les maisons du bas de la colline, construites la plupart en argile, se distinguent à peine, vues à distance, de la terre sur laquelle et avec laquelle on les a bâties.

Ainsi la main de l'homme n'est presque pour rien dans l'aspect pittoresque et saisissant de la capitale ; c'est la situation naturelle qui a tout fait. On apercevait toutefois, à l'époque de mon arrivée, deux ou trois édifices élevés qui se découpent sur l'azur du ciel ; et depuis lors, dans ces deux dernières années, on a construit sur les points le plus en vue, à chaque extrémité de la colline, de belles églises en granit, monuments du courage et du dévouement de ceux qui ont sacrifié leurs vies pour l'amour de Christ durant les années de persécution.

Arrêtons-nous quelques minutes avant d'entrer dans la ville, à 1500 mètres environ du versant oriental, et de ce point traçons une ébauche de l'aspect général qu'elle présente. En commençant par l'extrémité sud, qui surgit brusquement de la plaine avec un angle de quarante-cinq degrés environ, nous apercevons sur le sommet la flèche et les toits de l'église commémorative, construite à Ambohipotsy. Ce mot signifie « village blanc, » et l'endroit est ainsi nommé à cause de la couleur claire des rochers et des terrains qui composent cette partie de la colline. C'est à peine si une ou deux maisons sont bâties sur ces pentes abruptes, où le pays environnant trouve une carrière inépuisable de granit.

Cette église est placée à quelques pas de l'endroit où Rasalama, une jeune héroïne chrétienne, le premier martyr de Madagascar, fut mise à mort à coup de lances en 1837, au commencement de ce règne de terreur qui dura plus de vingt-cinq ans, et ne se termina qu'avec la vie de la reine Ranavalona. Bien d'autres ensuite furent immolés à la même place, qui resta, jusqu'à une époque toute récente, un lieu ordinaire d'exécutions. Le sommet est si étroit, à ce point de la colline, qu'on eut peine à trouver l'emplacement nécessaire pour jeter les fondations de l'église, et qu'on fut obligé de réduire le plan primitif, quant aux dimensions de l'édifice.

En suivant du regard la crête de la colline, nous arrivons à un long bâtiment peu élevé, brisant à peine la ligne de l'horizon, car il est assis sur une terrasse située en dessous de la crête. Cet édifice a pourtant cela de remarquable, que c'est la seule construction en pierre qui se trouve dans la ville, à part les églises commémoratives. Il est connu sous le nom de « la Maison de pierre; » un triste intérêt s'y rattache avec le nom du jeune roi Radama II. La Maison de pierre est à la fois un monument des nobles instincts qui marquèrent le commencement de son règne, et des coupables folies qui lui coûtèrent la couronne et la vie.

Cet édifice n'a point de beauté architecturale, étant construit dans les conditions les plus simples; mais il se distingue des autres constructions élevées par des souverains malgaches, en ce qu'il n'est pas le produit d'un travail imposé arbitrairement. Les ouvriers furent payés pour cet ouvrage par le souverain, qui avait un instinct inné de justice et de bonté dans ses rapports avec ses sujets. Il paraît que dans sa pensée ce bâtiment devait être une espèce d'école pour la classe supérieure, où les fils des nobles et des principaux officiers recevraient une instruction avancée dans les diverses branches de la science. Pendant quelque temps il servit dans une certaine mesure à cette destination; le dimanche on y célébrait le service divin, et dans la semaine le roi lui-même suivait l'enseignement religieux. Mais les mauvaises influences qui entouraient Radama furent plus fortes que ses bonnes résolutions, et la Maison de pierre devint le théâtre d'orgies et de débauches, qui amenèrent fatalement la ruine de toutes les brillantes espérances qu'avait éveillées l'avénement du prince.

A une petite distance de là, et plus près du palais, se trouve une construction d'apparence bizarre, dont l'extrémité seulement est visible du côté est. C'est un des lieux du culte catholique, bâtiment massif en argile, dont le centre s'élève au-dessus des ailes, et qui a un toit horizontal, recouvert en tuiles. On l'a comparé au jouet connu sous le nom d'arche de Noé, et de loin il est difficile d'y reconnaître le moindre caractère ecclésiastique. Près de cet endroit le sol s'élève brusquement à une hauteur de 12 ou 15 mètres; c'est le point le plus élevé de Tananarive; il dépasse de 9 mètres la terrasse où sont bâtis les palais. Le terrain y appartient à la famille du feu prince Ramonja. Ce dernier était un proche parent de la première reine Ranavalona; il embrassa le christianisme, et eut beau-

Tananarive, quartier des palais.

Maison de M. Ellis. — Maison de la sœur du premier ministre. — Maison du premier ministre et dépendances.

endroit de la cité il attirerait les regards, mais les belles sculptures des pignons et des vérandahs passent presque inaperçues, cachées qu'elles sont et dominées par les autres bâtiments royaux. Des massifs de verdure, du côté oriental du *rova* ou enclos, indiquent la situation des jardins du palais, et forment un heureux contraste avec la sombre monotonie que présente l'aspect général de la ville.

Autour de l'enclos royal se groupent plusieurs grandes maisons, bâties dans le même style que les palais, mais sur des dimensions moindres, et sans peinture. Ce sont les résidences des principaux officiers de l'armée et de la cour, des secrétaires d'Etat et autres membres du gouvernement. En dehors de ces constructions, deux autres maisons fort élevées se détachent sur la ligne de la crête : l'une, située à quelque deux cents pas au nord du palais, appartient au père de la reine ; l'autre, à 400 mètres plus loin, est une des habitations occupées par les divers membres de la famille du premier ministre.

Le regard parcourt ensuite une certaine distance, sans que rien vienne rompre la monotonie de ces innombrables toits, plus ou moins semblables entre eux. A partir de la place du Palais, le terrain se déprime graduellement vers le nord par une longue pente insensible. La branche orientale des deux ramifications qui divisent la colline, la seule qui soit visible du point que nous occupons, n'est habitée que d'une manière clairsemée. A l'endroit le plus élevé, à Faravohitra (c'est-à-dire « dernier village »), on distingue une des habitations missionnaires ; et à quelques centaines de pas plus loin se dessine la silhouette carrée de la troisième église commémorative, érigée avec le produit d'une souscription spécialement recueillie parmi les enfants anglais. Cet édifice s'élève au lieu même où quatre chrétiens malgaches furent brûlés vifs en 1849, pendant une de ces explosions de rage persécutrice qui marquèrent le règne de Ranavalona. L'église se voit à une grande distance du côté nord, aussi bien qu'à l'est et à l'ouest, et l'accès en est facile par la pente douce qui descend de Faravohitra au niveau de la plaine. Pour un spectateur placé du côté est, une grande partie de la ville et quelques-uns de ses faubourgs les plus populeux sont cachés par l'interposition de la colline : la première église commémorative, l'hôpital missionnaire, le lac de la reine et sa maison d'été, ainsi que les plus grandes chapelles indigènes, se trouvent sur le versant occidental, et hors de vue pour notre point d'observation.

Suivons maintenant le chemin de l'est, qui conduit au sommet de la ville par une montée abrupte et tortueuse. Nous passons devant un petit marché au pied de la colline, et nous attaquons ce chemin rude et rocailleux, nous arrêtant à chaque instant pour reprendre haleine, et nous demandant comment nos compatriotes apprécieraient de pareilles voies de communication dans un de nos chefs-lieux. Encore celle-ci est-elle une des moins mauvaises de Tananarive. Dans bien des endroits, il a fallu enlever le basalte pour frayer la route, qui se trouve pavée avec des blocs de roche. Ces blocs sont souvent déplacés par les grosses pluies de la saison humide ; au milieu de la montée, au point le plus escarpé, les torrents qui descendent de la partie haute de la ville ont creusé une crevasse de deux mètres de profondeur dans laquelle, après qu'il a plu, bouillonné une petite cataracte qui rend le chemin difficile, surtout pendant la nuit.

L'aspect de la ville, vue de ce côté, présente une particularité qui frappe tous ceux qui arrivent pour la première fois de Tamatave : à l'exception de deux ou trois maisons modernes, on n'aperçoit ni portes ni fenêtres, les unes et les autres étant toutes percées sur la face occidentale des bâtiments. Dans l'Imérina et le Betsiléo, les maisons sont toujours bâties en longueur du nord au sud. Les portes sont placées à l'ouest, afin de ne pas exposer les locataires au vent du sud-est, qui souffle presque toute l'année, et qui, dans les mois d'hiver, est assez froid pour nécessiter quelques précautions. La vitre étant un objet d'importation récente, un luxe réservé encore presque exclusivement aux riches, la plupart des fenêtres ne sont fermées que par des volets en bois; elles s'ouvrent invariablement sur la façade occidentale ou sur le pignon du nord.

Les différents points de la ville ne sont pas, comme dans nos cités d'Europe, déterminés par des noms de rues, mais par diverses indications qui servent à fixer avec une précision suffisante la position de la plupart des maisons. On les désigne quelquefois comme étant au nord, au sud, à l'est ou à l'ouest de tel ou tel lieu bien connu, tels que : la cour du palais ; Andohalo (la place de l'assemblée); Zoma (le grand marché), et les diverses portes de la ville. Les noms de certains quartiers dérivent évidemment de ces petits villages qui, dans les anciens temps, étaient éparpillés sur les flancs de la colline avant d'être soudés ensemble par l'accroissement de la population, et réunis pour former la capitale. Le nom de la ville, *Tananarive* (littéralement « aux mille villes, » ou villages), montre que la métropole actuelle n'est que l'agrégation de quantité de petits hameaux qui s'étaient développés au milieu des rochers semés sur les flancs de la colline.

A l'exception d'une demi-douzaine de voies principales, il n'y a rien à Tananarive qui réponde à notre idée d'une rue. Les maisons n'y sont pas disposées en rangées, et la chose serait d'ailleurs impossible avec la disposition du terrain. La grande majorité des habitations sont réunies dans un enclos, les unes à côté des autres, par groupes de deux, trois, six ou davantage. Dans certains quartiers moins escarpés elles sont entassées ensemble, ne laissant entre elles que fort peu d'espace ; généralement le sol où elles s'appuient a été conquis sur les flancs de la colline en entamant le rocher, et en remplissant avec les déblais les espaces inférieurs de manière à niveler le sol. Il en résulte que la plus grande partie de la ville se compose d'une succession de terrasses établies sur l'escarpement des pentes ; en deux ou trois endroits, et notamment à la naissance de la vallée qui sépare les deux branches septentrionales de la colline, cette superposition de terrasses présente tout à fait l'apparence d'un théâtre antique aux vastes dimensions, avec ses rangées de siéges en hémicycle.

La seule plate-forme de quelque étendue se trouve au point où les deux bras de la colline se divisent, laissant entre eux un espace triangulaire appelé *Andohalo*, d'une superficie de trois à quatre hectares, où se réunissent les assemblées nationales (*Kabarys*). Dans plusieurs quartiers de Tananarive, on ne peut arriver aux maisons que par un sentier étroit et rocailleux entre les murs de clôture des cours ; souvent ces voies de communication n'existent même pas, et l'on est réduit à escalader, d'un enclos dans l'autre, ces murs en terre, d'ailleurs peu élevés.

Dans les parties basses de la ville, ainsi qu'aux extrémités nord et sud de la partie haute, les maisons sont bâties en argile (comme dans presque tous les villages du pays), mais elles se trouvent en dehors de la ville proprement dite. Dans l'intérieur de l'enceinte, toutes doivent être, de par la loi, en bois ou en bambou ; la pierre, la terre et la brique sont interdites dans les constructions (1). Cette enceinte n'est pas bien nettement délimitée, excepté sur quelques points par de profonds fossés, naturels ou artificiels ; mais sur tous les chemins qui donnent entrée dans la ville se trouve un petit corps-de-garde qui marque la limite. Il ne subsiste qu'une seule des anciennes portes, celle d'Ankàdibévàva, aux deux tiers environ de la montée qui va de la plaine à la crête de la colline. Toutes les autres entrées étaient probablement défendues par des constructions semblables ; mais à Tananarive, comme dans la plupart des villes anglaises, on a supprimé les anciennes barrières ; une seule est restée debout pour conserver le souvenir de ces antiques ouvrages de défense. Le nom d'*An-kadi-bé-vava*, qui signifie « fossé à la grande bouche, » s'applique non-seulement à la porte, mais aussi au quartier qui l'entoure.

(1) Depuis que ces lignes ont été écrites, la loi en question a été rapportée.

La porte proprement dite s'appelle *Am-bava-hady-mitafo*, c'est-à-dire « la porte à toiture, » parce qu'elle est protégée par un toit en chaume comme les maisons. Elle est construite avec de minces fragments de basalte, en forme de tuiles, agencés très-régulièrement sans mortier. Elle a deux mètres et demi de profondeur, et autant de hauteur intérieure; les angles sont formés de blocs rectangulaires de rocher solidement fixés eu terre; le linteau, composé de plaques de roche bleue, est surmonté par la toiture qui actuellement a grand besoin de réparation. A l'intérieur, près de l'entrée, se trouve un énorme bloc circulaire de basalte, semblable à une immense meule de moulin, placé de manière à pouvoir être roulé contre l'ouverture dans une espèce de rainure; en temps de guerre il présenterait à l'ennemi qui voudrait s'introduire un sérieux obstacle.

Cette porte est la seule construction ancienne que possède la ville, à l'exception de quelques tombeaux et d'une vieille maison à Amparibé, anciennement la résidence d'un chef de tribu qui avait fait de Tananarive son quartier général. Cette maison fut construite comme la porte d'Ankadibévava; ce genre de maçonnerie date évidemment du temps où de nombreux seigneurs se partageaient la possession de cette partie de l'Imérina, bien avant l'époque où les ancêtres de la famille régnante actuelle devinrent souverains d'abord de la partie centrale, et plus tard de l'île entière de Madagascar. La porte doit donc exister depuis près de deux cents ans.

Un peu au-dessous de cette barrière, à notre droite en montant, se trouve une grande chapelle indigène, bâtie en argile, sans apparence extérieure, mais soignée à l'intérieur, et pouvant contenir cinq ou six cents personnes. En face, à gauche du chemin, une croix de bois surmontant une porte marque l'emplacement d'une école des missions catholiques.

Dans une petite cahute en terre, ou corps de garde, à côté de la porte, on voit en station deux ou trois soldats malgaches avec un officier inférieur. Mais l'aspect de ces troupes indigènes ne donne pas à l'étranger une haute idée de leur tenue ni de leur discipline. Au lieu de la démarche régulière et monotone d'une sentinelle européenne en faction, en grande tenue, la baïonnette au fusil, ces soldats sont nonchalamment accroupis par terre, dans le plus maigre accoutrement, vêtus seulement d'un morceau d'étoffe autour des reins, et d'un *lamba*, aussi sordide que grossier, en chanvre ou en rofia, sur les épaules. Quelquefois une paire de vieux baudriers, étrangers depuis longues années à l'asticage, se croisent sur leurs brunes poitrines, et avec la cartouchière qui pend négligemment à leur côté, rappellent vaguement l'uniforme européen. Une demi-douzaine de vieux fusils à pierre sont empilés dans un coin du corps de garde, tandis que l'officier traîne un sabre grossier de fabrication indigène. Ils nous prêtent peu d'attention quand nous passons la barrière ; mais si un officier malgache vient à entrer ou à sortir, le capitaine, heureux possesseur d'un chapeau de paille et peut-être d'une chemise, en sus de la tenue indigène, appelle la garde ; et l'étranger entend alors, avec stupéfaction, retentir les termes de commandements familiers à ses oreilles : « Attention ! Présentez... armes ! »

etc. L'emploi de ces mots étrangers s'explique parce que l'armée malgache fut d'abord exercée et organisée par des officiers anglais; ceux-ci, ne trouvant pas de mots indigènes pour exprimer les évolutions militaires, ont employé les termes de leur propre langue, qui sont restés en usage.

De l'autre côté de la barrière, le chemin tourne brusquement à gauche, et gravit obliquement la colline pour aboutir près de la porte de la cour royale. Remettant à plus tard notre visite au palais, engageons-nous dans un étroit sentier bordé de murailles et semé de rochers; nos porteurs l'escaladent non sans peine, et à peine le sommet atteint, nous commençons à descendre. A gauche se trouvent nombre de grandes maisons appartenant au premier ministre et à d'autres fonctionnaires importants; à droite est une modeste petite chapelle en bois, servant à une des églises de la ville. Le quartier s'appelle *Ambohitantély*, c'est-à-dire le « village du miel, » probablement en souvenir d'une époque aujourd'hui bien éloignée où les fleurs sauvages abondaient plus que les maisons sur la colline, et où les abeilles trouvaient dans le creux des arbres et les anfractuosités du roc une cachette pour leur butin sucré.

Devant nous s'ouvre à l'ouest une perspective aussi belle qu'étendue. A cette hauteur de 125 à 150 mètres, nous suivons du regard tout le chemin parcouru depuis Ambatomanga. A l'ouest, au nord et à l'est, nous embrassons un espace immense; au sud seulement la vue est arrêtée par la ville et par le palais, qui s'élève encore plus haut que notre point d'observation. Au-dessous de nous, dans la vallée, s'étend la surface unie des champs de riz ; nous remarquons surtout, dans les plis des collines, les gracieuses terrasses vertes des *ketsa* ou plantations, qui forment un heureux contraste avec le reste du sol, presque entièrement dépourvu de végétation, et brûlé par cinq mois de sécheresse. Nous suivons de l'œil, sur une longueur de plusieurs lieues, les sinuosités du chemin montant et descendant les mamelons. Dans le lointain apparaissent les formes tourmentées et pittoresques des pics rocheux que nous avons aperçus avant d'atteindre Ambatomanga ; leurs blanches silhouettes se détachent vivement au soleil sur l'azur du ciel ; on dirait des ruines de châteaux et de cathédrales gigantesques. Plusieurs des plus hautes collines sont couvertes d'arbres, dont le plus commun est l'aviavy, espèce de figuier indien ; autour de ces arbres, et sous leur ombre, se groupent des maisons trop éloignées pour qu'on puisse les distinguer à l'œil nu. On aperçoit de nombreux villages, anciennes capitales de petits États, qui ont un caractère sacré.

Du côté de l'orient, la vue est toujours intéressante et variée. On éprouve comme un sentiment de liberté devant l'étendue et la hardiesse de ces collines ouvertes à tous les souffles du vent. C'est surtout un peu avant le coucher du soleil que le spectacle prend une magnificence incomparable. Alors les rayons ardents de l'astre à son déclin enflamment l'argile rouge du sol, et lui impriment une splendeur de tons pourpres et cramoisis, variés et gradués à l'infini, qui dépassent tout ce qu'on peut rêver.

Au nord, à 8 kilomètres environ de distance, est la colline boisée d'Ilafy, qui emprunte un lugubre intérêt au tombeau de Radama II. Dans la même direction, mais à une distance double, on aperçoit une longue et haute colline, couverte de bois et de rochers, siège de l'ancienne capitale, Ambohimanga; c'est le lieu de sépulture de Ranavalona et des premiers monarques, et l'un des trois endroits sacrés dont les Européens étaient exclus il y a peu de temps encore.

En suivant la ligne occidentale de l'horizon, on trouve les crêtes de deux montagnes éloignées : Andringitra, le prétendu séjour d'une des principales idoles du pays; et Ambohidrapéto, la résidence traditionnelle du géant Rapéto; à l'ouest et au nord-ouest s'étend, sur un espace de plusieurs lieues, la fertile plaine de Betsimitatatra, avec ses champs de riz verts, qui ressemblent à une immense prairie récemment ensemencée; au temps de la moisson le riz ondule sous la brise comme l'orge dans nos champs d'Europe. Cette riche plaine fournit aux habitants de la capitale la plus grande partie de leurs subsistances. Elle offre une surface presque parfaitement unie, à peine brisée çà et là par de petites collines d'argile rouge qui émergent de la verdure comme des îles d'une mer. A 4 ou 5 kilomètres de distance serpente la rivière Ikiopa, qui sert à arroser toutes les vallées d'alentour au moyen d'un excellent système d'irrigation. Cette rivière prend naissance au nord-est de la ville, borde la plaine au sud et à l'ouest, et disparaît dans le lointain au nord-ouest, avant de se réunir au Betsiboka qui se jette dans le canal de Mozambique à Mojanga.

Des lignes de montagnes, coupées par deux ou trois pics proéminents, bornent l'horizon à l'ouest.

Vers le sud, l'œil se porte sur les hautes montagnes Ankaratra, toutes noires de forêts, ramification de la grande chaîne qui forme l'épine dorsale de l'île. C'est la branche la plus élevée de tout le pays ; elle enferme l'Imérina comme un immense rempart à l'ouest et au sud. Les points culminants doivent être à une distance de 8 à 10 kilomètres ; néanmoins, à l'aide d'une lunette, on distingue les arbres et les détails de la surface avec une netteté étonnante, au moins pour des yeux qui ne sont habitués qu'aux cieux et à l'atmosphère du nord.

Reprenant nos palanquins nous nous dirigeons sur Andohalo, en descendant par un sentier sinueux qui longe la résidence du premier ministre. La cour de sa maison a presque l'air d'une place fortifiée, clôturée qu'elle est avec des blocs massifs de basalte qui s'élèvent de 8 à 9 mètres au-dessus du chemin. Devant nous est le vaste espace triangulaire où se réunissent les Kabarys, ou parlements nationaux. Il est déprimé au centre, de manière à former une sorte d'amphithéâtre; et comme les cours des maisons qui l'entourent s'élèvent encore plus haut que le pourtour, une grande multitude de peuple peut assister à ce qui se passe dans ces assemblées. On voit souvent jusqu'à trente mille individus réunis pour entendre la promulgation des nouvelles lois, ou un message de la reine apporté par des officiers supérieurs, et annonçant des mesures politiques prises par le gouvernement.

Cette place publique sert à la transaction en public d'affaires de toute nature, et comme peu de jours passent sans qu'on apporte de la part de l'une ou l'autre des diverses peuplades le tribut au souverain, on y trouve généralement nombre de Malgaches accroupis sur l'herbe et discutant les nouvelles du jour. Comme les Athéniens, ils aiment beaucoup à « écouter ou à transmettre les nouvelles, » et Andohalo est à la fois leur cercle, leur lieu de flânerie et leur salon de conversation. Il y a là des habitudes de paresse, d'insouciance et d'oubli du temps, bien opposées à notre manière fiévreuse de traiter les affaires en Europe. Des revues de troupes y ont lieu de temps à autre, et quand la reine revient en grande cérémonie de sa visite annuelle à Ambohimanga ou d'autres voyages, Andohalo présente un mouvement des plus animés, avec deux ou trois mille hommes sous les armes, les officiers en uniformes resplendissants, la souveraine et la cour en costumes d'apparat.

Près du centre de la place, on remarque un petit espace où l'herbe ne croît pas, et où apparaît à fleur de terre une roche bleue. C'est ici la pierre sacrée, que la coutume du pays a revêtue d'un caractère semi-politique, semi-religieux ; lorsque les souverains rentrent dans la capitale après une absence, ils récitent sur ce rocher une espèce de prière où ils rendent grâce à la divinité de pouvoir rentrer en paix à Tananarive.

En nous avançant vers l'angle septentrional du triangle, nous trouvons à droite une grande église indigène, bâtie en bois, d'un style à la fois gothique et familier, qui a quelque ressemblance avec l'architecture des vieilles maisons de campagne anglaises. Elle a un transept, un clocher, des sculptures en saillie aux pignons, et des fenêtres en plein cintre sur les façades principales. Elle est admirablement située, d'un accès facile, au centre d'une population compacte; elle est fréquentée par une congrégation fervente et généreuse. Le terrain a été payé par les fidèles un prix fort élevé, eu égard à la grande valeur relative de l'argent à Madagascar.

En face de l'église se trouve une maison où M. Pakenham établit son consulat quand il vient dans la capitale, et une autre, grande et confortable, bâtie dans le genre usité à Maurice, avec une toiture en fer forgé : le drapeau tricolore qui la surmonte annonce la résidence de M. Laborde, le consul français. M. Laborde habite le pays depuis plus de trente ans, et il y a introduit bien des procédés et des industries utiles ; la confiance du gouvernement et du souverain de Madagascar lui est acquise depuis longtemps, ainsi que le respect de toute la population.

A partir de la résidence du consul français, la place se rétrécit, et devient une route qui suit pendant quelques centaines de mètres la crête du sommet, avec des maisons à droite, et à gauche un précipice à pic d'une hauteur de 100 à 120 mètres sur la plaine en dessous. Avant d'y descendre nous passons devant une pièce d'eau carrée entourée de bâtiments sur trois de ses côtés. En face du chemin est une longue construction en bois, peu élevée, avec une croix au sommet et sur la porte. C'est la principale chapelle catholique et le quartier général de la mission de ce culte à Madagascar. Elle a un aspect original, le toit étant garni de tuiles au centre et de plaques de fer galvanisé sur les ailes. Contre la chapelle s'adossent les maisons des prêtres, et des ateliers pour les ouvriers attachés à la mission. Les écoles

Vue de Tananarive, Avenue de canons. Page 115.
...e centrale se trouve derrière les arbres.

et les maisons des Sœurs de la miséricorde se trouvent à 200 mètres de là, sur le chemin de Faravòhitra.

Du côté opposé au précipice la route est bordée par des arbres *aviavys*, qui doivent être deux ou trois fois centenaires. Plusieurs d'entre eux sont en plein dépérissement et ne paraissent pas avoir longtemps à vivre. Il y a un nombre considérable de ces vieux arbres dans les parties hautes de la ville, où ils sont aujourd'hui cachés par les palais et les maisons. Cet arbre abonde dans toutes les villes anciennes de la contrée. Le fruit de l'aviavy n'a rien de tentant à première vue. Il est dur, vert, et paraît indigeste, quelque chose comme une petite poire pierreuse; et la plus mauvaise pomme sauvage serait probablement plus agréable au goût. Mais les enfants de Madagascar ressemblent beaucoup à ceux d'Europe pour la faculté d'apprécier et de digérer les substances les moins bonnes en apparence, et les arbres aviavy sont généralement dépouillés avant que le fruit ait eu le temps de mûrir.

Entre ces vieux arbres sont placés nombre de canons de divers calibres, les uns posés sur le sol, les autres montés sur des affûts en bois plus ou moins délabrés. Ces pièces d'artillerie portent les initiales royales d'Angleterre, G. R., et sortent pour la plupart des fonderies de Woolwich. Ils furent donnés au premier Radama par le roi Georges IV, à l'époque où fut signé un traité abolissant l'esclavage à Madagascar. Ils donnent un faux air de place forte à cette partie de la ville, mais ils ne seraient probablement pas d'une grande utilité pour la défense, car les Malgaches ne sont pas experts en artillerie. Il y a là trente pièces environ, et on en trouve le double à d'autres endroits dans la partie basse de la ville. Elles servent principalement à tirer des salves dans les occasions spéciales de réjouissances, à l'entrée ou au départ des officiers généraux et des consuls européens, ou lorsque ont lieu des *Kabarys* importants. La veille du nouvel an, tous les canons de la ville tirent une salve à trois reprises, pendant la cérémonie du bain de la reine. A l'inauguration du nouveau palais, il y eut une volée qui dura toute la nuit, à des intervalles d'une demi-heure. Près du *rova* se trouve un canon qui donne chaque matin aux ouvriers le signal de se rendre au palais, ou aux autres endroits où les travaux du gouvernement sont en activité; le soir, à neuf heures et demie, on tire de nouveau le canon en manière de couvre-feu, après quoi les rues doivent être désertes, les lumières et les feux éteints dans les maisons.

On comprend aisément, d'après ce que nous avons dit de la position de Tananarive, que cette ville jouit de points de vue admirables. Peu d'endroits offrent une aussi grande variété de scènes pittoresques que cette capitale, soit qu'on la regarde de la plaine, soit qu'on se place en observation sur les hauteurs; et il y a peu de vues plus saisissantes que celle qu'on embrasse depuis la batterie en arrivant à la ville. Elle impressionne toujours vivement l'étranger qui la contemple pour la première fois, et l'habitude n'affaiblit pas cette impression; de ce côté de la ville, l'eau ajoute au paysage un charme toujours nouveau. A l'extrême gauche on aperçoit, dans l'arc décrit par cette extrémité de la colline, la partie occidentale de la ville, avec les palais et les hautes maisons qui dominent tous les autres objets. Un peu au-dessous du palais on peut distinguer les précipices d'Ampamarinana, où périrent bien des martyrs chrétiens jetés du sommet dans le gouffre, et déchirés en tombant de rocher en rocher. Une des églises commémoratives est en construction dans cet endroit, et une congrégation, aussi nombreuse qu'influente, s'y réunit actuellement dans un bâtiment provisoire.

Tananarive vue du nord-ouest.

A l'ouest du palais, et réunie à la ville par une crête peu élevée, une espèce d'isthme, se trouve une colline remarquable en forme de dôme, appelée *Ambohijanahary*; on traduit quelquefois ce nom par « Mont de Dieu, » mais il signifie plutôt « Montagne créée. »

Les flancs de cette colline sont rayés de lignes noires qui, de notre point d'observation, semblent d'immenses entailles. Ce sont des fossés profonds, creusés par ordre de Radama Ier; les uns disent qu'il voulait ainsi habituer ses troupes à attaquer et à escalader les places fortifiées; les autres, qu'il avait l'intention de niveler une grande partie de cette colline, et que c'étaient les travaux préliminaires de l'entreprise. Il exécuta effectivement un ouvrage de cette nature, mais dans de moindres proportions, sur une colline située plus loin au sud, et construisit sur le plateau ainsi obtenu un palais, que nous apercevons à une distance de 2 kilomètres environ. Un faubourg populeux s'étend à la base de la colline; on voit dans les cours de grandes tombes de famille à côté des habitations des vivants.

Immédiatement au-dessous de nous, au pied de la pente et à une profondeur de plus de 100 mètres, se trouve une grande plaine unie couverte de gazon, appelée *Imahamasina*. C'est un carré presque parfait de 2,500 mètres de côté, qui s'étend devant nous comme une carte : c'est le champ de Mars, qui sert à la manœuvre des troupes; lorsque plusieurs milliers d'hommes y sont réunis, comme il arrive souvent, le spectacle est fort beau. Les colonnes de soldats, dans leurs uniformes blancs, exécutant dans la plaine des mouvements lents ou accélérés pour se former ensuite en vastes carrés, contrastent vivement avec la verdure de l'herbe, ainsi qu'avec les nombreux spectateurs groupés tout autour; et tous les accessoires pittoresques de la scène, éclairée par un soleil splendide, complètent un tableau qu'on ne se lasse jamais de revoir.

Vers le centre du champ de Mars est une construction circulaire en pierre, haute d'environ 3 mètres sur 2 et demi de diamètre. Elle contient une seconde pierre sacrée, d'où la plaine tire son nom, car *mahamasina* signifie « rendre sacré. » C'est probablement un fragment de roche basaltique qui s'est détaché par une cause naturelle du haut de la colline, et a roulé de là jusqu'à sa position actuelle. On a attribué une sorte de sainteté à ce roc, qui est soigneusement enfermé dans un maçonnage à la chaux. Jadis, à son couronnement, le souverain, debout sur cette pierre, demandait à la multitude assemblée s'il était *masina*, c'est-à-dire consacré comme leur roi; tous répondaient aussitôt à cette question par des acclamations et des protestations de fidélité.

Au pied de la colline est le cimetière européen, où dorment du dernier sommeil quelques-uns des artisans qui furent attachés à la première mission et plusieurs de leurs enfants. Là aussi reposent les restes de M. Hastie, agent britannique sous le règne de Radama Ier, homme de grand mérite, qui a plus fait pour Madagascar que nul autre individu. L'abolition de l'esclavage, l'introduction de plusieurs arts utiles, et nombre d'autres bienfaits publics sont le résultat de ses efforts persévérants et désintéressés; à sa sagesse, à son énergie, à son amour pour l'humanité, le royaume doit une bonne part de sa civilisation et de ses progrès en tout genre. Le Rév. D. Tyerman est également enseveli dans cet endroit; venu à Madagascar après avoir visité sur divers points du globe la plupart des stations de la Société des missions de Londres, il succomba à la fièvre, provoquée par la fatigue du voyage à travers l'île, et mourut à Tananarive en juillet 1828. M. Charles Stagg, le zélé directeur de l'Ecole centrale, a trouvé aussi sa dernière demeure dans ce petit cimetière; il est mort en février 1864.

En se rapprochant du nord on rencontre le faubourg populeux d'Amparibé. Au milieu des maisons apparaît le toit de chaume de la chapelle indigène, qu'on distinguerait difficilement des autres constructions sans ses vastes dimensions. C'est là que se réunit la plus nombreuse congrégation de la capitale, qui compte plus de six cents communiants. Au-dessous se trouvent deux habitations missionnaires, encloses dans un grand jardin, et à quelque distance au-dessus, une belle pièce d'eau appelée *Anosy*. C'est la propriété de la reine. Au centre est une île avec des maisons d'été et des jardins, réunie à la terre ferme par une longue et étroite jetée. Ce lac est en partie naturel et en partie artificiel. Il a été agrandi et approfondi, afin qu'il pût fournir une force hydraulique suffisante aux moulins à poudre du gouvernement, et il est alimenté par un canal qui communique avec la rivière Ikiopa. Il y a une jolie promenade d'une demi-heure à faire autour du lac; du bord le plus éloigné de la ville on jouit d'une vue fort belle sur la montagne où elle est assise, avec l'île et ses jardins au milieu du tableau.

Près du lac, un peu vers le nord, sont la maison de campagne et les gracieux jardins du consul français. Ces jardins sont tracés dans le genre européen, avec des allées, des haies taillées et des plants réguliers. Les enfoncements de la grande colline sont souvent occupés par des jardins de manguiers, de bibassiers, de pêchers, de bananiers et d'autres arbres à fruits, charmantes retraites qui contrastent avec l'agitation et le bruit de la ville. Les Malgaches aiment à y passer une partie de leur temps, et plusieurs d'entre eux y ont des maisons qu'ils habitent pendant la récolte du riz. En allant plus loin vers le nord on trouve la branche occidentale de la colline, qui descend graduellement vers la plaine par une pente courbe, et qui est abondamment couverte de maisons. A l'extrémité, sur une légère élévation de terrain, nous distinguons la tombe de la famille du premier ministre, avec ses arceaux en pierre et ses élégants paratonnerres semblables à de petits minarets.

Continuant à suivre le chemin du côté du nord, nous trouvons sur notre droite l'Ecole centrale de la mission protestante. Les murs de cet établissement sont couverts de cartes et de tableaux; toute l'installation est copiée sur le modèle de l'Ecole britannique des missions, et l'on dirait une maison d'école européenne. Ce bâtiment a été construit pour servir d'école supérieure, et spécialement d'école normale, en vue de former des instituteurs destinés aux divers postes du pays. Cette œuvre fut commencée par M. Stagg en 1863; il ne lui fut pas donné de la poursuivre longtemps, car il mourut au commencement de l'année suivante; mais les jeunes gens formés par lui dans ce court espace de temps ont pris la direction de plusieurs écoles de la capitale, et depuis lors deux d'entre eux se sont mis en voyage dans l'île, allant de lieu en lieu pour instruire leurs compatriotes. L'école est bâtie sur l'emplacement d'une ancienne chapelle où M. Griffiths, un des premiers missionnaires, prêcha pendant plusieurs années, et autour de laquelle une congrégation s'était groupée à l'origine de la mission de Madagascar.

Quelque deux cents mètres plus loin, le chemin tourne brusquement à droite, et descend par une pente des plus raides. Au delà de ce coude, on aperçoit immédiatement une large et massive porte en pierre. Elle a de grandes prétentions architecturales : de chaque côté de la voûte se présentent deux colonnes accouplées, chargées de moulures à la base, et surmontées de chapiteaux bizarres, imitation lointaine de l'ordre ionique. Le sommet de la porte est plat, et terminé par des sculptures tourmentées. Il est à regretter que la plupart des portes dans la ville et dans la banlieue aient des toits construits sur ce modèle; car les grosses pluies y accumulent toute une végétation; les moulures n'étant pas disposées en gouttières, la pierre ne tarde pas à être attaquée par l'eau qui y séjourne en faisant croître des lichens. La porte en question sert d'entrée à l'imprimerie de la Société des missions de Londres. Le terrain appartenait autrefois à un membre de la famille royale, et une grande maison a occupé l'emplacement où fonctionne aujourd'hui la presse des missions. Dans l'enclos est compris un vaste terrain où trouvent aisément place le logement du directeur, l'imprimerie proprement dite, et un magasin de Bibles et de livres d'école. De cet endroit on jouit d'une vue aussi belle qu'étendue dans toutes les directions, le terrain se déprimant rapidement de trois côtés.

Quittant l'imprimerie, nous descendons pendant quelque temps pour tourner de nouveau brusquement vers le nord, en passant devant un de ces petits corps de garde qui marquent les limites de la ville. Le chemin s'élargit alors jusqu'à 9 mètres environ; c'est le plus bel échantillon de route artificielle qui se trouve dans le pays. Cette route est conquise sur le flanc de la branche occidentale de la colline, et descend doucement par une pente régulière à Ambatonakanga, qui se trouve à moitié chemin entre le sommet et la plaine. Elle est pavée en granit brut, et date du règne de Radama Ier. Nous voyons ici distinctement la grande branche septentrionale de la colline sur laquelle est bâtie la capitale. Sur notre droite est la profonde vallée qui sépare les deux branches, et au delà se trouve la crête de Faravòhitra, qui se prolonge sur une certaine étendue sans diminuer sensiblement de hauteur. Une des églises commémoratives se présente en pleine vue au sommet de la colline, à l'endroit où furent brûlés des martyrs en 1849. Au-dessous, dans la plaine, à 2 kilomètres et demi de distance, se trouve le grand bâtiment carré de l'hôpital de la Mission, qui se détache en blanc du reste des maisons. Non loin de l'hôpital on aperçoit le haut toit à angle aigu de la chapelle indigène d'Analakély, grand faubourg où sont établis les ateliers de l'Etat. Cette route est toujours pleine de mouvement et de bruit; c'est la voie principale de la ville.

A moitié chemin en descendant, la route décrit une légère courbe et nous laisse voir, droit devant nous, la première église commémorative, à Ambatonakanga. Bien qu'elle ne soit pas située au sommet de la colline, comme les églises d'Ambohipotsy et de Faravòhitra, elle est cependant à une hauteur considérable au-dessus du pays environnant. Elle s'élève sur une belle plate-forme unie, entourée de murailles massives de roche bleue qui retiennent solidement le terrain à l'est et au sud ; car la déclivité du sol est si rapide, qu'à tel endroit la muraille s'élève à 12 mètres de hauteur au-dessus de la route. L'église a été conquise sur un vaste rocher de basalte, dont les fragments ont servi à la construire ; on y entre par un escalier placé à l'un des angles, qui aboutit à une porte encadrée de deux colonnes en pierre. De chaque côté se trouve une maison d'école, bâtie en brique cuite au soleil, et recouverte de plâtre ; derrière est une maison pour la personne préposée à la garde des lieux, et un terrain suffisant pour l'habitation d'un missionnaire.

La première pierre de l'église a été posée le 19 janvier 1864 ; elle fut ouverte au culte le 22 janvier 1867. Le jour de l'inauguration fut une grande joie pour la population chrétienne ; on vit même beaucoup de païens affluer ce jour-là au service de dédicace. La reine envoya plusieurs officiers supérieurs pour la représenter à cette solennité, accompagnés d'un corps de musique. Longtemps avant l'heure fixée pour le commencement du service, l'église était comble ; cinq à six cents personnes se pressaient dans l'intérieur, dans la sacristie, dans le vestibule et aux portes ; le double au moins se tenaient en dehors, faute de place. Dès que le service du matin fut terminé et que l'assemblée eut quitté l'église, celle-ci fut immédiatement remplie une seconde fois par ceux qui n'avaient pu entrer ; ils attendirent patiemment, de midi à trois heures, le commencement du service de l'après-midi, qui dura jusqu'à cinq heures, en sorte que beaucoup restèrent hors de chez eux presque tout le jour.

Il serait difficile de décrire les émotions diverses de ceux qui prirent part aux services de cette heureuse journée. Ils se rappelaient avec admiration que, moins de cinq ans auparavant, personne dans la ville n'aurait pu se rendre au culte chrétien qu'au péril de sa vie; à l'endroit même où maintenant ils adoraient Dieu en toute liberté, sans que personne songeât à les troubler, leurs amis et leurs parents avaient langui chargés de fer dans une dure prison; de ce lieu même ils avaient été traînés à une mort violente et cruelle. Et nous qui, du fond de l'Angleterre, avions suivi avec tant d'intérêt l'œuvre commencée depuis près de cinquante ans, nous repassions dans notre mémoire, avec un étonnement reconnaissant, les phases de cette œuvre : ces quinze années de travail heureux suivies de vingt-six années de persécutions sanglantes; et après ce temps d'épreuve, la vérité divine, bien loin d'être terrassée par ses ennemis, se relevant plus puissante que jamais, et proclamant sa victoire par la voix de ces assemblées nombreuses autant que ferventes. Comment notre cœur n'aurait-il pas crié : « L'Eternel a fait pour nous de grandes » choses, et son œuvre est une merveille devant nos » yeux ! »

Ambatonakanga est un lieu auquel s'attachera toujours un vif intérêt, parce que là fut élevé le premier édifice affecté au culte chrétien dans Madagascar, et aussi parce que la vieille chapelle indigène, construction sombre et basse, qui se trouvait à l'est de l'église actuelle, a servi de prison à de nombreux chrétiens; les uns y ont succombé à leurs souffrances, les autres ne sont sortis de prison que pour être tués à coups de lance, lapidés, brûlés ou précipités du haut du rocher.

Renvoyant à plus tard des détails ultérieurs sur cette église, suivons notre chemin vers le nord-ouest, et visitons Zoma, le grand marché. Disons en passant qu'Ambatonakanga se trouve à la rencontre des deux voies principales de la ville, et même de l'île entière. On l'appelle souvent pour cette raison *Antsampanimahazo*, c'est-à-dire « à la bifurcation des routes. »

Le marché est situé à 500 mètres de l'église, et occupe un vaste carré irrégulier de terrain légèrement exhaussé. Sur un des côtés passe la voie la plus fréquentée à l'ouest de la ville ; elle est bordée d'une rangée d'échoppes grossièrement construites. Il n'y a pas de boutiques à Tananarive ; mais il existe, en divers endroits de la ville, un certain nombre de petits marchés en plein air, où l'on trouve en abondance non-seulement les denrées de première nécessité, mais les ustensiles et les articles manufacturés. Il y a, en outre, de grands marchés, se rapprochant davantage de nos foires, qui réunissent des milliers d'acheteurs, et qui se tiennent tel ou tel jour de la semaine, tant dans la capitale que dans des villes moins importantes des environs. Le marché de Tananarive se tient le vendredi, en malgache *Zoma*; et ce nom s'applique aussi au lieu de réunion. C'est ainsi que les Malgaches disent : « Nous allons à l'Alatsinaïny, au Talata, à l'Alarobia, etc., » c'est-à-dire aux marchés tenus le lundi, le mardi, le mercredi, etc. Ces marchés sont un moyen de communications incessantes entre les habitants, qui y trouvent généralement tous les objets d'un usage journalier. Les articles spéciaux, tels que les diverses espèces de bois et les matériaux de construction, se trouvent dans certains marchés déterminés, affectés respectivement à telle ou telle spécialité.

Ce système de marchés est un des traits saillants de la vie sociale des Malgaches; pour les achats comme pour les ventes, ils sont obligés de s'y rendre, quelquefois d'assez loin, et d'attendre le moment où ils sont ouverts, ce qui doit entraîner une perte de temps considérable.

En raison des foules qui s'y réunissent, le meilleur moyen de publicité est une proclamation au marché; aussi une ancienne coutume veut-elle qu'on transmette les messages du souverain, et qu'on promulgue les lois, à ces grands concours de peuple. Ces proclamations sont généralement précédées d'un coup de canon qui attire l'attention générale. Pendant la persécution du règne de Ranavalona, des chrétiens furent souvent exposés, chargés de chaînes, à la vue du peuple dans les marchés, pendant des mois entiers, afin de détourner les autres d'embrasser leur croyance. Ils devenaient alors, comme les premiers disciples du Crucifié, l'objet de railleries cruelles et d'insultes de la part de la foule païenne ; mais bien des fois leur courage et leur charité amenèrent quelques-uns des assistants à examiner pour eux-mêmes les nouvelles doctrines, et finalement à embrasser la vérité glorifiée par ces fidèles confesseurs.

La capitale présente, chaque vendredi, une scène des plus animées. De grand matin, toutes les routes conduisant à la ville sont remplies de personnes qui apportent leurs produits à la vente, ou qui viennent faire des emplettes; les voies principales de Tananarive, notamment celle qui va d'Andohalo au Zoma, sont également occupées tout le jour par une foule compacte. C'est une occasion favorable pour observer les types variés des diverses tribus de la province, et pour se familiariser avec les produits du pays et les articles de manufacture indigène. Il est vrai que les plus beaux lambas en soie, et en général les articles chers, ne se trouvent guère au marché, et qu'il faut les chercher dans les maisons des commerçants et des fabricants; mais on y rencontre presque tous les autres produits des parties centrales de l'île.

A ma première visite au marché, en compagnie de deux ou trois frères des missions, nous eûmes quelque peine à nous faire jour, soit à cause de l'encombrement des routes, soit aussi en raison du grand nombre de curieux qui se pressaient pour voir les étrangers. Plusieurs d'entre eux n'avaient probablement jamais vu un Européen, et notre présence paraissait leur causer un véritable amusement. Une partie de la grande route conduisant au Zoma était bordée de débitants de divers articles, disposés en groupes suivant leur spécialité. Une forte odeur d'alcool nous apprit, avant même d'avoir vu des agglomérations de bouteilles, que les Malgaches sont familiarisés avec l'art de la distillation. Le rhum indigène, ou *toaka*, atroce et violent spiritueux qui s'extrait de la canne à sucre, se vend à très-bas prix. A la suite venaient de grands tas de vaisselle en terre rouge, des casseroles pour cuire le riz, des *sinys* ou jarres à eau, des bouteilles et des plats, avec beaucoup de poteries anglaises communes, notamment l'antique bouteille revêtue d'osier. Il y avait une grande variété de chapeaux, la plupart en paille de riz, admirablement confectionnés et très-bon marché. Pendant que nous les admirions, le son aigu de la guitare du pays, ou *valiha*, attestait que la population n'est pas dépourvues de goût musical. Un peu plus loin on nous offre des bois de lit, des matelas, etc. Les premiers sont faits d'une espèce d'acajou, généralement beaux et solides, avec des pieds tournés, le tout bien fini et soigneusement ajusté. Les matelas sont garnis des fleurs de certaines plantes, qui constituent une couche moelleuse et confortable.

Arrivés au point central du marché, ce n'est pas sans peine que nous parvenons à nous frayer un chemin à travers la foule. Nous voici à l'endroit réservé aux matériaux de construction ; là sont entassées de riches collections de pièces de bois pour les chevrons et la charpente des maisons. On y trouve souvent les ouvriers de nos églises ou des chapelles catholiques, occupés à choisir les meilleurs matériaux pour le travail dont ils sont chargés. Les planches qui doivent servir aux parquets et aux revêtements des parois se vendent par faisceaux d'une demi-douzaine ; il importe d'y regarder de près en les achetant, car souvent celles qui se trouvent au centre du paquet sont si minces, qu'elles se réduisent à rien après que le rabot y a passé. Nous trouvons ensuite de grosses gerbes de hérana, jonc triangulaire employé pour les toitures, ainsi que des provisions d'un autre jonc, très-fort, appelé *zozoro*, qui sert, dans les maisons pauvres, à former des cloisons. Le hérana est attaché à des tiges de bambou, longues de 5 à 6 mètres. Ces variétés de joncs appartiennent à l'espèce des papyrus.

Nous quittons le marché au bois pour aborder celui des provisions, disposées sur de petits plateaux de terre carrés, légèrement exhaussés au-dessus du sol. Le caquetage d'innombrables poulets, renforcé du gloussement enroué des canards et des oies, atteste l'abondance de la volaille dans cette partie du pays; informations prises, nous apprenons qu'un poulet coûte de 40 à 80 centimes, une oie ou une dinde de 1 fr. 25 à 2 francs. Le bœuf est relativement aussi bon marché, ainsi que les légumes; on voit en abondance patates douces, manioc, fèves, maïs, etc. Il y a plusieurs variétés de riz, d'excellente qualité; c'est la principale nourriture du pays. Presque toute l'année vous avez à votre disposition de nombreuses espèces de fruits, tels que : pêches, bananes, mangues, ananas, oranges, limons, citrons, courges, melons,

Melon, grenade, citron, etc.

raisins, groseilles du Cap, pommes de bibassier, mûres, goyaves, grenades, sans compter quelques autres espèces exclusivement indigènes ; cette liste pourrait être aisément allongée par l'acclimatation des fruits européens, dont la plupart prospéreraient ici. Des tas de petites sauterelles brunes ne nous tentent pas plus que les chrysalides de vers à soie. Une espèce de truffe, bien que fort estimée des Malgaches, a pour nous un mauvais goût de moisi ; plusieurs autres fruits du pays, qu'ils aiment beaucoup, sont âpres et répugnants à notre palais. Des monceaux de poivre et de piment écarlate, des racines de gingembre, et des feuilles séchées pour fabriquer du tabac à priser, complètent, à peu de chose près, la nomenclature des produits végétaux exposés au marché.

En tournant à gauche, nous trouvons divers articles de fabrication indigène : clous, serrures, charnières, houes, couteaux, sabres, et autres objets en fer, ainsi que des barres du même métal, à façonner à volonté. Viennent ensuite des tissus divers, tous filés et tissés à la main, ainsi que des fibres de rofia et de bananier, du chanvre, du coton, de la soie, le tout filé et bon à tisser ; il y a aussi du coton brut et la soie en cocon. La plupart des pièces d'étoffes sont coupées en forme de lamba, le vêtement de dessus porté ordinairement par les Malgaches. Les tissus, même les plus grossiers, sont souvent ornés de raies et de dessins qui témoignent d'un goût distingué. Les lambas de première qualité, en coton ou en soie, sont tissés avec luxe, et les couleurs s'harmonisent parfaitement.

Mais il serait fastidieux d'énumérer tout ce qu'on peut acheter à ces grands marchés. Notons seulement encore le marché aux esclaves, qui se tient dans un coin de la place, et où des créatures humaines des deux sexes sont fréquemment exposées en vente. On trouvera plus loin, dans ce livre (ch. VIII et X), quelques détails sur l'esclavage à Madagascar.

La grand'route qui traverse le marché continue vers le nord-ouest, passant au milieu d'un faubourg populeux, et longeant le tombeau monumental de la famille du premier ministre, pour descendre ensuite dans la plaine qu'elle coupe dans la direction de l'ouest. Cette plaine est un des points les plus favorables pour voir l'ensemble de la ville, qui se développe dans toute sa longueur du nord au sud, et d'où se détachent tous les principaux édifices.

Après avoir quitté le marché, descendant sur le terrain uni qui sépare les deux branches septentrionales de la colline, nous arrivons à l'hôpital de la Mission et aux ateliers du gouvernement, à Analakély. Les ateliers sont disposés dans un vaste enclos carré; ils ont été construits par les ouvriers anglais qui faisaient partie de la première mission. Ces hommes ont introduit dans la population bien des arts utiles; ils ont pris sous leur direction, en qualité d'apprentis, nombre de jeunes garçons indigènes auxquels ils ont enseigné la charpenterie, la menuiserie, l'art du forgeron, celui du tanneur, la fabrication du savon, et autres industries; ils ont imprimé à la civilisation un élan qui ne s'est jamais complétement arrêté, malgré le mouvement de recul qui a marqué le règne de Ranavalona. On a construit ici même des machines qui servent aux opérations préliminaires de la fabrication de la poudre à canon; le mélange des matériaux s'opère dans un local situé en dehors de la ville.

Dans le voisinage des ateliers se trouve l'hôpital de

la Mission, un des plus grands édifices de la ville. Il a deux étages et mesure 30 mètres de long sur 9 de large ; il est construit presque entièrement en briques cuites au soleil et crépies à l'extérieur avec de la chaux. Ce genre de construction ne donnerait guère de sécurité en Europe ; mais l'argile est ici d'une nature si résistante et si dure, que les bâtiments construits dans ces conditions sont réellement très-solides et durent un grand nombre d'années. Le mortier, dans ce pays, n'est que de l'argile délayée avec soin ; mêlé avec du sable fin, il sert au plâtrage intérieur. L'hôpital s'élève presque au niveau du sommet de la colline. Il est calculé pour recevoir cinquante malades, et consiste en deux grandes salles qui suivent toute la longueur de l'édifice sur la façade, l'une au rez-de-chaussée, l'autre au premier et unique étage ; la cuisine et les offices sont sur le derrière, au rez-de-chaussée. Chaque lit est isolé au moyen d'un châssis qui porte un rideau mobile, dont le tissu léger est librement perméable à l'air ; les fenêtres sont à coulisse et le sol pavé en dalles. Derrière le bâtiment se détache une aile contenant l'escalier, une pharmacie au rez-de-chaussée, et au premier une chambre d'opérations et de consultations. On y peut voir chaque jour de nombreux visiteurs attendant des conseils et des remèdes, car ce département de l'œuvre chrétienne est hautement apprécié par toutes les classes du peuple. Le docteur Andrew Davidson, l'infatigable médecin-missionnaire, habite une maison attenante à l'hôpital, en sorte que dans les cas graves les malades sont placés sous sa continuelle surveillance.

Indépendamment du bienfait immédiat résultant

pour la population de la présence du docteur Davidson, il a sous sa direction quelques jeunes gens intelligents auxquels il enseigne la médecine et la chirurgie. Ces jeunes Malgaches ont montré dans maintes occasions, par leur application et leurs progrès, que l'instruction qu'ils reçoivent et l'expérience qu'ils acquièrent auprès des malades ne sont point perdues. On peut espérer que beaucoup d'entre eux seront plus tard bien qualifiés pour exercer la médecine chez leurs compatriotes, et pour établir des pharmacies et des hospices dans les districts éloignés du pays (1).

Cet hôpital, commencé en janvier 1864, fut ouvert au mois de juillet de l'année suivante. Depuis l'ouverture, il a fourni des soins médicaux ou des consultations à une moyenne annuelle de cinq mille malades. La reine, les nobles, et la généralité de la population ont contribué dans une large mesure aux frais d'établissement, soit par des dons en argent ou en matériaux, soit par des corvées volontaires. On y envoie journellement des cadeaux en aliments pour les malades qui n'ont pas les moyens de subvenir à leur entretien pendant qu'ils sont à l'hôpital.

La ville de Tananarive n'est nullement insalubre, comme on pourrait le supposer d'après le caractère primitif des dispositions sanitaires dont elle est l'objet. Comme on n'y tient point de registres des naissances et des décès, nous ne pouvons pas citer de chiffres à l'appui de cette assertion; mais il résulte

---

(1) Un des élèves du D' Davidson est allé tout récemment, en octobre 1869, dans le pays de Betsiléo, ouvrir un hôpital missionnaire à Tianárantsoa.

des observations que j'ai pu recueillir personnellement, relativement à la mortalité moyenne, que cette capitale se trouve dans des conditions très-favorables à la santé. Cette salubrité doit être attribuée, pour une bonne mesure, à la grande élévation de la ville au-dessus de la plaine, d'où résultent à la fois la pureté de l'air, qui circule avec une entière liberté, et le prompt écoulement des eaux, qui ne peuvent séjourner sur ce sol essentiellement pierreux. Il faut ajouter que la sécheresse de l'atmosphère, pendant plusieurs mois de l'année, empêche les agents de décomposition de produire les effets nuisibles qui se manifesteraient, dans des circonstances semblables, à une moindre élévation au-dessus du niveau de la mer. Une dernière cause doit contribuer puissamment à maintenir la mortalité à un chiffre peu élevé : c'est le bon marché et l'abondance de la nourriture, et l'absence générale de cette misère abrutissante à laquelle nos classes ouvrières sont trop souvent réduites en Angleterre pendant les crises commerciales.

Tananarive est alimentée d'eau par de nombreuses sources qui jaillissent du pied de la colline. Cette eau est généralement bonne ; mais il y a certaines sources dont la qualité est supérieure à celle des autres. Comme l'eau ne peut arriver à la ville qu'au prix d'un continuel travail d'ascension, le peuple ne fait pas de cet élément essentiel de propreté un usage aussi considérable qu'il serait à désirer, soit pour les personnes soit pour les maisons. On la porte ordinairement sur la tête, dans des cruches rondes en terre de la contenance d'une vingtaine de litres. Comme dans la plupart des pays de l'Orient, ce travail est dévolu aux femmes ; et chaque matin les fontaines sont assiégées par les femmes esclaves, babillant à qui mieux mieux, qui se déroulent ensuite en longues files sur le chemin escarpé de la ville, avec leurs cruches adroitement balancées sur la tête.

Il y a quelques années, un Français, qui habitait la ville, entreprit de fournir d'eau le palais au moyen d'une source située sur une colline nommée Ambohibé, qui se trouve à 7 ou 8 kilomètres au nord-est de la ville. Cet endroit étant de 30 mètres plus élevé que Tananarive, il devenait facile d'amener l'eau dans tous les quartiers au moyen d'un système de tuyaux. Un réservoir fut construit entre les collines, qui furent reliées par une ligne de tuyaux en terre ; mais ceux-ci se trouvèrent bientôt hors de service, et on les a presque tous enlevés depuis. On en retrouve la trace en plusieurs endroits, et il est vraiment à regretter qu'on n'ait pas construit un aqueduc plus solide pour procurer à la ville le bienfait inestimable, et relativement facile, d'une abondante distribution d'eau (1).

---

(1) Depuis l'année 1867, à laquelle se rapporte cette description de la ville, divers changements ont eu lieu dans l'ensemble des constructions, mais ils sont de peu d'importance.

CHAPITRE VI.

ENVIRONS DE LA CAPITALE; VILLES SAINTES DE L'IMÉRINA.

Les douze montagnes saintes. — Usage symbolique du nombre *douze*. Situation et nom des anciennes villes capitales. — Alasora, siége des ancêtres de la famille régnante. — Entretien des routes de la capitale. — Tombeaux qui bordent la route du nord. — Champs de riz. — Culture du riz. — Scènes de la moisson. — Silos à riz. — Cruel supplice. — Manjakaray et son église. — Fortifications des villes hovas. — Colline de granit. — Géologie de l'Imérina. — Ilafy. — Tombeau de Radama. — Marché à Asabotsy. — Mangahazo ou manioc. — Diverses plantes indigènes. — Villages indigènes. — Manière d'engraisser les bestiaux. — Ambohimanga, ancienne capitale, fermée aux Européens. — Amparafaravato et l'idole Rakelimalaza. — Ambohitrabiby. — L'idole Ramahavaly et son village. — Berceau de l'idolâtrie et des superstitions hovas. — Ambohidratimo. — Curieux aménagement d'une maison. — Digues sur la rivière. — Inondations. — Cataracte d'Ifarahantsana. — Ponts de pierre. — Palais d'Isoaniérana.

Dans leurs proclamations et leurs messages au peuple, les souverains de Madagascar font généralement allusion aux idoles du pays et aux *douze montagnes saintes*. On en appelle à ces montagnes, on jure par elles, comme faisant partie de la gloire traditionnelle du royaume; on les mentionne au même rang que les ancêtres de la famille royale dans les solennités publiques, telles que la prestation du serment de fidélité, les levées de troupes, et la fête nationale du nouvel an. Les montagnes saintes sont des collines à quelques kilomètres de Tananarive, sur lesquelles d'anciennes villes sont bâties; la plupart de ces villes furent dans le temps les capitales de petits Etats, et toutes sont de la part des Malgaches l'objet d'un sentiment de fidélité et de respect religieux. Il n'est pas facile de dire avec précision le nom de chacune de ces collines saintes; tout indigène un peu instruit vous en nommera couramment huit ou neuf; mais pour les trois ou quatre dernières, les réponses ne sont pas d'accord. Il paraît probable que le nombre *douze*, comme chez les Juifs et les autres peuples orientaux, exprime ici l'idée de ce qui est complet et parfait, un nombre déterminé étant employé pour un nombre indéterminé et incertain. On dit ainsi que le roi a douze femmes, un sujet ne pouvant en avoir que deux ou trois; et les ancêtres royaux sont toujours désignés comme « les douze souverains. »

La plupart de ces lieux saints sont visibles de la partie haute de Tananarive, car anciennement toute ville de quelque importance était bâtie sur une hauteur, afin d'en rendre l'attaque plus difficile. Il en résulte une connexion curieuse, dans la langue malgache, entre les mots de *ville* et de *montagne* : le premier est *vohitra*, le second *tendrombohitra*, contraction de *tendrony vohitra*, qui veut dire « le sommet de la ville. » Il y a là, ce semble, une analogie entre le malgache et l'hébreu ; les termes hébraïques qui servent à désigner une colline, *gib*, *gibel*, se retrouvent dans des noms de villes, tels que *Gibeah* et *Gibeon*.

La carte de l'île indique la position de ces lieux vénérés. Placés sur le balcon du grand Palais, nous distinguons jusqu'aux plus éloignés de ces sommets sacrés, à part, bien entendu, ceux que nous cachent des collines interposées. Grâce à la transparence de l'atmosphère, nous comptons sans peine, depuis notre observatoire à 180 mètres de hauteur, jusqu'à cent villes ou villages assis, en majeure partie, sur des collines ; la plupart des villes anciennes sont cachées à moitié par des massifs de vieux figuiers des Indes, semblables à ceux qu'on trouve au centre de Tananarive ; cet arbre est de la même famille que le banian et il ressemble beaucoup, au premier aspect, à notre orme européen, tant pour les branches que pour les feuilles. Ces arbres attirent naturellement nos regards, attendu que dans un rayon de plusieurs kilomètres autour de la capitale, il n'existe pas d'autre végétation apparente. Il y a beaucoup de jardins dans le voisinage, appartenant à la reine, aux officiers supérieurs ou aux nobles ; mais la plupart ont été plantés trop récemment pour faire saillie dans le paysage, en sorte que l'attention se porte forcément sur ces vieux *aviavys* qui couronnent les collines de leur ombre vénérable.

En partant de Tananarive, nous trouvons successivement : au nord, Ilafy, Ambohitrabiby, Ambohimanga, Naméhana et Ambohidratimo ; à l'ouest, Ambohidrapéto ; au sud, Alasora ; à l'est, Ambohimanambola et Ambohimanjaka. Les trois premières syllabes « Ambohi, » qui commencent plusieurs de ces noms ainsi que ceux de la plupart des villes malgaches, sont une contraction de *any vohitra*, c'est-à-dire « à la ville, » désignation générale qui est restreinte et définie par le reste du mot : Ambohimanambola signifie « la ville ayant de l'argent, » Ambohimanjaka, « la ville du roi (ou royale), » et ainsi des autres. L'I qui commence quelques noms de villes, comme Ilafy, et des noms de rivières (comme Ikiopa, Iharoka, etc.) est un article, usité aussi dans les noms d'hommes, et particulièrement d'esclaves, comme Iboto, Ikoto, etc.

Parmi ces localités, on dit qu'Alasora et quelques villages environnants furent la résidence originaire des ancêtres de la famille actuellement régnante. Il y a quelque deux cents ans, un d'entre eux, Andrianjaka, s'avança vers le nord et se rendit maître, paraît-il, de Tananarive, dont il fit sa capitale. Un descendant de ce prince, nommé Andriamasinavalona, soumit à son autorité la plus grande partie de l'Imérina, et en mourant divisa ses domaines entre ses quatre fils et un neveu. Le fils aîné reçut en partage le district d'Avaradrano au nord, et régna à Ambohimanga; mais son petit-fils, Iamboasalama, parvint, soit par la conquête, soit en épousant les filles d'autres chefs, à ranger sous son autorité toute la contrée d'Imérina, à laquelle il réunit encore plusieurs provinces environnantes. Iamboasalama prit ensuite le titre de Andrian-Impoin-Imérina (littéralement, « le prince du cœur de l'Imérina »), et à sa mort, en 1810, il put, grâce à sa politique envahissante, laisser à son fils, Radama Ier, au lieu de la souveraineté d'une seule ville avec quelques hectares de pays, un puissant royaume comprenant la majeure partie des provinces centrales de l'île. Nous donnerons plus loin d'autres détails sur Radama Ier, et sur les changements importants que son règne apporta dans la politique et la civilisation de Madagascar. Pour le moment, quittons notre poste d'observation, et montons en palanquin pour faire une excursion dans une ou deux des villes anciennes, à la recherche des particularités intéressantes que peuvent présenter les environs de la capitale.

Nous sortons de la ville par la route du nord, et passant devant l'imprimerie des Missions, à Imarivolanitra, nous redescendons la rue large et relativement bien pavée qui conduit au grand marché. Ce chemin, dont nous avons déjà parlé, a été construit sous la direction de M. Le Gros, artisan français, qui fut chargé de plusieurs travaux publics par Radama Ier. Vers le milieu de la descente nous franchissons une masse bleue de basalte, appelée Ambatovinaky, c'est-à-dire « le rocher brisé, » parce qu'on a dû en faire sauter une grande partie pour l'établissement de la route. Cet endroit est empreint d'un caractère de sainteté, et certaines choses qu'on suppose offenser l'idole principale ne peuvent être transportées au delà. Continuant à descendre, nous apercevons à droite au-dessus du chemin une petite plate-forme, où les juges siégent habituellement en plein air pour rendre la justice; aussi la route est-elle souvent encombrée par les personnes intéressées dans les affaires en litige. Nous laissons à gauche l'église commémorative d'Ambatonakanga, et nous descendons, en longeant le mur de soutenement, dans la vallée qui sépare les deux branches septentrionales de la colline. Le chemin est ici vraiment abominable, surtout pendant les pluies, qui y creusent de profondes ravines là où la roche n'affleure pas le sol, et qui forme de distance en distance de petites cataractes.

Les routes de la ville ne sont l'objet d'aucun soin,

si ce n'est à la fin de la saison pluvieuse, vers les mois d'avril ou de mai. Les réparations sont l'affaire d'un corps spécial d'employés qui dépend du gouvernement, et qu'on nomme *fanompoana*. Ces hommes se réunissent en grand nombre à un jour convenu ; ils comblent les cavités, non pas avec de la pierre ou quelque autre corps dur, mais avec la terre qu'ils enlèvent sur les bords. On devine ce qui doit résulter d'un pareil système à l'arrivée de la première grosse pluie. L'eau a bientôt emporté la terre, et retrouvé son ancien lit aux dépens du niveau de la route. A Tananarive, les voies non pavées baissent constamment et ressemblent pour la plupart au lit desséché d'un torrent, plutôt qu'à une route proprement dite.

Laissant à gauche, au bas de la descente, l'hôpital et les ateliers du gouvernement, nous recommençons à monter pour traverser à son extrémité la branche orientale de la colline. Le point où le chemin franchit la crête est élevé d'environ 45 mètres au-dessus de la plaine. Il y a ici une agglomération de grandes tombes carrées, car cette partie de la ville était autrefois la nécropole de Tananarive, et depuis cet endroit jusqu'au point le plus élevé de Faravohitra, le chemin est bordé de ces anciens tombeaux, répandus sur tout le flanc de la colline. En redescendant vers la plaine, la route devient meilleure, et passe entre de hautes murailles d'argile rouge qui clôturent les jardins des maisons de campagne. Ces murs, construits sans régularité, sont garnis au sommet d'ossements brisés, soit comme ornement, soit pour empêcher de les escalader, de même qu'en Europe on hérisse les murailles de débris de verre pour les défendre contre les maraudeurs.

Dans un des enclos, sur notre droite, à l'extrémité de la ville, nous apercevons une tombe qui se distingue des autres. C'est une construction carrée en pierres de taille, surmontée d'une haute pierre tumulaire, où sont sculptés un bouclier et une lance. Les angles sont ornés de ciselures coniques, et c'est vraiment un ouvrage remarquable. Le chemin devient large et uni; il est entretenu avec un soin particulier, parce que c'est celui que prend la reine, chaque année, quand elle se rend à Ambohimanga pour la fête du jour de l'an. A certains endroits, où il est traversé par des ruisseaux, on les passe sur des plaques de basalte, et quelquefois sur de petites arches en pierre.

A notre droite et à notre gauche s'étendent de vastes champs de riz. La culture de cette céréale, qui est la base de l'alimentation des Malgaches, est la grande préoccupation de toutes les classes de la société, comme l'est en Europe celle du blé. Prendre son repas se dit *mihinam-bary*, ce qui signifie « manger du riz; » de même que dans la Bible et dans les langues orientales on dit « manger du pain. » Le riz fait le fond de tous les repas; les autres mets ne sont que des accessoires. Les champs où on le cultive varient beaucoup pour la dimension, mais ils se ressemblent en ce qu'ils sont tous parfaitement unis; sur d'immenses étendues de terrain, au nord et à l'ouest de Tananarive, on trouverait à peine quelques centimètres de différence de niveau. Il faut qu'il en soit ainsi pour que l'eau puisse toujours arroser tous les points de la plantation, car l'eau est la condition essentielle de la culture du riz. Il semble que cette culture occasionne aux Malgaches un surcroît inutile de labeur; car chaque tige de riz donne lieu à un double travail, d'abord de semis, ensuite de transplantation. Ces plaines unies ne sont pas le seul champ d'opération où s'accomplit la culture de cette céréale; le travail commence dans ce qu'on appelle les terrains *ketsa*. Ces terrains sont généralement établis sur les pentes des collines, là où elles descendent doucement vers la plaine; et leur fraîche verdure contraste heureusement dans le paysage avec les herbes desséchées et l'argile rouge des sommets. Ils forment une succession de terrasses, bordées chacune d'un petit revêtement en terre, de quelque 30 centimètres de haut, pour empêcher le sol et les plantes d'être entraînés en bas. Sur la colline on trouve généralement une source, dont l'eau est amenée sur la terrasse supérieure, d'où elle descend d'étage en étage jusqu'à la plaine. La plupart des *ketsas* font l'effet d'un immense escalier de verdure, toujours arrosé, qui est appuyé au flanc de la colline. C'est dans ces terrains, précédemment remués avec la bêche et ramollis par l'eau, qu'on sème les grains de riz abondants et pressés. Dans certains endroits, les *ketsas* sont établis dans le lit même des ruisseaux ou des canaux, dont l'eau baisse considérablement pendant la longue saison de sécheresse; c'est là qu'on peut voir le semeur jeter littéralement « son pain sur la surface des eaux, » vivant commentaire d'un passage de l'Ecclésiaste (1). Au bout de quelques semaines, les tiges s'élèvent en masse touffue; et quand elles ont 15 centimètres en-

---

(1) Ecclés., XI, 1.

viron, vient le travail de la transplantation. Tous s'emploient à cette besogne : les esclaves des deux sexes préparent le terrain et transportent les plants ; le propriétaire avec sa femme et sa famille surveillent et dirigent les opérations. On déterre les jeunes tiges, on les lie en petites bottes, et on les transfère dans les champs de la plaine. Là aussi l'eau séjourne à plusieurs centimètres de hauteur ; on l'amène de la rivière Ikiopa au moyen d'un système de canaux et de conduites. Les tiges, tenues plusieurs dans une seule main, sont rapidement séparées et enfoncées isolément dans le sol détrempé, de manière que chacune ait la place nécessaire pour croître sans gêner ses voisines ; cette partie délicate de l'ouvrage est faite avec une rare dextérité par les personnes qui en ont l'habitude. L'aspect du pays ne tarde pas à changer pendant la plantation du riz. De vastes étendues de terre sèche et brune se couvrent instantanément d'un charmant tapis vert, qui ne le cède en rien, pour la fraîcheur des teintes, aux pelouses d'un jardin anglais.

La moisson présente une scène tout aussi animée que la plantation. La vaste plaine est couverte d'épis blonds et ondoyants, qui rappellent un champ d'orge mûr, mais avec cette différence que les tiges plongent toujours dans un pied d'eau. Cette nécessité constante de l'humidité, dans la culture du riz, fournit un terme de comparaison aux Malgaches pour exprimer des choses inséparables. Ils disent, des choses qui vont toujours ensemble, qu'elles sont « comme le riz et l'eau, » et jamais comparaison ne fut plus exacte : car le riz se sème dans l'eau, il pousse dans l'eau, il est transplanté dans l'eau, il mûrit dans l'eau, il est apporté par eau à l'endroit où s'opère le battage; enfin il se cuit dans l'eau, et la boisson favorite après le repas est une préparation d'eau de riz. Le seul chemin qui conduise aux villages des environs de la capitale est une étroite levée de terre, où deux hommes ne peuvent passer de front, qui sépare les divers champs de riz de la plaine; c'est là que, pendant la moisson, on observe une scène des plus animées. Les hommes, dans l'eau jusqu'aux genoux, coupent le riz avec de grands couteaux droits; les gerbes sont empilées dans de petits bateaux et transportées à terre où les femmes s'occupent activement à les étendre au soleil, pour les battre, une fois sèches, sur de larges pierres ou sur une plate-forme d'argile dure et polie; on ne se sert pas de fléau; la séparation du grain d'avec la paille s'opère par le procédé primitif qui consiste à prendre une poignée de tiges et à les frapper contre un corps dur. Le riz est ensuite séché au soleil et mis en grenier. La bêche dont se servent les Malgaches a un manche de 2 mètres de long, en bois dur, et un fer beaucoup plus long mais de moitié moins large que celui de notre bêche ordinaire. Les souliers étant l'apanage exclusif des classes supérieures et riches, on ne pousse pas cette bêche avec le pied: elle s'enfonce dans la terre par le seul poids du manche. Tous les champs sont ainsi labourés à la main et sans charrue avant d'être ensemencés ou plantés. On commence par amener l'eau sur les rizières pour ramollir le sol, durci par plusieurs mois de sécheresse. Quand le riz est mûr, des familles entières, qui habitent ordinairement la ville, se rendent dans leurs maisons de campagne, et tout le monde prend part aux travaux de la récolte.

Les greniers où l'on conserve le riz consistent simplement en fosses circulaires creusées dans le sol sur un banc d'argile. L'orifice de ces silos se ferme avec une pierre plate qu'on recouvre de terre : le riz, se trouvant ainsi isolé de l'air, se conserve en parfait état pendant un long espace de temps. Dans les endroits où un silo serait exposé à l'humidité, on le remplace par une construction conique en argile, d'aspect bizarre. Elle a de 3 à 4 mètres et demi de haut, et se termine par une ouverture circulaire recouverte d'une pierre par où l'on dépose ou retire le grain. Un homme descend dans le cône pour passer les paniers de riz, soit qu'il s'agisse d'extraire ou d'emmagasiner la récolte. Pendant les temps de persécution, les silos servirent souvent de refuge aux chrétiens poursuivis par les soldats de la reine; des réunions de prière et des instructions pastorales eurent souvent lieu dans ces sombres retraites. Les greniers à riz ont servi aussi à un affreux supplice usité sous les anciens souverains. Le criminel était placé dans le trou, d'où sa tête seulement sortait à fleur de terre; on remplissait alors la fosse d'eau bouillante, et le malheureux était lentement brûlé jusqu'à ce que la mort s'ensuivît. Quand on élève de nouvelles constructions sur un terrain qui a été longtemps habité, les silos qu'on y trouve sont souvent une source de tracas et de dépenses considérables. Comme ils sont généralement cachés sous terre, il est impossible à quiconque ne connaît pas bien le terrain de deviner où ils peuvent se trouver, et l'on est souvent obligé de rebâtir les maisons, par suite des tassements occasionnés par ces cavités.

Après la récolte du riz, la plaine présente l'aspect d'un vaste lac, coupé seulement par les élévations de terrain où sont bâtis les villages, qui sortent de l'eau comme des îles. Pour se rendre à tel ou tel village sans faire de détour, les indigènes ont souvent à traverser plusieurs kilomètres de cette surface inondée, qu'on prendrait, à quelque distance, pour un lac profond. On peut voir alors femmes et enfants relever leurs vêtements autour des reins, descendre et marcher dans cette eau, qui n'a nulle part plus de 60 centimètres de profondeur.

Aspect des rizières après la récolte.

L'évaporation ne tarde pas à sécher les champs, qui deviennent alors un terrain de pâture pour les moutons et les bœufs jusqu'à l'époque de la plantation suivante. Le sol se compose généralement d'une argile vaseuse, d'un bleu noir, formée par la présence prolongée de matières végétales en décomposition.

En poursuivant notre excursion vers le nord, nous remarquons à quelques 800 mètres sur la gauche un village appelé Manjakaray. Au-dessus des maisons se détache, sur l'azur, le pignon et la croix de la grande chapelle indigène, bâtie en briques cuites au soleil. Ce village a été dévasté par une trombe en 1867, la veille de Noël. Une cinquantaine de maisons eurent leur toit enlevé et furent plus ou moins endommagées ; la jolie chapelle, qui avait coûté au troupeau beaucoup d'argent et de travail, fut aussi dépouillée de sa toiture, et les murailles furent en partie démolies. On raconte même qu'il y eut des habitants enlevés de terre et emportés à une distance considérable par le tourbillon. Toutefois, sans se laisser abattre par le malheur, ils répondirent promptement à l'appel de leurs missionnaires, et rebâtirent leur maison de prière d'une manière plus solide, avec un toit de tuiles moins léger et plus durable que l'ancienne toiture en chaume.

A 5 kilomètres environ de la capitale, notre chemin passe devant plusieurs gros villages, entourés de fossés d'une profondeur de 5 à 6 mètres. Les parois de ces fossés, creusés dans l'argile, sont aussi dures et aussi fermes que le roc ; car le sol est tellement compacte et résistant, que les pluies diluviennes de la saison humide peuvent à peine l'entamer. Sur deux ou trois points seulement une chaussée est jetée sur le fossé et aboutit à une porte, grossièrement mais fortement construite avec des blocs de roche, et reliée aux remparts d'argile qui entourent le village; en temps de guerre, l'ouverture se fermait avec une grande pierre circulaire, comme il a été dit en parlant des portes de Tananarive.

Pour les localités les plus importantes, telles que les villes saintes, on trouve quelquefois deux ou trois lignes distinctes de fossés profonds, constituant un système de fortifications des plus compliqués; avant l'introduction des armes à feu, plusieurs de ces villes, bâties sur des collines et pourvues de tels moyens de défense, devaient être presque imprenables. A la vue de ces fortifications, on se représente vivement l'état d'agitation permanente qui régnait dans le pays avant la réunion, sous un seul sceptre, des diverses parties de l'Imérina. Chaque petite ville avait son chef, et, constamment exposée à l'agression du voisin, elle était réduite, pour garder son indépendance, à s'imposer des moyens de défense prodigieux. Le creusement de ces profondes tranchées a dû coûter une somme énorme de travail; et bien que l'unification de la province ait dû être le fruit de l'oppression et de la violence, c'est évidemment un gain immense pour l'état social, que le triomphe d'un gouvernement sous lequel ces fortifications deviennent inutiles. Là où les villes sont bâties sur une éminence, on trouve généralement un canal pour amener dans la plaine l'eau qui s'accumule dans les fossés. Ces tranchées sont des endroits très-favorables pour les collectionneurs de fougères: on en trouve une grande variété dans leurs profondeurs humides et ombreuses, y compris les espèces dites d'*or* et d'*argent*, et bien d'autres qui ne se voient que dans les serres chaudes en Europe.

A 6 kilomètres environ de Tananarive, nous rencontrons sur notre droite une petite colline ovale de 160 à 180 mètres de longueur. De gros blocs de basalte gisent au pied de cette colline d'où elles ont été détachées au moyen du feu, et transportées dans la plaine avec des rouleaux et des leviers; on va les y chercher à mesure des besoins, pour construire des tombeaux dans le voisinage. La colline en question se compose entièrement de granit et de basalte, avec une mince couche de terre végétale et de rares herbes ici et là. On y trouve une grande variété de belles pierres veinées et moirées, dans toutes les nuances de rouge, de pourpre et de chamois, qui rappellent, pour la contexture et les couleurs, les marbres des comtés de Devon et de Derby. En Angleterre ou en France, cette colline constituerait une propriété de valeur considérable, et donnerait lieu bientôt à de grandes exploitations de marbre et de granit. Plusieurs collines des environs sont jonchées de masses de quartz, qui leur donnent à distance un aspect gris-jaune tout particulier.

Dans la plus grande partie de l'Imérina et dans la plupart des districts centraux de l'île, aussi loin que j'ai pu étendre mes observations, le terrain paraît se composer principalement de roches primitives, qui portent des traces d'action volcanique. Une couche de granit semble s'étendre dans tout le pays; elle affleure continuellement à la surface; elle forme des collines détachées qui s'élèvent brusquement de la plaine, et au milieu desquelles on voit des pics élevés et aigus, qui sont les points les plus élevés de la contrée. Par-dessus le granit, on trouve une argile épaisse et compacte, généralement rouge vif, quelquefois jaune ou chamois, avec des veines d'un sable quartzeux qui ressemble beaucoup au granit, mais qui est dépourvu de la cémentation nécessaire pour en faire un corps compacte. Ces couches géologiques paraissent être entièrement destituées de fossiles, et je n'ai jamais pu découvrir, ni dans la pierre ni dans la terre, aucune trace d'organisme végétal ou animal. Les vallées sont occupées par un terrain d'alluvion de couleur sombre, qui contraste fortement avec les teintes brillantes des hauteurs. On ne trouve pas, aux environs de la capitale, de roches secondaires ou tertiaires, ni en grès ni en calcaire ; mais au sud-ouest, dans la direction des montagnes d'Ankaratra, se présente une couche de roche calcaire. A Madère, à une distance d'une vingtaine de lieues, on voit une espèce de gypse ; et à Antsirabé, directement au sud de Tananarive, il y a une carrière de pierre à chaux en exploitation ; ces deux localités fournissent la plus grande partie de la chaux employée par la capitale. En continuant dans la même direction et en faisant l'ascension des collines, on trouve une longue série de cavernes creusées dans le flanc des rochers, au milieu des sommets les plus élevés de l'Ankaratra (1).

En novembre 1868, le Rév. Campbell, de la Société des Missions de l'Eglise anglicane, pénétra dans un district de l'intérieur inconnu jusque-là pour les Européens. Il n'était pas loin de la chaîne de monta-

(1) Voir l'Appendice B.

gnes de l'Ankaratra, et il y reconnut des indices frappants d'une action volcanique, comme l'atteste le passage suivant de sa relation : « On aurait dit que la région entière avait été, dans le temps, une vaste fonderie, eu égard aux amas de scories qui jonchaient le sol. Il y avait là cinq montagnes, reliées entre elles, qui furent des volcans en activité à quelque époque reculée ; chacune présente un cratère, ou, du moins, un des versants se compose de matières fondues, et l'intérieur est creusé. La lave a dû couler comme le trop plein d'un immense réservoir brisant ses écluses, quand l'eau s'élance écumante et emporte tout sur son passage, inondant au loin la plaine. Le cours de la lave est aussi nettement marqué que celui d'une rivière qui coule à quelque distance de là. » Il y a des sources thermales dans le voisinage de ces volcans éteints.

A Itasy, à 80 kilomètres ouest de la capitale, l'action volcanique est également apparente ; la forme de cônes tronqués qu'affectent les montagnes, la présence des laves et des pierres ponces, témoignent clairement d'anciens bouleversements intérieurs.

Vers le nord, à 1500 mètres du chemin, sur notre droite, se trouve Ilafy, une des anciennes villes royales et saintes. Située sur une longue colline ovale, haute d'une soixantaine de mètres, elle a un aspect des plus pittoresques. Elle est abondamment boisée d'*aviavys*, et au milieu de la verdure on voit pointer les toits hardis des plus grandes maisons, avec leurs cornes aiguës. A l'extrémité nord du village, en dehors du *hady* ou fossé, se trouve la chapelle indigène, admirablement située contre un massif d'arbres, au sommet d'une longue pente verte. C'est une des plus grandes églises du pays ; elle est bâtie en argile blanchie à la chaux, et peinte élégamment à l'intérieur comme à l'extérieur. Une vérandah court le long de la façade ouest, pour mettre les fidèles à l'abri de la pluie.

Après avoir franchi la vieille porte, nous montons dans la ville proprement dite, comprise dans l'enceinte des fossés. Comme dans la capitale et dans les autres villes saintes et royales, on ne trouve pas, en dedans de l'enceinte, de maisons en argile, en brique ou en pierre : toutes sont en bois ou en bambou. Il existe à cet égard un règlement prohibitif dont la raison est difficile à préciser, mais qui paraît avoir une origine politique et religieuse à la fois. Il est probable que les maisons en bois, qui coûtent plus de travail et d'argent et demandent une plus grande habileté dans la construction, étaient regardées anciennement comme plus dignes de la capitale d'un chef, que les constructions plus communes et moins coûteuses en argile ou en terre. Les maisons en pierre sont d'introduction toute moderne à Madagascar ; les deux ou trois édifices de cette nature qu'on y a construits appartiennent exclusivement au souverain ; ce qui donne à penser que ce genre de construction n'eût pas été interdit dans les villes saintes si l'art de la maçonnerie eût été connu plus tôt.

Au centre de la ville se trouve une seconde enceinte, fermée de palissades. C'est le *rova*, nom appliqué aux cours des résidences royales, à Tananarive comme dans les autres villes anciennes. Dans cet enclos sont plusieurs hautes maisons, bâties d'après le vieux modèle malgache, qui comporte une hauteur presque égale à la longueur de l'édifice. L'intérieur est souvent obscur, le jour n'entrant que par des fenêtres fort étroites, sauf pour certaines habitations où les toits sont ouverts au sommet, et laissent voir en dessous leur chaume antique, noir de la suie accumulée par les feux de bien des années (1).

Dans le rova se trouvent non-seulement les anciennes résidences des membres de la famille royale, mais aussi leurs tombeaux. Ces mausolées ressemblent, à première vue, à de petites maisons en bois, sauf qu'on n'y voit pas de fenêtres. Ils sont posés sur un massif carré en pierre, et recouverts d'un toit formé de bardeaux de bois ; le pourtour supérieur est garni d'une décoration sculptée assez simple, et sur les pignons les chevrons sont ciselés à l'extrémité. Dans notre visite au village, quelques jours après mon arrivée dans la capitale, nous remarquâmes une construction de ce genre toute neuve et particulièrement soignée, et nous apprîmes avec tristesse qu'elle recouvrait les restes mortels de Radama II. La fin prématurée de ce prince a brisé un règne dont le début était riche de promesses pour le bonheur du pays et pour sa propre gloire. Le corps du roi décédé, emporté de Tananarive pendant la nuit qui suivit le jour de sa mort, fut déposé dans ce lieu vénéré, auprès des restes des ancêtres de sa mère.

A peu de distance d'Ilafy, nous passons à gué une petite rivière appelée le *Mamba* (crocodile), au delà

---

(1) On trouvera, au chapitre suivant, une description détaillée des anciennes maisons malgaches.

de laquelle se trouve un lieu de marché appelé Asabotsy, mot qui veut dire samedi : c'est le jour où la vente a lieu ; et c'était précisément le jour où nous y étions. Aussi nous vîmes-nous instantanément entourés d'une foule avide de contempler des Européens, mais chez qui la curiosité n'excluait pas la politesse. Quelque 1500 mètres plus loin, nous trouvons un village nommé Inoty, agréablement boisé, avec de grandes maisons appartenant aux officiers supérieurs de la capitale. Plusieurs des principaux nobles et des personnes riches de Tananarive ont une habitation dans la banlieue, dans un rayon de 8 à 9 kilomètres, entourée de beaux jardins d'agrément. Ces maisons sont solidement bâties en argile ou en brique ; quelques-unes sont de grandes dimensions, terminées avec soin et agréablement peintes à l'intérieur. Les jardins sont plantés de manguiers, de pêchers, de bananiers, de bibassiers et autres arbres fruitiers ; ils ont souvent dans la partie basse une pièce d'eau où nagent des poissons dorés et argentés. Quelquefois les allées sont tracées dans le genre européen, et bordées d'arbrisseaux à croissance rapide, qui ressemblent à nos troënes. Ce sont de charmantes stations pour se reposer en arrivant de la capitale.

Le paysage qu'on a en vue, à l'est du chemin que nous suivons, se compose généralement de longues collines, de forme arrondie, couvertes d'une herbe sauvage qui se dessèche et roussit pendant la saison d'hiver. Aux environs des villages, on plante sur ces mamelons du *mangahazo* ou manioc, des *voamanga* ou patates douces, des haricots de différentes espèces, des ananas, du maïs, et quelquefois des cannes à sucre.

Le manioc ou *mangahazo* (c'est-à-dire *bois bleu*, ainsi nommé à cause de la couleur de sa tige) constitue, avec le riz, la principale nourriture des classes inférieures chez les Malgaches. On le plante en enfonçant simplement dans la terre, à des intervalles réguliers, un morceau de la tige ou une branche. Après douze ou quinze mois, la plante atteint la hauteur d'un petit arbrisseau, et les racines, longues de 15 à 20 centimètres sur 1 à 2 d'épaisseur, sont prêtes pour la consommation. Le manioc se compose d'une substance blanche et farineuse, riche en principes nutritifs; on en tire souvent une espèce de tapioca. Il se vend dans les marchés, ordinairement cuit à l'eau bouillante; on peut aussi le manger cru. Bien des gens pauvres n'ont pas autre chose à leur repas de midi. Les feuilles de la plante se cuisent aussi et servent de légume pour accompagner le riz et le mouton.

Les champs cultivés sont séparés par de petits murs en terre, sur lesquels on plante souvent un petit arbrisseau hérissé de piquants, appelé *songosongo*. C'est une espèce d'euphorbe (*E. splendens*) qui produit de belles fleurs écarlates; on voit souvent le chemin bordé de ces plantes sur un parcours considérable. Une autre variété a la fleur d'un jaune pâle; elle est également très-abondante et croît très-rapidement.

Lorsqu'on veut une clôture offrant plus de sécurité, on plante le cactier-raquette, qui ne tarde pas à former une haie serrée, infranchissable pour les hommes comme pour les animaux. Les feuilles charnues de ce végétal sont garnies de longues épines, pointues comme des aiguilles, qui font des blessures douloureuses et lentes à guérir. Le fruit est bon à manger, sans être exquis, et il est couvert de petites épines, fort difficiles à retirer des doigts si on l'a saisi sans précaution. En quelques années, le cactier-raquette atteint une hauteur de 4 mètres environ, avec de grosses branches noueuses ; on l'appelle quelquefois *tsy-afakaomby*, c'est-à-dire « infranchissable aux bœufs, » nom qui est parfaitement motivé. La fleur, jaune et rouge, se développe sur les arêtes des feuilles.

Deux ou trois espèces d'aloès croissent en abondance dans l'Imérina, et aussi le ricin, reconnaissable à ses baies vertes de la grosseur d'une muscade, et constellées de petites pustules. On y trouve aussi un arbre gracieux, ressemblant au palmier, mais ne dépassant pas 5 mètres et demi, qui s'appelle *hasina*; on le dit consacré aux idoles. Le tronc effilé se termine par un bouquet de feuilles fines et déliées ; c'est probablement une espèce de pandanus. Dans certains plis de terrain particulièrement abrités, on trouve des palmiers rofia, mais en petit nombre.

Sur ces plateaux découverts et exposés au vent, les plantations sont protégées par de hautes clôtures en murailles d'argile, habituellement carrées, quelquefois circulaires. A les voir de loin, on dirait un système de forts détachés qui défendent le pays. Les portes des enclos sont grossièrement ornementées de pilastres et d'architraves taillés dans l'argile ; elles présentent quelquefois des dessins produits au moyen de petits fragments de quartz enchâssés dans l'argile avant qu'elle soit durcie ; on écrit par ce procédé la

Village hidalgache.   Page 159.

date de la construction, le nom de la propriété et les initiales du propriétaire.

Les villages malgaches de la plaine sont généralement monotones et sans intérêt. On distingue à peine une maison d'une autre, et l'on trouve rarement dans l'enceinte du fossé assez de végétation pour attirer les regards par le charme de la verdure. Dans quelques villages, le *hady* est planté de pêchers et de citronniers, mais ces arbres sont à peine visibles au-dessus du sol. On voit souvent des cavités carrées et peu profondes, nommées *fahitra*, creusées ici et là entre les maisons. Elles servent à garder le bétail qu'on veut engraisser. D'après une opinion populaire, les animaux prospèrent davantage s'ils ont, en mangeant, les jambes de devant plus hautes que celles de derrière, en sorte que le poids du corps porte sur l'arrière-train. Nous ne déciderons pas si cette idée se fonde sur la réalité des faits ou si elle n'est qu'une pure imagination; mais on ne saurait nier que beaucoup de pièces de bétail atteignent dans le pays de belles proportions : ce qui tient peut-être à l'alimentation abondante qu'on leur fournit en maïs, en cannes à sucre et autres substances nutritives, beaucoup plus qu'à leur attitude en mangeant.

On voit souvent, contre les murs des maisons, des gâteaux de bouse de vache séchant au soleil. Les habitants s'en servent en guise de combustible pour chauffer la surface des rochers, d'où l'on détache les pierres employées dans la construction des tombes (1).

A 18 ou 20 kilomètres au nord de la capitale, la

---

(1) On trouvera plus loin une description détaillée de ce procédé.

plaine s'arrête à une ligne de collines qui ferme l'horizon de ce côté. Au nord-ouest s'étend, à perte de vue, une fertile vallée où serpente longtemps la rivière Ikiopa, pour se perdre enfin dans le lointain. Sur une colline qui se détache en avant des autres s'élève l'ancienne capitale, Ambohimanga, qui est pour les Malgaches l'objet d'une vénération particulière. La longue colline ovale où est bâtie la ville s'étend de l'est à l'ouest, et lorsqu'on vient de Tananarive elle est constamment visible à l'extrémité de la plaine qui sépare les deux villes. Elle apparaît de loin comme une esquisse bleuâtre et indécise, qui devient plus distincte à mesure qu'on avance, pour se résoudre enfin dans la fraîche verdure des bois dont elle est couverte. Parvenus à demi-lieue de distance, nous gravissons une éminence d'où nous apercevons distinctement la ville, ou plutôt le rocher auquel elle est adossée; car la plupart des maisons sont construites sur le versant septentrional, invisible du point où nous étions. Bien que moins étendue et moins élevée que la capitale, cette antique cité n'a guère à lui envier comme hardiesse de situation, et elle lui est même supérieure à certains égards.

De la base au sommet, c'est-à-dire sur une hauteur de près de 100 mètres, la colline est couverte d'arbres; à l'extrémité orientale, le rocher s'élance brusquement, et la cime est une masse de basalte gris-bleu, d'où la ville a probablement tiré son nom d'Ambohimanga, qui signifie « ville bleue. » Les seules constructions qui fussent visibles de notre point d'observation, à part un petit faubourg du côté de la plaine, étaient les édifices royaux dans le *rova*. En

Ambohimanga ; vue du nord-ouest.

feue reine venait ici chaque année, quelques jours après la fête du jour de l'an, offrir des sacrifices et des prières sur la tombe de ses illustres ancêtres.

C'est un fait bien encourageant que, malgré la superstition qui règne encore généralement dans cette ancienne cité, une église indigène ait pu s'y établir. Il est vrai que le culte chrétien ne peut se célébrer dans l'intérieur de la ville; mais cette défense ne s'applique pas à la jolie chapelle située près de la porte de l'est. Un des excellents pasteurs indigènes qui la desservent n'est autre que le fils de l'officier supérieur qui commande la place, et c'est à lui que revient héréditairement la charge de gardien de l'idole qu'on y conserve. Il a eu dans le temps à essuyer une vive opposition de la part de ses parents païens ; mais sa conduite à la fois ferme et conciliante a triomphé en grande partie de cette animosité (1).

Amparafaravato, la troisième des localités interdites aux Européens, est un petit village insignifiant à 9 kilomètres au nord d'Ambohimanga. C'est le siége traditionnel, ou le lieu d'origine de l'idole nationale Rakélimalaza, qui fut ensuite transportée plus près de la capitale, à Ambohimanambola, la seconde des trois localités en question, située à dix kilomètres environ à l'est de Tananarive. Près d'Amparafaravato

---

(1) Depuis que ces lignes ont été écrites, une seconde église s'est établie à Ambohimanga, et l'année dernière un de mes amis eut la joie de prêcher à l'endroit même où, trente-trois ans auparavant, l'autorité avait déclaré qu'il n'y aurait plus de prières, « *mandrakisay,* » c'est-à-dire « à tout jamais. » Il précha devant une assemblée de plusieurs centaines d'âmes sur ces paroles : « Je n'ai pas honte de l'Evangile de Christ, car c'est la puissance de Dieu pour le salut de tout croyant. »

se trouve le seul édifice qui, dans la région centrale de l'île, présente les caractères d'un temple d'idole.

De la colline d'Ambohimanga on jouit d'une vue étendue sur le pays accidenté qui sépare cette ville de la capitale, et sur la verte plaine de riz qui se déploie à l'ouest et au nord-ouest. A 3 kilomètres au sud-est s'élève une colline conique, isolée, qui porte une autre des villes saintes; on y remarque, au milieu des arbres, une maison particulièrement élevée. Cette ville est *Ambohitrabiby*, c'est-à-dire « la ville de Rabiby. » C'était un des premiers rois de cette partie de l'Imérina; c'est lui, dit-on, qui a introduit l'usage de se nourrir de la chair des animaux, ou du moins des bœufs. Si cette tradition a quelque fondement, les Hovas auraient été primitivement *légumistes*. Ce prince a aussi la réputation d'avoir tué un gigantesque et féroce sanglier : son nom fut alors changé contre celui de *Ralambo*, — *lambo* étant le terme indigène qui désigne cet animal. Tous les souverains malgaches sont tenus d'établir leur descendance de Ralambo, au moins par l'une des lignes paternelle ou maternelle.

Naméhana est encore une des villes saintes ; elle est située sur une petite colline boisée à mi-chemin entre Ambohimanga et la capitale, mais du côté de l'ouest. Une vaste étendue de terrain, au nord de la ville, est couverte de marais qui servent à la culture de l'*hérana* et du *zozoro*, roseaux triangulaires employés pour les toitures et les cloisons des habitations. A certaines époques de l'année, ces marais abondent en gibier d'eau : canards sauvages, hérons, et une espèce de bécassine. Cette chasse, qui est très-productive, nécessite des bateaux d'un faible tirant pour approcher le gibier. Ces eaux sont aussi abondamment peuplées de cyprins dorés et d'argentines; elles sont fréquentées par de nombreux martins-pêcheurs au plumage d'azur; enfin, l'amateur de botanique y trouve une grande variété de nénuphars et d'autres plantes aquatiques d'espèces nouvelles.

Nous tournons à l'ouest pour visiter Ambohidratimo, encore une ville sainte, située 4 lieues plus loin, dans la vallée de l'Ikiopa; notre chemin longe pendant quelque temps le pied d'une pente abrupte, qui termine une chaîne de collines s'étendant au loin vers le nord. Au haut de cette pente, qu'on prendrait de loin pour une muraille, se trouve un petit village appelé Ambohitany. C'est le siége de l'idole Ramahavaly, qui est considérée comme la seconde en dignité des divinités nationales. On la regarde comme la patronne et la protectrice des serpents, qui se trouvent en grand nombre dans les environs du village. Dans les occasions où l'on voulait imprimer fortement dans l'esprit du peuple l'idée de la puissance de l'idole, les hommes préposés à sa garde sortaient en procession, chacun portant à la main un serpent tenu dans une poignée d'herbes sèches. Ceci nous rappelle qu'en 1829, après l'avénement de la reine Ranavalona, quand la situation des Européens devint précaire, la reine ne se préoccupant plus des agressions dont ils étaient l'objet, M. Lyall, résident anglais, essuya une violente insulte, avec la connivence, et peut-être à l'instigation du gouvernement. Sous le prétexte d'une prétendue offense adressée à l'idole, les gardiens de Ramahavaly furent autorisés à assaillir la maison de

M. Lyall, et à lâcher dans sa cour une quantité considérable de serpents. Obligé de quitter son habitation, et de se rendre sous escorte dans un village situé à quelque distance, il fut suivi par le gardien en chef de l'idole, qui la portait sur un long bâton recouvert d'un tissu écarlate. Derrière lui marchaient cinq hommes de force athlétique, le corps nu jusqu'à la ceinture, chacun portant dans la main un serpent. Ils s'avançaient dans un profond silence, levant fréquemment la main qui tenait le serpent pour le montrer aux spectateurs, roulant autour de leur bras ses anneaux visqueux. Cette scène était calculée pour pénétrer le peuple de l'idée que le résident anglais était particulièrement antipathique à l'idole, et que les serpents étaient les agents visibles de la vengeance divine.

Cette contrée paraît avoir été le vrai berceau de l'idolâtrie et des superstitions légendaires des tribus hovas. On y trouve, à peu de distance l'une de l'autre, les trois villes (déjà mentionnées), où a pris naissance le culte des trois idoles les plus célèbres de l'Imérina : Rakélimalaza, Fantaka et Ramahavaly. De plus, à quelque distance au nord-ouest s'élève une haute montagne, appelée Andringitra, où la superstition populaire plaçait le siége d'une quatrième idole non moins fameuse, Ranakandriana, qui donnait des réponses intelligibles à tous ceux qui venaient la consulter. Dans la même région se trouve la ville antique d'Ambohidrapéto, qui fut la résidence de Rapéto, personnage mythologique au sujet duquel on raconte des histoires merveilleuses. Ce fut, dit-on, un géant originaire d'Ambohimangavo, une des plus hautes montagnes de l'Imérina, située à 80 kilomètres à l'ouest de la capitale. On montre encore sa tombe sur le sommet de cette montagne, et l'on y offrait anciennement des sacrifices en son honneur. « La puissance de Rapéto était du genre le plus merveilleux. Il pouvait aller chercher tout ce qu'il voulait aux extrémités les plus reculées de la terre, il pouvait même atteindre le ciel d'un seul effort. Un seul de ses pas équivalait à six jours de marche d'un homme ordinaire. Quand il recevait des visites, il n'avait qu'à étendre la main sans quitter son siége pour faire arriver en abondance volailles, moutons et bœufs. Un jour qu'il avait envie de quelques plats recherchés pour sa table, il créa le beau lac Itasy, peuplé encore aujourd'hui d'excellents poissons. Mais il eut le malheur de chercher querelle à la lune ; il y eut un furieux combat dans lequel, en dépit de sa taille et de sa force gigantesques, il fut vaincu et tué (1). »

La situation d'Ambohidratimo n'est pas moins pittoresque que celle des autres villes saintes, mais l'originalité de cette ville consiste dans les curieux aménagements intérieurs de ses vieilles maisons royales. Au milieu du massif traditionnel des antiques *aviavy*, qui couvrent la colline, on distingue deux arbres magnifiques appelés *amontana*, qui dominent tous les autres de leur vaste dôme de feuillage visible à une grande distance. L'amontana semble appartenir à la même espèce botanique que l'arbre qui produit le caoutchouc : ses larges feuilles luisantes laissent couler, quand on les déchire, un jus laiteux et gluti-

---

(1) *Histoire de Madagascar*, par le rév. Ellis.

neux. On le trouve en plusieurs endroits de l'Imérina ; le bois en est très-dur et fort estimé. Dans le rova, ou cour palissadée, se trouvent deux vieilles maisons royales, bâties sur une même ligne ; l'une d'elles est très-élevée, et l'autre penche sur elle-même d'une étrange façon (1). L'entrée de ces maisons est singulièrement incommode, le seuil de la porte étant élevé de près d'un mètre au-dessus du sol, de sorte qu'on a besoin, pour le franchir, de deux pierres, placées l'une en dehors l'autre en dedans. Le toit repose sur trois énormes poteaux, mesurant 16 à 18 mètres de hauteur, et près de 60 centimètres de diamètre. Dans un coin de la maison se trouve une plate-forme carrée, supportée par des pieds de 3 à 4 mètres de haut. Cette étrange construction était, paraît-il, le bois de lit du chef qui dominait autrefois sur la ville et les environs. Je me demandais comment il s'arrangeait pour monter dans son lit, quand je m'aperçus que l'un de ces immenses pieds de lit était muni d'entailles sur les angles ; le propriétaire avait là une échelle pour faire l'ascension de sa couche. Tout autour de la maison on voyait des planches où étaient placées des collections de jarres à riz, de pots de cuisine, de paniers de toute forme et de toute dimension. Tous ces ustensiles de ménage avaient appartenu aux anciens propriétaires, et on les conservait avec un religieux respect. Plusieurs des paniers contenaient des *sampys* ou talismans, destinés à préserver du malheur l'habitation et le royaume.

(1) Ce défaut n'est pas rare dans les maisons en bois de l'Imérina, car elles n'ont rien dans la charpente qui fasse l'office d'ancre ou de crampon.

A l'époque de notre visite, il y avait dans le village une petite congrégation indigène, qui paraissait faible et languissante; par suite de l'éloignement où elle se trouve de la capitale, elle était plus rarement visitée que les localités plus rapprochées; la superstition des habitants est aussi une circonstance défavorable pour cette église; mais les fidèles nous demandèrent avec instance de leur envoyer des livres, et d'obtenir pour eux de plus fréquentes visites. Plusieurs des païens avec qui nous nous mîmes en rapport nous parurent aussi désireux d'instruction, et disposés à nous écouter. Depuis lors, un grand nombre d'entre eux se sont placés sous l'influence de la lumière évangélique; des pasteurs anglais ou indigènes les ont fréquemment visités, et l'œuvre chrétienne gagne du terrain dans le village et les environs.

On met deux ou trois heures pour aller de la capitale à Ambohidratimo; la plus grande partie du chemin se fait sur les digues élevées de la rivière Ikiopa. Bien des Européens, qui s'imaginent que les Malgaches sont une race de sauvages, seraient surpris de voir les vastes travaux accomplis, il y a plus de cent cinquante ans, par les chefs hovas pour contenir la rivière et arroser les plaines qu'elle traverse. Sur un parcours de plusieurs lieues, elle est solidement enfermée entre une double rangée de digues, et l'eau se distribue dans tous les champs de riz par des canaux munis d'écluses. Ces travaux importants ont été principalement exécutés par Andriamasinavalona; ils exigent, à chaque saison pluvieuse, beaucoup de soins et d'attention pour être maintenus en état.

La saison des pluies dure environ cinq mois, des

premiers jours de novembre au milieu d'avril. Au commencement il pleut souvent trois ou quatre jours de suite, parfois même une semaine, avec une abondance et une violence qui ne sont connues que dans les régions tropicales. Les cours d'eau des forêts et des parties hautes de l'Imérina ne tardent pas à décupler le volume et la profondeur de l'Ikiopa; la rivière coule alors avec un courant rapide et irrésistible qui menace de tout emporter sur son passage. On a besoin, dans ces moments-là, d'une extrême vigilance pour découvrir le moindre symptôme de faiblesse à tel ou tel point des digues; et souvent il faut que la population entière se rassemble instantanément pour arrêter les progrès d'une crevasse et préserver les champs de l'inondation.

Pendant les premiers mois de 1863, presque toute la plaine de Betsimitatatra, au nord-ouest de la capitale, fut inondée par suite d'une brèche dans les digues, et convertie en un vaste lac. En janvier 1868, après quelques jours de pluies exceptionnelles, la rivière déborda et s'éleva de trois mètres au-dessus des plantations de riz. La levée finit par céder sur un point, à l'ouest de Tananarive, et l'eau s'élança par cette ouverture avec une violence effrayante. C'était un vendredi, jour de marché, les habitants furent immédiatement requis pour fermer la brèche; le samedi, dans l'après-midi, la digue semblait suffisamment réparée, quand elle rompit de nouveau; et toute la journée du dimanche fut employée à la rétablir encore une fois. Le culte ne put avoir lieu: hommes, femmes et enfants prenaient part au travail; les résidents européens eux-mêmes intervinrent et aidèrent à surveiller les diverses parties de l'ouvrage. Le lundi matin il était à moitié terminé, quand l'eau fit irruption une troisième fois ; on parvint enfin à la maîtriser à force de bras et de persévérance, et le mercredi la digue était complétement réparée. Il n'y avait, dit-on, pas moins de cinquante mille individus sur le théâtre de l'opération ; ils étaient venus non-seulement du voisinage, mais aussi de Vonizongo, la province limitrophe à l'ouest, d'Itasy, distant de 80 kilomètres, et des districts méridionaux de l'Imérina. Des fascines de branches, fabriquées à la hâte dans les villages environnants par des détachements de travailleurs, étaient apportées par d'autres sur les lieux pour boucher la crevasse. On comprendra le concours unanime et l'énergie des efforts dans cette circonstance, si l'on se rappelle que l'inondation de la plaine aurait détruit une grande partie de la récolte du riz, alors presque mûre, et amené infailliblement la famine. Le dommage fut sérieux, mais les mesures prises immédiatement l'empêchèrent de prendre des proportions désastreuses.

A quelque cinquante kilomètres plus bas du cours de la rivière on trouve une chute d'eau, ou plutôt une cataracte, appelée Ifarahantsana, produite par un banc de rochers brisés qui barre le lit de l'Ikiopa. Pendant la saison des pluies, cette cataracte est très-considérable, et le mugissement des eaux s'entend à une distance de plusieurs lieues. Ce phénomène naturel a donné lieu à plusieurs adages d'un usage familier dans la population des environs. Les souverains, dans leurs proclamations, pour exprimer l'idée d'une ruine irréparable, emploient souvent une métaphore hardie, tirée de la perte certaine qui attend tout ce qui a le malheur d'être entraîné vers les rochers d'Ifarahantsana. Nous en citerons un exemple caractéristique, emprunté à un message promulgué en 1835 par la reine Ranavalona, la persécutrice des chrétiens. Voici en quels termes elle annonce, à ceux de ses fonctionnaires qui embrasseraient la cause du christianisme, la perte de leurs honneurs et de leurs dignités : « Les honneurs qui vous ont été accordés jusqu'au jour où vous avez transgressé mes lois au point de mériter la mort — et vos vies ne sont épargnées que grâce aux prières des populations de l'Imérina — vos honneurs, dis-je, je les jetterai dans cette rivière, et ils seront entraînés par cette cataracte d'Ifarahantsana ; car vous avez entrepris de changer les coutumes de nos ancêtres. Pour quelques-uns d'entre vous, *la moitié* de vos honneurs, pour d'autres *le tiers*, pour d'autres, encore plus coupables, *la totalité* des honneurs qu'ils possèdent seront jetés dans cette rivière; pour chacun la perte sera dans l'exacte proportion de ses fautes. » La reine déclarait, en termes analogues, que le rang des autres classes qui avaient embrassé le christianisme serait abaissé ; et dans l'orgueil de son autorité souveraine et absolue, elle disait dédaigneusement à tous les chrétiens que, sans les supplications du reste de ses sujets qui s'étaient unis en un seul corps pour implorer le pardon des mécréants, « elle les aurait tous précipités dans cette rivière pour les briser en pièces sur les rochers de la cataracte. »

En venant de Tamatave à Tananarive, on passe deux ou trois ponts de pierre, composés d'une seule arche, jetés sur les cours d'eau qui avoisinent la capitale; mais les modèles les plus remarquables de ce genre de constructions se trouvent sur la rivière Ikiopa, à l'ouest et au sud de la ville. Le plus grand de ces ponts est à Ambaniala, à un point où le fleuve mesure jusqu'à 90 mètres de largeur. Aux yeux d'un Européen, c'est une construction fort imparfaite : elle consiste en arches cintrées de rayons divers, sur

Pont sur l'Ikiopa.

lesquelles passe un sentier (car on ne peut l'appeler une route) qui n'a pas 2 mètres de large. Ce pont paraît avoir été laissé inachevé, car il reste un espace vide au-dessus des piles, qui ne sont pas au même niveau que le sommet des arches; d'où il résulte que ce viaduc présente une ligne onduleuse au lieu d'une surface unie, et qu'il faut user de précautions pour en gravir et descendre tour à tour les inégalités. L'une des arches s'est écroulée et se trouve remplacée par un canot qui sert à franchir la solution de continuité.

Les piles sont larges et massives ; à un ou deux endroits elles occupent autant d'espace que l'eau qui coule entre elles. La grande route de l'ouest passe sur ce grossier ouvrage de maçonnerie.

A trois kilomètres environ en remontant le courant, à Tanjombato, directement au sud de la ville, se trouve un autre pont, composé de dix arches, et bien supérieur à tous les ouvrages analogues dans le pays. Mais là aussi il y a des arches en ruines. Les ingénieurs malgaches ne se sont pas fait une juste idée de la force du courant d'un fleuve grossi par les pluies ; ils ne connaissaient pas l'emploi des bâtardeaux, ni les procédés convenables pour établir des fondations sous l'eau. Les piles du pont semblent avoir été bâties sur des amas de pierres et de rocs jetés négligemment dans la rivière ; aussi, quand la saison des pluies est arrivée, la violence des eaux a ébranlé ces fondations mal assurées, et plusieurs des arches ont été renversées dans la rivière. Celles qui subsistent sont bien construites, et pourraient durer fort longtemps, si les fondations étaient faites avec plus de soin. Le chemin qui passe sur ce pont n'a point de parapet, mais il est parfaitement nivelé, et bordé d'une sorte de corniche saillante.

La plupart de ces ponts furent bâtis par Radama II, avant son avénement au trône, pendant le règne de sa mère Ranavalona. Il paraît avoir mis un grand intérêt, ainsi que plusieurs jeunes gens de ses amis, à perfectionner les moyens de communication dans les environs de la capitale ; ces ponts, construits sous leur direction, sont une preuve, entre bien d'autres, de la facilité avec laquelle les Malgaches apprennent les arts de la civilisation européenne, et reproduisent un modèle placé sous leurs yeux. Le plan de ces constructions leur appartient complétement, et quand on leur demanda comment ils étaient arrivés à les faire, ils répondirent qu'ayant vu dans des livres anglais des images de ponts, ils avaient fait de leur mieux pour les imiter. Avec quelques directions et un peu d'instruction spéciale, les Malgaches seraient susceptibles d'exécuter tous les travaux d'architecture, ainsi que ceux des ponts et chaussées.

En revenant de Tanjombato à la ville, nous trouvons à moitié chemin une grande maison en bois appelée Isoaniérana, c'est-à-dire « lieu de l'enquête. » Ce nom fut donné à l'édifice par Radama Ier, qui le trouva convenable pour examiner les griefs de ses sujets et pour rendre la justice. La maison, ou plutôt le palais, est un grand bâtiment carré mesurant 35 mètres de long sur 30 de large. Il est entièrement construit en bois et contient une quarantaine de pièces principales, sans compter les petites. Il a deux étages; le toit, couvert en bardeaux, comprend trois divisions dans le sens de la longueur. Les murs sont terminés avec soin, consolidés à l'extérieur par des ais massifs en diagonale, et découpés en lambris. Un balcon reposant sur des arches cintrées, bordé d'une balustrade en fer forgé, fait le tour du bâtiment; aux extrémités nord et sud, où sont placées les entrées principales, se trouvent deux grands vestibules, abrités sous des vérandahs que supportent des piliers de bois rouge et dur. A l'intérieur, les planchers sont parquetés, et les murs sont revêtus de panneaux ouvragés en bois de luxe. La cuisine est établie sous terre, ainsi que le passage qui y conduit, car elle est placée à 60 mètres du palais.

Cette construction remarquable fut exécutée pour Radama Ier sous la direction de M. Le Gros ; c'est un fort bel échantillon de l'intelligence et de l'adresse des ouvriers malgaches. Toutefois, l'architecte s'est trompé sérieusement dans la confection du toit, qui n'est pas approprié à un édifice de cette dimension dans une contrée exposée aux pluies tropicales. Dans la saison de ces pluies, la vaste surface du toit reçoit en une seule nuit une masse énorme d'eau, qui ne peut pas s'écouler assez rapidement par les deux petits canaux que l'architecte a disposés à cet effet; le bois des murailles maîtresses n'a pas tardé à être rongé par l'humidité, et l'on a été obligé de les étayer pour prévenir leur chute.

Aujourd'hui le palais sert rarement pour des cérémonies officielles, et il n'est habité que par quelques domestiques chargés de l'entretien. Tout autour du bâtiment, à une douzaine de mètres de distance, règne une forte chaîne de fer, dont les anneaux carrés sont travaillés avec soin. Elle a été forgée, ainsi que la balustrade du balcon, sous la direction de M. Chick, un des artisans attachés à la première mission. Ce palais est admirablement situé, au milieu d'un vaste terrain circulaire, à 20 mètres environ au-dessus de la plaine. Il a fallu, pour faire au bâtiment la place nécessaire, abattre, au prix d'un travail fabuleux, toute une colline ; une autre colline, qui se trouvait au nord, a dû disparaître pour dégager la vue et les abords. La maison est entourée à quelque distance d'une triple rangée d'arbres qui forment une charmante promenade ombragée. De la façade septentrionale, la vue commande l'extrémité sud de la ville avec ses rochers escarpés, et l'église commémorative d'Ambohipotsy qui en couronne le point le plus élevé.

En faisant le tour de la colline sur laquelle Tananarive est bâtie, on voit passer devant soi une grande variété de tableaux pittoresques et saisissants. Il faut à peu près deux heures pour faire ce tour à pied, et à chaque pas on rencontre des combinaisons nouvelles de la nature. A l'ouest sont des rochers abrupts de 60 à 90 mètres de hauteur, qui parfois surplombent la route. A certains endroits vers le sud c'est à peine si l'on voit une maison, et la colline a l'air d'un immense cône rocheux s'élevant au-dessus de la plaine. Du côté est on a la vue la plus complète de la capitale dans son ensemble, et elle se trouve reliée à la route par une multitude de jolis sentiers qui serpentent entre des orchis et des haies de verdure. Au nord, la vue est toute différente : ce sont de longues pentes descendant mollement jusqu'à la plaine. Partout où se portent les pas, on trouve à chaque détour quelque chose d'intéressant et d'imprévu ; un paysagiste pourrait remplir son portefeuille rien qu'avec des esquisses reproduisant, sous ses aspects divers, la situation pittoresque de la « cité des mille villes. »

CHAPITRE VII.

MŒURS ET COUTUMES DES MALGACHES.

Similitude générale des mœurs dans l'île entière. — Bienveillance naturelle. — Point d'usages barbares. — Situation honorable de la femme. — Fiançailles. — Mariage. — Mariages entre parents. — Restrictions légales. — Cérémonies nuptiales. — Naissance des enfants. — Habitudes licencieuses. — La polygamie et ses conséquences. — Les « douze femmes » du souverain. — La vady-kély ou seconde femme. — Divorce. — Adoption. — Noms malgaches. — Noms dérivés des enfants. — Longueur de certains noms. — Maisons de bois. — Mode de construction dans l'Imérina. — Elévation des toits. — Couvertures en chaume. — Chevrons sculptés. — Intérieur et ameublement des maisons. — « La vieille suie. » — — Mesures du temps. — Cadrans solaires. — Noms de mois d'origine arabe. — Jours heureux et jours néfastes. — Maisons d'argile. — Emploi de la brique cuite au soleil. — Maisons modernes. — Singulier emploi des points cardinaux. — Salutations. — Usages de politesse. — Alimentation. — Abondance des denrées. — La cuisson du riz appliquée à la mesure du temps. — Collations. — Usage du tabac. — Emploi du chanvre par les fumeurs.

Il existe une ressemblance générale entre les mœurs et les usages sociaux de tous les Malgaches, malgré la grande étendue de l'île et l'état de dispersion relative de ses habitants. Tout en différant souvent d'origine, et bien que la date de leur constitution ne soit pas la même, les diverses tribus de Madagascar ont bien des points communs. Leur langue, comme nous le verrons, est une pour le fond ; leur forme primitive de gouvernement était sensiblement uniforme dans le principe ; leurs idées religieuses dérivaient évidemment de la même source, et les coutumes spéciales de l'épreuve juridique par le *tanghin*, de la divination, de la circoncision, étaient observées dans toute l'île, malgré de légères différences locales dans les cérémonies qui s'y rapportaient. Il y a là évidemment de fortes raisons pour admettre que la majorité des habitants de Madagascar viennent d'une souche commune.

Nous aimons à signaler tout d'abord la vivacité des affections de famille, et la bienveillance générale qui caractérisent le peuple malgache. Il se distingue heureusement sous ce rapport de la plupart des autres nations demi-civilisées, et pourrait même être cité en exemple à celles qui se vantent d'une culture supérieure. Le système d'idolâtrie des Malgaches n'a jamais eu ce caractère répulsif que présente habituellement le paganisme. Les macérations et tortures volontaires, les *sutties*, les sacrifices humains sont inconnus parmi eux (1) ; et cette circonstance a contribué, sans nul doute, à maintenir chez eux les sentiments d'humanité et d'affection à un degré bien supérieur à ce qu'on observe généralement chez les peuples non chrétiens.

L'infanticide, il est vrai, était pratiqué autrefois à Madagascar dans une certaine mesure ; mais on y était conduit par la fausse idée que les enfants nés à certains jours néfastes seraient exposés, si on les laissait vivre, à toute espèce de malheurs. A cette exception près, on ne peut que constater ici l'absence

---

(1) A l'exception d'une tribu au sud-est de l'île. Voir chapitre XIV.

de ces usages barbares et révoltants si fréquemment unis à l'idolâtrie en Polynésie, en Chine ou aux Indes. Les traits généraux du caractère des Malgaches sont une vive affection mutuelle entre parents et enfants, ainsi qu'entre tous les membres d'une même famille, et aussi le respect et les soins attentifs prodigués aux personnes âgées, infirmes ou malades.

La cruauté et l'indifférence pour les souffrances humaines, qu'on a pu remarquer pendant les règnes de Radama Ier et de Ranavalona, provenaient en grande partie, directement ou indirectement, de l'influence européenne. Ce furent la cupidité et la perversité des étrangers qui introduisirent dans l'île le commerce des esclaves avec tous ses résultats odieux; et les guerres sanglantes entreprises par ces deux souverains furent la conséquence indirecte et involontaire des mesures prises par le gouvernement anglais pour mettre un terme à cet infâme trafic.

La place que tient la femme dans une nation est un indice décisif du degré de civilisation où cette nation est parvenue. A Madagascar, les femmes ne sont pas, à la vérité, respectées et honorées comme en Europe; mais on n'en fait pas non plus des esclaves ni des instruments de travail, suivant l'usage des pays barbares ou demi-civilisés; elles ne sont pas méprisées comme essentiellement inférieures à l'homme, ainsi qu'il arrive en général chez les nations asiatiques. Le lien du mariage est trop aisément rompu, trop dépendant du caprice du mari, pour laisser à la femme la sécurité qu'elle devrait avoir légalement; mais l'opinion publique est là pour servir de frein à l'exercice de ce pouvoir arbitraire, et les femmes ne laissent pas d'occuper une place importante et d'exercer une influence considérable. Le seul fait que la dignité royale n'est pas restreinte à un seul sexe, mais qu'elle est souvent exercée par un souverain du sexe féminin, est une preuve sans réplique que les femmes ne sont point regardées comme des créatures inférieures. Aucune des marques d'honneur et de respect données à un roi ne se refuse à une reine, et celles-ci ont été quelquefois l'objet d'un dévouement chevaleresque bien plus en harmonie avec les idées de l'Occident qu'avec celles de l'Orient. Des chefs du sexe féminin ont souvent reçu en partage un pouvoir et une influence considérables ; plusieurs jouissent actuellement d'une autorité des plus étendues. Il y a sur la côte orientale une princesse, de la tribu des Betsimisaraques, qui est considérée depuis plusieurs années comme un des conseillers les plus sages et les plus utiles du gouvernement hova.

Souvent, à Madagascar, les enfants sont fiancés de très-bonne heure, avant qu'ils puissent comprendre la nature de l'engagement contracté en leur nom. Les arrangements de cette nature sont ordinairement conclus entre les parents, en vue de conserver leurs biens ou pour d'autres raisons de famille; et les principaux intéressés ont rarement l'occasion de consulter leurs préférences personnelles. Les parents de la fiancée lui donnent habituellement une dot, qui est redemandée en cas de divorce ; mais le fiancé, de son côté, offre quelquefois des cadeaux qui ont été agréés au préalable. Le jour des fiançailles, on donne une fête; les membres de la famille et les amis sont invités au repas traditionnel de riz et de bœuf, qui caractérise toutes les circonstances importantes de la vie à Madagascar. Sauf l'exclusion de certains degrés de consanguinité mentionnés ci-après, les Malgaches préfèrent en général se marier dans leur propre famille. Leur premier motif pour en agir ainsi est de conserver dans la famille la terre et les autres biens; mais il est probable qu'ils obéissent aussi à cet esprit de clan ou de tribu, qui est un trait distinctif de la plupart des nations orientales depuis les temps les plus reculés jusqu'à nos jours (1).

Les personnes qui diffèrent de rang ou de position sociale ne peuvent se marier entre elles. Les *andrians*, ou nobles, ne peuvent pas s'allier aux personnes *hovas*, c'est-à-dire de la classe bourgeoise. Un hova ne peut se marier parmi les *zaza-hovas*, ou individus réduits en esclavage; et un zaza-hova ne peut se marier dans la classe des *handévos*, dont les membres sont nés ou descendus d'esclaves. Il y a cependant une loi humaine et juste — une de ces nombreuses lois malgaches analogues à celles des Juifs — qui permet à un homme libre d'épouser une femme esclave en la rachetant au préalable, et en lui donnant ainsi une position sociale égale à la sienne. En cas de divorce d'un pareil mariage, la femme conserve sa liberté.

Les restrictions apportées au mariage entre parents visent principalement les parentés du côté féminin. Un fait significatif, et qui accuse le relâchement des mœurs, c'est que la descendance des souverains et

(1) Comparer Genèse, XXIV, 7; XXVIII, 2, 9.

des nobles s'établit par la ligne féminine plutôt que par la ligne masculine ; on en donne pour raison que la descendance peut toujours se prouver par la mère; tandis qu'il est souvent impossible de constater la paternité d'un enfant. Les cousins se marient très-fréquemment entre eux, excepté les enfants de deux sœurs utérines, et leurs descendants jusqu'à la quatrième génération. Il est souvent difficile de préciser avec exactitude le degré de parenté des membres d'une famille, car les cousins germains sont appelés ordinairement frères et sœurs, comme les oncles et les tantes sont appelés père et mère, et ce n'est qu'en demandant nettement à telles personnes si elles sont « du même père » ou « de la même mère, » qu'on peut connaître exactement leur parenté. Souvent ces pères et mères du second degré semblent être l'objet d'une affection qui diffère peu de celle qu'on éprouve pour les vrais parents.

Les mariages se célèbrent à un âge très-précoce : douze ou quatorze ans, voilà l'époque ordinaire pour les deux sexes, et les époux ne tardent pas, en général, à avoir des enfants. Les cérémonies sont simples et appropriées à la circonstance ; elles varient dans une certaine mesure avec la position sociale et la fortune des parties. Une courte description d'une fête nuptiale, à laquelle assistèrent quelques-uns d'entre nous, donnera une idée de ces cérémonies.

La fiancée était une jolie jeune fille de treize à quatorze ans, élève de l'école missionnaire de l'église d'Ambatonakanga ; son père était diacre, et travaillait comme contre-maître à l'église en pierre, alors en construction. Le fiancé, beau garçon de quatorze à quinze ans, appartenait également à la congrégation. Accompagné par les parents et les amis, l'heureux couple fut porté en palanquin, dans la matinée, à la chapelle provisoire; car, les formalités nationales du mariage étant des plus innocentes, on avait jugé bon d'inviter la partie chrétienne du cortége à faire précéder la cérémonie légale d'un service religieux dans l'église. On fit la lecture de la liturgie, la bague fut passée au doigt de la mariée, le registre fut signé par les époux: tout se passa, en un mot, comme en Angleterre; après quoi nous suivîmes les jeunes gens au domicile du père de la fiancée, où une fête était préparée. Là, au milieu de tous les parents assemblés, les époux s'assirent à côté l'un de l'autre, unis ensemble par un beau lamba de soie. Lorsqu'on eut apporté le riz et le reste des mets, on plaça devant eux un plat unique dont ils mangèrent tous les deux, témoignant par ce symbole de l'union de leurs intérêts futurs.

Le père de la fiancée prit ensuite la parole, pour déclarer officiellement aux personnes présentes que sa fille était devenue la femme de leur ami; il les remercia de leur concours et de leur sympathie, et appela les bénédictions d'en haut sur le couple nouvellement uni. Des félicitations et des souhaits furent alors exprimés par un des hôtes au nom du reste de la société, et aussi par le missionnaire anglais qui était présent. Tout le monde prit ensuite part au repas, qui se composait de riz, de mouton apprêté sous toutes les formes, de bananes, de pêches et d'autres fruits. Bientôt après, on se rendit à la maison du père du fiancé, qui se trouvait tout près, et là les mêmes cérémonies se répétèrent accompagnées de nouveaux compliments. Une pièce de monnaie fut remise à un officier du palais pour être présentée à la reine; cette dernière formalité est le complément légal du mariage.

Lorsqu'on se marie hors de la capitale, la fiancée et le fiancé sont portés en palanquin à la maison du chef du village où ils résident, et c'est lui qui reçoit le *hasina*, ou pièce de monnaie, comme représentant du souverain. A Tananarive, il est d'usage que les époux, toujours en palanquin, fassent une promenade où ils sont suivis par leurs amis, à pied, chantant et dansant. Ils sont habillés avec autant de recherche que le permettent les moyens de la famille, parés des plus riches lambas de soie et des bijoux les plus précieux qu'on ait pu se procurer pour la circonstance.

La naissance des enfants n'occasionne pas, chez les mères malgaches, la sollicitude et l'anxiété qui caractérisent cet événement dans les pays parvenus à un plus haut degré de civilisation; et sauf de bien rares accidents, la délivrance de la mère n'entraîne pas de danger pour la vie. Un peu avant le jour présumé de la naissance, on sépare dans la maison, au moyen d'une cloison de nattes, un endroit déterminé où l'on prépare un lit pour la mère; et l'on allume un feu de bois, qui continue à brûler pendant plusieurs jours, même dans la saison chaude, de manière à entretenir une chaleur très-élevée. Les Malgaches croient que cette température est indispensable tout le temps des couches, et qu'elle contribue beaucoup à hâter la convalescence. Il est d'usage d'envoyer des messages aux parents et aux amis pour les informer de la naissance d'un enfant ; en retour, ils font tenir à la mère quelques pièces de monnaie, en donnant à entendre que c'est pour acheter du *kitayhazo* (bois de chauffage) et conserver la chaleur jugée si nécessaire. On regarde aussi comme une attention aimable et polie de rendre visite au père et à la mère, ainsi qu'aux autres parents, pour les féliciter en personne de l'augmentation de la famille. On emploie, dans ces circonstances, diverses formules de bénédiction, dont la plupart reconnaissent Dieu comme le dispensateur de la vie. La mère reçoit ces visites assise sur un matelas étendu par terre, pendant que la grand'mère, ou quelque autre proche parente, pourvoit à la nourriture de l'enfant. Au bout de deux ou trois jours, une semaine au maximum, la femme reprend ses occupations habituelles de ménagère.

Les enfants sont très-appréciés des Malgaches ; mais les familles nombreuses sont rares, et il y a une proportion considérable de gens mariés sans enfants. Cela tient sans doute en partie à l'âge précoce où ont lieu les mariages, mais plus encore aux maux physiques engendrés par des habitudes licencieuses ; car si l'adultère est regardé comme un crime, des relations coupables entre gens non mariés sont à peine relevées comme une faute. Il est vrai qu'un sentiment plus élevé de moralité se développe graduellement dans la population, sous l'influence du christianisme et des idées anglaises ; mais il y a encore beaucoup de progrès à faire sous ce rapport.

L'allaitement des enfants par la mère se prolonge parfois beaucoup plus longtemps qu'en Europe : il n'est pas rare de voir de gros garçons de deux ou trois ans courir après la maman pour demander le sein. Les nourrissons se portent quelquefois sur la hanche, mais plus souvent sur le dos, dans le lamba de la nourrice solidement attaché autour de la taille. Quelquefois, les jeunes gens parvenus à l'âge adulte présentent à leur mère une pièce de monnaie appelée « fofon'damosina, » c'est-à-dire « parfum du dos, » comme un souvenir reconnaissant du temps où ils étaient nourris avec tendresse et portés dans les plis du lamba maternel. Les pères portent ordinairement leurs enfants assis ou à cheval sur leurs épaules.

La polygamie est en usage à Madagascar, et elle y devient, comme partout ailleurs, une source de divisions et de discorde dans les familles; mais elle n'y est pas sans restriction. Pour les hommes des classes inférieures, la règle est de n'avoir qu'une seule femme; l'usage contraire se restreint aux classes élevées où la fortune est considérable. Ceux-là même ont rarement plus de deux femmes, et le roi seul a le privilége d'en avoir douze. Toutefois, comme nous en avons fait la remarque en parlant des cités saintes de l'Imérina; le nombre douze s'emploie pour marquer le caractère complet et parfait de tout ce qui se rapporte à la royauté, plutôt qu'il ne mesure l'étendue d'un droit exercé en réalité. Probablement aucun souverain ne s'est jamais prévalu de ce privilége incertain, jamais du moins à une même époque. Mais il existe un corps de vieilles dames appelées « les douze épouses, » et toutes les mesures politiques importantes doivent, pour la forme, être soumises à leur approbation. Les reines elles-mêmes ont ces douze épouses, qui paraissent jouer le rôle d'un conseil d'état intime. Mais quelle qu'ait pu être anciennement leur influence, leurs fonctions ont été virtuellement supprimées par la constitution actuelle du gouvernement malgache. Les douze épouses appartiennent à un âge qui n'est plus, et n'ont maintenant aucune autorité effective.

Quand un homme épouse une seconde femme, elle s'appelle la *vady-kély*, ou petite épouse, la première ayant le titre de *ramatoa*, c'est-à-dire aînée ou maîtresse. Bien qu'occupant une position reconnue secondaire, la deuxième femme a ses droits de propriété et autres, définis avec autant de précision que ceux de la première, et ses enfants héritent de ces droits. A cet égard, elle n'est guère inférieure à la ramatoa.

La polygamie a pour conséquence naturelle un fréquent usage du divorce, et c'est peut-être dans le pouvoir absolu accordé au mari, en pareille matière, que réside la plus grande injustice imposée par la loi aux femmes malgaches. Pour la plus légère offense, une épouse peut être mise à la porte, et l'on prétend que dans certains cas le mari a le droit de la renvoyer en lui interdisant de se remarier Les exemples de l'exercice d'un pareil droit doivent être très-rares; il en arrive comme de certaines lois injustes et cruelles qui existent encore en droit dans plusieurs pays, mais qui sont condamnées et comme abrogées de fait par l'opinion publique. Les termes malgaches qui correspondent à *polygamie* et *divorce* sont singulièrement significatifs. La polygamie est appelée *famporafesana*, littéralement « ce qui produit l'inimitié ou la dispute : » aveu significatif de la jalousie, de la haine et des querelles dont cette pratique est la source. Le mot qui signifie *divorce* est *fisaorambady*, c'est-à-dire « remercîment ou bénédiction à une épouse. » C'est un exemple frappant de la tendance des hommes à cacher les plus laides choses sous de beaux noms. Au lieu d'exprimer l'injustice et le déchirement qui accompagnent généralement le divorce, le mot indigène semble impliquer l'idée d'un cadeau de départ ou d'une bénédiction que reçoit la femme dont on n'a plus besoin, avec des remercîments pour ses bontés passées.

Malgré ce qui précède, je crois qu'il y a beaucoup de gens mariés fidèles l'un à l'autre, unis par une solide affection mutuelle, et qui ne songent pas à voir leur union brisée par autre chose que par la mort. La stérilité de plusieurs mariages conduit souvent à l'adoption d'autres enfants, choisis d'ordinaire dans la famille. Ces enfants sont considérés à tous égards comme s'ils étaient de leurs parents adoptifs, et leurs père et mère abandonnent leurs droits sur eux.

Il n'y a pas de noms de famille à Madagascar ; et comme plusieurs des noms usités sont très-communs, il est souvent difficile de s'y reconnaître. On obvie dans une certaine mesure à cet inconvénient en ajoutant au nom celui de quelque parent, et en appelant un individu « fils de, » « femme de, » « père de, » telle ou telle personne. Tout mot ou particule peut devenir un nom de personne au moyen des préfixes « Ra » ou « andriana. » Les noms d'animaux sont constamment mis à contribution : on s'appelle *biby* (bête), *mamba* (crocodile), etc. Deux jeunes gens de rang élevé, qui furent envoyés avec d'autres en Angleterre pour y faire leur éducation, répondaient aux noms de *Voalavo* et *Totosy*, c'est-à-dire « rat » et « souris. » Il y a souvent des combinaisons curieuses formées en réunissant à un mot indigène un mot étranger qu'on a retenu. Un petit élève à l'externat d'Ambatonakanga jouissait du nom de Ra-Monsieur, qu'on altérait légèrement dans la prononciation pour l'accommoder aux principes phonétiques de l'orthographe malgache. Depuis l'introduction du christianisme, on emprunte souvent des noms à la Bible, tels que Jean, Jonas, Caleb, David, Marie, en y ajoutant ordinairement le préfixe indigène.

Les Malgaches ont l'habitude singulière de prendre le nom de leur fils aîné, en le faisant précéder du mot *raïni*, « père de. » Ainsi, un homme appelé Rabé devient père d'un enfant qu'il appelle Rasoa : il abandonne son nom personnel et devient *Raïni-soa*, c'est-à-dire « père de Soa. » Autre exemple : le nom de l'ex-premier ministre était Raharo ; il eut un fils sur la fin de ses jours, le nomma Ravoninahitriniony, et fut connu à partir de cette époque sous le nom de Raïni-voninahitriniony. Ce mot est un échantillon, exceptionnel à la vérité, de la longueur démesurée de quelques noms malgaches ; je n'en connais qu'un seul qui soit plus long : c'est le nom sacré de la feue reine Ranavalona, sous lequel elle est toujours mentionnée dans les décrets et allocutions royales : Rabodon'andrian-impoïn-Imérina. Il signifie simplement « la chérie (ou la bien-aimée) d'Andrian-Impoïn-Imérina, » c'est-à-dire « du prince du cœur de l'Imérina. » Le nom de l'ex-premier ministre veut dire « père de la fleur de l'herbe de la rivière. » Citons encore dans cet ordre d'idées le nom du premier ministre actuel, Raïnilaïarivony, et celui d'un autre grand fonctionnaire, Ravoninahitriniarivo. On rencontre cependant beaucoup de noms plus courts, tels que Razay, Ratavy, Ravélo, et bien d'autres. Le préfixe « Ra » sert pour les deux sexes ; mais celui d' « andriana » est réservé aux noms masculins. Les femmes sont appelées quelquefois *réni*, c'est-à-dire *mère* de tel ou tel. Comme les hommes, elles gardent souvent leur premier nom, concurremment avec le second. L'habitude de se faire désigner par le nom de son enfant est un exemple remarquable du prix qu'on attache à la progéniture. Il y a là quelque chose qui rappelle le sentiment qu'exprimait Cornélie, la noble matrone, lorsqu'elle disait : « Ne m'appelez pas fille de Scipion : appelez-moi mère des Gracques (1). »

En parlant des femmes mariées avancées en âge, on fait ordinairement précéder leur nom du mot *Ramatoa*, qui est un titre de respect. Les noms ne sont pas donnés à une époque déterminée, ni caractérisés par aucune cérémonie, si ce n'est dans le cas du baptême chrétien ; et certains noms d'enfants ne sont que des indications de leur âge relativement à leurs frères ou sœurs. Le fils aîné s'appelle souvent Andriamatoa, la fille aînée Ramatoa ; les fils cadets, Andrianaïvo, et les filles cadettes Raïvo ou Ranivo ; tandis que le plus jeune garçon répond souvent au nom de Rafaralahy « dernier garçon », et la plus jeune fille à celui de Rafaravavy « dernière fille. » Avant de recevoir un nom particulier, les garçons se contentent souvent

---

(1) On trouve la même coutume chez les Arabes.

pendant plusieurs années du nom de Rakoto, « le petit, » et les filles de celui de Raketaka, « la petite ; » et dans bien des cas ils n'en reçoivent pas d'autre. Cette syllabe « Ra » est souvent placée devant les mots indigènes signifiant homme, femme, frère, sœur, enfant, etc., comme une formule respectueuse pour interpeller ou pour citer une personne, surtout quand on ignore son nom : par exemple, en demandant votre chemin à une femme inconnue, il serait poli de l'appeler Ranabavy « sœur, » et ainsi des autres personnes, suivant leur sexe ou leur âge : Les vieilles gens sont généralement appelées *Ikaïky* et *Inény*, termes familiers signifiant père et mère, mais sans équivalents exacts dans notre langue.

Les Malgaches étaient d'une habileté remarquable pour la construction des maisons, avant même qu'ils eussent appris des procédés supérieurs par leurs relations avec les Européens. Ils sont très-adroits à manier les outils ; et avec des instruments qui seraient d'une utilité presque nulle pour un ouvrier anglais, ils font d'excellents ouvrages de menuiserie ou d'ébénisterie. Sauf de rares exceptions, ils n'emploient pas la pierre pour bâtir, à cause des difficultés qu'elle oppose au travail en raison de sa dureté, sans parler du prix élevé de la chaux ; mais ils ont su construire, à Tananarive et ailleurs, de grandes maisons en bois qui ont duré près de deux siècles.

Remettant à un autre chapitre ce qui concerne la construction des palais, entrons dans quelques détails sur les maisons malgaches ancien modèle. Ces maisons consistaient en un simple rectangle de 10 à 12 mètres de long sur 6 à 8 de large. Les parois, dont la hauteur est sensiblement égale à la longueur de l'édifice, se composent de fortes planches placées verticalement, maintenues par une charpente de gros poteaux-corniers et de sablières. Les planches sont amincies sur les bords, et les interstices qui les séparent sont bouchés avec l'écorce fibreuse de la fougère indigène, qui est un arbre. Elles sont placées aussi près que possible l'une de l'autre, de manière que si le bois vient à se retirer, on reste garanti de l'air extérieur par les tampons d'écorce. L'extrémité supérieure de chaque planche est enmortaisée dans une rainure sous la sablière, et le pied est enfoncé de quelques centimètres dans le sol. Les murs sont encore consolidés par une longue corde d'écorce de fougère, qui passe à travers chaque planche par un trou pratiqué à cet effet, et les lie solidement l'une à l'autre.

La porte, ordinairement haute et étroite, est souvent d'une seule pièce de bois, taillée directement dans un tronc d'arbre; les gonds en fer sont remplacés par deux saillies en bois qui pivotent en haut et en bas sur des cavités pratiquées dans le linteau et dans le seuil. Ces vieilles portes deviennent rares, étant faites d'un bois dur qui, longtemps séché au grand air, est très-recherché pour la confection des meubles.

Excepté dans les grandes maisons, chaque habitation n'a qu'une fenêtre, percée, comme la porte, sur la façade occidentale, et près du pignon méridional, pour que les habitants soient à l'abri des vents d'est. Cette fenêtre, placée assez haut sur le mur, est fermée par un volet en bois. Quelquefois on trouve une seconde ouverture, plus petite, du côté du nord.

Il est bien rare que ces fenêtres aient des vitres ; c'est un rideau de mousseline qui en tient lieu ordinairement. Le même mot malgache (*varavarana*) sert à désigner la *porte* et la *fenêtre* ; la seule distinction est que l'une est appelée « grande » et l'autre « petite » (*varavaran-bé* et *varavaran-kély*).

Les toits malgaches, anciens modèles, sont d'une hauteur excessive ; ils ne s'appuient pas en totalité sur la charpente des maisons, et sont soutenus sur trois longues et fortes perches enfoncées dans le sol à l'intérieur de l'édifice, l'une au centre, les autres aux deux extrémités. Ces perches supportent le faîte du toit, lequel est relié avec les murs latéraux par des pièces de bois sur lesquelles se croisent des lattes minces de bambou, solidement attachées avec une herbe résistante. C'est sur ce treillis qu'on fixe le chaume, qui est fait avec un jonc triangulaire nommé *hérana*. Ce chaume constitue une couverture durable et à l'épreuve de l'eau, si la pente du toit est suffisamment rapide. Il a souvent jusqu'à un pied d'épaisseur, et lorsqu'il est bien égalisé et coupé régulièrement sur les bords, il présente à l'œil un aspect des plus agréables. Le faîtage est recouvert d'une certaine espèce d'herbe, qu'on fixe avec de l'argile qui ne tarde pas à se durcir, si l'opération est faite dans la saison favorable. Les *tandro'trano* ou « cornes de maison », comme on les appelle, je veux dire les extrémités des chevrons qui avancent sur le pignon, sont plus ou moins longues suivant le rang du propriétaire ; dans les grandes maisons appartenant à de hauts personnages, elles se prolongent de plusieurs pieds et se terminent par une sculpture, qui représente habituellement un oiseau. Ces cornes donnent aux habitations des Hovas un cachet particulier et absolument original; chez les autres tribus les toits n'ont pas ce genre d'ornement.

L'aspect d'un intérieur malgache de la classe pauvre, quand il n'a pas été modifié par la civilisation européenne, n'a rien de bien attrayant. Les murailles sont doublées de nattes en paille fine, qui cachent la surface rugueuse du bois, ainsi que le mortier d'argile et de bouse de vache qui remplit les jointures et les crevasses. Le plancher est ordinairement en argile battu, quelquefois recouvert de nattes; les chaises et les tables brillent par leur absence; on déroule une natte propre pour faire asseoir les visiteurs. A l'angle nord-ouest se trouve le foyer, formé d'une plate-forme cubique qui mesure deux pieds en tout sens, et qui est flanquée d'une demi-douzaine de pierres pour poser les ustensiles de cuisine. L'angle nord-est est occupé par un vaste bois de lit, ordinairement fixé à demeure, recouvert d'un mince matelas ou simplement de nattes pour tout sommier. Le mobilier comprend, avec quelques rouleaux de nattes, des cruches pour l'eau, des pots pour faire cuire le riz, de grands paniers carrés en paille contenant du riz ou du manioc, quelques cornes à boire, deux ou trois méchants couteaux, une couple de lances, et quelquefois une grande caisse en bois pour serrer des vêtements et d'autres objets de valeur.

Contre le poteau qui supporte le toit au nord, on suspend souvent un petit panier, en forme de bouteille, dont le goulot se termine par une espèce de couvercle. Si vous avez la curiosité de le soulever, vous trouverez dans ce panier tantôt une pierre, tantôt un morceau de bois, une feuille d'arbre, ou une fleur de certaines

Cases malgaches.

Intérieur d'une case.

Page 194.

Intérieur d'une cuisine malgache (classe aisée).

Laveur. Porteur. Porteur d'eau. Garçon chargé du soufflet. Garçon chargé du marché. Cuisinier.

espèce de cadran naturel, composé au moyen des points que les rayons solaires atteignent successivement pendant la journée, et des circonstances qui y correspondent. La liste suivante, qui comprend aussi les divisions de la nuit, m'a été fournie par un Malgache intelligent; elle renferme incidemment des détails intéressants sur les habitudes et la vie journalière des habitants, particulièrement à la campagne:

Terme malgache.	Signification.	Heure du jour.
1. *Vaki-maso-andro.*	Point du jour.	6 h.
2. *Maïm-bohon-dravina.*	La feuille redevient sèche (c'est-à-dire que la rosée s'évapore).	7 »
3. *Mamoak-omby.*	Sortie des bœufs (pour la pâture).	8 »
4. *Mitatao-haratra.*	Apparition (du soleil) au-dessus du toit.	9 »
5. *Efa-bana-ny-andro.*	Le jour est en plein éclat.	10 »
6. *Vahavahana.*	Le soleil arrive au seuil.	11 »
7. *Mitatao-vovonana.*	Il est au-dessus du faîte (le soleil est alors vertical).	12 »
8. *Mitsidik-andro.*	Le jour regarde dedans (les rayons entrent par la porte, le soleil commençant à baisser).	1 »
9. *Ampitotoam-bary.*	A l'endroit où l'on pile le riz (les rayons pénètrent plus avant dans la maison et touchent la place du mortier à riz).	2 »
10. *Ampamatora-janak-omby.*	A l'endroit où le veau est attaché.	3 »
11. *Modi-ombi-tera-bao.*	Rentrée de la vache qui a vélé récemment.	4 »
12. *Tafa-paka.*	Il touche (les rayons du soleil atteignent le mur oriental).	4 1/2
13. *Mananson-omby-ant-saha.*	Ramener les bœufs de la prairie.	5 »
14. *Mena-maso-andro.*	Le soleil est rouge.	5 1/2
15. *Maty-maso-andro.*	Le soleil meurt (coucher du soleil).	6 »
16. *Manakom-bary-olona.*	On cuit son riz.	7 »
17. *Homam-bary-olona.*	On mange son riz.	8 »
18. *Mipoa-tafondro.*	Coup de canon.	9 »
19. *Tapi-mandry-olona.*	C'est fini; on est couché.	10 »
20. *Mamaton-alina.*	Minuit.	12 »
21. *Maneno-sahona.*	La grenouille coasse.	3 »
22. *Maneno-akoho.*	Le coq chante.	3 1/2
23. *Ahitan-tsoratr'omby* ou *Mazava-ratsy.*	On voit la couleur des bœufs (crépuscule).	5 1/2
24. *Mifoho-olo-mazoto,* ou *Mazava-atsinanana.*	Les gens actifs se lèvent, *ou* l'orient est lumière.	5 3/4

Les Malgaches divisent l'année en douze mois ou lunes, car le même mot (*volana*) s'emploie dans les deux sens; mais, comme il s'agit de mois lunaires de vingt-huit jours, avec dix-huit jours intercalaires, leur année est de onze jours plus courte que la durée d'une révolution de la terre autour du soleil. Il en résulte que leur jour de l'an tombe successivement dans chacun de nos mois, avançant de onze jours chaque année; ce cycle se complète en trente-trois ans et trois jours, au bout desquels la fête revient à la même époque de notre année.

Les noms qui suivent sont ceux des mois; mais évidemment, vu la brièveté de l'année relativement à la nôtre, ils ne correspondent à aucune période fixe.

1. Alahamady.   5. Alahasaty.   9. Alakaozy.
2. Adaoro.   6. Asombola.   10. Adijady.
3. Adizaozy.   7. Adimizana. 11. Adalo.
4. Asorotany.   8. Alakarabo. 12. Alahotsy.

On remarque que l'article arabe *al* précède plusieurs de ces noms, et il paraît démontré qu'ils viennent tous des Arabes, qui les introduisirent dans le pays avec quelques notions d'astronomie; si toutefois on peut appeler astronomie un système qui consiste à déterminer des jours heureux ou malheureux, d'après les divers changements de la lune; quant aux étoiles, elles n'entrent point dans les observations et les calculs des *mpskidy* et des *mpanandro* (les « devins » et « pronostiqueurs de jours »). Quelques tribus donnent aux mois d'autres noms que ceux qui sont mentionnés ci-dessus; mais c'est un fait remarquable que sur les deux côtes, à l'est et à l'ouest, le nom d'un mois ne change pas, bien qu'il tombe successivement dans diverses saisons de l'année.

Les Malgaches ont un système assez compliqué pour calculer les jours qu'ils supposent être heureux ou défavorables. Le premier jour des mois d'Asorotany et d'Alahasaty est réputé tellement néfaste, que les enfants qui naissaient à l'une ou l'autre de ces deux époques étaient autrefois mis à mort; il en était de même du premier jour d'Alakaosy, à moins que la malheureuse destinée de l'enfant ne fût conjurée par une épreuve spéciale, après laquelle il lui était permis de vivre, comme ayant triomphé de son *vintana* ou destin. Dans d'autres cas, la mauvaise influence de l'époque pouvait être détournée par certaines offrandes expiatoires, appelées *faditra*.

La plupart des maisons qui se trouvent à la campagne, ou en dehors du fossé des villes sont construites avec une argile de couleur rouge vif qui compose la plupart des collines; quelquefois aussi on emploie pour ces constructions la terre bleue, teintée de jaune d'ocre, qui se trouve dans les rizières. Ces maisons d'argile, eu égard à la ténacité de la matière et à la dureté qu'elle acquiert en séchant, sont réellement plus solides, et ont l'avantage d'être plus chaudes que les maisons en bois. On en voit, aux environs de Tananarive, qui sont fort grandes et qui appartiennent à la classe riche; elles sont terminées avec soin; les murs extérieurs, revêtus d'un ciment composé de sable, d'argile et de bouse, présentent une surface unie et dure, souvent teintée de diverses couleurs.

A une époque toute récente, M. James Cameron a introduit l'usage des constructions en briques cuites au soleil. C'est ainsi qu'on a construit l'hôpital de la Mission et plusieurs églises indigènes. Les avantages de ce mode de construction sont considérables sous le rapport de l'économie, et aussi au point de vue de la légèreté, de la solidité et de l'élégance des édifices; aussi l'emploi de la brique se répand-il de plus en plus pour les habitations du peuple.

Depuis quelques années, le vieux modèle des maisons malgaches tend évidemment à être abandonné. On y substitue de bonnes maisons modernes, en bois ou en argile, de plus grandes dimensions, avec des toits beaucoup moins hauts, à quatre égouts, et avec une vérandah autour du bâtiment. Des fenêtres et des portes s'ouvrent sur toutes les faces; les portes sont souvent munies d'une glace dans la moitié supérieure; les fenêtres sont quelquefois vitrées, mais toujours fermées avec des persiennes. Un ou deux paratonnerres s'élèvent ordinairement sur le toit, et les *cornes* sont abandonnées. L'intérieur de la maison se divise ordinairement en trois pièces, la plus grande au centre et servant de salle commune, les deux autres de chambres à coucher. Elles sont souvent tapissées avec des papiers français, représentant des scènes de bataille ou de chasse; souvent les planchers sont artistement parquetés en bois de diverses couleurs. Les Malgaches sont très-habiles dans ce genre d'ouvrage; on en trouve de fort beaux modèles dans les palais et dans les grandes maisons. Dans une ou deux habitations, j'ai observé une décoration toute particulière : de petits miroirs disposés en lignes et en cercles sur les encadrements des plafonds et des murs; l'effet produit est bizarre, mais non déplaisant. La pièce centrale, généralement plus haute que les autres, est souvent entourée d'une galerie légère donnant accès à deux chambres supérieures latérales. Quelques grandes maisons ont une toiture en bardeaux de bois, d'autres en tuiles d'argile ou en tôle. D'après une loi récente (17 juin 1868), tous les nouveaux édifices de la ville doivent être recouverts avec des matériaux non combustibles.

On a récemment inauguré, pour les habitations missionnaires, une forme de maisons qui rappelle les constructions de l'île de France ou du Cap, dont la coupe horizontale représente la lettre H; ce modèle a déjà été copié par les indigènes; car, malgré leurs habitudes conservatrices, ils ne tardent pas à reconnaître la valeur de telle ou telle amélioration proposée par les Européens. Ces habitations ont des foyers et des cheminées; car en juin, juillet et août, les soirées ne laissent pas d'être assez froides pour faire apprécier un feu de bois; il est bon d'ailleurs de pouvoir sécher la maison pendant la saison pluvieuse, chaude mais humide.

Par suite de l'orientation habituelle des maisons du nord au sud, les habitants se servent des points cardinaux pour indiquer la position des objets, dans les cas où nous dirions *à droite* ou *à gauche*, *derrière* ou *devant*. Ainsi, en envoyant un domestique chercher quelque chose dans un cabinet, ils lui diront : « tu trouveras l'objet au nord, au sud, à l'est ou à l'ouest, » suivant le cas. Dans une course en palanquin, les porteurs se dirigent entre eux de la même manière, plutôt qu'en disant « à droite » ou « à gauche. » Voici un plaisant exemple de cette habitude, qui m'a été raconté par un de mes amis. Il dînait chez une famille malgache, qui faisait partie de sa congrégation; comme il mangeait, quelques grains de riz s'attachèrent à sa moustache; son hôte l'en avertit, et il s'essuya aussitôt la bouche, mais du mauvais côté : « Non, non, » reprit l'hôte, « c'est au côté *sud* de ta moustache. »

A part les gens décidément pauvres, une famille à Madagascar possède généralement deux ou trois maisons dans son enclos ou *tokotany*, et souvent six ou plus encore; les fils mariés habitent d'ordinaire près de leurs parents; certains bâtiments sont affectés aux esclaves, d'autres servent de cuisine, etc. Quand la maison se trouve près de la voie publique, on construit près de la porte ou à l'angle du mur un petit escalier conduisant à une terrasse carrée appelée *fijeréna*. C'est là qu'au déclin du jour, après les affaires terminées, les habitants aiment à s'asseoir pour regarder les passants et les mille incidents de la rue. On ne peut guère passer plusieurs fois devant un de ces fijerénas, surtout dans les voies les plus fréquentées de Tananarive, sans être favorisé d'une salutation par la politesse indigène. Les Malgaches sont un peuple des plus courtois, et les plus pauvres même ont souvent une dignité naturelle, une aisance de manières peu communes chez les Anglais. Si vous apercevez une de vos connaissances accroupie sur son observatoire quand vous passez, ou si c'est une personne d'un certain rang — fût-elle une étrangère pour vous, — il serait grossier de continuer votre chemin sans dire : *Mbay lalana, tompoko é*, c'est-à-dire « permettez-moi de passer, Monsieur; » à quoi on vous répond par un gracieux « *Andéha, tompoko é* » (« continuez votre chemin, je vous prie, Monsieur »), suivi généralement de « comment êtes-vous? comment vous portez-vous? comment cela va-t-il? » question qui comporte une variété de tournures inconnue dans notre conversation occidentale; jusqu'à ce qu'enfin, alors que le passant qui s'éloigne ne peut déjà plus entendre, on complète la série des compliments par l'adieu final *velona* (littéralement « puissiez-vous vivre! »), et *travantiravo* (« arrivez à un âge avancé »).

Quand j'étais nouveau venu dans le pays, il m'est souvent arrivé d'être fort embarrassé par la persistance des questions que j'essuyais, alors même que, dans ma pensée, tous les préliminaires de la conversation étaient épuisés. Il me fallut quelque temps pour comprendre que c'est une attention polie de répéter indéfiniment des questions sur votre santé et votre prospérité en général. Si un domestique, ou même un individu quelconque qui tient à vous témoigner du respect, passe près de vous, dans votre maison ou au dehors, il s'incline profondément, sa main touchant presque la terre, et dit : « Permettez-moi de passer, » ou « excusez-moi, monsieur » (*aza-fody-aho*). On fait aux Andrians ou membres des tribus royales un salut qui diffère de celui qui s'adresse aux simples Hovas. Dans ce cas les questions usuelles sont précédées des mots *Tsara va tompoko é?* (« Êtes-vous bien, monsieur? ») auxquels on répond *Tsara-hiany* (« Bien, en vérité. ») Toutes les communications, proclamations et messages qui émanent du souverain, ou des hauts fonctionnaires, aussi bien que les discours qui leur sont adressés, sont précédés et largement émaillés de compliments stéréotypés. On montre son respect à un supérieur en allongeant et en traînant les syllabes finales de chaque phrase.

Les Malgaches ont généralement des habitudes de tempérance, et ils varient peu leur alimentation ; le riz est leur aliment principal et forme la base de tous les repas. Ils ne mangent guère que deux fois par jour, dans la matinée et après le coucher du soleil. Les pauvres mangent souvent leur riz sans viande ; mais ils le font bouillir avec certaines herbes qui servent de légumes. Quelquefois ils sont réduits à se contenter de racine de manioc, aliment nourrissant mais insipide. Toutefois, dans la plupart des ménages, on fait cuire avec le riz, ou rôtir à part, un petit morceau de viande. Ils aiment les soupes, les compotes et les plats au jus ; aussi arrosent-ils leur riz copieusement. Ils ont du bœuf à bon compte et de bonne qualité, ainsi que toute espèce de volailles. Les moutons sont maigres et chétifs, couverts de poils plutôt que de laine, et ressemblent beaucoup plus à des chèvres qui à nos beaux moutons anglais. Ils ont des queues volumineuses et pesantes très-estimées par les indigènes, mais beaucoup moins par les Européens, car ce n'est guère que de la graisse. Aux funérailles, et dans toutes les fêtes, l'abatage des bœufs, et le repas dont ils font les frais, constituent une partie essentielle de la solennité. On fait une grande consommation de crevettes d'eau douce et d'écrevisses ; mais les poissons ne sont pas très-abondants. Le meilleur est le *trondro*, qui ressemble, pour le goût, à la morue. On pêche des anguilles dans les rivières, des cyprins dorés et des argentines dans les canaux des champs de riz ; mais ces poissons n'ont rien de délicat, à cause de leur goût de vase. Les légumes et les fruits sont à profusion. Le peuple mange aussi les petites sauterelles, qu'ils font griller après avoir enlevé les ailes et les pattes.

Femmes esclaves battant le riz.

Le riz se conserve dans la cosse jusqu'au moment où on l'emploie; il est battu et préparé pour la cuisson par les femmes esclaves, et ce travail est une partie importante de leur ouvrage journalier. Elles se servent à cet effet d'un grand mortier en bois, haut de 50 centimètres environ, terminé par un rebord plat et carré. On détache la cosse en battant le riz avec un pilon de bois : deux et souvent trois esclaves pilent ensemble au même mortier, frappant alternativement leurs coups en mesure. Quand le riz est bien battu, on le vanne dans un grand plat en bois, on le lave à plusieurs reprises à l'eau fraîche, on le fait cuire dans un pot de terre sphérique, et on le sert enfin sur des plats de terre grossièrement vernis. On enfonce une cuiller dans chaque portion de riz, qu'on arrose largement de jus de viande. Les pauvres se servent peu de couteaux ou de fourchettes ; ils dépècent la viande avec les doigts. Le temps nécessaire à la cuisson du riz est ici la mesure habituelle du temps ; c'est environ une demi-heure ; on dit qu'un endroit est à une, deux, trois *masa-bary* (cuissons de riz). L'eau est la boisson usuelle ; mais on prépare une espèce de café léger en faisant bouillir de l'eau dans le pot au riz, aux parois duquel les grains rôtis ou brûlés sont restés attachés après la cuisson. Le goût du thé et du vrai café se répand parmi les Malgaches. On trouve dans les environs de Tananarive un café d'excellente qualité ; mais cette plante paraît mieux prospérer dans les régions plus basses ; elle deviendra probablement quelque jour un important article d'exportation. Outre le mauvais spiritueux qu'on distille, en trop grande quantité, de la canne à sucre, on trouve ici du petit bordeaux et du vermouth importés par le commerce ; mais les Hovas ne s'adonnent point à la boisson, et il est rare qu'on rencontre des individus en état d'ivresse. Après chaque repas, les Malgaches se rincent la bouche avec de l'eau fraîche, habitude à laquelle ils doivent probablement la blancheur et l'excellent état de leurs dents. Ils regardent les Européens qui négligent cette pratique comme laissant beaucoup à désirer pour la propreté.

Il est assez remarquable qu'on ne fume pas le tabac à Madagascar, à part quelques indigènes qui ont emprunté cette habitude aux Européens. Le tabac croit naturellement dans le pays, et les Français y ont introduit la fabrication des cigares; mais c'est sous forme de tabac en poudre qu'on fait un usage presque universel de « l'herbe nuisible. » Les feuilles, séchées et pilées, sont mélangées avec d'autres ingrédients, un peu de sel, les cendres de quelques plantes aromatiques, etc. La poudre ne s'aspire point par le nez, mais se met dans la bouche. Presque tous les Malgaches portent une tabatière dans leur ceinture. Cette tabatière est un morceau de roseau, long de 20 centimètres sur 2 de diamètre en moyenne : l'extérieur en est soigneusement poli, orné souvent de dessins faits avec une aiguille rougie au feu; elle se ferme avec un couvercle auquel pend un gland. On verse dans la paume de la main une pincée de tabac, qui est lancée dans la bouche de manière à ce qu'elle se dépose entre la lèvre inférieure et la gencive. On fume quelquefois le *rongona* ou graine de chanvre; mais l'usage en est interdit. Les effets en sont délétères au plus haut point; ils provoquent une espèce de folie momentanée, et sont suivis quelquefois des plus funestes résultats.

Plante de riz.

CHAPITRE VIII.

MOEURS ET COUTUMES DES MALGACHES (*suite*).

Vêtements des deux sexes. — Elégance du lamba indigène. — Habileté des femmes à filer et à tisser. — Variété des tissus. — Absence de vêtements chez les jeunes enfants. — Tatouage. — Malpropreté. — Lits. — Occupations diverses des habitants. — Leur habileté manuelle. — Absence de l'art de la sculpture. — Travail des métaux. — Soufflets indigènes. — Poteries. — Réquisitions du gouvernement funestes à l'industrie. — Commerçants indigènes. — Système monétaire. — Usages des monnaies étrangères. — Pesage de l'argent. — Débats et conclusion des marchés. — Amusements indigènes. — Coups de pieds au bleu. — Chants et danses. — Musique. — Valiha et lokanga. — Les chants nationaux tombés en désuétude. — Chant en l'honneur de la reine. — Circoncision. — L'alliance du sang. — Esclavage. — Douceur relative de cette institution.

Le costume des Malgaches est des plus simples. En raison de la chaleur du climat, les vêtements européens, qui serrent plus ou moins le corps, sont ici très-incommodes; ceux des indigènes sont lâches et flottants. Le costume habituel des gens du peuple consiste en une longue bande d'étoffe nouée autour des reins, nommée *salaka*, accompagnée quelquefois d'une veste de toile de chanvre ou de rofia, et toujours d'un lamba du même tissu ou de quelque autre étoffe peu coûteuse. Les soldats, ainsi que les fonctionnaires, portent un chapeau de paille; mais les *borizany*, ou civils, sont tenus de rester tête nue; les cheveux se portent longs, noués et tressés autour de la tête, à peu près comme ceux des femmes en Europe. Les juges eux-mêmes sont astreints à cette mode, et ne mettent point de chapeau. Les militaires portent les cheveux coupés courts, à peu près comme les soldats anglais. Les souliers et les bas ne se rencontrent guère que chez les personnes riches et haut placées, et encore ne se gênent-elles pas pour les quitter, préférant à tout la liberté de leurs membres inférieurs.

Betsimisaraques.   Bézanozano.   Hovas.

A part la classe indigente, on porte généralement une chemise, en sus des vêtements que nous avons indiqués ; on y ajoute quelquefois des pantalons de calicot ou d'indienne, avec un lamba de calicot fin. Le lamba

Coiffures malgaches.

est souvent bordé d'une garniture de cinq bandes d'étoffe de couleur, appelée *akotso*, sorte d'insigne qui semble réservé aux tribus des Hovas. Ces bandes sont généralement de deux couleurs assorties, sauf la bande du milieu, qui diffère des autres.

Les femmes de la classe pauvre portent une longue pièce d'étoffe autour des reins, qui descend jusqu'aux talons; quelquefois une veste collante, et, comme vêtement de dessus, l'invariable lamba. Toutes, excepté les indigentes, portent de plus un long vêtement d'indienne légère, avec de petits dessins de bon goût. Elles n'ont pas de bonnet, ni rien qui protége la tête; elles ne paraissent pas d'ailleurs en éprouver le moindre besoin, si ce n'est dans la saison la plus chaude de l'année, où elles se servent quelquefois d'une ombrelle. Leurs longs cheveux noirs, oints d'huile parfumée avec certaines plantes aromatiques, sont artistement tressés autour de la tête en une multitude de nœuds; quelquefois elles les laissent pendre en petites boucles; parfois aussi elles imitent les diverses coiffures connues en Europe. Les femmes betsimisaraques portent souvent un chapeau de paille à larges bords, chose très-rare dans l'Imérina.

Dans certaines occasions, les personnes des deux sexes se plaisent à revêtir le costume européen; mais il leur va rarement bien; et cette toilette, appliquée sans goût, leur donne un air burlesque, surtout chez les hommes. Le costume qui leur sied le mieux est celui que nous venons de décrire, et qui est un mélange de quelques vêtements européens avec le vêtement indigène primitif. L'ample lamba, dont les plis flottent autour du corps, et dont l'extrémité pend sur l'épaule, est toujours gracieux; les enfants eux-mêmes savent draper leurs petites robes avec une aisance et une dignité qu'un Européen ne parviendrait jamais à imiter, s'il essayait ce vêtement national. On ne porte pas toujours le lamba de la même manière : quand on marche, il recouvre les deux bras, et se ramène, s'il fait froid, sur la bouche et le nez ; en parlant ou en prêchant, le Malgache garde généralement un bras libre; et lorsqu'il travaille, il roule son lamba autour de la taille, de manière à « ceindre ses reins, » suivant l'expression biblique. Le lamba a environ 2 mètres 40 centimètres de long sur 1 mètre 80 de large.

Les Malgaches ne dédaignent point la parure et les bijoux. Les joailliers indigènes confectionnent des chaînes d'argent d'une finesse merveilleuse, ainsi que des bracelets, des boucles d'oreille et des talismans, lesquels consistent en petites breloques d'argent qui se portent au poignet (1). L'usage des colliers en verre coloré est très-répandu dans les classes pauvres ; les riches affectionnent particulièrement les parures de corail rouge.

Presque toutes les femmes malgaches, à commencer par la reine, savent filer et tisser. Elles font des étoffes avec la filasse du chanvre, du rofia et du bananier, comme avec le coton et la soie, et sont très-habiles à produire des tissus à la fois solides et gracieux. Les lambas de soie présentent de fort beaux dessins, et dénotent un vif sentiment instinctif de

---

(1) Les Arabes portent au même endroit des objets analogues appelés « bonheurs » (*Trad.*).

Femme indigène tissant le rofia.

l'harmonie des couleurs. Les dessins sont généralement disposés en bandes, avec des fleurs et des feuilles de couleurs variées, et des bordures encore mieux travaillées. Les lambas de luxe valent quelquefois de 4 à 500 fr. On fabrique un autre genre de lamba fort élégant, nommé *arindrano* ; le fond est une fine cotonnade blanche, traversée par de minces bandes noires et en couleur, et encadrée d'une large bordure de soie noire, sur laquelle se détache un dessin de diverses nuances ; ce modèle vaut de 50 à 75 fr. Le *lamba ména* est une troisième variété, dont le fond est en soie rouge sombre, avec des bandes et des bordures de couleurs plus claires. Ces vêtements se portent principalement aux fêtes nationales, aux mariages et dans les autres occasions de réjouissance ; on s'en sert aussi pour envelopper les morts.

On fait encore une autre espèce de lamba avec du coton teint en rouge foncé, et bordé de bandes vertes ou bleues ; de plus, l'étoffe est semée de dessins formés avec de petites perles dont la matière est un alliage d'argent. Les dessins sont habilement tissés dans l'étoffe, de manière à paraître des deux côtés, et ils produisent le plus joli effet. Le *salaka*, qui se drape autour des reins, et dont les extrémités pendent sur le devant, est souvent confectionné de la même manière, avec une heureuse disposition de dessins variés en perles métalliques.

L'étoffe de tous ces vêtements est filée et tissée à la main. Le fuseau est en os ou en écorce de fougère arborescente ; l'usage du rouet est inconnu. Les femmes effilent quelquefois du calicot anglais pour se procurer un fil fin et uni, qu'elles tissent ensuite de nouveau à leur manière. Les fines étoffes qu'on fabrique avec la fibre du rofia ou du bananier ressemblent pour la couleur à la plus belle toile écrue. Cette occupation du filage, commune à tout le sexe féminin, a donné naissance à un vieux mot malgache, synonyme de *fille*, *zaza-ampéla* (enfant du fuseau); de même qu'en anglais le mot *spinster* signifie à la fois *fileuse* et *fille*.

Il est à remarquer qu'à Madagascar on ne tire presque aucun parti des peaux d'animaux pour l'habillement; on n'emploie guère à cet effet que des fibres végétales, tissées ou battues, à l'instar des insulaires des mers du Sud. Cette particularité vient à l'appui des raisons déjà mentionnées qui assignent aux Malgaches une origine étrangère à l'Afrique. On sait que les diverses tribus qui habitent le continent font un constant usage des vêtements de peaux, tandis que l'industrie des tissus végétaux est propre aux races malaiso-polynésiennes.

Les enfants de la classe pauvre sont fort peu vêtus jusqu'à l'âge de cinq ou six ans. Ils jouissent à cet égard d'une absence de toute contrainte, qui est un sujet d'étonnement et d'amusement pour les étrangers. J'assistais, un dimanche, au culte, dans une des petites chapelles de la capitale. Pendant la lecture de la Bible, un bambin de deux ou trois ans, absolument nu, s'avança dans l'endroit où les femmes se tenaient assises par terre. Il se tint là debout quelques instants, en regardant autour de lui sans le plus léger embarras; sa mère l'aperçut alors, et, roulant un petit lamba, le lui lança par-dessus les têtes de ses voisines. L'enfant ramassa le vêtement et le

Fermier indigène et porteur.   Officiers hovas.

drapa autour de sa petite personne avec une aisance et une dignité inimitables; il gagna ensuite sa place, sans que personne, à part moi, se fût occupé de l'incident.

Les Malgaches n'ont que fort peu de barbe ou de moustaches; souvent ils s'arrachent les poils de la figure avec de petites pinces, ou bien ils les rasent de très-près; il est fort rare de voir une barbe de quelque longueur. La pratique du tatouage semble inconnue à Madagascar (1); mais souvent les esclaves inférieurs sont marqués de balafres sur la figure et sur d'autres parties du corps, comme cela se voit chez quelques tribus aborigènes de l'Australie. Ces marques paraissent être le résultat d'incisions dans la peau, suivies de cautérisation. Les marques sur le front sont les plus communes, et se voient surtout chez les esclaves d'origine africaine.

La propreté n'est pas estimée par les Malgaches autant qu'il serait désirable, dans leurs maisons ni sur leurs personnes. L'usage du bain n'est pas répandu à Madagascar comme dans les pays tropicaux en général; et dans les maisons des pauvres, l'habitude où l'on est de recouvrir la natte sale d'une propre, au lieu d'enlever la vieille, favorise la multiplication des puces à un degré intolérable pour les Européens. On lave les vêtements dans les canaux des rizières, et on

---

(1) J'apprends, toutefois, que le rév. M. Campbell, de la Société missionnaire de l'Eglise anglicane, a trouvé cet usage établi chez quelques tribus du Betsiléo. Il dit des femmes : « Leurs bras sont tatoués partout, et quelques-unes d'entre elles ont une espèce de col à jour tatoué sur leur cou. La poitrine des hommes présente le même genre d'ornement. »

les bat sur de larges pierres polies au bord de l'eau. On fabrique dans le pays un savon noir dont l'apparence n'a rien d'attrayant; la farine de manioc donne un excellent empois, et comme les Malgaches ont des fers à repasser, leur linge peut être très-passablement blanchi à la mode européenne. A Tananarive, la rareté de l'eau dans la partie haute de la ville explique en partie le peu d'usage qu'on en fait pour la propreté; mais cette excuse ne peut être admise dans d'autres localités, où les sources ne sont pas loin des maisons.

Un Malgache ne juge pas indispensable d'avoir une chambre à coucher distincte; un lit, dans le sens européen du mot, n'est pas non plus absolument nécessaire à son confort. Avec une maigre natte de paille il dort parfaitement heureux sur le plancher le plus dur; on ne change pas de toilette pour la nuit, on se borne à ramener le lamba sur la tête et la figure (1). Le peuple passe une bonne partie de son temps au grand air, qui paraît beaucoup lui convenir pour le jour; mais, pour dormir, les gens s'enferment on ne peut plus à l'étroit, sans s'en inquiéter le moins du monde, et s'accommodent d'une atmosphère épaisse et viciée qui serait repoussante pour nous. Dans les bonnes habitations, la pièce du nord est habituellement réservée comme chambre à coucher; on y voit souvent de beaux bois de lit faits au tour en bois dur, et garnis de jolis rideaux de mousseline. Les Européens réclament un moustiquaire comme indispensable au confort des chambres à coucher, surtout pendant la saison des pluies, lorsque la chaleur et l'humidité de l'air

---

(1) Comparer Exode, XXII, 26, 27.

favorisent le développement des insectes. On rencontre de temps à autre, dans les maisons, des scorpions et des scolopendres; mais, ainsi que les serpents, ils ne sont ni aussi communs ni aussi venimeux que dans la plupart des régions tropicales. Les scolopendres, il est vrai, font une blessure très-douloureuse, et qui tourmente cruellement pendant plusieurs heures; mais je n'ai jamais entendu dire que leur morsure, pas plus que celle des scorpions ou des serpents, fût mortelle à Madagascar.

On m'a souvent posé cette question : quelles sont les occupations des Malgaches, et comment passent-ils leur temps? Je répondrai qu'il n'est pas facile, même pour ceux qui ont vécu longtemps dans le pays, de spécifier les moyens d'existence de telle ou telle classe d'individus. On ne trouve pas ici cette division infinie du travail qui est le propre des nations très-civilisées; et dans la plupart des occupations journalières, tous interviennent personnellement et également, quand l'individu ne fait pas tout l'ouvrage à lui seul. Non-seulement chaque propriétaire surveille en personne ses rizières, mais il met la main à toutes les opérations voulues : il prépare la terre, il sème, il transplante, il moissonne, il bat les épis, et serre la récolte. Dans la construction d'une maison, une bonne partie de l'ouvrage est faite par le propriétaire ou par ses domestiques. Comme nous l'avons déjà dit, chaque femme est plus ou moins capable de filer et de tisser des vêtements pour l'usage de la maison. Il y a cette différence, entre les habitants de Madagascar et ceux de la plupart des Etats d'Europe, que la population étant ici très-clairsemée, la terre y est relativement de petite valeur, et presque chaque individu possède une pièce de terrain à cultiver ; les esclaves eux-mêmes ont leur morceau de rizière. On ne trouve pas ici cette misère abjecte qui se développe si communément dans les populations entassées des cités européennes. Excepté dans le voisinage immédiat des villes, la plus grande partie du terrain semble être à la disposition de tous les habitants des environs : chacun le cultive, l'enclôt à sa guise, en sorte qu'il n'est personne qui ne puisse pas satisfaire tout au moins aux premières nécessités de la vie.

Toutefois, bien que les métiers et les professions ne soient pas divisés à Madagascar d'une manière aussi précise qu'en Europe, il n'y en a pas moins beaucoup de gens qui tirent leur principal moyen d'existence d'une occupation spéciale ; de ce nombre sont les charpentiers, les forgerons, les maçons, les ferblantiers, les ébénistes, les orfèvres, les couvreurs et bien d'autres. Il existe aussi certaines classes d'individus, tels que les charbonniers et les bûcherons, qui sont de véritables serfs du gouvernement, et ne peuvent quitter leur emploi sans une permission expresse. Les simples soldats sont aussi, à peu près au même degré, esclaves de leurs chefs.

Les Malgaches, nous l'avons déjà dit, sont très-aptes à tous les ouvrages qui exigent de la délicatesse et de la dextérité. Leurs longs doigts effilés y semblent destinés naturellement ; et bien qu'ils n'exécutent pas ces merveilleuses ciselures sur bois ou sur ivoire où excellent les Chinois et les Hindous, ils font preuve cependant, dans certains genres d'industrie, d'une aptitude et d'un goût tout aussi remarquables.

Nous connaissons leurs dessins sur les tissus ; dans la confection de leurs chaînes d'argent, d'une finesse excessive, et des objets en filigrane d'or ou d'argent, les joailliers indigènes atteignent un haut degré de perfection. Ils rivalisent aussi avec les Chinois pour la faculté d'imitation. Dans le palais du souverain se trouvent plusieurs grands vases d'argent, du plus beau modèle classique, copiés sur un exemplaire envoyé de France; il est difficile de les distinguer des produits de l'art européen. L'adresse des Malgaches n'est pas moins frappante dans les paniers en paille, de toute forme et de toute destination. Il y a surtout de petites boîtes, faites en paille très-fine, qui sont des échantillons admirables de ce que peut l'habileté manuelle; certaines d'entre elles, qui n'ont guère que 2 centimètres cubes, sont tissées presque aussi délicatement que la soie ou le coton le plus fin, et présentent un fini merveilleux à l'intérieur comme à l'extérieur ; le couvercle n'est pas d'un travail moins minutieux; elles sont généralement bordées d'un cordon de paille plus solide. On trouve encore des cuillers en corne de diverses formes, qu'on dirait parfois sortir de fabrique anglaise, ainsi que des poches-à-soupe en bois pour servir le riz.

A côté de toutes les analogies qui rapprochent les Malgaches des tribus malaiso-polynésiennes, nous devons signaler une dissemblance remarquable : c'est la rareté des ouvrages de sculpture à Madagascar. On sait que les îles du Pacifique et de l'archipel Malais ont chacune leur type spécial d'ornementation. Maisons, canots, rames, massues, instruments de toute sorte, sont couverts d'ornements minutieusement taillés dans le bois, ou d'arabesques en saillie et d'imitations de la figure humaine, comme dans la Nouvelle-Zélande. On ne voit rien de semblable à Madagascar. Les idoles elles-mêmes, comme nous le verrons plus tard, ne représentent pas des formes humaines ni animales, à l'exception d'une grossière figure de bœuf en argent, qu'on promène dans certaines occasions comme talisman. Dans les palais royaux les murs et les plafonds sont couverts de dessins, rappelant un peu le genre chinois, mais jamais on n'y voit de figures. Le seul essai de portraits que j'aie rencontrés sont les suivants. Dans la « Maison d'Argent (1) » se trouvent deux images peintes représentant des princes malgaches, mais d'une exécution affreusement gauche et grossière; j'ai vu aussi, dans la maison de campagne du secrétaire d'état actuel, une série de figures qui décorent les murs dans la galerie de la pièce principale : ce sont des militaires, des juges, des agriculteurs, etc.; ces portraits peuvent avoir un pied de haut, c'est pitoyable comme dessin et comme coloris.

Les Malgaches travaillent fort bien les métaux, et leurs fers sont d'excellente qualité, tant pour la force que pour l'élasticité. Dans quelques régions du pays, le fer se trouve en grande abondance, avec une très-faible proportion de matière terreuse. Sur certaines montagnes il constitue une partie si considérable du sol, qu'il fait dévier très-sensiblement l'aiguille aimantée, et empêche de faire des observations correctes. Pour le fondre, on le casse en morceaux d'une certaine grosseur, qu'on dispose dans une cavité entre deux

---

(1) Un des palais royaux.

Fonderie et forgerons indigènes.

couches de charbon de bois. On maçonne ensuite, pardessus, un dôme de pierres et d'argile, et l'on met le feu, qu'on entretient activement au moyen d'une couple de soufflets, jusqu'à ce que le métal, après avoir passé par le rouge blanc, coule enfin en masse compacte au bas de la fournaise. On l'en retire pour le purifier par une nouvelle fusion, et finalement il est livré à l'industrie en saumons de grosseur moyenne. Les soufflets ressemblent à ceux dont on fait usage chez les habitants de la Nouvelle-Zélande et d'autres îles polynésiennes. Ils se composent de deux cylindres creux, mesurant 30 centimètres de diamètre, et formés d'un tronc d'arbre ; chaque cylindre est muni d'un piston entouré de gros drap, et d'une soupape également en drap. Un vieux canon de fusil adapté à la base conduit l'air dans la fournaise, et le jeu alternatif des pistons entretient un courant d'air continu.

Les forgerons se servent du même genre de soufflets, et d'un gros bloc de fer carré comme enclume. Il n'y a guère d'objet en fer qu'ils ne puissent confectionner, s'ils ont un modèle sous les yeux. Dans les églises commémoratives, divers détails, tels que les grilles et les gonds ornementés, sont l'œuvre de la forge indigène ; tout est admirablement travaillé, avec le même fini que l'on aurait pu obtenir d'ouvriers anglais. Les Malgaches ne travaillent pas moins bien le cuivre et le laiton. Les paratonnerres, en forme de tige cylindrique pour les églises, et de tige aplatie pour le palais neuf, sont également leur ouvrage. Les verrous, gonds, serrures, couteaux et autres articles courants, vendus au marché, sont grossiers et mal travaillés, mais simplement parce que le gros des acheteurs veut du bon marché. J'ai apporté en Angleterre quelques limes de fabrique indigène, et les ai soumises à un ami versé dans les articles qui sortent des manufactures de Sheffield ; il les a trouvées parfaites.

La poterie est celui des arts manuels dans lequel les Malgaches sont le moins habiles. Leurs faïences sont de couleur rouge sombre, et de médiocre solidité. Le principal article de poterie est la cruche à eau ou *siny*. Ces cruches sont de forme sphérique, et se portent sur la tête ; on en fait d'autres, de beaucoup plus grandes dimensions, qui servent pour la provision d'eau du ménage. Quelquefois les assiettes et les plats sont enduits d'un vernis à base de plomb. On fabrique, pour la cuisson du riz, des marmites de forme presque élégante, ornées de bandes et de dessins en zigzag, qui rappellent les anciennes poteries romaines ou anglaises. On a fait récemment des tuiles et des dalles pour les églises commémoratives et pour quelques grandes maisons.

Il est hors de doute qu'il suffirait de quelques encouragements donnés aux indigènes qui montrent de l'intelligence, pour obtenir d'eux, en peu de temps, des progrès remarquables. Dans le palais d'Argent se trouve une horloge confectionnée par un mécanicien du pays ; et cette année des ouvriers malgaches ont fabriqué des harmoniums. Toutefois, l'industrie locale ne pourra jamais prendre son essor tant que subsistera le *fanompoana*, ou service obligatoire, que l'on doit au gouvernement en guise d'impôt. Ce système ne peut qu'arrêter le progrès de l'industrie au lieu de l'encourager ; plus un homme est adroit, plus ses services sont requis, et cela sans rémunération, tant par le gouvernement que par ses propres chefs féodaux, en sorte qu'il est nécessairement conduit à cacher son talent.

Avant de quitter ce sujet, disons que bon nombre d'indigènes se livrent à un commerce fort lucratif des produits européens, achetés sur la côte et revendus à Tananarive, tels que quincaillerie, poterie, indiennes, calicots, flanelles, molletons. Les commerçants européens sont nombreux dans les ports; mais, chose étrange, il n'y en a pas un dans la capitale. Cela tient, sans doute, en partie aux difficultés et aux dépenses du voyage, ainsi qu'au monopole que se réserve le gouvernement avec certains hauts fonctionnaires; cependant, je suis persuadé que deux associés, fixés l'un à Tananarive et l'autre à Tamatave ou dans tel autre port de mer, feraient de très-bonnes affaires. L'écoulement de tous les produits indigènes, tels que café, indigo, coton, sucre, riz, épices, se développerait ainsi au grand avantage du pays. Mais ces heureux résultats ne pourront se produire que lorsqu'une confiance entière sera établie entre les indigènes et les étrangers ; lorsque le gouvernement aura compris enfin que son intérêt, d'accord avec celui du pays, exige une politique plus libérale à l'égard des résidents et commerçants européens.

Le système monétaire des Malgaches est des plus primitifs, et ne répond pas au degré de leur civilisation. Ils n'ont pas de monnaie nationale, et toutes les espèces qui circulent chez eux sont étrangères. La pièce de monnaie type est la piastre espagnole, qui sert à fixer tous les prix; cette piastre, dont la circulation fut jadis aussi étendue que le monde connu, était récemment encore seule en usage à Madagascar ; mais depuis quelques années on lui préfère la pièce de 5 francs de France, dont la valeur est à peu près équivalente ; du reste, on accepte presque toutes les monnaies d'argent qui ont sensiblement la même grandeur et le même poids. Souvent, en payant des ouvriers, j'ai observé avec curiosité la riche variété des monnaies européennes et américaines qui se trouvaient entre mes mains. On retrouve toute l'histoire moderne de France écrite sur les pièces de 5 francs : c'est d'abord la vieille monarchie, puis la République, le Consulat et le premier Empire ; vient ensuite la Restauration de la royauté avec Louis XVIII, Charles X, Louis-Philippe ; puis la devise éphémère : « Liberté, Egalité, Fraternité, » d'une autre République, aboutissant, comme la première, à la dictature et à l'autorité impériale d'un Napoléon. On voit souvent ici des écus sardes, belges, autrichiens et italiens, ainsi que des piastres mexicaines, boliviennes, péruviennes, et des monnaies équivalentes d'autres Etats de l'Amérique du Sud, ainsi qu'un certain nombre de dollars des Etats-Unis.

Mais ce qu'il y a de plus curieux, c'est que la représentation de toutes les sommes inférieures à la piastre s'obtient en coupant la pièce en morceaux de toute forme et de toute dimension ; ces fragments se pèsent avec de petites balances que chaque individu porte toujours sur lui avec une série de poids. Aussi la vente et l'achat constituent des opérations compliquées et fort ennuyeuses, du moins pour les Européens ; quant aux Malgaches, comme les autres orientaux, ils n'aiment rien tant que de suivre la conclusion d'un marché, pour se mêler à la discussion et donner leur avis personnel. On peut mesurer la haute valeur relative de l'argent au nombre de fractions dans lesquelles la piastre se divise : chaque dollar comprend 8 *sikajys* (environ 62 centimes) : chaque sikajy se partage en 9 *éranambatras*, et chaque éranambatra en 10 *vary-ventys* (ce dernier poids est celui d'un grain de riz) : le dollar se divise donc en sept cent vingt parties. Et encore avec la dernière fraction, si minime qu'elle nous paraisse, peut-on acheter une certaine quantité d'aliments peu chers ; il est vrai que la journée du cultivateur se payant seulement de 20 à 40 centimes, et celle d'un bon ouvrier de 40 à 80 centimes, il n'y a pas disproportion entre le prix des denrées et le taux des salaires. Quoi qu'il en soit, la classe pauvre satisfait à Madagascar, bien plus facilement qu'en Angleterre, aux premières nécessités de la vie.

On se sert, pour peser l'argent, de quatre poids marqués de l'estampille officielle : le *loso* (2 fr. 50), le *kirobo* (1 fr. 25), le *sikajy* (0 fr. 625), et le *roa-voamena* (0 fr. 40). Les poids intermédiaires s'obtiennent en combinant ceux-ci dans les deux plateaux et en ajoutant des grains de riz.

Pendant la courte durée du règne de Radama II, qui donna de si belles promesses pour le développement matériel du pays, on avait résolu de frapper une monnaie nationale ; et M. Ellis dessina, dans ce but, un fort beau profil de la tête du roi. Ce projet fut abandonné, comme tant d'autres, à la mort du prince ; mais il est probable qu'on y reviendra, maintenant que l'île est ouverte aux entreprises européennes, et que des traités de commerce ont été conclus avec l'Angleterre, la France et les Etats-Unis.

La valeur relative de l'argent et du travail a été considérablement modifiée depuis la mort de Ranavalona Ire. Les sommes importantes dépensées dans la capitale pour la construction des églises commémoratives, des presbytères, des écoles et des autres bâtiments appartenant aux missions catholique ou protestante, ont fait monter le prix des salaires et de la plupart des objets d'alimentation.

C'est une longue affaire qu'un marché à Madagascar; la finesse et la ruse indigènes s'y exercent à plaisir. Le vendeur demande au moins le double de ce qu'il veut obtenir, l'acheteur offre bien au-dessous de ce qu'il est disposé à donner; et ce n'est qu'après de longues manœuvres des deux côtés, qu'on arrive enfin à l'accord, qui s'appelle à juste titre *ary varotra*, (« vente débattue, ou contestée. »)

Les plaisirs des Malgaches sont peu nombreux et peu variés. Dans les temps anciens, les chefs avaient pour passe-temps favori la chasse aux bœufs sauvages et aux sangliers qui peuplent les régions inhabitées de l'île; sous le règne de Radama Ier, dans des expéditions de ce genre, conduites sur une vaste échelle, on abattit des milliers de têtes de gros gibier; ces chasses paraissent avoir été abandonnées aujourd'hui. A l'époque de Ranavalona Ire, les courses de taureaux étaient l'amusement ordinaire de la reine; ce spectacle avait lieu généralement dans la cour du palais. Robert Drury décrit les chasses de bœufs sauvages dont il fut témoin pendant sa captivité dans le pays : on tuait ces bêtes la nuit, en usant de divers stratagèmes pour les approcher sans être découvert. Dans la poursuite du sanglier, on employait des

Chasse aux bœufs sauvages.   Page 224.

chiens, et le plaisir n'était pas sans péril, à cause de la force et de la férocité de ces animaux. Drury décrit aussi un procédé pour tuer les crocodiles, usité dans certaines parties du pays où ne régnait pas, comme dans les districts d'Imérina et de Betsiléo, la crainte d'offenser le reptile.

Le jeu vraiment national des Malgaches est ce qu'ils appellent *mamély-dia-manga* (littéralement : « *faire des bleus* avec la plante du pied »). Les jeunes gens sont passionnés pour cet exercice, et on les voit souvent s'y livrer le soir, surtout quand il fait clair de lune, sur les grandes voies de la ville, jusqu'au coup de canon du couvre-feu. Cet amusement consiste à frapper violemment l'adversaire avec la plante du pied, en élevant et lançant la jambe à peu près comme un cheval ou un âne qui rue; il en résulte souvent des contusions sérieuses, voire même des membres cassés et des côtes enfoncées. Les combattants se forment en deux lignes, chacun tenant la main de son voisin ; chaque ligne se lance en avant, s'efforçant d'enfoncer la ligne ennemie et de conserver sa position.

Les enfants malgaches aiment beaucoup un jeu qui consiste à lancer en l'air plusieurs cailloux en même temps, pour les recevoir alternativement sur le dos et sur la paume des mains, sans les laisser tomber à terre. Ils ont aussi quelques cerfs-volants, ainsi que des raquettes et d'autres jeux anglais récemment apportés dans le pays. Je les ai vus s'amuser à un jeu qui ressemble aux dames : il se joue avec trente-deux fèves sur une planche ou toute autre surface lisse, qui contient trente-deux divisions.

Depuis qu'on a introduit dans le pays des armes à feu se chargeant par la culasse, les jeunes officiers ont organisé entre eux des tirs d'adresse. C'est un mouton qu'on place ordinairement comme cible, à quelques centaines de mètres, et les bons tireurs ne sont pas rares.

Les Malgaches se livrent à une espèce de danse, mais qui s'exécute avec les bras et les mains plus qu'avec les pieds. Les deux sexes y prennent part, mais sans danser ensemble comme dans la valse ou la polka d'Europe. La reine Rasohérina affectionnait

Danse guerrière des Sakalaves.

particulièrement le spectacle de ces danses, et des assemblées nombreuses étaient requises pour lui en procurer le plaisir; elles avaient lieu au palais, d'ordinaire le jeudi après-midi. Le lendemain du jour du couronnement de la souveraine actuelle, la plus grande partie de la population de la capitale se rendit dans l'après-midi à Imahamasina pour danser devant la reine.

Les Sakalaves ont une danse particulière, des plus pittoresques, où des groupes d'hommes reproduisent les divers mouvements d'une armée en guerre. Ils jouent, comme au théâtre, l'attaque, la mêlée, la poursuite, le triomphe après la victoire, etc. Ils lancent en l'air, à plusieurs reprises, leurs longs fusils, ornés de clous à tête de cuivre, et les ressaisissent d'une main; tandis que l'autre fait flotter un mouchoir ou une écharpe. Le spectacle conserve tout le temps un caractère grave et mesuré, bien éloigné de la danse guerrière des peuples barbares ou à demi civilisés. Cette danse a été souvent exécutée en présence de la reine Rasohérina, sur l'esplanade de son palais.

Le chant, avec accompagnement de quelques instruments de musique indigènes, tient une large place dans les récréations du peuple. A la différence de plusieurs nations orientales, les Malgaches ont généralement l'oreille juste; ils saisissent et apprennent aisément les mélodies européennes. Beaucoup d'entre eux ont une facilité remarquable pour lire les notes musicales et jouer des airs simples. Leur principal instrument de musique est le *valiha*, que nous avons déjà décrit. Tout primitif qu'est cet instrument, les indigènes en tirent parti avec une habileté et un goût qui m'ont souvent charmé, soit qu'ils improvisassent des airs de mode européenne, ou des mélodies conçues dans le style plaintif qui caractérise leur musique nationale. Outre le valiha, on trouve, entre les mains des esclaves, un instrument grossier appelé *lokanga*. Il se compose d'une sorte de bâton d'ébène ou d'autre bois dur, sur lequel sont tendues deux ou trois cordes de manière à le recourber, et à l'une des extrémités duquel est fixée une gourde creuse ou calebasse ; on devine que les sons obtenus par ce procédé ne peuvent qu'être pauvres et monotones. Une espèce de flûte, et des tambours de diverses formes complètent l'orchestre indigène. Le tambour sert à marquer la mesure, et la musique est presque toujours accompagnée de battements de mains.

Pour une oreille européenne, les voix des indigènes ont quelque chose d'aigre et de nasal qui ne plaît guère au premier abord ; mais beaucoup d'entre eux arrivent, avec un peu de direction et d'exercice, à chanter d'une manière très-satisfaisante. Ce qui manque à leurs voix comme ampleur et comme gravité tient probablement à la mauvaise méthode qui a cours dans le pays, plutôt qu'à un défaut organique ; car les enfants chantent avec autant de douceur que nos garçons et nos jeunes filles en Europe. Ils apprennent très-vite les airs, et distinguent les parties afférentes aux différentes voix. Le peuple aime beaucoup à chanter le soir, à la maison, autour du feu, avant et après le souper de riz ; mais dans la capitale et aux environs, l'influence du christianisme tend à faire abandonner les chants du pays pour les cantiques appris à l'église. C'est seulement aux fêtes nationales que reparaît la vieille musique ; et pour retrouver intactes les anciennes coutumes, à cet égard comme à bien d'autres, il faut se rendre dans les districts païens.

Les violons, les accordéons et d'autres instruments européens, y compris les cuivres, sont répandus dans le pays, et beaucoup de personnes en jouent avec correction et facilité. Il n'existe qu'un seul piano dans la capitale, et il appartient naturellement à la reine; mais les harmoniums ne manquent pas; des ouvriers indigènes ont même commencé d'en fabriquer.

Il ne sera pas sans intérêt, eu égard aux changements déjà opérés par les missions, de reproduire ici les observations faites sur les chants malgaches par un missionnaire qui habitait Tananarive il y a quarante ans. « Les chants, » dit-il, « se composent surtout de phrases détachées. Ils abondent en expressions figurées, mais laissent à désirer sous le rapport du sentiment. Ils paraissent en général pâles et froids, la langue malgache étant elle-même trop pauvre en épithètes descriptives, en adverbes et en adjectifs, pour admettre quelque ampleur ou quelque richesse dans le style poétique. Ces chants ne sont ni rimés ni en vers blancs, et cependant on y trouve une espèce de cadence qui résulte soit du nombre de syllabes, soit de l'accentuation des strophes qui se correspondent. Le trait caractéristique de la plupart des chœurs malgaches, c'est l'alternance du récit. Le sujet du chant, indiqué ordinairement à la première ligne, qui sert aussi à désigner l'air, se chante en chœur; un chanteur y répond, et ainsi de suite en alternant jusqu'à la fin du morceau, qui peut comprendre de vingt à soixante lignes. Voici le début d'un hymne en l'honneur du souverain.

Le chœur. — Rabodo ne marche pas sur le sol (c'est-à-dire il se fait porter).

Le chanteur. — Le Rabodo d'Andrïan-Impoïn-Imérina.

Le chœur. — Rabodo ne foule pas le pays ! Vive la Grande-Vie (c'est-à-dire le souverain) !

« Dans plusieurs villages de province, où l'on chante beaucoup plus que dans la capitale, les indigènes sont arrivés à une plus grande perfection, et il paraît que dans certaines provinces du Sud, les compositions, le chant et la musique sont meilleurs que chez les Hovas. On rencontre de temps en temps des bardes qui parcourent le pays, et c'est dans les morceaux qu'ils chantent qu'il faut chercher les vrais produits de la poésie nationale (1). »

M. Baker, dans son *Esquisse d'une grammaire de la langue malgache*, donne l'échantillon suivant des chants en l'honneur de la reine, pour faire connaître les idées de la nation et son langage métaphoriques :

Rabodon-Andrianampoïna.	Rabodo (nom de la reine), Andrianampoïna (nom du père de Radama).
Atsimo n'Ambatonafandrana.	Au sud, est Ambatonafandrana (un village),
Avaratry ny Ambohimitsimbina.	Au nord, Ambohimitsimbina,
Andrefany Ambohimiandrana.	A l'ouest, Ambohimiandrana,
Atsinanana Ambohijanahary ;	A l'est, Ambohijanahary ;
Veloma, Rabodo!	Salut, Rabodo !
Sy Ramboasalama,	Et Ramboasalama (son fils adoptif),
Sy Rakoto-Schenond-Radama	Et Rakoto-Schenond-Radama (son fils),
Sy ny havany tontalo.	Avec toute sa famille royale,
Tsy tambo isaïna,	Innombrable.
Ny tokotany dia farantsa,	Que son terrain de construction soit des piastres,
Ny zoron'trano dia basy.	Les poteaux corniers de sa maison, des fusils.
Manambé, tsy'mba miavona,	Possédant beaucoup, elle n'est pas fière ;

---

(1) *Histoire de Madagascar*, par Ellis, 1ᵉʳ volume.

Rova lefona, ka temitr'olona indray,	Gardée par des lances, elle est défendue par des hommes aussi.
Rabodon-Andrianampoïna!	Rabodon-Andrianampoïna !
Haxo tokana an'ony.	(Tu es) un arbre seul dans un lac.
Tsy, firy no mandidy?	On ne peut pas dire : combien y a-t-il de dominateurs?
Ka tomponay any ao!	Car voilà notre souveraine !
Volantsinana ny avy andrefana ;	(Elle est) la nouvelle lune arrivant de l'ouest ;
Feno manana ny avy atsinanana,	La (pleine) lune possédant l'est.
Ny azo any Ambohimanga,	(Comme) les arbres à Ambohimanga,
Mijokajoka faniry,	Se penchent sur leurs rejetons,
Mitsinjo zaza manjaka.	(Elle) contemple l'enfant qui doit régner.
Manjaka any Rabodo.	Rabodo gouverne (de manière)
Ka ny kély manana ny azy.	Que le simple peuple possède son bien,
Ny be manana ny azy.	Que les grands possèdent le leur.
Ny tany ambaratonga,	Le royaume est une échelle (en raison de la hiérarchie)
Tsy mahata fintohina,	Qui ne fait pas broncher,
Tsy maha-sasa mandeha ;	Et qui ne fatigue pas celui qui la monte.
Veloma, Rabodon-Andrianampoïna.	Salut, Rabodon-Andrianampoïna !
Tsy manan'olonkala,	Qui ne connais personne qui soit haï (par toi) ;
Ny kamboty dia dongadonga,	Les orphelins sont rassasiés,
Ny velondray dia botrabotra.	Et ceux qui ont encore leurs pères sont dans l'abondance.

Parmi les coutumes qui rapprochent les Malgaches des habitants de l'Asie, nous devons relever la pratique de la circoncision, usitée chez toutes les tribus de l'île. Au dire de quelques écrivains, cette pratique aurait été introduite par les Arabes à une époque relativement moderne; mais c'est à tort qu'on a cru voir là une importation étrangère ; car les plus anciens voyageurs européens ont trouvé la circoncision établie dans le pays. Personne n'ignore d'ailleurs que cette coutume est en vigueur chez d'autres peuples de la race malaiso-polynésienne, notamment chez des insulaires du Pacifique, bien plus éloignés du continent asiatique que les Malgaches.

La circoncision à Madagascar n'a point de rapport avec les croyances religieuses : c'est plutôt une cérémonie sociale et semi-politique. La grande raison que donnent les Malgaches pour expliquer cette pratique, c'est d'abord qu'elle vient de leurs ancêtres; à quoi ils ajoutent, si vous continuez à les questionner, que cette cérémonie caractérise la virilité, et qu'elle rend les jeunes hommes plus aptes pour le service militaire et pour les autres charges publiques.

Il n'y a pas d'âge fixé, comme chez les Hébreux, pour subir l'opération, et les garçons ont souvent plusieurs années quand ils y sont soumis. La population d'un district ou d'une province adresse une requête au souverain, qui désigne le jour de la cérémonie. Il n'y a pas eu de circoncision générale dans l'Imérina depuis la mort de Ranavalona en 1861, ni dans les quelques années précédentes (1); aussi ne connaissons-nous le cérémonial observé que d'après les récits des habitants eux-mêmes ou les rapports des premiers missionnaires.

L'époque de la circoncision devient une occasion de grandes réjouissances, qui durent habituellement plus d'un mois, et qui sont trop souvent signalées par des déréglements et des crimes. La cérémonie la plus saillante est celle de l'eau, qu'on va chercher en grande pompe; cette eau s'appelle d'abord « eau sainte, » et plus tard, après l'accomplissement de certains rites, « eau forte. » Des jeux de toute nature se prolongent pendant plusieurs jours; on exhibe tous les ornements possibles en fait de toilette et de bijoux, pour faire honneur à la solennité. Au moment de pratiquer l'opé-

---

(1) J'apprends d'un de mes amis à Tananarive, que cette cérémonie y a été célébrée de nouveau l'année dernière (1869), au mois de mai

ration, on prononce des bénédictions et des prières en faveur des enfants; ceux-ci sont exhortés solennellement à se montrer courageux, et fidèles au souverain; si ce sont des esclaves, on les engage à être laborieux et soumis à leurs maîtres. On tue des moutons et des bœufs en manière de sacrifice, le sang étant regardé comme possédant un certain degré de sainteté. On présente une offrande de bananes pour détourner le malheur : ces fruits sont d'abord placés sur les enfants, puis, supposant qu'ils se sont chargés des calamités redoutées, on les jette hors du village comme des objets maudits. Ensuite viennent des fêtes, des chants et des danses. L'ensemble de la solennité entraîne une dépense considérable de temps et d'argent.

Il convient de mentionner ici une autre coutume malgache, qui s'appelle l'*Alliance du sang*. C'est un engagement pris par deux personnes de s'aider et de se soutenir l'une l'autre dans toutes les circonstances difficiles ou pénibles qu'elles pourront traverser. C'est une espèce de franc-maçonnerie, avec cette différence notable que la cérémonie se passe en public, non en secret, et qu'elle se restreint généralement à deux individus, au lieu d'unir les membres de toute une confrérie. Cet usage ne paraît sujet à aucune critique; et il a dû souvent faire beaucoup de bien, en fortifiant les sentiments de dépendance et d'assistance mutuelles, et en adoucissant notablement les rigueurs de l'esclavage.

Pour conclure l'alliance, les deux parties intéressées se pratiquent une légère incision à la poitrine, près du cœur, et chacune d'elles avale quelques gouttes du sang de son ami. Après cet acte solennel, les deux amis sont considérés comme participant, dans une certaine mesure, à la vie l'un de l'autre, et comme ne faisant plus qu'un. On récite ensuite une longue formule de serment, obligeant les individus qui s'unissent à se prêter secours l'un à l'autre, tous les jours, dans tous leurs besoins, avec tout ce qu'ils possèdent, en usant de tous leurs efforts, et fût-ce au prix de la vie. Les malheurs les plus terribles sont appelés sur la tête de celui qui violerait son vœu.

On sait que les habitants de Bornéo ont une coutume semblable; c'est donc ici un nouveau point de contact entre les Malgaches et les habitants de l'Océanie.

Il ne nous reste plus, pour compléter cette esquisse des mœurs sociales de Madagascar, qu'à dire un mot de l'esclavage. Autant qu'on en peut juger d'après les informations recueillies sur les lieux, l'institution de l'esclavage paraît remonter dans l'île aux époques les plus reculées. Les esclaves se recrutent dans trois ou quatre milieux différents : les prisonniers faits à la guerre, les individus condamnés à la servitude, généralement avec leur famille, pour crime ou pour délit politique; les débiteurs vendus par leurs créanciers, et enfin les descendants de toutes ces classes de personnes. Les esclaves diffèrent beaucoup entre eux pour le teint et pour les traits; plusieurs sont évidemment d'origine africaine : on les appelle Mozambiques; d'autres appartiennent à telle ou telle tribu des parties éloignées de l'île, leur teint est généralement plus foncé que celui des habitants de l'Imérina; il en est enfin d'une complexion aussi relevée que celle des Hovas les moins basanés : ceux-là descendent d'individus qui ont été libres et qui peut-être ont occupé une position élevée. Ces derniers esclaves s'appellent *Zaza-Hovas*, tandis que ceux dont les ancêtres étaient déjà en servitude sont désignés sous le nom d'*Andévos*.

Femmes esclaves puisant de l'eau.

L'esclavage n'a pas le caractère repoussant qu'il présente dans d'autres pays; il est généralement exempt de cruautés et d'abus d'autorité. C'est une espèce d'institution domestique, qui a un caractère patriarcal. On appelle les vieux esclaves les « pères » et les « mères » de la maison, et les jeunes sont traités d' « amis » et de « parents; » chose curieuse à voir, on les cajole et on les flatte quand on a quelque travail à leur demander. Les exemples de mauvais traitements sont relativement rares, et la condition de la population servile est souvent bien plus douce que celle des plus pauvres dans la classe libre. Les esclaves peuvent se constituer propriétaires, et souvent, à cause de la valeur pécuniaire qu'ils représentent, ils échappent à la peine de mort que subissent les hommes libres ; les simples soldats, libres de nom, mais en réalité serfs du gouvernement, sont à bien des égards plus à plaindre qu'eux. Reste pourtant ce fait odieux qu'ils sont la propriété d'un autre homme, et qu'ils sont sujets à être vendus ; mais il arrive rarement qu'on les sépare de la famille où ils sont nés, à moins qu'une faute grave ne motive cette punition. Ce n'est que très-exceptionnellement qu'on voit ôter une mère à ses enfants, ou un mari à sa femme.

Il y a plusieurs délits politiques qui entraînent la mort du coupable et l'esclavage pour sa femme et ses enfants. Ce châtiment s'appelle *mahavery*, c'est-à-dire « condamner à être perdu, » expression significative. Toutefois il arrive souvent qu'en pareil cas le condamné est racheté par ses parents pour prévenir le déshonneur de la famille. D'un autre côté, on voit des individus, nés dans la servitude, occuper des charges de confiance, et en général la ligne qui sépare les esclaves des personnes libres est bien moins tranchée qu'on ne le supposerait d'après ce qui se passe en d'autres pays. Les esclaves ne sont pas en butte à ce préjugé violent et cruel qui régnait naguère aux Etats-Unis, et qui y règne encore. Il en est qui ont reçu une bonne éducation, et qui vivent sur un pied d'égalité apparente avec des fils de hauts fonctionnaires; plusieurs sont devenus pasteurs ou diacres, et sont aussi respectés dans l'Eglise que leurs frères libres.

CHAPITRE IX.

TOMBEAUX ET RITES FUNÉRAIRES.

Notions des indigènes touchant une vie à venir. — Esprits ou fantômes. — Fable relative à la rétribution future. — Idées panthéistes — Respect pour les morts. — Soins et dépenses dont les tombeaux sont l'objet. — Construction des tombes. — Plaques de basalte. — Tombeau de famille du premier ministre. — Usage de placer les tombes près des maisons. — Usages funéraires sur la côte orientale. — Tombeaux des nobles et des rois. — Tombeaux des Vazimbas. — Cénotaphes. — Pierres tumulaires. — La sépulture refusée aux criminels. — Deuil de parents et d'amis. — Exposition du corps. — Funérailles d'une dame de haut rang. — Abatage de bœufs. — Caractère sacré des tombeaux. — Durée du deuil. — Translation des corps. — Rites funéraires pour les souverains. — Funérailles de Radama Ier. — Dépenses énormes. — Présages prétendus de la mort de Ranavalona Ire. — Obsèques obscures de Radama II. — Obsèques de la reine Rasohérina. — Têtes rasées. — Préparatifs funèbres. — Cercueil d'argent. — Décoration splendide du palais. — Description du tombeau. — Objets de prix ensevelis avec le corps.

Les notions répandues chez les Malgaches, relativement à la partie spirituelle de l'homme et à une vie future, sont singulièrement confuses et indéfinies, et il est difficile d'obtenir d'eux une affirmation précise attestant l'existence d'une âme qui doit survivre au corps. Leur psychologie peut se résumer brièvement dans les idées qui suivent. Il y a, d'abord, l'*aïna*, ou la vie, commune à l'homme et aux animaux, qui est supposée se perdre ou se répandre dans l'atmosphère au moment de la mort ; en second lieu, le *saïna*, ou l'intelligence, la partie intellectuelle de la personne humaine, qui se perd aussi en se séparant du corps ; et en dernier lieu, il y a le *fanahy*, ou esprit, qui répond d'assez près à notre idée d'une âme immortelle. Ce mot paraît être une forme concrète de l'idée de personne, du « moi, » pour employer un terme philosophique, ce qui me constitue personnellement et me distingue des autres existences. Le terme de *fanahy* sert aussi à exprimer les dispositions personnelles, le tempérament, le caractère ; et l'idée d'immortalité semble ne se présenter que vaguement à l'esprit des Malgaches. Toutefois, la coutume d'adresser des prières aux mânes des ancêtres défunts suppose, évidemment, que cette croyance a existé dans le temps, bien qu'elle ne fût pas explicitement affirmée.

D'après quelques-uns, le défunt continue à exister seulement à l'état de *matoatoa*, ou fantôme, lequel reste près du tombeau ; mais le fait qu'on adresse des prières à ces matoatoas, et qu'on leur offre des sacrifices, implique la croyance à une existence réelle. Les Malgaches, comme la plupart des peuples païens, admettent non-seulement les fantômes et les esprits tels qu'on les conçoit en Europe, mais ils croient aussi à leur apparition, avant la mort, comme avertissement d'une dissolution prochaine. Dans certaines parties du pays, on trouve la doctrine de la transmigration des âmes dans les corps des animaux ; les méchants, pour leur punition, sont emprisonnés dans des corps de chats sauvages, de hibous, de crocodiles, et d'autres bêtes objet de la terreur populaires.

La croyance à une distribution future de récompenses et de punitions ne paraît pas exister chez ce peuple, du moins au point de vue pratique. Cette croyance est pourtant supposée clairement dans certains proverbes et dans des fables populaires. Le dicton : « Mieux vaut être coupable devant les hommes que devant Dieu, » implique évidemment une sorte de rétribution finale ; et il y a une fable intitulée « question au sujet des morts, » qui l'affirme clairement. Elle met en scène un homme du nom « d'*Andrian-arinarind-raïni-si-reniny* (littéralement « celui qui a été averti par son père et sa mère »), qui épouse une femme nommée *Ratsihitanandro*, c'est-à-dire « invisible pendant le jour ; » étant tombé malade, il envoie aux informations auprès des morts, renfermés dans plusieurs tombeaux d'une même famille, pour savoir si les défunts étaient heureux ou malheureux. Il y avait cinq tombes, l'une à côté de l'autre ; commençant par la première, qui était au sud, l'envoyé posa la question qu'on lui avait dictée. Les morts de ce caveau répondirent : « Demande à nos voisins du nord, car ils sont là depuis deux ans ; tandis qu'il y a un an seulement que nous sommes trépassés. » Ainsi renvoyé de l'un à l'autre, le messager arriva au cinquième et dernier tombeau, où il obtint cette réponse de ceux qui l'occupaient : « Le départ de la vie est difficile ; mais quand la vie est écoulée, ceux qui ont fait le bien voient le bien, et ceux qui ont fait le mal voient le mal. »

Comme plusieurs autres idées qui se rattachent à la religion, cette attente d'une vie à venir semble n'exister ici qu'à l'état de tradition, et n'avoir qu'une faible influence sur les pensées et sur la vie de la nation ; la superstition, les pratiques de l'idolâtrie, les cérémonies purement extérieures ont pris le dessus comme règles de conduite. Parmi les expressions usitées en parlant de la mort, il en est qui impliquent une certaine notion panthéiste; on dit, par exemple, d'un ami décédé, qu'il est « *lasan'ko Andriamanitra,* » « arrivé à *être* Dieu, » ce qui supposerait l'idée d'une sorte d'absorption dans l'essence divine.

Les Malgaches entourent leurs ancêtres défunts de respects et d'honneurs presque divins, comme nous allons le voir, notamment pour les souverains décédés; tout ce qui a trait aux rites funéraires les absorbe longtemps à l'avance, et les tombeaux leur coûtent des sommes énormes. On peut dire, sans exagérer, qu'un Malgache consacre beaucoup plus d'argent à la tombe de famille qu'à sa maison. Vous le verrez habiter une méchante masure d'argile ou de bambou, et se bâtir un tombeau en pierre. Il se contentera de vêtements grossiers et de vil prix, mais ses parents morts auront pour linceul un lamba de soie. Dès qu'un homme se marie et devient chef de maison, il se met à construire un caveau de famille; une grande partie de sa fortune y passe, et cette construction absorbera ses loisirs et ses soins pendant des mois et des années; c'est une des grandes affaires de sa vie, et il dépensera en cérémonies et en fêtes funéraires, à la mort de ses parents, des sommes dont la privation appauvrit pour longtemps sa famille vivante.

Dans l'Imérina et dans les autres provinces du centre, les tombeaux, excepté ceux des classes les plus pauvres, sont toujours en pierre. On les construit généralement en forme de voûtes, qui se trouvent moitié sous le sol et moitié au-dessus. Les murs et le plafond de ces chambres souterraines ne sont pas maçonnés, mais formés avec des plaques de basalte bleu, qu'on détache du roc au moyen du feu. Après avoir dessiné sur le rocher les dimensions de la pierre dont on a besoin, on allume sur les lignes tracées un feu de bouse de vache qu'on entretient pendant plusieurs heures, jusqu'à ce que la pierre devienne rouge. On retire alors le feu, et l'on verse de l'eau froide sur la surface brûlante; la contraction subite de la pierre la fait éclater en plaques dont l'épaisseur varie de 10 à 30 centimètres. L'aide des amis et des voisins est presque toujours nécessaire pour le transport de ces blocs massifs; on y voit quelquefois travailler jusqu'à une centaine d'individus, quand il s'agit de la tombe d'un grand personnage ou d'un officier de haut rang; pour celle d'un chef de village, la population entière du district est mise en réquisition. On attache alors à la pierre plusieurs longues barres de bois qui se croisent entre elles, de manière que quarante à soixante hommes puissent la charger sur leurs épaules, et c'est ainsi qu'à grand renfort de cris et d'excitations, et après de nombreuses haltes, elle finit par arriver à destination.

Avec des plaques de basalte moins épaisses que celles qui servent pour les murs et pour la voûte, on établit contre les parois un certain nombre de rayons sur lesquels se placent les corps, enveloppés dans des lambas de soie rouge. On ne fait pas usage de cercueils, sauf quelquefois pour transporter le corps de la maison mortuaire à la tombe.

Le caveau est achevé à l'extérieur d'une manière plus ou moins dispendieuse, suivant la fortune du propriétaire. Les pauvres recouvrent l'ouvrage en pierre d'un tertre carré qui n'a guère plus d'un mètre, de hauteur, et qui est habituellement entouré d'un revêtement en pierre comportant trois degrés. Dans les anciens tombeaux, les quatre faces sont en blocs de basalte brut de dimensions inégales, et, sur la face de l'est, se dresse une roche pointue, non taillée, en guise de pierre tumulaire.

Tombeau antique.

Depuis quelques années, on a construit des tombes d'un modèle plus ambitieux : on en voit de fort grandes aux environs de Tananarive. Elles sont aussi à trois étages; mais les pierres sont taillées; chaque étage mesure 1 mètre 50 centimètres, et porte une corniche de dessin classique. L'étage inférieur a quelquefois de 12 à 15 mètres de long sur 8 à 10 de large.

Un escalier conduit au second étage, et l'ouverture du caveau est fermée par une dalle. L'étage supérieur est quelquefois surmonté d'une pierre tumulaire, ornée de moulures et indiquant le nom et les titres du défunt; mais on n'y voit jamais de sculpture symbolique, sauf dans le cas exceptionnel que nous avons signalé au nord de Tananarive, où se trouve une tombe sur laquelle on a sculpté une lance et un bouclier.

Le tombeau le plus remarquable du pays est celui qui appartient à la famille du premier ministre. On le trouve en sortant de la capitale, sur la grande route de l'ouest; il a été construit par Raïniharo, président durant de longues années du Conseil de la reine Ranavalona Ire, et père du premier ministre actuel comme de celui qui l'a précédé.

Tombeau du premier ministre.

C'est une construction très-étendue, qui couvre au moins 18 mètres carrés de terrain. Elle est entourée d'une vérandah en pierre, avec des arches cintrées que supportent des colonnes à chapiteaux. Cette partie de l'édifice n'a pas moins de 4 mètres de haut. Au-dessus se trouve une terrasse, et sur la terrasse une arcade, carrée aussi, dont les arches ont des clés de voûte en saillie élégamment taillées. A chaque angle s'élève une gracieuse colonne surmontée d'un paratonnerre, reposant sur un piédestal massif, et couronnée d'un chapiteau des plus élégants; la base est ornée de fortes moulures en demi-cercle. L'ensemble du monument rappelle le style hindou, et certains détails les édifices assyriens de Persépolis. Il est remarquablement bien construit, en gros blocs de granit, et l'on chercherait en vain dans l'île un aussi beau modèle de maçonnerie indigène. Ce mausolée, achevé depuis sept ans seulement, a exigé douze années de travail. Il s'élève dans une vaste cour carrée, dont trois côtés sont occupés par des maisons en bois du vieux modèle, habitées par les serviteurs et les clients de la famille. C'est un usage habituellement suivi pour les tombeaux de personnes haut placées. Le caveau de famille se trouve généralement dans la cour de la maison de campagne, aux environs de la ville, et les habitations de tout le domestique forment autour comme une espèce de village.

Les Malgaches connaissent peu cette disposition d'esprit qui nous porte à éloigner le plus possible le souvenir de la mort. Dans bien des endroits en dehors de l'enceinte de la capitale, les tombeaux touchent les maisons; il en était de même autrefois dans l'intérieur de la ville, où l'on voit encore beaucoup d'anciennes tombes qui ne servent plus. La loi ne permet pas de garder les corps plus d'un jour dans les murs de la capitale, excepté le corps d'un souverain, qui seul peut être enseveli dans la ville. Les tombeaux royaux sont dans la cour des palais, à Tananarive comme à Ambohimanga, de telle sorte que les demeures des souverains décédés sont presque contiguës à celles des princes qui occupent le trône.

Les Hovas ont adopté en partie l'usage d'enterrer les morts dans un cimetière public. On trouve à Faravohitra, au nord de la capitale, un grand nombre d'anciens tombeaux, dont plusieurs de proportions considérables ; et à 8 kilomètres plus loin, il y a une trentaine de caveaux de famille construits sur une même ligne, dans un endroit élevé d'où ils attirent le regard. Mais l'usage le plus généralement suivi est de bâtir la tombe près de la maison.

Chez les tribus de la côte orientale, on voit de longs tombeaux en argile bas et étroits, recouverts d'herbes ou de feuilles. Le mort est déposé dans une espèce de cercueil creusé dans un tronc d'arbre fendu en deux. Ces tombeaux sont ordinairement entourés d'une palissade de pieux en bois. Dans une excursion à Itasy, nous avons trouvé une tombe différant du modèle ordinaire de l'Imérina : les faces se composaient de panneaux en petites plaques de pierre en forme de fenêtres, et le sommet était incliné en forme de toit.

La famille royale et certains andrians de haut rang ont le droit d'élever sur leurs tombeaux une maison en bois, appelée *trano-manara* ou *trano-masina*. Ces constructions sont de véritables petites habitations, sauf qu'elles n'ont pas de fenêtres. Il est difficile de dire à quel usage elles sont supposées servir. On regardait autrefois comme un honneur, pour les vivants, d'avoir une maison en bois; il est à croire qu'il en était de même pour les morts.

En plusieurs endroits, aux environs de Tananarive, il existe d'anciens tombeaux, qu'on attribue

Tombes malgaches.

communément aux Vazimbas; ceux-ci sont les prétendus aborigènes du pays. On considère ces monuments avec respect, et même avec terreur, s'imaginant que les *Vazimbas* sont une espèce de démons ou demi-dieux, les uns bons et les autres méchants. Dans l'opinion de la partie païenne de la population, la moindre profanation, le moindre manque de respect envers ces tombeaux, entraînait des conséquences terribles. Ce sont des éminences informes en terre et en pierre, souvent ombragées par le *fano*, sorte de mimosa, auquel on attribue une espèce de sainteté; les graines de cet arbre servent à pratiquer le *sikidy*, ou divination. De la grosseur d'une petite fève, elles sont renfermées dans des gousses de 30 centimètres de long, qui, à leur maturité, tranchent singulièrement, par leur couleur jaune pâle, sur le vert délicat des feuilles.

Indépendamment des tombeaux ordinaires, les Malgaches sont dans l'usage d'élever des cénotaphes à ceux qui sont morts au loin, ou tombés sur le champ de bataille. Ces constructions, de forme oblongue ou carrée, se composent de trois murs, peu élevés, en terre ou en pierres plates, surmontés d'une pierre tumulaire; la quatrième face est laissée ouverte. Une opinion, semblable à celle des Grecs et des Romains, semble répandue dans le peuple, sur la privation d'asile dont souffre l'esprit qui n'a pas de tombeau; ces fausses tombes sont réputées servir d'habitation au *fanahy* du défunt, bien que son corps reste sans sépulture; autrement, il serait obligé de passer dans le corps d'un chat sauvage, d'un hibou, ou d'une autre bête de mauvais augure. Cette croyance conduit à veiller avec grand soin, quand un homme meurt loin de chez lui, à ce que ses ossements, tout au moins, soient rapportés dans le caveau de famille; lorsque des amis sont appelés au loin ensemble par le service militaire, ils s'engagent à l'accomplissement réciproque de ce devoir, dans le cas où l'un survivrait à l'autre.

Dans les provinces du centre, on trouve de grossiers obélisques en basalte, hauts de 5 mètres environ, élevés à la mémoire de quelque grand chef des anciens temps. On les appelle *fahatsiarovana*, « rappelant la mémoire, » ou *tsangam-bato*, « pierres érigées. »

Les honneurs de la sépulture sont refusés aux criminels, dont les corps sont ordinairement livrés aux chiens; c'est seulement par faveur spéciale que les parents obtiennent, en pareil cas, la permission d'ensevelir ceux qui leur sont chers. Les lépreux sont enterrés en plein champ, sans cérémonie funéraire; quelquefois leurs corps sont exhumés, après un certain laps de temps, pour être déposés, avec le rite accoutumé, dans le tombeau de leur famille.

D'après ce que nous avons déjà dit du caractère vague des notions répandues dans le pays au sujet d'une vie future, on comprend qu'un Malgache, en mourant, doit se perdre dans une sombre incertitude. Les parents et les amis évitent le plus possible de parler de la mort, jusqu'à ce qu'elle soit imminente. Alors, si les questions relatives à la fortune du mourant n'ont pas été réglées auparavant, on l'engage à s'occuper hâtivement de ce soin, et il désigne son héritier. Anciennement, si une mort survenait pendant le jour, il était défendu d'exprimer sa douleur avant le coucher du soleil. Dès que ce moment était venu, les parents et les amis donnaient un libre essor à leur chagrin, sur ce ton bruyamment démonstratif qui est propre aux nations orientales, avec des cris perçants et des interpellations passionnées au défunt : « Pourquoi m'as-tu quitté? Oh! reviens, et prends-moi avec toi! Oh! mon bien-aimé, laisse-moi partir avec toi; qui pourrait te remplacer pour moi? » Telles sont, aujourd'hui encore, plus ou moins sincères, les lamentations dont on fait usage. Les parents et les amis ne tardent pas à remplir la maison, et joignent leurs gémissements à ceux des membres de la famille. Les signes extérieurs de deuil sont, pour les femmes, leurs longs cheveux, qu'elles laissent pendre en désordre sur les épaules; pour les deux sexes, les vêtements les plus pauvres et les plus grossiers, avec absence complète de bijoux et de parures. Des communications sont généralement envoyées aux amis de la famille du défunt, qui répondent par une visite pour exprimer leur sympathie.

Quelques mois après mon arrivée à la capitale, je fus informé de la mort d'un officier appartenant au rang du quatorzième honneur, avec lequel je m'étais trouvé en rapport et dont la femme m'avait rendu plusieurs petits services. En entrant dans la maison, un ami et moi, nous vîmes la veuve assise par terre, portant un lamba et un vêtement d'indienne bleu foncé de Pondichéry, qui sert pour le deuil des veuves. Les murs de la maison étaient tendus des plus riches lambas de soie. Dans un coin de la pièce, derrière des rideaux, était étendu le corps, enveloppé dans un drap rouge sombre. Nous exprimâmes notre sympathie par quelques paroles, en présentant une pièce d'argent, suivant l'usage. On accompagne ce don de quelques excuses sur le peu de valeur de l'offrande, et l'on ajoute qu'on désire contribuer pour une bagatelle au costume nécessaire pour les funérailles, alors même que la somme est quelquefois très-suffisante pour acheter un objet coûteux : « Ne nous en veuillez pas pour ce pauvre *variraïventy* (6 centimes et demi : c'est une manière de parler) que nous vous offrons. C'est pour essuyer vos larmes que nous sommes venus, etc. » Il est d'usage de répondre à ces compliments en exprimant l'espoir que le donateur sera préservé d'un semblable malheur.

Quand la famille n'est pas décidément pauvre, on tue un bœuf qu'on partage entre les personnes présentes ; on en envoie aussi des morceaux à celles qui ont visité les affligés. Ce bœuf s'appelle *héna-ratsy*, c'est-à-dire « viande du malheur ; » il n'est pas permis d'en donner aux chiens.

En mars 1866, Raïnimaharavo, le premier secrétaire d'Etat, perdit sa femme ; et comme elle était aussi sœur du premier ministre, les cérémonies funèbres furent accompagnées d'un certain apparat. Moins de trois semaines auparavant, j'avais passé la soirée avec elle et son mari, ainsi qu'un autre haut fonctionnaire, chez le médecin de la mission ; sa vivacité et son enjouement m'avaient charmé, et j'étais loin de m'attendre à la voir nous quitter quelques jours après. C'était une des personnes les plus estimables parmi celles qui composaient l'entourage immédiat de la reine. On m'assura que depuis quelque temps elle lisait assidûment le Nouveau Testament, et cherchait la vérité.

Le *fisehoana* (littéralement « exhibition, »), c'est-à-dire l'exposition du corps, ayant été annoncée pour le lendemain du décès, plusieurs membres de la mission se rendirent à Tsarasaotra, la maison de campagne de Raïnimaharavo, où devait se passer la première partie des cérémonies funèbres. La route, longue de 9 à 10 kilomètres, était couverte de monde qui allait rendre visite à la famille ; car, lors du décès d'un grand personnage, presque toute la ville assiste à l'enterrement. La maison, qui est fort grande, se trouve dans un jardin d'un style plus européen que malgache, avec des plates-bandes de fleurs et des allées bordées de petites haies taillées à la main. Les pelouses disparaissaient sous les visiteurs, et il y avait beaucoup de bruit et de confusion. Une troupe de musiciens, munis d'instruments en cuivre, faisait et refaisait le tour de la maison, jouant des airs plaintifs, quelquefois assez animés, et de temps à autre des airs anglais dont plusieurs m'étaient familiers.

Nous fîmes part de notre désir de présenter nos respects à Raïnimaharavo, et aussitôt plusieurs de ses aides de camp se présentèrent pour nous introduire. La maison se compose d'une vaste pièce centrale, aux deux extrémités de laquelle se trouvent des chambres plus petites, qui en sont séparées par des cloisons à claire-voie. Un bon tiers du local était rempli par les femmes esclaves, massées par terre les unes contre les autres, les cheveux défaits, les épaules nues, et un grossier lamba de chanvre attaché sous les aisselles. Un autre tiers était occupé par des parentes ou des amies qui présentaient les mêmes signes de deuil, sauf qu'elles étaient mieux vêtues ; l'espace qui restait était occupé par des hommes. Le veuf se tenait dans une des pièces latérales, au milieu de ses parents et de ses amis. Nous lui adressâmes quelques mots de condoléance, en donnant cinq dollars avec la phrase d'usage : « C'est pour acheter de quoi envelopper la morte, » après quoi nous nous retirâmes. Le corps était dehors sous une tente. Au moment où nous sortions du jardin, des employés de la maison nous abordèrent et nous présentèrent deux dollars, en disant que les bœufs n'étaient pas encore tués, et nous priant d'accepter cet argent pour remplacer la viande. Des centaines de personnes sortaient encore de la ville et se pressaient sur la route au moment où nous rentrions chez nous.

Le lendemain, le corps fut rapporté dans la capitale, et enseveli à Isotry, dans le grand tombeau du premier ministre. La reine ne permit pas à celui-ci d'aller voir le corps de sa sœur, ni de prendre aucune part aux funérailles. L'idée de souillure que les Malgaches attachent à la présence d'un cadavre l'aurait empêché pendant un mois d'approcher Sa Majesté, et même d'entrer dans le palais; et il n'était pas possible de laisser aussi longtemps les affaires de l'Etat en souffrance.

Aux obsèques des personnes de haut rang on tue un nombre de bœufs très-considérable. Lors de la mort de Raïniharo, premier ministre de Ranavalona Ire, on immola une victime à chaque pas de la route qui conduisait de la maison mortuaire à la tombe d'Isotry, située à une distance de plus de 1500 mètres; et la chose se répéta pendant plusieurs jours.

Quelquefois, si le caveau de la famille n'est pas terminé à la mort d'un de ses membres, le corps est déposé provisoirement dans quelque endroit de la maison, jusqu'à ce que le tombeau soit prêt à le recevoir. Le cas se présenta un jour dans une maison voisine de l'imprimerie d'Imarivolanitra; et ce ne fut pas un petit ennui que d'entendre, tout le temps que durèrent les cérémonies, le bruit d'un orchestre tournant autour de la maison et jouant presque sans interruption ; cela dura tout un jour et toute une nuit.

Les cérémonies ont lieu ordinairement le second jour de la mort. S'il faut aller chercher le corps à distance, les principales personnes du deuil vont en palanquin. J'ai remarqué une fois un convoi funèbre où l'on portait une espèce de bière, recouverte d'un drap bleu foncé ; au-dessus était déposé un chapeau de femme de confection européenne, avec d'autres menus articles de toilette féminine. Souvent, quand on porte en terre un officier ou un fonctionnaire, son uniforme et son épée avec le ceinturon sont étalés sur le cercueil, suivant l'usage d'Europe. Des personnes du cortége marchent de chaque côté, portant, pour chasser les mouches, de petits éventails blancs ou de couleur, qu'ils plantent ensuite en terre au-dessus du tombeau.

Lorsqu'on est arrivé au lieu de la sépulture, les femmes psalmodient un chant funèbre au moment où l'on dépose le corps sur un des rayons du caveau. Un membre de la famille prononce alors quelques paroles où il remercie les assistants de leur présence et de leur sympathie. Le corps est ensuite recouvert de terre ; la viande des bœufs fraîchement tués est distribuée entre les assistants, et l'assemblée se disperse sans autre cérémonie. On laisse le cercueil près du tombeau ; il ne doit plus servir à aucun usage : c'est un objet souillé : personne n'oserait le toucher, même pour le brûler, et on l'abandonne à l'action destructrice du temps. Il faut, pour protéger les tombes contre les violations, la garantie puissante dont les entoure la superstition populaire; car les caveaux de famille contiennent souvent des objets de grand prix, sans parler des riches lambas de soie, qui seraient de nature à tenter un voleur. D'après l'opinion répandue, tous les objets auxquels tenait le défunt pendant sa vie lui sont encore de quelque utilité dans la mort. Peu après l'ouverture des premières écoles des missions, un jeune garçon fort intelligent, dont les parents occupaient une haute position, mourut à Tananarive; ses ardoises, ses crayons, ses livres, furent placés dans le caveau avec d'autres objets qu'il avait appréciés. Quand on ensevelit un souverain, d'énormes quantités d'argent et de choses précieuses de toute sorte sont mises en terre avec lui.

Bientôt après l'introduction du christianisme dans l'île, il y a cinquante ans, et depuis le rétablissement de la mission protestante en 1862, des services religieux, semblables à ceux qui sont usités chez nous, ont pris place dans les enterrements d'indigènes chrétiens. On fait souvent une allocution à l'assistance, pour profiter de cette occasion unique de s'adresser à une assemblée de païens.

Le deuil d'un mari ou d'une femme dure un an; celui des autres parents est plus court. Le veuf ou la veuve s'impose un certain régime d'austérité, s'abstient des amusements publics, supprime tout luxe de table ou de toilette, renonce à l'usage des huiles et des parfums; si c'est une femme, elle laisse ses cheveux sans les toucher jamais, en sorte que la tête se hérisse d'un véritable buisson. Si une femme se mariait dans les douze mois après la mort de son mari, elle serait considérée comme agissant d'une manière honteuse et serait probablement reniée par sa famille.

Lorsque le chef d'une maison a terminé son caveau de famille, il y transporte quelquefois les corps de son père et de sa mère, en les exhumant de leur premier tombeau; cette opération est une occasion de fête plutôt que de deuil. En mai 1866, il nous fut donné de voir une cérémonie de cette nature; on l'appelle *famadiham-paty*, mot à mot « retournement d'un corps. » La chose se passait à Anosy, joli village à 12 kilomètres de la capitale, et appartenant presque tout entier à la famille du premier secrétaire d'Etat Rahaniraka. Une course d'une heure et demie nous y transporta; trois ou quatre cents personnes s'y trouvaient assemblées. Notre hôte Ramaka était au milieu des membres de sa famille, tous revêtus de leurs plus beaux habits. Après une courte station dans la maison, nous fûmes visiter le nouveau tombeau, qui était construit avec soin, et recouvert d'une belle toiture en pierre. Le corps de la première femme de Ramaka avait déjà été déposé sur un des rayons de pierre, enveloppé d'un superbe lamba en soie écarlate. Le convoi ne tarda pas à se former pour aller chercher solennellement dans l'ancienne tombe les restes de son père, et les placer dans la nouvelle. En tête marchait un orchestre jouant des airs militaires ou religieux; puis venait Ramaka donnant la main à un de ses jeunes garçons et entouré de tous ses parents. Sur la bière s'étalait un superbe uniforme, surchargé de broderies d'or. On prononça ensuite un *kabary* ou discours, énumérant les ancêtres et les titres honorifiques du défunt, et annonçant à l'assistance massée autour du monument que le propriétaire en faisait sa tombe de famille. Comme ce dernier appartenait à un des rangs les plus élevés des andrians, une petite maison en bois avait été construite au-dessus du caveau. On abattit plusieurs bœufs, et un dîner, auquel nous fûmes invités avec les autres visiteurs, termina cette étrange cérémonie.

C'est surtout dans les funérailles splendides des souverains qu'on voit éclater, d'une manière grandiose et saisissante, le respect des Malgaches pour les morts. L'ensevelissement du père de Radama Ier fut entouré d'une magnificence et d'une prodigalité inouïes jusque-là; plusieurs milliers de têtes de bétail furent abattues en cette occasion. Mais la mort de Radama lui-même donna lieu à des cérémonies plus dispendieuses encore. Quatorze mille bœufs, de la valeur de 25 fr. chaque, furent tués et distribués au peuple, soit avant, soit après les funérailles; on assure que le total des frais de la solennité ne s'éleva pas à moins d'un million et demi.

On possède peu de détails sur les cérémonies funèbres qui eurent lieu à la mort de Ranavalona Ire, car il ne se trouvait alors que deux ou trois Européens dans la capitale. Il paraît que peu avant cette mort on vit paraître un météore, où le peuple vit un présage funeste. A cette époque, le Rév. W. Ellis reçut à Maurice, avant son départ pour Madagascar, un récit qui donne une juste idée de la nature impressionnable des Malgaches, toujours portés à croire aux présages et aux avertissements surnaturels. Voici un extrait de ce récit:

« Le soir du 12 avril 1861, un vaste incendie sembla s'étendre d'Ankémihény à Ranofotsy, embrasant toutes les montagnes. A cette vue, les habitants allumèrent des feux près de leurs maisons, en disant : « C'est peut-être la reine qui a pris son bain (1) ; » car dans la campagne cette lueur semblait venir de la ville, et en ville on croyait qu'elle procédait de la campagne. Une espèce de musique de sons et de voix se faisait entendre en même temps d'Isotry (où se trouve la tombe du premier ministre) à Andohalo (où se tient le marché quotidien, à 1500 mètres de distance). En entendant ce bruit, tout le monde vint regarder, mais sans rien voir qui pût le produire ; c'était une musique assez agréable, bien que disposant à la mélancolie, car on était à la fin de l'année.

» Ce feu apparut dans la saison d'automne (*faravano*), à sept heures du soir ; il dura une heure environ. Le lendemain matin, la reine s'empressa de demander à son entourage : « Qu'est-ce que c'était que le feu de cette nuit ? est-ce que vous allumez des feux avant la fête du jour de l'an ? » — « Nous n'en avons point allumé, » lui répondit-on. Elle fit venir alors les fonctionnaires et leur dit : « Quel est ce feu ? » — « Ce n'est pas un feu d'homme, » répondirent-ils, « mais il vient de Dieu. » Quelques-uns ajoutèrent : « Il annonce l'accroissement du royaume de notre souveraine. » Les juges furent appelés à leur tour, et à cette question : « Que pense-t-on au sujet de ce feu ? » ils dirent : « Nous pensons qu'il est envoyé par Andrian-Impoïn-Imérina (ancêtre de la famille royale actuelle) et par

---

(1) On trouvera plus loin des détails sur ce « bain de la reine » (chap. XI).

le prince Ramahatra, comme un avant-coureur de mort; car il s'étend partout, au-dessus de l'eau et des rizières, dans les vallées et sur les collines. »

» A partir de ce jour, la reine se mit à prier ardemment les idoles, objets de sa foi, car elle était remplie de frayeur. Et il y eut un officier qui dit au prince : « Ce feu est un jubilé pour rassembler ce qui est dispersé et racheter ce qui est perdu ! » Les cœurs de ceux qui l'entendirent en furent profondément affectés (1). »

Quelle que fût la cause de cet étrange phénomène, les habitants ne se trompaient point en croyant à l'approche de graves événements. La reine ne tarda pas à tomber malade, et finit par mourir quatre mois après l'apparition de la mystérieuse lueur. Le règne de terreur prit fin, et les belles paroles de l'officier se trouvèrent être une prophétie dont on put voir l'accomplissement : ceux que la persécution avait « dispersés » furent « réunis ; » ceux qui étaient « perdus » furent « rachetés, » et la brillante aurore du règne de Radama II fut bien « un jubilé » pour le peuple, courbé auparavant sous le joug de Ranavalona.

Par suite des troubles politiques dans lesquels Radama perdit à la fois sa couronne et sa vie, il fut enseveli secrètement au milieu de la nuit, privé même des honneurs funèbres qu'on rend à un particulier. La mort de la reine Rasohérina fut, il y a quelques mois, l'occasion d'une solennité splendide, bien qu'un peu inférieure à celle des funérailles de Radama Ier. En voici une description que je dois aux révérends W. Ellis et G. Cousins :

---

(1) *Seconde visite à Madagascar*, par Ellis.

« La reine mourut dans la nuit du mercredi 1ᵉʳ avril 1868, et jusqu'au mardi suivant la ville fut en émoi. Le lendemain de la mort, on annonça dès le matin au peuple que Rasohérina avait « *niamboho* » (« fait retraite, » ou tourné le dos), et que sa cousine Ramora lui avait succédé sous le nom de Ranavalona II. La capitale était remplie d'habitants de la province, hommes et femmes; les premiers avaient à construire une tombe nouvelle au nord de celle de Radama Iᵉʳ, dans la cour royale; et les femmes devaient se masser dans la pièce principale du grand palais Manjaka Miadana, pour gémir jour et nuit.

» Le vendredi matin, la population présentait le plus étrange spectacle. On eût dit qu'elle avait été soudainement transformée en Hindous. La coutume veut ici qu'à la mort d'un souverain on se coupe les cheveux, et nous nous trouvâmes en présence d'une foule immense de crânes chauves, dont quelques-uns du plus beau luisant. La rencontre de nos connaissances donnait lieu à des incidents grotesques, car le plus souvent nous ne reconnaissions les gens que lorsqu'ils avaient fait entendre leur voix. Il y eut un homme qui m'accompagna ce matin-là dans toute la ville, et je compris, à sa familiarité, qu'il n'était nullement un étranger pour moi; mais il me fut impossible de le reconnaître, et depuis lors je n'ai jamais pu retrouver son identité. Le plus curieux de l'affaire est que tous avaient été rasés en même temps, en sorte que ce vendredi matin toute la contrée, à plusieurs lieues à la ronde, se trouva peuplée de têtes chauves, à part les Européens et une vingtaine de personnes privilégiées. Tout le monde aussi arrivait avec le lamba descendu sous les épaules, et couvert par la chemise, qui se porte d'ordinaire en dessous.

» Pendant la construction du tombeau, les coups de canon ne cessèrent d'alterner avec les décharges de mousqueterie ; les soldats faisaient la haie sur la grande voie qui conduit au palais.

» Dans l'après-midi du vendredi, nous fûmes au palais recevoir notre cadeau de 60 dollars pour contribuer aux dépenses funéraires ; nous devions aussi présenter un dollar comme *hasina* à la nouvelle reine. On nous fit parcourir toute la cour du palais pour nous montrer les préparatifs de la solennité. D'un côté se trouvaient les orfèvres avec leur attirail de fourneaux et de soufflets, occupés à fondre des piastres pour en faire des plaques d'argent, à raison de 50 piastres par plaque ; celles-ci, soudées ensemble, devaient servir à la confection d'une bière de 2 mètres 40 centimètres de long sur 1 mètre de large et 1 mètre de hauteur. Ailleurs on travaillait activement à poser les fondations du tombeau. Une foule de femmes apportaient de l'eau, et faisaient entendre en signe de deuil un long gémissement, comme les deux ou trois cents autres qui étaient assises dans le palais. Dans un coin de la pièce où elles étaient rassemblées, on voyait un petit lit de parade, drapé d'écarlate et surchargé d'ornements en or. Les pleureuses étaient tenues de se lamenter devant ce meuble comme si la reine défunte y eût été réellement étendue, tout en sachant bien que le corps se trouvait ailleurs. Autour du lit une douzaine de femmes agitaient sans interruption des éventails rouge et or, semblables à de riches écrans. C'était un va-et-vient continuel ; car ces femmes faisaient leurs lamentations à tour de rôle, et se relevaient entre elles successivement. Elles s'y livraient absolument comme à un service officiel obligatoire, et leur chagrin n'était pas assez violent pour les empêcher de regarder à leur aise les dames anglaises venues pour voir la cérémonie.

» Un des palais, appelé Bésakana, ancien bâtiment sacré, était tendu de draperies écarlates; les palissades qui entouraient la grande cour étaient couvertes de calicot blanc, ainsi que quelques édifices. Les soldats de garde étaient autorisés à garder leurs chapeaux, et ils portaient de larges bandes blanches en signe de deuil. Excepté eux, personne ne pouvait porter ni chapeaux ni souliers; la musique et le chant étaient prohibés, ainsi que l'usage des miroirs, des divans et de tous objets de luxe.

» Huit jours après nous retournâmes au palais, et nous vîmes le tombeau presque terminé. C'est un massif plaqué en granit, surmonté d'une petite maison en bois avec vérandah; celle-ci a un toit en zinc de forme arrondie, très-élégant et d'un style oriental; elle est peinte en rouge, avec des dorures ici et là, et le toit est d'un blanc éclatant. La dépouille mortelle devait être déposée, sous une grande voûte carrée, sur un lit de bois, après avoir été enfermée dans la bière d'argent, qui n'avait pas coûté moins de 110,000 francs.

» Nous nous rendîmes aussi dans le palais Bésakana, où doit rester le corps d'un souverain pendant la nuit qui précède les funérailles. L'édifice était alors préparé pour la réception du corps. Non-seulement le toit était entièrement recouvert de draperies écarlates, mais les murs intérieurs étaient tendus jusqu'au toit de riches lambas de soie, dont quelques-uns brillaient des plus vives couleurs.

» L'enterrement eut lieu le mardi après midi. Nous étions presque tous présents, ainsi que les Français, en tout une quarantaine d'Européens; on nous avait réservé une place d'honneur. Nous arrivâmes au palais à trois heures. Aucune description ne pourrait donner une juste idée du spectacle qui s'offrit à nos regards. La cour n'était qu'une vaste surface noire, toute fourmillante de têtes et d'épaules nues. Un cordon de soldats en faisait le tour, en maintenant ouverts des passages à certains endroits. La porte du grand palais était reliée au tombeau par une triple haie de femmes, toutes courbées vers la terre, de manière à ne montrer que leur dos. Elles paraissaient pleurer, à en juger par celles qui étaient près de moi.

» A trois heures et demie eut lieu la sortie du corps, porté sur son lit de parade par des officiers en grande tenue. Sur le cercueil était placée une couronne, autour de laquelle pendaient quelques-unes des robes d'apparat de la reine. Le premier ministre, en tunique de velours violet brodée d'or, marchait devant la bière et portait un fusil renversé. Plusieurs autres fonctionnaires supérieurs le suivaient, et arrivés devant la tombe, tous déchargèrent leurs armes. Le corps fut ensuite placé sur un échafaud recouvert de tapis qu'on avait dressé au-dessus du tombeau, devant la petite maison en bois qui le surmontait. Les fonctionnaires déchargèrent de nouveau leurs fusils, et se retirèrent au palais d'Argent. Le premier ministre paraissait pleurer à chaudes larmes en se retirant. Les uns disaient qu'il était vraiment pénétré de douleur, les autres que ce chagrin excessif n'était qu'une démonstration officielle.

» Le cercueil resta sur son catafalque jusqu'au coucher du soleil, dont les rayons obliques jetaient un merveilleux éclat sur les draperies splendides et les ornements d'or. L'orchestre jouait presque continuellement de vieux airs anglais, coupés ici et là par le tambour indigène, accompagné de trompettes qui n'étaient que de grandes coquilles creuses. Cinquante jeunes hommes, nobles pour la plupart, se mirent alors à transporter divers objets qui devaient être ensevelis avec celle qui les avait possédés. Il ne fallut pas moins de six voyages pour ce transport. Plus de deux cents vêtements de soie, de satin ou de velours furent déposés dans le tombeau; je remarquai encore dans ce ménage posthume une selle de dame, deux commodes, des vases à rafraîchir l'eau, des carafes, un beau surtout de table en or et argent, une petite toilette, une table à ouvrage en papier mâché, plusieurs lampes, un grand fauteuil, des chaînes d'or, et enfin un coffre-fort contenant 11,000 piastres, que vingt hommes avaient peine à porter.

» Après le coucher du soleil, le premier ministre revint, non plus en costume de cérémonie, mais en simple lamba; il s'arrêta quelques instants, puis s'éloigna ensuite avec les fonctionnaires, laissant le soin de descendre le corps à une classe de nobles qui ont la charge spéciale d'ensevelir les rois et les reines. On ouvrit le cercueil, et la royale défunte fut déposée dans sa dernière demeure. Après cette opération, les Européens reçurent un message de la nouvelle reine exprimant sa satisfaction de ce qu'elle possédait en eux de véritables amis, qui prenaient une part sympathique à son affliction, etc. Nous répondîmes par quelques paroles de circonstance, et rentrâmes chez nous.

» Après notre départ, il y eut de nouvelles cérémonies, et le canon se fit entendre jusqu'à minuit. Lorsque la tombe fut scellée, un homme s'approcha de la porte et appela l'esprit de Rasohérina, en la suppliant de n'envoyer ni ennemis ni maladies. Pendant les jours qui suivirent les funérailles, la distribution des bœufs mit toute la population en émoi; on en distribua environ trois mille. »

CHAPITRE X.

ORIGINE DES MALGACHES. LEUR CONSTITUTION POLITIQUE ET SOCIALE.

Origine asiatique des Malgaches. — Date de l'immigration. — Unité de langue. — Les Vazimbas. — Les Kimos, race de nains. — Chiffre de la population. — Caractères physiques des diverses tribus. — Hovas. — Betsiléos. — Antsianaques. — Betsimisaraques. — Sakalaves. — Obscurité des données ethnographiques. — Ancien régime féodal. — Robert Drury. — Révolution aboutissant au régime absolu. — Développement de la puissance militaire. — Abolition de l'esclavage sous l'influence de l'Angleterre. — Radama devient roi de Madagascar. — L'armée. — Les *honneurs*. — Officiers du palais. — Proportion exagérée des officiers relativement aux simples soldats. — Aspect et valeur des troupes indigènes. — Exercices. — Revues. — Uniformes. — Termes de commandement européens. — Mena-vazanas, ou vieux soldats. — Gardes du corps. — Châtiments militaires. — Gardes de police. — Prépondérance d'une famille. — Gouvernement. — Conseil. — Progrès récents dans le sens du régime constitutionnel. — Juges. — Courriers royaux. — Chefs du peuple. — Militaires et bourgeois ; andrians et hovas. — Lois. — Cours de justice. — Procédure. — Epreuve du tanghin. — Caractère barbare des peines. — Insensibilité des indigènes. — Progrès sous l'influence du christianisme. — Corruption et vénalité. — Représentants étrangers. — Traités d'alliance. — Perspectives encourageantes.

La question de l'origine des habitants de Madagascar attend encore une solution définitive. Mais nous savons déjà que les Malgaches, pris dans leur ensemble, semblent plutôt provenir de l'Asie que de l'Afrique, bien qu'ils se trouvent à 720 lieues de Ceylan et à 1200 lieues de l'extrémité sud-est de l'Asie, alors qu'ils sont proches voisins du continent africain. D'après bien des observations, ils paraissent appartenir à cette grande famille humaine qui, de la presqu'île de Malacca, s'étend, en passant par Sumatra, Bornéo et l'archipel Asiatique, jusque dans les îles du Pacifique, et peut-être même jusqu'à certaines parties de la côte de l'Amérique du Sud. On peut alléguer, à l'appui de cette conclusion, l'aspect physique et les capacités intellectuelles des habitants, leurs mœurs et coutumes sociales, leur industrie et enfin leur langue, qui est peut-être le témoignage le plus décisif en faveur de notre hypothèse. Non-seulement elle contient plusieurs mots absolument identiques à ceux qu'on trouve dans la presqu'île de Malacca; mais, ce qui est bien plus important, la *construction* de la langue, et spécialement le mode de formation des mots, sont les mêmes dans l'un et l'autre pays.

On peut affirmer hardiment que toutes les races qui se trouvent aujourd'hui à Madagascar habitent la contrée depuis fort longtemps; elles ont peut-être parlé autrefois des langues différentes, mais celles-ci se sont si bien pénétrées réciproquement, qu'à vrai dire un seul et même idiome règne actuellement dans l'île entière. Il existe, il est vrai, quelques légères différences entre le langage parlé sur les côtes et celui des régions intérieures; il y a des mots usités seulement chez certaines tribus, d'autres dont l'acception varie plus ou moins, des voyelles enfin dont la prononciation diffère. Mais, à tout prendre, le corps même de la langue reste le même, et l'on peut affirmer que ces différences locales de dialecte ne dépassent pas, et n'atteignent même pas celles qu'on observe entre les divers comtés de l'Angleterre.

C'est là un fait des plus remarquables, eu égard à l'étendue du pays et aux moyens de communication, relativement restreints, d'une province à l'autre. Dans la patrie anglaise, avec ce commerce continuel entre toutes les parties du royaume, les dialectes locaux conservent une telle influence que, dans certains districts retirés, les gens du monde comprennent souvent fort mal les habitants de l'endroit; à bien plus forte raison s'attendrait-on à trouver un état de choses semblable dans un pays comme Madagascar.

Par suite de l'absence de toute littérature, et de la pauvreté des traditions orales sur l'état primitif de l'île, il est difficile d'obtenir des Malgaches quelque renseignement digne de confiance sur leur origine. On ne possède à cet égard que des données vagues et incertaines; mais elles confirment, dans la limite de leur étendue, celles qui résultent de l'étude de la langue. Les habitants disent que leurs ancêtres sont venus du sud-est dans les provinces du centre; or, d'après toutes les particularités physiques et morales qui les rapprochent des tribus du sud-est de l'Asie, on est porté à croire qu'en effet une immigration doit avoir eu lieu depuis les îles malaisiennes par la côte orientale de Madagascar. Les vents alizés du sud-est soufflent une moitié de l'année, sans variation sensible, sur une grande partie de Madagascar et de l'océan Indien; et si l'on songe aux immenses distances qu'ont traversées sur l'océan Pacifique des groupes d'insulaires de la mer du Sud, on admettra sans difficulté que les ancêtres de la race malgache ont dû venir de la presqu'île de

Malacca. Les tribus malaiso-polynésiennes ont toujours compté des navigateurs experts et audacieux; leur habileté dans la construction de grands bateaux doit remonter à une date très-ancienne.

Il y a lieu de croire que l'île a reçu deux ou trois immigrations distinctes à des époques peut-être fort éloignées l'une de l'autre; mais aucune tradition ne donne d'indices sur la date de ces arrivées, et il n'existe ni livres ni monuments qui puissent fournir des renseignements à cet égard. Pour ce qui concerne les Hovas, il paraît probable qu'ils ont dépossédé une première race, fixée dans l'Imérina et les provinces du centre. Les aborigènes, ou plutôt ces immigrants d'une époque antérieure, sont connus sous le nom de *Vazimbas;* leur mémoire se conserve surtout par leurs anciennes tombes qui subsistent en maints endroits, et sont entourées d'une vénération superstitieuse par les Malgaches.

A en croire la tradition, c'était une race un peu au-dessous de la moyenne pour la stature, avec une tête de forme élancée et à front étroit. Les Vazimbas ont sans doute été exterminés ou absorbés par les races conquérantes; ils n'existent plus comme peuple distinct, sauf dans une partie du pays des Sakalaves, à l'ouest de l'île, entre deux grandes rivières, où l'on rapporte que se trouve une colonie qui porte leur nom.

Les plus anciens écrivains qui ont parlé de Madagascar mentionnent souvent une nation de nains, appelés Kimos ou Quimos, qui aurait habité l'intérieur de l'île : gens de mœurs douces, hauts d'un mètre et demi, et excellant dans divers arts manuels. Aucune trace de cette race étrange n'a été découverte par les Européens qui ont habité la capitale dans le courant de ce siècle, et l'on en saurait certainement quelque chose à Tananarive si elle avait jamais existé.

La population de Madagascar était évaluée, sous le règne de Radama Ier, à environ quatre millions et demi d'habitants, divisés comme suit entre les contrées principales :

Les Hovas	750,000
Les Sakalaves (comprenant les Bézanozanos et les Antsianaques)	1,200,000
Les Betsiléos	1,500,000
Les Bétanimènes et les Betsimisaraques	1,000,000
Total	4,450,000

Ces chiffres ont dû être plus élevés dans les anciens temps, car les restes de digues et d'ouvrages d'irrigation maintenant abandonnés, ainsi que les ruines de nombreux villages, témoignent de la présence antérieure d'habitants dans des localités désertes depuis longues années. Cette diminution de la population est due tout d'abord à la traite des esclaves qui fut souvent pratiquée dans l'île sur une vaste échelle, ensuite à la guerre, aux morts occasionnées par l'épreuve judiciaire du poison, et à d'autres causes encore. Depuis Radama Ier, le nombre des habitants ne paraît pas avoir sensiblement augmenté, ce qu'il faut attribuer aux guerres d'extermination poursuivies par Ranavalona, à la famine et aux épidémies qui éclataient fréquemment sur les pas de ses armées. Le sexe féminin prédomine de beaucoup, par suite des saignées continuelles pratiquées sur la population mâle sous le sceptre de cette reine implacable.

Au point de vue physique, les Malgaches sont en général au-dessous de la taille moyenne des Européens; leur figure ne manque ni de grâce ni d'élégance, surtout chez l'homme, car la femme est dans

Les Hovas.

ce pays sujette à l'obésité. Ce qui varie le plus, c'est le teint, qui passe par toutes les nuances du brun et du chocolat, et arrive quelquefois à une couleur qui touche de fort près au noir. La chevelure des individus à teint clair est généralement longue, noire et soyeuse; celle des types foncés est plus cré-

Hova olivâtre.   Hova nègre.   Page 270.

pue; mais cette distinction est loin d'être absolue.

Les Hovas qui habitent la région centrale sont indubitablement la race la plus avancée dans la civilisation; c'est aussi chez eux qu'on trouve les teints les plus clairs; ils sont généralement de taille inférieure. Quelques-uns sont presque des hommes blancs, mais la plupart présentent divers tons de la couleur olive; plusieurs approchent du chocolat foncé.

Les Betsiléos, dans les districts centraux du Sud, et les Betsimisaraques, sur la côte orientale, n'ont guère le teint plus foncé que les Hovas. Dans certains villages, les femmes me parurent plus claires que celles de l'Imérina. Les Antsianaques, au nord, sont beaucoup plus foncés, ainsi que les Sakalaves, fort belle race qui s'étend sur toute la côte occidentale. Les derniers toutefois, pour avoir le teint foncé, ne sont pas noirs, excepté dans quelques cas où l'on reconnaît évidemment le sang nègre des bords opposés du canal Mozambique. J'ai été souvent frappé du port hardi, franc et martial des envoyés sakalaves, qui venaient à Tananarive pour apporter à la reine le *hasina* ou tribut; et j'ai appris sans surprise que depuis un temps immémorial jusqu'à une époque récente, les Hovas avaient été leurs tributaires. Il a fallu l'immense avantage inhérent à des troupes disciplinées et armées à l'européenne, pour que le chef hova Radama Ier pût secouer le joug de ses suzerains, les réduire même, ainsi que d'autres tribus, sous sa domination, et s'emparer du sceptre de Madagascar.

Cette race des Hovas, qui a pris de nos jours la haute main dans le pays, paraît posséder plus d'énergie et de force de caractère que la plupart des tribus de la côte orientale, lesquelles sont remarquables par leur douceur. Mais nous pensons que les Sakalaves ne leur sont pas inférieurs par leurs facultés natives, et que sans la circonstance accidentelle dont nous avons parlé, ils seraient encore la tribu dominante.

Les Sakalaves sont, à tout prendre, la race la plus belle au point de vue physique ; et leur esprit vif, intelligent, toujours en éveil, a une grande capacité d'assimilation. Les Hovas ont les traits du visage plus réguliers, avec une intelligence plus fine et plus subtile. Quant aux Betsiléos, ils ont des dispositions plus pacifiques, s'adonnent de préférence à l'agriculture, et semblent dépourvus de cette énergie de caractère qui a valu aux Hovas la prépondérance dans le pays. Les tribus de la côte orientale sont particulièrement indolentes, et, selon quelques-uns, plus immorales que leurs compatriotes. Il faut des appels réitérés pour obtenir d'eux le service militaire, et pour leur inculquer cet esprit martial qui distingue les Hovas et les Sakalaves. Dans l'île Sainte-Marie, située sur la côte nord-est de Madagascar, et dans les localités voisines, on trouve une tribu d'indigènes qui s'appellent eux-mêmes fils d'Ibrahim ; et sur d'autres points de la même côte, principalement au sud, dans le district de Matitanana, on aperçoit des traces évidentes d'un mélange de sang arabe. Bien longtemps avant la découverte de l'île par les Européens, des commerçants arabes et persans ont entretenu un commerce avec quelques ports du nord-ouest, tels que Majanga et Bembatook. Mais ces individus ne se sont jamais alliés aux indigènes par le mariage, pas assez du moins pour modifier le type de la population des localités où ils se rendaient; et le fait signalé ci-dessus doit avoir une autre origine, qui est ignorée.

Il reste encore beaucoup à apprendre sur l'ethnographie des diverses races dont se compose la population de Madagascar. Les premiers écrivains qui ont parlé de cette île, Français pour la plupart, n'en connaissaient qu'une portion très-limitée et ne pouvaient donner des informations vraiment dignes de foi. Dans le cours de ce siècle, des missionnaires anglais ont bien habité la capitale; pendant les quatorze ans environ qu'ils ont pu consacrer à leur œuvre avant la période des persécutions, ils ont travaillé assidûment à s'assimiler la langue du pays et à lui donner une forme écrite, à établir un système d'éducation scolaire, à répandre l'instruction chrétienne; mais ces occupations mêmes leur laissaient peu de temps pour des études approfondies sur des sujets purement scientifiques. De plus, leur champ d'activité se limitait à la capitale et à la région du centre, et ils ne pouvaient faire aucunes recherches personnelles dans les districts éloignés. Sous le trop long règne de Ranavalona, les Européens n'ont eu que de rares occasions de se familiariser avec le pays et les habitants, en sorte qu'il reste encore à explorer un champ d'étude des plus intéressants. Les vastes districts de l'intérieur sont presque inconnus; mais grâce à la politique libérale qui a de nouveau prévalu, et au gouvernement plus éclairé qui est au pouvoir, nous pouvons espérer qu'en peu d'années on arrivera à compléter les renseignements sur l'origine et les particularités des différentes races, ainsi que sur la faune et la flore de Madagascar.

Il y a une centaine d'années, l'île comptait au moins cinquante tribus distinctes, gouvernées chacune par un chef qui avait les pouvoirs les plus étendus sur la vie et la fortune de ses sujets. Depuis cette époque, les petits Etats ont été, l'un après l'autre, conquis et absorbés par les grands, jusqu'à ce que Radama Ier les réduisît tous sous un sceptre unique, à deux ou trois exceptions près.

Une des narrations les plus intéressantes et les plus anciennes que nous possédions sur Madagascar est celle de Robert Drury, qui fit naufrage sur la côte méridionale en 1702. L'équipage du navire fut bien traité par les habitants; mais soupçonnant ceux-ci de vouloir les réduire en esclavage, les Anglais les attaquèrent et s'emparèrent de leur chef. Des renforts de Malgaches ne tardèrent pas à arriver, et les Anglais assiégés souffrirent beaucoup de la faim et de la soif; et à la suite des attaques répétées qu'ils eurent à essuyer, ils finirent par tomber, sauf deux ou trois, sous les coups des indigènes. Drury, qui était alors un enfant de quatorze ans, fut épargné et devint esclave. Il resta quinze ans dans l'île, en dépit d'efforts réitérés pour s'échapper; sa situation était fort pénible, cruelle même parfois, bien qu'en somme ses maîtres le traitassent avec douceur. Il ne pénétra pas à Tananarive ni dans les districts de l'Ankova, et il ne paraît pas avoir entendu parler de ces localités; il est vrai qu'à cette époque la capitale actuelle était un bourg sans importance parmi toutes ces petites villes de l'Imérina.

Les diverses tribus au milieu desquelles vécut Drury étaient fréquemment en guerre l'une avec l'autre, mais plutôt pour piller des bestiaux et des esclaves que dans un but de conquête. Leurs expéditions n'étaient pas accompagnées des atrocités qui signalèrent la marche des armées de Ranavalona, bien disciplinées et munies des engins de destruction européens. Ces tribus paraissent avoir vécu comme vivaient à la même époque les clans maraudeurs des Highlands d'Ecosse, se livrant à des incursions continuelles dans les domaines de leurs voisins, pour en emporter des moutons et des bœufs.

Le traitement relativement doux dont on usa envers Drury n'avait rien d'exceptionnel. Dès le début de leurs relations avec les Européens, les Malgaches ont montré une cordialité et un désir de conciliation qui contrastaient étrangement avec la conduite repoussante de ceux qui les visitèrent, Portugais et Français. Ils se montrèrent tout d'abord scrupuleusement fidèles aux conventions passées avec les Européens; mais des expériences répétées finirent par leur apprendre que de soi-disant chrétiens n'avaient pas honte de les tromper et de les voler : c'est alors seulement qu'ils usèrent de représailles, et qu'ils acquirent une réputation de duplicité, alors qu'ils avaient commencé, pour la plupart, par donner l'exemple de l'honnêteté et de la fidélité.

L'état primitif des différentes tribus malgaches, d'après les relations de Drury et d'autres écrivains, semble avoir été un compromis entre le régime patriarcal et le système féodal. Celui qui se distinguait des autres par son courage et son intelligence réunissait des adhérents autour de lui et prenait le nom de chef; après quoi le respect de la transmission héréditaire de l'autorité maintenait dans la soumission les membres de son clan. Toutefois les subordonnés jouissaient, en somme, d'une grande liberté individuelle ; chaque guerrier de la tribu avait son franc parler et pouvait exprimer librement son opinion sur toutes les mesures proposées. On retrouve un vestige de ces anciennes franchises dans les kabarys, ou assemblées nationales, que convoquent encore les souverains de Madagascar, en reconnaissant théoriquement le droit de libre discussion ; mais le plus souvent ce droit fléchit devant l'arbitraire du gouvernement actuel, à moins qu'il ne soit soutenu par un courant vaste et puissant de l'opinion publique.

Depuis le commencement de ce siècle, la nation a traversé et traverse encore une période de révolutions politiques. La réunion des petits Etats de l'Imérina sous un sceptre unique, commencée par Andrian-Impoïn-Imérina, et suivie des conquêtes qui ont donné à ce prince ou à son fils Radama Ier un pouvoir souverain sur l'île entière, a déterminé un état de transition : la vieille organisation du pays subsiste nominalement ; mais de fait elle est tombée en désuétude. En comparant l'histoire de Madagascar à celle de l'Angleterre, on y trouverait l'équivalent de la destruction de la puissance féodale au moyen âge, par Henri VII et Henri VIII : le parlement n'est pas encore assez fort pour faire échec aux tendances arbitraires du souverain, ou plutôt il a perdu son ancienne influence en perdant l'autorité qui émanait des barons, sans pouvoir encore s'appuyer sur l'élément populaire. Sans nul doute, avec le développement de l'intelligence, de l'éducation et des idées libérales, le droit de discussion dans les assemblées malgaches cessera d'être illusoire, et la voix du peuple finira par se faire entendre et respecter. Dès aujourd'hui on observe de temps à autre des signes de ce mouvement, mais il ne peut grandir que peu à peu, parallèlement à l'accroissement des lumières.

Les changements successifs qui ont donné au gouvernement de Madagascar un caractère presque absolu et irresponsable, sont dus principalement à la puissante organisation militaire établie par Radama et par son père, et continuée sous son successeur, la reine Ranavalona. Une force armée écrasante commença par subjuguer les Etats voisins, puis, par la même occasion, restreignit les franchises individuelles dans les domaines héréditaires du conquérant. En définitive, le pays ne pourra que retirer de grands avantages de l'établissement d'un seul royaume; mais cette révolution ne s'est accomplie qu'au prix d'actes nombreux d'injustice et de violence commis sur de paisibles tribus inoffensives. Pendant le règne de Ranavalona, en particulier, une véritable guerre d'extermination se portait sur tous les points ou se manifestait la plus légère opposition. L'accroissement du pouvoir de Radama, vers la fin de son règne, fut dans une certaine mesure l'œuvre du gouvernement britannique, qui avait, pour appuyer ce prince, des raisons d'humanité hautement respectables. Mais il y a lieu de regretter qu'on n'ait pas exigé plus de garanties matérielles contre les abus du pouvoir, lorsqu'on prêta la main à Radama pour agrandir son royaume. Pour un souverain à demi civilisé, d'un esprit aussi actif et aussi entreprenant, le pouvoir absolu est dangereux et difficile à exercer, même avec les meilleures intentions. Il est vrai que Radama, malgré son caractère impérieux, avait sincèrement à cœur le bonheur de son peuple; mais la reine qui lui succéda fit un usage terrible de cette autorité sans frein qu'il lui laissa en héritage.

Les agissements du gouvernement anglais, relativement à Madagascar, peuvent se résumer comme suit. Au commencement du siècle, l'Angleterre, dans toutes les contrées du monde où s'étendait son influence, faisait de grands efforts pour arriver à l'abolition de la traite des esclaves. A cette époque cet abominable trafic se pratiquait à Madagascar sur l'échelle la plus étendue, avec accompagnement d'abominables cruautés. Sir Robert Farquhar, gouverneur de Maurice, un philanthrope dans le vrai sens du mot, était chargé par le gouvernement de son pays d'amener par tous les moyens possibles la suppression de la traite. Il constata que le seul remède efficace était d'attaquer le mal à sa racine, en arrêtant la vente des esclaves dans le pays, au lieu de se borner à capturer sur mer les négriers. En cherchant les moyens d'atteindre ce but, il reconnut que, de tous les chefs malgaches, Radama, roi de l'Imérina, était de beaucoup le plus influent et le plus éclairé; que son pouvoir croissait rapidement, et qu'il faisait de jour en jour des progrès vers la souveraineté de l'île entière. En outre, il était disposé à suivre une politique générale de civilisation et de développement pour son peuple, tenait en haute estime les Européens, et spécialement la nation anglaise. Radama tirait une grande partie de ses revenus d'une redevance payée par les vendeurs pour chaque embarquement d'esclaves; et plusieurs de ses sujets les plus influents retiraient aussi de grands bénéfices de la traite. Toutefois, il n'ignorait pas les maux qu'elle causait à son peuple, et souhaitait vivement de la voir cesser. Mais on ne pouvait pas s'attendre à le voir sacrifier une partie considérable de ses propres ressources, tout en courant le risque de s'aliéner ses partisans les plus puissants, sans recevoir quelque dédommagement. Sir Robert Farquhar envoya en conséquence M. James Hastie pour négocier un traité qui mettrait fin à l'exportation des esclaves. A force de persévérance et d'habileté, M. Hastie finit par vaincre tous les obstacles; il triompha des objections et des appréhensions de Radama, et celui-ci souscrivit à un traité qui abolissait pour toujours ce trafic infâme. Il fut convenu, pour compenser la perte imposée par cette mesure à Radama, que le gouvernement britannique lui ferait en argent, armes et munitions, une rente annuelle s'élevant à 50,000 francs : bien faible somme, eu égard à la grandeur du but qu'on atteignait à ce prix et de toutes les souffrances dont on tarissait la source. En dépit de toutes les difficultés et de toutes les oppositions, Radama exécuta fidèlement l'engagement qu'il avait contracté; conduite qu'on ne saurait trop hautement louer, si l'on se rappelle surtout qu'il n'avait personnellement rien à gagner dans cette affaire; bien plus, qu'il avait à lutter contre les préjugés et l'hostilité intéressée de sa propre famille, ainsi que de tous les hauts fonctionnaires : à vrai dire, il avait contre lui la population entière, à l'exception, bien entendu, des malheureux esclaves eux-mêmes. Radama fit exécuter la loi jusque sur des gens de sa parenté, qui furent condamnés à mort pour avoir vendu des esclaves après la conclusion du traité (1).

Si M. Hastie est digne d'éloge pour l'habileté de ses négociations, le désintéressement et la générosité de sa conduite, il ne l'est pas moins pour le zèle qu'il mit à fournir aux Malgaches les moyens d'accroître leur bien-être matériel, en s'enrichissant par l'agriculture et le commerce, au lieu de trafiquer de la chair et du sang de leurs compatriotes. Il introduisit bien des cultures inconnues avant lui dans le pays, et apporta tous ses soins à développer l'industrie indigène.

Radama avait déjà à son service quelques officiers anglais hors cadres, qu'il avait engagés à Maurice, et qui lui avaient organisé une armée sur le modèle européen, avec divisions, brigades, régiments, etc. Le traité qu'il conclut avec l'Angleterre ne put qu'affermir son pouvoir; les armes et les munitions qu'on lui fournit lui permirent de porter des forces prépondérantes, partout où se manifestait quelque résistance à ses volontés. Avant sa mort, survenue en 1828, l'île presque entière avait reconnu sa suprématie. Il y a encore, toutefois, à l'extrême sud, quelques tribus qui ont conservé leur indépendance, et qui ont résisté à toutes les tentatives des Hovas pour réduire leur capitale; cette dernière compte, assure-t-on, 30,000 habitants. Il faut ajouter que l'autorité du gouvernement central est relativement faible dans les régions reculées de l'île; cependant, à part l'exception ci-dessus, la suzeraineté nominale du souverain de Tananarive est

---

(1) Voir l'appendice D.

reconnue par toutes les tribus, et partout maintenue par des garnisons de Hovas.

Par suite du besoin qu'il avait de l'armée pour soutenir sa politique, Radama fut conduit à augmenter systématiquement l'influence militaire, en affaiblissant celle des fonctionnaires civils, telle qu'elle était établie par l'ancienne constitution du pays. Des charges publiques, qui assuraient la considération et l'influence, furent données de préférence aux officiers militaires; et cette prépondérance de l'armée sur la population civile s'est maintenue, plus ou moins accentuée, jusqu'à aujourd'hui.

Les troupes malgaches sont une espèce de milice semblable à la landwehr des Prussiens, plutôt qu'une armée régulière. Elles ne reçoivent pas de solde, car on ne peut appeler ainsi le cadeau d'un lamba, ou d'une petite provision de riz, qui leur est accordé accidentellement dans le cours de l'année. J'estime que plus de la moitié, pour ne pas dire les deux tiers, des hommes valides de la province du centre, sont enrôlés comme officiers ou simples soldats. En théorie, ce service militaire ne paraît pas aussi injuste qu'il l'est en réalité, car il remplace l'impôt en argent, qui est très-faible. Il pèse très-inégalement sur la population; les exercices n'ont pas lieu en temps ordinaire plus d'une ou deux fois tous les quinze jours; mais ceux qui demeurent loin de la capitale sont obligés de sacrifier un temps considérable pour aller à la manœuvre ou en revenir; et souvent les officiers ne leur permettent pas de retourner chez eux sans payer quelque argent. Il en résulte que les simples soldats, ayant à peine le temps de cultiver leurs rizières, ont beaucoup de peine à gagner leur vie de chaque jour.

Dans l'armée malgache les grades se comptent par des nombres. Le simple soldat a un *honneur*, le caporal deux, le sergent trois, et ainsi de suite jusqu'au maréchal de camp, qui en a treize. Depuis Radama Ier, on a créé de nouveaux honneurs pour reconnaître des services spéciaux, et le plus haut grade est maintenant le seizième, ou *enin-ambinifolo-voninahitra*. Les officiers sont appelés *manamboninahitra*, c'est-à-dire « ceux qui possèdent les honneurs. » Dans les autres branches du service gouvernemental, en dehors de l'armée, les fonctionnaires sont classés de la même manière. Les officiers malgaches sont beaucoup plus nombreux, relativement aux simples soldats, que dans les armées européennes. Le tiers ou le quart des militaires sont des officiers; et même, dans certains cas, pour des services spéciaux, on a employé, dit-on, plus d'officiers que de soldats. Le treizième grade, celui de maréchal de camp, comprend peut-être deux ou trois cents titulaires, et ceux des grades inférieurs ne se comptent pas. Dans la construction d'une maison, on voit souvent un maréchal de camp employé comme contre-maître, un colonel comme maçon ou charpentier, un commandant comme briquetier, et ainsi de suite; il en résulte que tous ces grades inspirent peu de respect. Au-dessus du treizième, ils deviennent moins nombreux, et le plus élevé (le seizième) ne compte guère qu'une demi-douzaine de titulaires; cette dignité ne s'accorde qu'aux officiers qui ont de longs états de service, ou qui occupent les plus hautes positions dans l'Etat. Les fonctions de général en chef appartiennent actuellement au premier ministre Raïnilaïarivony.

Officier du palais.

Il y a deux classes d'officiers qui méritent une mention spéciale : ce sont les *dekanys*, et les officiers du palais. Les dekanys (corruption du terme français : *aide de camp*) sont attachés au service et à la personne d'un autre officier de rang supérieur. A part un petit nombre de chefs militaires de haut rang, chaque officier se relie à un autre de cette manière; le premier ministre a deux ou trois cents dekanys à son service. Ces dekanys rappellent les clients d'un patricien de Rome sous l'empire, plutôt que les aides de camp d'un général européen. Les officiers du palais sont attachés, comme l'indique leur nom, au service du souverain, et sont chargés de diverses fonctions qui se rattachent au gouvernement. Ils sont aides de camp du souverain, du chef de l'Etat, et quelques-uns d'entre eux sont constamment de service au palais. Dans les cérémonies publiques, on les distingue à l'écharpe de soie rouge ou violette qu'ils portent sur leur uniforme.

Bien des gens, qui se représentent toute armée non européenne comme une horde indisciplinée, seraient surpris de voir l'air martial des troupes malgaches, les jours de revue ou d'exercices. Je ne prétends pas qu'on puisse les comparer avec les régiments de ligne d'Angleterre, de France, ou des autres nations occidentales : l'armement, l'équipement et la discipline sont chez elles biens inférieurs; mais avec des officiers européens, elles constitueraient une force vraiment redoutable et très-supérieure aux régiments indiens de cipayes. Plus d'une fois les soldats malgaches ont fait preuve d'un admirable courage; on les a vus tenir ferme contre des troupes disciplinées et aguerries, malgré le prestige qu'une nation complétement civilisée exerce toujours sur un peuple qui ne l'est qu'en partie.

Excepté aux époques des semailles et de la moisson du riz, les troupes sont rassemblées tous les quinze jours pour l'exercice, dans leurs districts respectifs. Les corps les plus nombreux sont à Tananarive, et manœuvrent à Imahamasina, dans le champ de Mars dont nous avons déjà parlé. Le nombre des hommes présents est rarement au-dessous de cinq à six mille; souvent on en compte deux fois plus. La plaine d'Imahamasina, vue de la partie haute de la ville, offre, les jours de revue, un spectacle des plus animés et des plus pittoresques ; les uniformes blancs tranchent d'une manière heureuse sur ce tapis de verdure perpétuelle, qui conserve sa fraîcheur même pendant la saison sèche.

Les troupes sont généralement sur le terrain au lever du soleil, et on ne les renvoie pas avant midi passé. Quelquefois même on les retient une grande partie de l'après-midi. Quand je sortais avant déjeuner de ma maison à Imarivolanitra, je les trouvais ordinairement formées en un immense carré creux, sur trois ou quatre lignes concentriques. C'était, sans doute, pour passer l'inspection des armes et de la tenue, avant de commencer les exercices. Diverses manœuvres élémentaires venaient ensuite : marches, formation de carrés ou de colonnes par compagnies, etc. Quelques-uns de ces mouvements, les conversions par exemple, ne s'opéraient que d'une manière imparfaite; mais il y a longtemps que ces troupes n'ont plus l'avantage d'être dirigées par un officier anglais, et il est surprenant qu'elles n'aient pas perdu davantage de ce qu'elles avaient appris sous sa direction. Ce fut en 1816 que le sergent Brady entreprit d'organiser une armée régulière sur le modèle européen ; à force de persévérance il parvint, au bout de plusieurs années, à former une troupe bien disciplinée, où il avait le grade de général de brigade. Après sa mort, déjà fort ancienne, on a conservé, tant bien que mal, les traditions qu'il avait établies, et les règlements militaires actuels n'ont pas d'autre source.

L'uniforme des soldats se compose d'une tunique et

de pantalons blancs, d'un chapeau de paille à bords étroits, également blanc, avec des buffleteries et une cartouchière. Dans ce simple costume ils ne laissent pas d'avoir un air martial, mais ils ne le portent qu'à l'exercice, aux revues et aux cérémonies officielles. Ils sont armés de fusils à pierre, de modèle antique. On voit paraître dans certaines occasions un corps d'élite vêtu de l'uniforme rouge des militaires anglais, avec un équipement et une coiffure semblables à ceux de nos régiments de ligne. Ces soldats servent de gardes du corps à la reine.

Mais les officiers se permettent une variété de costumes des plus absurde, et qui souvent prête à rire. Ceux des grades inférieurs s'affublent de toutes sortes de vieux effets militaires, et de chapeaux dont la coupe appartient à un autre âge. Quant aux officiers supérieurs, ils ne se montrent pas ordinairement à l'exercice en uniforme, mais habillés de noir, et coiffés de notre chapeau de soie à haute forme; ils ont ainsi assez bonne tournure, mais peu martiale; et le sabre indigène, qu'ils portent sans fourreau, contraste singulièrement avec ce costume bourgeois. Quelquefois les régiments présentent une variété d'accoutrements indescriptible; sur des centaines d'individus, on en voit à peine deux vêtus de la même manière; avec leurs tuniques, pantalons, gilets et chapeaux de toutes les couleurs, formes et étoffes imaginables, ils forment au retour une procession qui s'étend depuis le terrain de parade jusqu'à la ville, et qui présente l'aspect le plus ridicule. On aurait épuisé, pour habiller cette troupe, le magasin d'un riche marchand de vieux habits, qu'on n'aurait pas obtenu une plus réjouissante variété de costumes. Disons pourtant que dans les grandes cérémonies officielles, telles que la réception des consuls étrangers, la signature des traités, etc., les officiers supérieurs portent des uniformes splendides. Il est vrai que ces costumes diffèrent à l'infini les uns des autres ; mais tous sont superbes, en drap ou en velours bleu ou écarlate, chargés de galons et de broderies d'or et d'argent ; sans parler du riche plumage des chapeaux. Tous ces grands personnages, alignés dans la cour du palais ou dans la salle de réception, produisent un effet vraiment imposant.

Les musiciens n'ont pas d'uniforme ; ils gardent le lamba indigène et le chapeau de paille. Ils ne sont point à dédaigner comme talent d'exécution musicale. Un certain nombre de jeunes Malgaches furent envoyés à Maurice, il y a quelque cinquante ans, pour apprendre à se servir des instruments de musique. Ils y arrivèrent sans peine, et depuis longtemps chaque régiment possède, comme en Europe, son corps de musique. Un assortiment d'instruments à vent, en argent, faisait partie des cadeaux envoyés par la reine Victoria à Radama II pour son couronnement, et le prince y attachait un grand prix. Certains officiers supérieurs ont à leur service un orchestre, qui joue souvent de la manière la plus satisfaisante.

Il existe un petit corps d'artillerie, et l'on transporte généralement sur le champ de manœuvre une ou deux pièces de campagne. Mais les Malgaches sont peu versés dans l'usage des armes à feu, grandes ou petites ; leurs canons sont fort mal agencés ; chaque partie de la pièce se charrie séparément sur le terrain. L'armée indigène n'a pas de cavalerie, mais quelques officiers généraux vont à cheval aux revues.

Les jours de revue, au milieu de la matinée, la reine se montre ordinairement au balcon du palais, sur la façade qui regarde le champ de Mars. Dès qu'on aperçoit le parasol rouge sous l'un des arceaux de la vérandah, les cors sonnent le « garde à vous, » la masse des troupes fait face à la souveraine, et après avoir joué quelques moments l'air national, elles exécutent le salut militaire au milieu de cris répétés de *travantitra! (qu'elle vive longtemps!)* Lorsqu'on lit un ordre du jour à l'armée, ou un message de la reine, tous les régiments se forment en un carré massif peu avant l'heure du départ, pour entendre la communication faite par le commandant; après quoi ils se dispersent. C'est un spectacle curieux, depuis les hauteurs de la ville, que la dispersion des soldats après l'exercice. Les lignes se brisent l'une après l'autre en une infinité d'atomes distincts, et la plaine se couvre aussitôt d'individus courant chez eux dans toutes les directions. Il n'est pas moins intéressant d'observer avec quelle rapidité on met de côté les uniformes pour reprendre, avec un sentiment de soulagement non dissimulé, le lamba de chanvre grossier où l'on se meut à l'aise.

Les officiers et la musique ne se dispersent pas dans la plaine; ils viennent en corps à la ville pour présenter leurs respects à la reine, dans la cour du palais, avant de rentrer chez eux.

C'est une vraie comédie que d'entendre les termes européens de commandement prononcés ici avec l'accent indigène, et panachés d'expressions malgaches.

Je me suis souvent diverti, lorsqu'un officier de haut rang entrait dans la ville, à voir le capitaine de garde à la porte mettre en ligne son détachement de *quatre* hommes, avec leurs fusils sur l'épaule ; au moment où son supérieur approche, il s'empresse de crier rapidement, pour lui faire honneur : « Attention ! — Présentez... arme ! — *serrez les rangs* ! — » et tous autres commandements que sa mémoire peut lui suggérer, tandis qu'il se tient l'épée haute pour saluer.

Nous avons déjà dit qu'en 1866 une vive excitation se produisit dans le pays en présence de l'attitude menaçante de la France, qui réclamait l'exécution de l'odieux traité Lambert. Le gouvernement adopta des mesures rigoureuses pour renforcer l'armée indigène ; pendant les mois de juin et de juillet, les marches et les exercices se succédèrent sans interruption, avec cessation presque absolue des travaux habituels. Durant trois semaines consécutives, les troupes furent réunies chaque jour, même le dimanche, et le premier ministre se rendait journellement à Imahamasina avec les officiers généraux pour en faire l'inspection. Un grand nombre d'individus, qui avaient été libérés du service militaire à cause de leur âge ou de la durée de leur service, furent rappelés, et on enrôla aussi avec eux une foule de *borizanys* ou bourgeois. Ces vieux soldats étaient désignés sous le sobriquet de *menavazana* (gencives rouges), sans doute parce que les vieillards ont ordinairement perdu leurs dents. Il était fort difficile de faire admettre un cas d'exemption quelconque dans cette conscription en masse ; les ordres furent si sévères que des hommes malades et infirmes furent traînés de force sur le terrain, mal-

19

gré l'évidente impossibilité où ils étaient de servir. On assure que plusieurs moururent au champ de Mars en attendant l'inspection.

Vers la même époque, on organisa un corps d'élite pour servir de garde royale. Ce régiment se compose des jeunes hommes les plus beaux et les plus intelligents de la province centrale ; ils sont armés de fusils et ont tous le grade honoraire de major, soit le septième honneur. Leur uniforme diffère de celui de la ligne : il consiste en une chemise de toile fine, avec le lamba serré à la ceinture pendant les heures de service, et un chapeau de paille. Avec des officiers européens, ce serait un des plus beaux régiments du monde. On les appelle les « *maranitras*, » mot à mot « les ardents. » Les punitions, dans l'armée malgache, sont sévères et cruelles. Elles comprennent la peine du fouet, la dégradation militaire, et — en cas de désertion ou de lâcheté devant l'ennemi — le supplice atroce d'être brûlé vif. Ce dernier châtiment fut adopté par les soldats eux-mêmes, sur la proposition de Radama Ier. Dans un élan de fidélité, ils décidèrent que quiconque déshonorerait ainsi son uniforme serait condamné à cette peine terrible ; aussi le roi, en ordonnant l'exécution de la sentence, avait-il coutume de dire : « Ce n'est pas moi qui vous condamne, c'est votre propre loi. » La même peine atteint les militaires qui abandonnent sans permission leur lieu de garnison, et elle a été plusieurs fois appliquée dans le cours de ces dernières années. Un officier de mes amis fut appelé à surveiller l'exécution de cette peine sur un malheureux qui n'était coupable que de cette faute relativement légère. Il est à espérer que l'influence croissante du christianisme amènera bientôt l'abolition de cette pratique barbare.

Les fonctions des gardes postés aux portes de Tananarive tiennent à la fois de l'élément civil et de l'élément militaire. Ils sont chargés d'une espèce de police pendant la nuit, avec mission d'arrêter tout individu qui passe dans la rue après le coup de canon de la retraite ; à ce moment-là aussi on est tenu d'éteindre partout les feux et les lumières ; mais l'autorité est moins sévère pour cette prescription que pour celle de rester chez soi. Les gardes sont répartis sur toute l'étendue de la ville, dans des cours d'où ils peuvent surveiller les rues. Leur cri traînant de « zovy? » c'est-à-dire « qui va là? » (mot à mot « *qui?* ») se fait entendre à des intervalles réguliers, d'un bout à l'autre de la nuit. Quant aux résidents européens, il est rare qu'ils soient arrêtés aux portes, même après la retraite, soit qu'ils entrent ou qu'ils sortent.

Nous avons vu comment un petit seigneur féodal est devenu peu à peu, par un concours d'événements favorables, le souverain d'une des plus grandes îles du monde. Avec des princes doués de l'énergie de Radama Ier et de Ranavalona Ire, les rênes du gouvernement restèrent presque complétement sous la direction du souverain ; mais en tombant dans des mains qui n'étaient plus aussi fermes, l'autorité fut bientôt partagée par des personnes influentes dans les conseils du roi ou de la reine. C'est ce qui arriva dans la dernière partie du règne de Ranavalona elle-même. Les membres d'une certaine famille parvinrent graduellement à une grande prospérité et à une influence prépondérante ; depuis cette époque jusqu'à aujourd'hui, elle a su monopoliser dans ses mains les principales fonctions officielles, le commandement de l'armée, et la direction effective du gouvernement de l'île. Dans la période de transition qu'a traversée et que traverse encore Madagascar, cette concentration du pouvoir entre un petit nombre de personnes n'a pas lieu de surprendre ; j'ajoute qu'elle n'est pas à regretter quand le pouvoir est exercé avec sagesse. En tenant compte de toutes les circonstances, et des tentations inhérentes à une pareille autorité, il faut reconnaître, à la louange de la famille de Raïniharo, qu'elle en fait un bon usage. Raïniharo et son frère furent au ministère sous le règne de Ranavalona ; son fils Raharo, connu plus tard sous le nom de Raïnivoninahitriniony, hérita de l'autorité et des dignités paternelles. En 1861, à la mort de la reine, ce fut grâce à son énergie et à sa sagesse que Radama II fut placé sur le trône, contrairement aux menées réactionnaires du parti païen. Plus tard, quand le jeune roi se fut livré à l'influence de mauvais conseillers, et que, tombant dans des habitudes licencieuses, il résolut des mesures qui auraient bouleversé le royaume, la sagesse et le courage du ministre et de son frère sauvèrent le pays, bien qu'au prix de la vie du roi mal dirigé. Ce fut lui qui fit reconnaître comme souveraine la reine Rasohérina, en lui imposant au préalable une espèce de charte constitutionnelle. Lorsque le premier ministre eut pour successeur, en 1864, son frère Raïnilaïarivony, général en chef, la même politique intelligente et libérale continua de prévaloir. Depuis lors on a marché d'une manière graduelle et circonspecte dans la voie du progrès : des traités ont été conclus avec l'Angleterre, la France et les Etats-Unis ; le bien-être du pays a augmenté, et le libre exercice de la religion chrétienne a été admis sans difficultés sérieuses.

Les mesures relatives à l'Etat sont ordinairement soumises à un conseil, composé des principaux membres du gouvernement, et de quelques officiers de l'armée choisis parmi les plus âgés et les plus expérimentés. Mais pour les questions importantes, la décision est réservée, dit-on, à la reine, assistée du premier ministre et des membres de la famille royale, réunis en conseil privé. On reconnaît l'influence européenne et la copie de nos institutions dans les noms des plus hautes fonctions officielles. Les termes de « premier ministre » et de « commandant en chef » se sont naturalisés dans la langue; ces deux fonctions appartiennent maintenant à Raïnilaïarivony. Il en est de même de l'expression « secrétaire d'Etat, » qui sert à désigner Raïnimaharavo, frère du premier ministre. Le principal officier du palais est un troisième frère nommé Raïnandriantsilavo. Les sous-secrétaireries d'Etat sont occupées par deux jeunes hommes, Ramaniraka et Razanakombana, fils et neveu de Rahaniraka; ce dernier était un homme intelligent et de grande valeur, élevé en Angleterre, qui fut longtemps premier secrétaire sous Ranavalona. Les traités sont généralement signés par le secrétaire d'Etat, par un des officiers généraux, par le premier juge, et par un vieux chef qui représente le peuple.

A l'avénement de la reine Rasohérina, on fit quelque progrès dans le sens d'un gouvernement constitutionnel, au détriment de l'ancienne coutume, d'après laquelle le bon plaisir du souverain constituait seul la loi. Des conditions furent proposées à la nouvelle reine, qui les accepta; elles n'ont pas été remplies sans restrictions; mais le fait seul de reconnaître que le souverain a des devoirs aussi bien que des droits, constitue un progrès décisif, et ne peut que préparer la voie à des réformes ultérieures. L'extrait suivant d'une lettre écrite par M. Ellis, quelque temps après la révolution de 1863, montre clairement combien le gouvernement s'est rapproché des idées constitutionnelles : « Le lendemain de la mort du roi, quatre personnes de la haute noblesse se présentèrent dans la matinée auprès de la reine, et lui remirent un papier contenant l'exposé des conditions suivant lesquelles le pays devait être gouverné désormais : « Veuillez le lire, » lui dirent-ils; « si vous acceptez ces conditions, nous consentirons à ce que vous deveniez reine; mais si vous les refusez en tout ou en partie, nous devrons chercher un autre souverain. » La reine lut le document, l'examina, reçut des explications sur tel ou tel point, et déclara qu'elle consentait sans réserve à prendre cette charte pour règle de son gouvernement. Les nobles répondirent alors : « De notre côté, nous nous regardons comme liés par cette convention. Si nous la violons, nous serons coupables de trahison, et si *vous la violez*, nous agirons comme nous avons agi aujourd'hui. » Le premier ministre signa alors la charte pour les nobles et les chefs du peuple, et la reine y mit également sa signature. Un des articles était ainsi conçu : « La parole du souverain n'a pas, à elle seule, force de loi; ce sont les nobles et les chefs du peuple qui, *avec le souverain*, font les lois. »

Avant le développement que prit le pouvoir militaire sous Radama Ier, la première autorité, après celle du roi, résidait dans les *Andriambaventys*, c.-à-d. « grands nobles, » ou juges. Ils occupaient le premier rang après les membres de la famille royale, prononçaient les jugements, recevaient le serment de fidélité, et transmettaient au peuple les messages du souverain. Quelques-unes de leurs attributions ont passé aux officiers militaires, et leur position n'est plus aussi élevée qu'auparavant; mais ils sont encore entourés, à un haut degré, de considération et de respect. Les juges sont nommés par le souverain, et la conservation de leur charge dépend de son bon plaisir; mais le fils succède souvent au père dans la charge.

Les fonctionnaires qui viennent immédiatement après les juges sont les *farantsas*. Ils constituent la police civile du pays. Ils sont chargés de percevoir pour le souverain les amendes, taxes et confiscations, ainsi que les impôts en nature prélevés sur le riz et autres produits de la terre; en un mot, ils assurent la rentrée de toutes les contributions légales.

Une autre classe de fonctionnaires civils est celle des *vadintanys*, ou courriers du roi. Ils apportent les messages officiels aux maires des villages, et composent une espèce de garde générale de police, analogue aux constables de la paix en Angleterre. Il y a encore les *ambonin-jatos* (« littéralement *au delà de cent* »), ou centurions; ils servent de hérauts, et communiquent verbalement les messages au peuple ou aux chefs de district. Ces messagers proclament dans les marchés l'ordre du souverain, après que la population a été avertie et convoquée au moyen d'un coup de fusil. En dehors des jours de marché, le vadintany communique les instructions voulues aux chefs des villages, qui en font part ensuite à leurs administrés.

Dans chaque village se trouvent des *loholonas*, « têtes du peuple ; » ce sont ordinairement des hommes âgés et influents, désignés par le souverain pour veiller à l'ordre public. Ils exercent une surveillance générale sur toute la population, et dans chaque district jouent le rôle de représentant du roi ou de la reine.

Pour compléter cette étude de la constitution politique et sociale des Malgaches, il nous reste à relever chez eux deux distinctions capitales : la première a trait à leurs occupations, l'autre à leur naissance. En premier lieu, tous les habitants de l'Ankova (1) se divisent en deux classes, les *miaramilas* ou militaires, et les *borizanys* ou civils. Le premier de ces noms est un composé de deux mots malgaches qui signifient « *unis pour veiller ;* » le second est une corruption du mot français *bourgeoisie*. Nous avons déjà dit que ces deux classes se distinguent extérieurement au moyen de la coiffure (ch. VII). De plus, les populations de la province du centre se divisent en andrians ou nobles, et en hovas ou bourgeois. Dans un sens,

---

(1) *Ankova* est une contraction de la préposition *any* (c'est-à-dire *à*) et du mot *Hova ;* il signifie « au pays des Hovas. » L'Ankova comprend l'Imérina, l'Imamo et le Vonizongo.

tout le monde y est hova par race, à la différence des autres tribus de l'île ; mais ce mot s'emploie dans un sens plus limité pour désigner ceux qui n'appartiennent pas aux familles royales. Il est difficile, en l'absence de statistiques, d'indiquer la proportion de ces deux classes ; on peut toutefois évaluer les andrians au quart de la population libre de l'Ankova. Il y a des villages et même des districts où ils constituent la majorité des habitants. Malgré l'espèce de noblesse qu'ils ont en partage, rien dans leur costume, leur fortune ou leur position sociale ne les distingue du reste des habitants. Bien plus, beaucoup d'entre eux sont fort pauvres, témoin l'adage : « Pauvre comme un andrian. » La seule particularité qui les distingue aux yeux d'un étranger est la manière dont on les salue. On les aborde avec des termes plus respectueux que ceux dont on use avec ceux qui n'ont pas le rang d'andrian. La famille du premier ministre n'est point d'origine noble, elle descend d'un simple hova.

L'application de la loi est confiée aux juges qui, au nom du souverain, rendent la justice dans les causes tant civiles que criminelles. Jusqu'au règne de Ranavalona, ils n'avaient aucun code de lois pour se diriger ; ils jugeaient d'après ce qui leur paraissait juste et droit, en tenant toujours grand compte des précédents et des anciennes coutumes. Comme les caractères écrits étaient absolument inconnus avant l'arrivée des missionnaires protestants en 1819, on ne vit que plusieurs années après des juges sachant lire ou écrire. En 1828, quand l'instruction se fut répandue et que les avantages de l'écriture eurent été reconnus, on composa un code de lois, où les pénalités afférentes aux divers délits étaient minutieusement spécifiées. Elles étaient proportionnées avec soin à la gravité du crime, mais toutes étaient généralement sévères, et les amendes prononcées étaient excessives. Ce code constituait cependant un progrès relativement à la coutume ancienne, qui infligeait la mort à peu près indistinctement pour tous les délits. Au reste, ces mœurs malgaches n'ont pas trop lieu de nous surprendre, si nous nous rappelons le caractère atroce des lois pénales en Europe avant le siècle présent. Grâce à l'influence et aux conseils de M. Hastie, Radama Ier fut amené à substituer des châtiments plus doux aux peines sévères anciennement en vigueur, sans que ce changement ait amené aucun accroissement dans la criminalité.

Depuis lors, de nouvelles améliorations ont été apportées au code, notamment sous le règne de Rasohérina. Tous les rapports officiels sont couchés par écrit et transmis à la reine; dans les causes importantes, la condamnation, avant d'être prononcée, est soumise à l'approbation du souverain. La justice tient ses audiences en plein air, comme nous l'avons déjà dit. Voici comme on explique l'origine de cette coutume de siéger *sub Jove*. « Anciennement, les juges s'assemblaient pour rendre la justice dans une maison, à l'abri des regards importuns ou curieux. Mais un jour, il y a peu d'années de cela, le roi vint à passer dans la maison où étaient réunis les magistrats; ceux-ci, ne l'ayant pas vu, ou affectant de ne pas le voir, se dispensèrent de se lever et de rendre à sa Majesté les hommages de rigueur. Radama, qui n'admettait pas qu'on lui manquât de respect, décida que « ceux qui pouvaient voir mais ne voulaient pas, seraient obligés à voir; » et immédiatement il fit abattre l'édifice, décrétant qu'à l'avenir toutes les causes seraient jugées au grand jour, de manière à ne laisser aucune excuse à personne pour ne pas rendre au roi les respects qui lui sont dus (1).

Les Malgaches paraissent portés aux procès, et les contestations sur le partage des héritages ne sont point rares. Parlant de leurs cours de justice, il ne faudrait pas s'attendre le moins du monde à trouver ici des juges majestueusement vêtus d'écarlate et d'hermine, couronnés à la mode anglaise de volumineuses perruques, ni des avocats en robe et des jurés « intelligents. » Un tribunal malgache est beaucoup plus simple d'aspect; on y constate une absence complète de cet apparat qui accompagne l'administration de la justice en Europe. Les juges ne se distinguent en rien par le costume des autres citoyens. Ils siégent sur un banc de terre ou de pierre, entourés des plaideurs, des témoins, et des spectateurs, qui se tiennent aussi sur la route voisine. Les dépositions sont recueillies par un greffier qui écrit sur ses genoux. Il n'y a point d'avocats : chacun plaide sa propre cause, et questionne les témoins pour ou contre lui. On recherche avec soin la vérité; les témoins sont interrogés en présence les uns des autres, et le jugement est rendu d'après la valeur des témoignages présentés. Dans les cas difficiles, les juges se retirent

---

(1) *Histoire de Madagascar*, par Ellis.

pour délibérer; il y a sept ou huit ans à peine, l'épreuve par le poison était encore employée de temps à autre pour décider de la culpabilité ou de l'innocence des accusés. Dans les affaires criminelles, le poison était administré à l'inculpé lui-même; mais s'il s'agissait d'un délit moins grave, on soumettait à l'épreuve deux poules ou deux chiens, représentant l'accusateur et l'accusé, et le jugement était prononcé suivant l'effet produit sur l'un ou sur l'autre de ces animaux. Cette pratique superstitieuse appartient maintenant au passé; d'après le traité conclu en 1865 avec l'Angleterre, l'épreuve par le poison est pour toujours et dans tous les cas abolie dans l'île.

Dans les solennités officielles, les juges sont vêtus du lamba flottant en soie rouge foncé, relevé par des bordures de couleurs claires. Ils portent ordinairement un chapeau de soie noire, de fabrication anglaise ou française.

Dans la charte qui fut présentée à l'acceptation de la feue reine Rasohérina, avant son couronnement, se trouvait entre autres la clause suivante : « Aucun individu ne sera puni de mort, quel que soit son crime, sur le seul ordre de la souveraine; personne ne pourra être condamné à mort que sur la déclaration de douze citoyens, prononçant que l'accusé s'est rendu coupable d'un crime entraînant la mort de par la loi. » J'ignore à qui l'on doit l'insertion de cet article dans la nouvelle constitution; quelqu'un de ceux qui la rédigèrent avait probablement entendu parler du fonctionnement du jury comme de la première sauvegarde de la liberté en Europe, et désirait, en conséquence, le voir établi à Madagascar. Je ne sache pas que cet article de la constitution ait été appliqué une seule fois jusqu'à aujourd'hui ; mais c'est pourtant un fait intéressant que cette clause destinée à obtenir une meilleure dispensation de la justice, et l'on ne peut que voir là une preuve nouvelle de l'admiration que professe la partie intelligente de la population pour les institutions anglaises. L'introduction du jury ne sera peut-être une mesure sage que plus tard, quand l'instruction et le christianisme auront transformé plus complétement la société malgache ; mais il y a lieu d'espérer qu'il deviendra un jour un élément essentiel de la constitution du pays.

Les peines édictées contre les crimes à Madagascar sont rigoureuses et quelquefois barbares. Mentionnons, entre autres, l'application, plus ou moins cruelle, du fouet, et les chaînes — tantôt de longues et lourdes pièces de fer, tantôt de simples anneaux — dont on charge les mains, le cou, et les jarrets. La peine de la prison est rarement appliquée ; les condamnés aux chaînes sont obligés de travailler pour le gouvernement à la confection des routes ou à d'autres travaux publics, en subvenant à leurs besoins avec leur travail personnel et le secours de leurs amis. Dans les cas ordinaires les fers ne sont pas assez lourds pour empêcher le condamné de travailler ou de marcher, bien qu'avec peine. La peine de la mutilation, consistant dans l'amputation des mains et des pieds, était employée autrefois pour certains crimes. On inflige souvent des amendes, notamment pour les dommages causés par les bêtes égarées, ainsi que pour les vols de peu d'importance. Les délits politiques, et l'insolvabilité d'un débiteur, entraînent souvent la vente du coupable comme esclave ; sa femme et ses enfants partagent quelquefois son sort, et ses biens sont confisqués.

Les crimes qui entraînent la peine de mort sont fort nombreux, et les modes de supplice cruellement variés. L'exécution par la lance est la plus commune : le criminel est renversé par terre, et transpercé de coups de lance dans le dos. On a recours aussi à la décapitation et à la lapidation. Dans certains cas extrêmes les condamnés ont été fouettés jusqu'à ce que mort s'ensuivît, ou mis en croix, ou brûlés vifs ; ceux qu'on croit coupables de sorcellerie sont précipités du haut d'une espèce de roche Tarpéienne. La plupart de ces supplices atroces ont été infligés aux chrétiens pendant la longue persécution du règne de Ranavalona ; on s'ingénia même à inventer des procédés inconnus de lente torture, pour empêcher par la terreur les populations d'embrasser la nouvelle foi. Quand les coupables appartenaient à la classe noble des andrians, on prétendait que la loi s'opposait à l'effusion de leur sang ; alors, pour satisfaire le courroux de cette reine impitoyable, les malheureux étaient étouffés, brûlés, ou privés de nourriture jusqu'à la mort. Le roi Radama II fut étranglé avec une corde en soie.

Jusqu'à ces tout derniers temps, les voleurs surpris au marché coupant le coin d'un lamba, avec l'argent qui y est ordinairement serré, étaient assaillis par la populace et mis à mort sans autre forme de procès. Cette justice sommaire est actuellement condamnée par la loi. Je l'ai pourtant vue fonctionner en 1866, dans les circonstances suivantes. Un jour de marché, j'allai à Analakély visiter le Rév. J. Pearse. La maison de mon ami est située sur la montée de Faravohitra, en face du Zoma, place du grand marché hebdomadaire. Entre ces deux points se trouve un plateau, couvert de gazon, qui sert de marché aux bestiaux et de champ de manœuvres pour les gardes de la ville. Comme nous causions ensemble, nous remarquâmes une foule d'hommes et d'enfants courant entre les maisons et les murs de clôture qui avoisinent le Zoma; mais nous y fîmes peu d'attention, pensant qu'ils étaient engagés dans quelque jeu. Tout à coup un homme se détache, traverse à toutes jambes le plateau, dépasse la cour de M. Pearse, et s'arrête dans une ruelle étroite qui conduit à la grande route du nord. Il paraissait haletant et épuisé, il était poursuivi par un groupe de gens de la dernière classe du peuple. Ne comprenant rien à cette scène, nous en demandâmes l'explication aux domestiques de la maison : « C'est un voleur, » répondirent-ils, « qui a coupé au marché le coin d'un lamba, et on lui court après pour le tuer. » Comme les Malgaches emploient souvent le mot *mamono*, « tuer, » dans le sens de punir ou de battre, nous nous bornâmes à leur dire : « Courez voir si on ne lui fait pas trop de mal, » ne supposant pas qu'on le maltraiterait de manière à mettre sa vie en danger. Immédiatement après, un grand bruit mêlé de cris se fit entendre, et les domestiques revinrent en disant : *Maty izy*, « il est mort. » A cette horrible nouvelle, nous nous précipitâmes pour aller la vérifier, et à cent mètres de la maison nous trouvâmes la malheureuse victime étendue par terre, couverte de meurtrissures saignantes, complétement nue, et entourée des misérables qui l'avaient lapidée. Ils se retirèrent à notre approche, les meneurs s'échappant les premiers. Le malheureux respirait encore, je courus à l'hôpital pour demander au docteur Davidson de le recevoir, et d'essayer s'il restait quelque espoir de le sauver. Il envoya, sans perdre de temps, un de ses aides qui fit enlever l'agonisant sur un palanquin; et nous le transportâmes ainsi à l'hôpital, suivis par une foule immense. Le docteur le trouva grièvement blessé, et déclara que si nous avions tardé quelques secondes seulement, nous serions arrivés trop tard. Nous envoyâmes ensuite un message à la reine, pour l'aviser de ce que nous avions fait. La réponse de sa Majesté arriva le lendemain; elle nous remerciait de nos soins pour la vie d'un de ses sujets, si criminel fût-il; « la reine était pleinement persuadée, ajoutait-elle, que nous avions cédé à un sentiment d'humanité, et non à un désir de dérober les coupables au châtiment qu'ils méritent. » Nous en conclûmes que ces procédés de justice sommaire n'étaient plus légaux, et que les malfaiteurs devaient être traduits devant les juges.

Voici une autre aventure personnelle, dont le récit mettra en lumière un côté spécial du caractère des Malgaches : je veux dire leur indifférence à l'endroit de la souffrance, jointe à une appréhension extrême d'avoir des rapports avec la justice. Je cite, pour plus d'exactitude, une lettre écrite peu de jours après l'événement : « Nous avons eu, il y a huit jours, une aventure bien étrange. Vendredi dernier, dans l'après-midi, quelques habitants d'Amparibé vinrent dire à M. Parrett qu'un homme était étendu, garrotté, à demi mort, au milieu d'un torrent, dans la vallée qui sépare cette localité de Faravohitra. Nous envoyâmes nos domestiques pour le prendre, mais ils n'osèrent pas le toucher, supposant que c'était un prisonnier; il est en effet défendu par la loi de rien faire pour élargir un prisonnier. Toutefois, sur leur rapport que le malheureux avait passé là deux ou trois nuits, pendant l'une desquelles était tombée une pluie torrentielle, nous décidâmes que nous ferions notre possible pour le secourir. Nous vîmes un officier du palais : « Ce que vous avez de mieux à faire pour vous éviter du désagrément, » nous dit-il, « c'est de laisser cet homme tranquille; » mais nous lui promîmes de prendre tout sur notre responsabilité, et il s'engagea à parler de la chose au premier ministre. Suivis de nos domestiques avec un palanquin, nous descendîmes dans le ravin. Le malheureux était là, couché au milieu d'un petit filet d'eau qui, la nuit précédente, avait dû être un véritable torrent. Il avait les bras étroitement liés derrière le dos avec des cordes qui avaient entamé la chair en plusieurs endroits ; les mains étaient complétement insensibles, la peau enlevée et mangée en partie par les chiens ; mais la vie n'était pas encore éteinte. Il y avait des habitations à quelques mètres de distance ; mais personne n'avait osé enlever le moribond ni même le détacher. Quelqu'un devait lui avoir mis un peu de riz dans la bouche, mais c'était tout. Cette vue faisait saigner le cœur. Je m'empressai de couper les cordes, nous l'étendîmes sur le palanquin, et le transportâmes chez nous. Nous lui fîmes un bon lit dans la cuisine, pendant qu'on lavait ses plaies ; on lui fit avaler de l'eau-de-vie et du bouillon, et nous fîmes chercher le docteur. C'était environ trois heures et demie de l'après-midi. Il reprit connaissance et dit quelques mots à nos domestiques ; mais à sept heures du soir il mourut, sans doute d'épuisement. Nos hommes le mirent en terre le lendemain matin. Nous n'avons pas pu savoir positivement si c'était un criminel ou une victime. D'après son dire, c'était un étranger venu de loin, et qui avait rencontré ici des créanciers ; ces derniers le saisirent, le dépouillèrent de son argent et de ses vêtements, et lui attachèrent les bras ; il erra ainsi quelque temps, et finit par tomber à l'endroit où nous l'avions découvert. Ce récit était-il vrai ou faux ? nous ne saurions le dire. Un officier du palais est descendu aujourd'hui chez nous, porteur d'un message de la reine, qui nous remerciait de nos bontés pour un de ses sujets. « Elle savait, disait-elle, que nos intentions étaient irréprochables, exemptes de tout sentiment d'opposition à son gouvernement, et elle approuvait ce que nous avions fait. » Voilà un étrange échantillon des mœurs malgaches ; il vous donnera une idée de ce mélange de cruauté et d'insensibilité qui existe dans les pays à demi idolâtres. La compassion, la bonté, et toutes les vertus de cet ordre, sont les fruits bénis de cet Evangile qui enseigne la *bonne volonté envers les hommes.* »

A la lecture de ces récits on serait tenté de se récrier contre la barbarie des indigènes ; mais il ne serait pas juste de les condamner tous sans distinction. Il se trouve parmi eux bien des personnes animées de tout autres sentiments, et qui se garderaient avec horreur de toute participation à des actes pareils. Au reste, rappelons-nous les anciennes tortures usitées chez les nations européennes, et les violences commises de nos jours même par des Anglais ou des Français, et nous ne serons plus surpris qu'une population comme celle-ci, imparfaitement pénétrée par la civilisation et le christianisme, n'use pas encore d'humanité envers les criminels. Sous l'influence de l'enseignement chrétien les idées d'humanité et de respect pour la vie humaine se répandent rapidement dans le pays. Si les fautes qui ont amené récemment la destitution du premier ministre avaient eu lieu quelques années auparavant, elles auraient entraîné son exécution sommaire, et précipité peut-être sa femme et ses enfants dans l'esclavage. Il fut privé de son rang et de ses fonctions, mais sa vie et ses biens furent épargnés ; on lui assigna ensuite pour résidence, à quelques kilomètres de la capitale, un village où sa liberté n'était restreinte que par une surveillance à peine sensible. Mais l'influence adoucissante des idées chrétiennes s'est révélée tout dernièrement d'une manière plus frappante encore. Peu de temps avant la mort de la reine Rasohérina, en avril 1868, un parti tenta de changer l'ordre de succession, et de mettre sur le trône un autre parent de la reine à la place de sa cousine, qui était l'héritier légitime. Les auteurs de ce complot allèrent jusqu'à s'emparer du palais pendant l'absence de sa Majesté, en garrottant les gardes de l'habitation royale. Cet attentat échoua complétement, et tous ceux qui étaient compromis furent arrêtés et jugés. Si l'on se fût trouvé à quelques années en arrière, tous auraient été mis à mort sur-le-champ, sans aucune espèce d'hésitation ; mais les conseils de la clémence prévalurent, et après une longue délibération, la peine capitale fut remplacée par celle de l'emprisonnement pour tous les conspirateurs. Ce résultat doit être attribué, dans une grande mesure, à l'influence exercée sur le premier ministre par les missionnaires anglais et par M. Laborde, le consul de France.

Il est difficile pour un étranger, s'il n'a pas une longue expérience du pays, de se prononcer avec certitude sur la manière plus ou moins juste dont les lois sont appliquées; toutefois, autant qu'un séjour de trois ou quatre ans peut m'avoir mis à même de le constater, cette application paraît être généralement satisfaisante. Il faut pourtant ajouter que la corruption est à l'ordre du jour parmi les juges ; que les dons en argent et d'autres considérations ont une grande influence sur les décisions judiciaires, et que la bourse la mieux garnie a de bonnes chances de gagner le procès. Les juges ne reçoivent pas de traitement de l'Etat, et l'on prétend que le grand juge a offert une somme très-considérable pour conserver sa position. Dans cet état de choses, il est évident que les plaideurs ont à payer pour l'Etat, et cet abus subsistera jusqu'à ce qu'un développement général des mœurs publiques et du sentiment du droit, impose l'obligation d'être intègres à ceux qui rendent la justice.

Le gouvernement malgache n'a encore aucun représentant près des cours européennes; mais à Port-Louis un sujet anglais lui sert d'agent pour l'île Maurice. Des consuls accrédités par l'Angleterre, la France et les Etats-Unis, résident à Tamatave et dans la capitale. M. F. C. Pakenham, notre représentant, habite ordinairement Tamatave, ainsi que le vice-consul anglais et le major Finkelmeier, consul américain. M. Laborde, agent consulaire du gouvernement français, réside depuis bien des années à Tananarive ; il y était en grande faveur auprès de la reine Ranavalona à cause des services qu'il a rendus en enseignant diverses industries aux habitants. En 1836, sous le règne de Guillaume IV, une ambassade fut envoyée en Angleterre et en France par le gouvernement malgache ; et de nouveau en 1863 celui-ci se fit représenter à Londres et à Paris par deux fonctionnaires, pour arranger le différend survenu entre la France et Madagascar.

En 1865, un traité de commerce avec l'Angleterre fut signé à Tananarive. Ce traité ne se rapporte pas exclusivement à des questions de trafic ; plusieurs des clauses qu'il renferme rendent un digne hommage à l'humanité, et révèlent, chez ceux qui les ont rédigées, le souci de la véritable prospérité de Madagascar. On y voit, entre autres dispositions, l'abolition de l'épreuve judiciaire du poison, la reconnaissance de la liberté religieuse pour les Européens et les indigènes, l'engagement de protéger les églises évangéliques et tous les édifices de la mission chrétienne. Un traité avec les Etats-Unis fut signé en 1867, mais il est purement commercial, et ne contient pas même une clause visant le droit des sujets américains d'élever des édifices pour leur culte. En 1869, un traité fut conclu avec la France ; les Français n'y obtinrent pas tout ce qu'ils voulaient, mais ce traité abolit du moins toutes les interdictions qui les éloignaient des cités saintes. Cette clause, bien entendu, s'applique également aux sujets anglais, sous la rubrique : « la nation la plus favorisée. » La loi malgache ne permet pas à un étranger d'acquérir du terrain dans le pays; mais le sol peut être pris à bail sur une déclaration faite au gouvernement. Cette jalousie méfiante a pour cause principale les efforts prolongés des Français en vue d'obtenir une concession territoriale dans l'île; elle peut provenir aussi de ce que les Malgaches ont appris relativement aux empiétements graduels de la puissance britannique dans l'Inde.

La nation malgache traverse actuellement une crise. Les vieilles superstitions sont condamnées, l'idolâtrie tombe rapidement en discrédit, l'instruction se développe, le christianisme étend sa puissante influence dans la capitale et dans toute la province centrale. La jeune génération est toute disposée à marcher dans le sens du progrès, à rejeter les pratiques puériles du paganisme, et à favoriser tout ce qui tend à la prospérité matérielle et morale de la patrie. Pour seconder cette tendance, il faudrait, à ceux qui ont le pouvoir en mains, de bons conseillers. Un Européen intelligent, désintéressé et ami du pays, habitant la capitale, dirigeant le gouvernement indigène dans ses actes, lui montrant la voie du vrai progrès et adaptant habilement nos institutions modernes aux coutumes locales, pourrait rendre au pays les plus grands services. Mais, grâce à la jalousie qui divise les puissances européennes, il serait probablement impossible à personne, Anglais ou Français, d'occuper aujourd'hui la position qu'avait M. Hastie auprès de Radama Ier. Quoi qu'il en soit, le premier ministre actuel a prouvé qu'il possède une juste intelligence de l'époque, et il est appelé à exercer des pouvoirs assez étendus pour faire de lui le véritable souverain de Madagascar. Sous son administration vraiment sage, le pays a fait bien des progrès ; il s'est affranchi de l'intervention étrangère et a rejeté les traditions du paganisme. L'avenir de Madagascar s'annonce sous les perspectives les plus brillantes ; s'il ne se produit pas de mouvement en arrière — ce qui n'est pas à prévoir selon les probabilités humaines — on peut annoncer, pour un avenir peu éloigné, le jour où l'île de Madagascar aura conquis un rang honorable parmi les nations civilisées et chrétiennes.

CHAPITRE XI

LA ROYAUTÉ A MADAGASCAR ; ÉTIQUETTE DE LA COUR. CÉRÉMONIES OFFICIELLES. FÊTES PUBLIQUES.

Hiérarchie des andrians ou nobles. — Respect pour la royauté. — Le souverain est regardé comme le représentant et le grand-prêtre de la Divinité. — Cérémonial et pompe dont s'entoure la royauté. — Salutations. — Habits royaux. — Extravagances de l'adulation. — Incident qui marqua l'ensevelissement d'un ambassadeur. — Respect professé pour la propriété royale. — Localité interdite. — Manière de prêter le serment de fidélité. — La lance ennemie des mensonges. — Changement de nom. — Caractère sacré du nom royal. — Coutume semblable dans la Polynésie. — Présentation à la cour. — Aspect personnel de la reine Rasohérina. — Pique-nique avec la cour. — Jardins de la reine à Mahazoarivo. — Fête du Jour de l'An ou Fandroana. — Présents du peuple. — Le Zoma. — Feux de joie. — Jaka. — Bain de la reine. — Deuil à la mort des parents. — Anciennes coutumes. — Sang répandu sur les portes. — Incidents de la fête. — Le jaka mangé au palais. — Visite de la reine à Ambohimanga. — Garde sévère aux portes de la capitale. — Rentrée solennelle à Tananarive. — Souillure attachée aux cadavres. — Pardon accordé aux criminels qui voient le souverain.

Dans un précédent chapitre (le sixième) sur les villes saintes de l'Imérina, nous avons dit comment Andrian-impoïn-Imérina, seigneur de Tananarive, se rendit maître du centre et des autres parties de l'île. Nous avons également détaillé, à propos du développement du pouvoir militaire et des institutions politiques du pays, les empiétements successifs qui ont fait parvenir son fils Radama à la souveraineté de Madagascar. Il serait donc inutile de reproduire ici la généalogie de la famille régnante, si ce n'est en tant que cela pourra être nécessaire pour jeter du jour sur les différentes tribus royales. Nous n'avons pas relevé encore ces divisions hiérarchiques chez les andrians ou nobles. On compte parmi eux six catégories distinctes, classées comme suit, selon qu'elles se rapprochent plus ou moins de la famille du monarque régnant :

1. Les proches parents de la reine ;
2. Les Zanak'Andriamasinavalonas ;
3. Les Zazamarolahys ;
4. Les Zanak'Ambonys ;
5. Les Zafinandriandranandos ;
6. Les Zanadralambos.

Les derniers sont les descendants de Ralambo, le seigneur d'Ambohitrabiby, qui découvrit le premier que le bœuf était bon à manger. Les Zanak'Ambonys descendent de ceux qui accompagnèrent Andrianjaka dans l'expédition qui aboutit à la prise de Tananarive. En récompense de leurs services il leur conféra ce titre pompeux, qui signifie « fils d'en haut » ou « fils de haut rang. » Le village principal de ce clan est Ambohipihaïnana, à douze kilomètres de la capitale. Les Zanak'Andriamasinavalonas sont issus du chef célèbre qui subjugua la plus grande partie de l'Imérina. Ils occupent le plus haut rang de la noblesse, étant de sang royal, et ils ont, entre autres priviléges, celui de se marier avec des membres de la famille royale. Aucune classe d'andrians ne peut s'unir par le mariage avec les hovas, et un andrian de rang inférieur ne peut épouser une femme appartenant aux classes supérieures de la noblesse.

A Madagascar la royauté est entourée d'une vénération profonde, qui touche à l'idolâtrie. Le peuple croit fermement au « droit divin des rois, » et leur attribue une protection spéciale de la divinité. Ce respect sans bornes pour le souverain a dû grandir considérablement dans les temps modernes, en présence du développement merveilleux du pouvoir et de la richesse des chefs hovas ; mais les Malgaches paraissent avoir eu toujours un grand respect pour la loi et l'autorité. Amis de l'ordre, ils obéissent à l'autorité par tempérament et attachent un grand prix aux avantages d'un gouvernement, serait-il même arbitraire et despotique.

Les souverains malgaches sont regardés comme les vicaires et les représentants de Dieu sur la terre. Quand ils se montrent en public on les salue du cri *Andriamanitra lehibé ny mpanjakanay* — « Un grand Dieu est notre souverain. » Le roi ou la reine sont souvent appelés *Ny andriamanitra hita mazo* — « Le Dieu vu à l'œil, » la divinité visible ; et il y a un proverbe qui dit : « Qui est Dieu sous le ciel ? n'est-ce pas le souverain ? » L'union en une seule personne de la double autorité divine et humaine imprime nécessairement à la royauté une sanction redoutable : la désobéissance à la volonté du souverain devient non-seulement un crime, mais un sacrilège. On reconnaît l'origine asiatique de la nation à ce sentiment profond de vénération pour les rois, qui caractérisait les monarchies de la Perse, de l'Assyrie et de Babylone, et dont on retrouve la trace dans les livres sacrés des Juifs. Ces proverbes orientaux : « La colère d'un roi est comme les messagers de la mort, »

— « Dans le rayonnement de la face du roi se trouve la vie, » — « La colère du roi est comme le rugissement du lion, mais sa faveur est comme la rosée sur l'herbe, » et autres maximes analogues, s'adaptent parfaitement au caractère malgache. On a vu un exemple frappant de ce respect instinctif de l'autorité chez un ouvrier du gouvernement qui, après la proclamation de Ranavalona contre le christianisme, demandait à quelques Européens s'ils pourraient désormais manger leur pain sans frayeur. « Comme on lui répondait que, tout en déplorant la voie où s'était engagée la reine, on avait la conscience d'avoir bien agi, et qu'on ne pouvait dès lors éprouver aucune crainte » : « Peut-être ignorez-vous, » reprit-il, « que nous ne pouvons rien faire de ce que la reine désapprouve ; nous ne connaissons pas de puissance supérieure à la sienne, et quand nous lui avons déplu, nous sommes perdus. »

Le souverain est aussi le grand prêtre de la nation ; c'est lui qui offre, au nom du royaume, les quelques sacrifices prescrits par l'idolâtrie malgache. A la fête du jour de l'an, on abat un bœuf ; le roi ou la reine dit des prières ou des actions de grâces au-dessus du cadavre de l'animal, en implorant pour le cours de la nouvelle année les bénédictions des idoles et des ancêtres royaux. La feue reine Rasohérina, bien qu'idolâtre, désapprouvait comme des blasphèmes les hommages divins qu'on lui présentait, et elle les interdisait absolument quand elle traversait la ville en grande pompe. Ce fait, avec bien d'autres, atteste l'influence indirecte du christianisme s'exerçant jusque sur la portion païenne de la population, et tendant à détruire, même sous un régime idolâtre, les superstitions anciennes.

Les souverains malgaches ne se montrent pas très-souvent en public; mais chaque fois qu'ils sortent, c'est avec un immense cortége de soldats, nobles, grands officiers, et fonctionnaires de diverses catégories, au nombre de plusieurs centaines. La feue reine avait l'habitude de passer de temps à autre quelques heures dans une de ses maisons de campagne aux environs de la ville, soit au palais d'été bâti sur le lac à l'ouest de Tananarive, soit dans les beaux jardins de Mahazoarivo, situés au sud-est. Pour un observateur placé sur un des points élevés de la colline, ce cortége royal présentait un tableau brillant et animé. Il s'ouvrait par une longue file de soldats en uniformes blancs avec musique; ensuite venaient les officiers et les nobles, portés en palanquin par leurs esclaves, et souvent accompagnés de leurs femmes et de leurs filles ; les employés inférieurs marchaient en tête, suivis des fonctionnaires plus élevés, et enfin des membres du gouvernement et du premier ministre, qui venait immédiatement avant la reine. Sa Majesté était portée dans une espèce de grand fauteuil, recouvert d'une tenture écarlate brodée d'or ; au-dessus de sa tête on portait l'attribut réglementaire de la royauté, un vaste parasol rouge (1). L'écarlate est la couleur royale à Madagascar : le droit de se garantir du soleil avec un parasol rouge est une prérogative exclusive de la royauté, ainsi que celui de porter un lamba où cette

---

(1) Il en était de même dans les anciennes monarchies d'Assyrie, comme l'attestent les sculptures de Ninive.

noble couleur brille sans mélange. La maison où l'on expose le corps d'un roi est également tendue, du haut en bas, de draperies écarlates. Un jour que nous prenions l'air, l'après-midi, sur les vastes balcons du palais, la présence de la reine se trahit immédiatement, à une distance très-éloignée, par la petite tache rouge qui ponctuait la tête de Sa Majesté. Lorsque je me promenais dans la cour de notre maison à Imarivolanitra, qui dominait la plaine à l'ouest, j'ai entendu maintes fois une vague rumeur s'élever des petits marchés semés au pied de la colline, en même temps qu'un mouvement de la population s'accentuait du côté de la résidence royale. Regardant alors vers les balcons en arcades du grand palais Manjaka Miadana, j'étais sûr d'apercevoir le parasol écarlate qui révèle la présence du souverain. Tous les habitants se retournaient alors du côté de leur reine, et disaient en s'inclinant jusqu'à terre : « *Trarantitra, tompokovavy !* » « Longue vie à notre souveraine! » Quand elle traversait la ville, la reine était entourée d'une garde de soldats, et suivie de ses gens de service ; cette suite, composée tant d'hommes que de femmes, faisait entendre je ne sais quel chant étrange en l'honneur de leur souveraine, accompagné de battements de mains et d'un roulement de tambours, quelquefois aussi d'un beuglement de trompettes fabriquées avec de grosses coquilles. Lorsqu'elle se rendait à des endroits peu éloignés, la reine portait souvent le costume ordinaire du peuple, le simple lamba blanc ou rayé comme vêtement de dessus, avec d'élégants bijoux d'or dans les cheveux ; mais si elle revenait d'une certaine distance, et qu'elle fît une entrée de cérémonie dans sa capitale, on la voyait toujours splendidement vêtue de soie ou de satin ; quelquefois elle portait un mantelet brodé blanc ou écarlate, avec une petite couronne d'or sur la tête.

Le peuple de Madagascar n'acclame pas ses souverains avec des cris et des hourras, comme c'est l'usage en Europe. A son approche, les femmes et les enfants entonnent un chant bas et monotone, mais non sans charme, où sont énumérés les titres et les ancêtres du souverain, et qui lui attribue des honneurs presque divins. Quand on s'adresse à la reine, l'objet principal du discours est toujours précédé et entremêlé de nombreuses formules de compliments et de félicitations ; si extravagantes et exagérées qu'elles nous paraissent, elles s'accordent parfaitement avec les idées exaltées du peuple sur la royauté. La formule la plus usitée est celle-ci : *Trarantitra hianao, tompokovavy, aza marofy; mifanatera aminy ambany ny lanitra;* c'est-à-dire, « Puisses-tu vivre longtemps, noble souveraine, sans connaître l'affliction ! Puisses-tu égaler, par la longueur de tes jours, « ce qui est sous le ciel » (c'est-à-dire le peuple entier) ! » Vient ensuite une énumération des ancêtres de la reine, qui est la représentante de Radama Ier, d'Andrian-impoïna, de Ralambo, et de toute la race des anciens rois : tous consacrent et confirment son droit à leur succéder sur le trône. On invoque l'Être suprême sous le nom d'Andriamanitra Andriananahary, « le prince odoriférant et créateur, » pour qu'il bénisse la reine ; on implore avec lui les douze souverains, les douze villes sacrées de l'Imérina, le soleil, la lune et les étoiles, et les idoles principales, désignées chacune par son nom. Tout ce que peut faire la reine est déclaré « doux, charmant, délicieux (1) » pour ses sujets, qui se garderaient bien de « braver le soleil, » car c'est ainsi qu'on la désigne. Si serviles que semblent de tels propos à des oreilles anglaises, ils n'excèdent pas, après tout, la basse flatterie et les louanges extravagantes qui ont signalé trop souvent les adresses au roi ou à la reine d'Angleterre à l'époque des Stuart et des Tudor.

Dans les Kabarys, ou assemblées nationales, chaque discours débute par quelques compliments du genre susdit : après quoi l'orateur s'incline avec grâce, ouvre les mains et les élève dans l'attitude d'un homme qui fait une offrande, et salue profondément le palais, comme si le souverain le voyait à ce moment-là. On en use ainsi alors même qu'on est éloigné de la ville et complétement hors de vue de tous les palais. Dans les fêtes et dans les repas publics, lorsqu'on porte la santé de la reine, les convives se lèvent et se tournent du côté de la capitale, pour présenter à la souveraine leurs souhaits de longue vie. Contrairement à l'usage européen, les toasts de moindre importance viennent les premiers, et c'est en dernier lieu, pour clore la fête, qu'on porte la santé royale.

Un curieux exemple de ce respect pour la royauté se présenta lors de l'enterrement du comte de Louvières, plénipotentiaire français chargé de négocier un traité avec le gouvernement malgache. La plupart des Européens qui résidaient dans la capitale accompagnaient les restes du comte décédé, de la chapelle catholique, où l'on venait de chanter la messe des

---

(1) Littéralement *bon à avaler*.

morts, jusqu'au lieu de la sépulture, à 5 kilomètres de la ville. Le cortége était escorté par un orchestre indigène et un détachement de troupes. Quand nous fûmes arrivés sur la crête de la colline, en vue du palais, qui s'élevait à quatre cents mètres de distance, on s'arrêta; et au commandement de l'officier de service, il nous fallut tous descendre de nos palanquins, en ôtant nos chapeaux et déposant nos parasols ; les soldats présentèrent les armes, et il cria : « Reine Rasohérina, souveraine de la terre, puisses-tu vivre longtemps sans connaître l'affliction ! » Reprenant ensuite nos véhicules, nous descendîmes la colline pour prendre un chemin qui serpente dans la plaine ; lorsque nous fûmes de nouveau en face du palais, avant de tourner à l'est, la même cérémonie fut répétée, et le salut exécuté une seconde fois, bien que la reine fût hors de vue.

Si l'on se trouve en vue du palais et que le parasol écarlate vienne à se montrer sous la vérandah, il est élémentaire de fermer sa propre ombrelle jusqu'à ce que l'emblème royal disparaisse à vos yeux, caché par un pli de terrain ou par des maisons. Toujours dans cet ordre d'idées, on serait regardé comme coupable d'une espèce de petite trahison si l'on tirait un coup de fusil dans la direction du palais, même à plusieurs kilomètres de la ville ; il est également défendu de décharger des armes à feu à Tananarive ou aux environs, pour les étrangers comme pour les indigènes. Ce respect exagéré pour la personne de la reine s'étend à tous les objets qui lui appartiennent ou qui sont destinés à son usage. Ce serait le comble de l'inconvenance de se tenir debout ou de s'asseoir sur des ballots contenant des objets appartenant au souverain, ou des présents à lui envoyés. En traversant la ville, on est souvent obligé de s'arrêter pour laisser passer les porteurs de bagages royaux. Cette règle est aussi ennuyeuse qu'absurde aux yeux d'un étranger. Il vous arrive, quand vous marchez tranquillement dans une rue, d'être troublé soudain par des cris de *mitanila! mitanila!* (« passez au large! passez au large! ») dont vous ne distinguez que la dernière syllabe. En face de vous, vous voyez tous les passants se ranger des deux côtés de la route, qui se nettoie en un clin d'œil, chacun se découvrant avec respect. Quelle est donc la cause de ce dépeuplement subit? C'est un petit groupe d'individus, dont l'un marche en tête avec une lance, précédant des domestiques qui portent sur leurs épaules des paquets suspendus à des bambous; un autre porteur de lance ferme la marche, et c'est tout : mais les paquets appartiennent à la reine. Que le cortège se compose d'un seul domestique ou d'une vingtaine, qu'ils portent des étoffes de prix ou de simples cruches, peu importe : ce sont toujours les mêmes respects à rendre, et un Malgache qui oserait traverser la rue en pareille circonstance ou s'approcher des porteurs, s'exposerait à tâter des lances de la garde. Il n'y a pas jusqu'aux bœufs de la reine qui ne reçoivent les mêmes hommages, et qui ne voient tomber les chapeaux devant eux tout comme devant leur royal propriétaire. Les Européens se dispensent généralement de la plupart de ces observances; toutefois, quand vous vous promenez en palanquin, il ne serait pas prudent de faire avancer vos porteurs avant que les articles royaux aient passé.

Si grandes que soient les prérogatives de la royauté à Madagascar, il y a un endroit où aucun membre de la famille royale, pas même le souverain, n'ose pénétrer. Ce coin de terre interdit se trouve près d'Andohalo, sur la route qui va du centre de la ville à Faravohitra et au nord. Voici, dit-on, l'origine de cette restriction. Lorsque Andrianjaka, un des ancêtres de la famille régnante, s'empara de Tananarive, il attaqua la place au point le plus faible, du côté du nord, et il en chassa le seigneur de la ville vers le nord-est, où le malheureux fut tué. Les habitants stipulèrent dans la capitulation qu'aucun membre de la famille conquérante ne foulerait jamais le sol où leur chef était tombé, et cette convention a été jusqu'à aujourd'hui strictement respectée comme une obligation sacrée. La tradition et la coutume ont une grande force à Madagascar. Pour la grande masse du peuple, dire que telle ou telle pratique est *fanaon'drazana*, « coutume des ancêtres », c'est mettre hors de discussion la sagesse et la légitimité de cet usage. J'ai été souvent frappé du saisissement respectueux que produit sur les Malgaches un officier ou un fonctionnaire quelconque en prononçant ces simples mots : *fanjakan'andriana*, « royaume de la reine, » c'est-à-dire *affaire de gouvernement*. Les fonctionnaires *à poigne* peuvent en profiter dans leur intérêt privé, et ils le font sans doute plus d'une fois; mais personne n'oserait jamais opposer la moindre résistance à ceux qui représentent la source de tout honneur et de tout pouvoir dans le royaume.

De toutes les régions de l'île on voit constamment arriver à la capitale des envoyés étrangers pour apporter au souverain des présents offerts par les chefs de tribus éloignées, acquitter l'impôt qui lui est dû, et lui prêter le serment de fidélité. Il y a deux manières d'accomplir cette dernière cérémonie. L'une s'appelle *milefon'omby*, « transpercement du bœuf », et l'autre *mively rano*, « battage de l'eau ».

La première est la plus solennelle ; on l'emploie dans les occasions exceptionnelles, telles que le couronnement d'un nouveau souverain ; elle est à l'usage des nobles, des officiers supérieurs et des chefs de tribus. On abat un veau, puis l'on coupe la tête et la queue, dont la place respective est intervertie ; les jambes de devant sont également étendues à la place des jambes de derrière, et réciproquement. On éventre alors la bête, et des lances sont enfoncées dans la chair qui palpite encore. Les chefs et les nobles qui ont à prêter serment tiennent les lances, tandis qu'un des juges prononce le serment, qui contient les allusions accoutumées à tout ce qui est regardé comme sacré par les vieilles traditions idolâtres : les douze souverains, les douze montagnes sacrées, le ciel et la terre, les idoles, et Andriamanitra. La formule de serment prononce des imprécations terribles contre ceux qui se parjureraient en reconnaissant un autre souverain, et souhaite que ceux-là soient « comme ce bœuf mutilé. » De fastidieuses répétitions sont prodiguées à satiété pour augmenter la force obligatoire du serment, et à la fin tous expriment leur adhésion en enfonçant violemment les lances dans le corps de l'animal, comme pour ratifier solennellement le serment prêté. A l'avénement de la reine actuelle, Ranavalona II, cent cinquante hommes environ, nobles ou grands officiers, accomplirent cette cérémonie. Outre les pratiques détaillées ci-dessus, on boit quelquefois, comme gage supplémentaire de fidélité, un peu d'eau mêlée avec de la terre ramassée sur la tombe des anciens rois.

La cérémonie du « battage de l'eau » a lieu dans les occasions moins solennelles, et sert pour les rangs inférieurs de la population. Elle se célébrait autrefois au bord d'un petit étang à Antsahatsiroa, à peu de distance des palais; mais on l'a remplacé, dans ces derniers temps, par un bateau à moitié rempli d'eau et placé à l'angle nord-ouest d'Andohalo. On met dans cette eau divers objets, tels que des fleurs sauvages, des brins de paille, du crottin de bœuf, des feuilles d'arbres, des bourres de fusil. Ces objets ont pour but de symboliser, par leur manque de valeur, la condition où tomberaient ceux qui se rendraient coupables de parjure. Après que le juge a récité, comme dans la cérémonie du bœuf, le serment et les imprécations, ceux qui sont appelés à jurer agitent l'eau en la battant avec des branches ou avec une lance, quelquefois en ébranlant le bateau, pour confirmer leur résolution de tenir le serment et de ne pas reconnaître d'autre chef que le souverain régnant. Longtemps après l'avénement d'un nouveau roi ou d'une nouvelle reine, le bateau reste en place, rempli d'eau mélangée avec de la terre qu'on a ramassée sur une tombe royale; toutes les personnes qui passent devant pour la première fois trempent leur doigt dans l'eau, et le posent ensuite sur leur langue et sur le sommet de leur tête.

Lorsque quelqu'un est devenu suspect au souverain, ou qu'il est accusé de trahison, on envoie chez le coupable des juges spéciaux, porteurs d'une lance, dont la poignée et la pointe sont en argent ; le nom de la reine y est gravé, avec les mots *tsi tia laingia*, c'est-à-dire « ennemi des mensonges. » Ces mots servent à désigner, à la fois, la lance et ceux qui la portent. En arrivant à la maison de l'accusé, ils enfoncent en terre cette lance devant la porte, et il n'est permis à personne d'entrer ni de sortir jusqu'à ce que le jugement soit prononcé. La lance *tsi-tia-laingia* est portée aussi par les *vadintanys* (agents de police), lorsqu'ils communiquent au peuple des messages du gouvernement ; c'est le symbole et la preuve de l'autorité dont ils sont revêtus. A l'avénement d'un nouveau souverain, une lance semblable est envoyée aux gouverneurs des diverses villes du pays, comme confirmation des fonctions dont ils sont investis.

Il existe une coutume singulière au sujet du nom porté par le souverain. Le jour où il est couronné, il change ordinairement de nom : c'est ainsi que Rabodo devint Ranavalona Ire ; que Rakoto prit le nom de son père et s'appela Radama II ; Rabodo, femme de celui-ci, devint la reine Rasohérina, et sa cousine Ramana, la souveraine actuelle, a été proclamée sous le nom de Ranavalona II. Remarquons, à propos du nom de la feue reine, que *sohérina* est un mot malgache qui signifiait ver à soie ; mais ce terme, ayant été choisi par la souveraine pour devenir son nom propre, est devenu sacré, et ne peut plus servir pour l'insecte, qu'on appelle actuellement *zana dandy*, « enfant de la soie. »

Il paraît que l'usage en question n'est pas restreint

à la personne du souverain, et qu'il s'appliquait autrefois à tous les chefs influents. En visitant le grand lac *Itasy*, à 80 kilomètres ouest de la capitale, dans l'automne de 1866, nous pûmes constater un changement analogue dans le nom du seigneur féodal du district. Il avait pris le nom d'Andriamamba. Or, *mamba* signifiant *crocodile* et le seigneur s'étant approprié ce mot, il serait souverainement irrévérencieux de le désigner de la même manière que le reptile qui grouille dans le lac; aussi le crocodile s'appelle-t-il actuellement *vohay*. Cet usage semble être commun à la plupart des branches de la grande famille malaiso-polynésienne. A Tahiti, il était défendu aux sujets de porter le nom du souverain sous peine de mort; et la prohibition à cet égard était si sévère que, dans le cas d'une simple ressemblance entre le nom d'un sujet et celui du roi, celui-là était tenu d'en prendre un autre. Cette possession exclusive d'un nom s'étendait à toute la famille royale et aux principaux chefs : du moment qu'une syllabe d'un de ces noms réservés ressemblait à celui d'une plante ou d'un animal, la plante ou l'animal recevait un autre nom, pour éviter une profanation. Il en résulte évidemment que les langues de ces peuples sont condamnées à un état de changement perpétuel, et qu'elles s'altèrent considérablement après quelques générations. Toutefois, à raison de la grande étendue de Madagascar, la langue malgache est moins affectée par ces causes d'altération que les idiomes des petites îles polynésiennes, et avec un seul souverain pour tout le pays, l'effet à redouter sera sensible à peine. La coutume dont nous parlons est en vigueur chez les Sakalaves, sur la côte occidentale ; ce qui a donné lieu à cette observation de M. Hastie : « Les noms des rivières, des localités, et des objets usuels ont subi sur la côte occidentale des changements si nombreux, qu'il en résulte de fréquentes confusions ; car, du moment que les seigneurs ont interdit d'employer tels ou tels mots dans leur signification ordinaire, les indigènes ne veulent plus avouer les avoir jamais connus au sens primitif. »

Si absolu qu'ait été le pouvoir royal à Madagascar sous les règnes de Radama Ier et de Ranavalona Ire, il s'est beaucoup rapproché, depuis la mort de cette dernière, du régime constitutionnel ; l'exercice en a été soumis à plusieurs restrictions, d'après le désir des chefs de la noblesse et des principaux fonctionnaires. Excepté dans les grandes occasions et lorsqu'elle se montre en public, la reine mène une vie relativement simple et sans apparat. Les grands palais servent surtout pour les réceptions et les banquets officiels, et c'est dans une des petites maisons de l'enclos royal que la reine habite ordinairement. Tout ce qu'elle mange est préalablement goûté en sa présence pour prévenir toute tentative d'empoisonnement, et les précautions les plus minutieuses sont prises pour sa sûreté personnelle.

Deux ou trois extraits de lettres écrites au jour le jour, à propos de quelques cérémonies officielles sous le règne de Rasohérina, achèveront de faire connaître les particularités qui caractérisent la royauté à Madagascar.

A raison du petit nombre des Européens habitant la capitale, lesquels se réduisent aux membres des missions protestante et catholique, et au consul français avec ses secrétaires, l'arrivée d'un étranger devient un événement assez important pour être communiqué à la reine. Sa Majesté a généralement la prévenance d'accorder une audience aux nouveaux arrivants : ceux-ci y exposent l'objet de leur mission, et présentent le dollar, ou *hasina*, en reconnaissance de la souveraineté de la reine. Quelques jours après mon arrivée à Tananarive, j'eus l'honneur d'être présenté à la reine Rasohérina, pour lui faire part des motifs qui m'amenaient dans le pays. J'étais à peine entré dans la capitale, qu'elle envoya Ramaniraka, un des sous-secrétaires d'Etat, pour s'informer de mon nom, et me dire qu'elle me ferait prévenir qaand elle serait disposée à me recevoir.

Le samedi de la semaine suivante, nous reçûmes avis de grand matin que nous étions attendus au palais à dix heures. Je n'avais pas encore fini de m'habiller, que Ramaniraka vint voir si j'étais prêt. Les Malgaches ont l'habitude de se lever très-matin ; souvent la reine expédiait une affaire ou partait en voyage une heure ou deux avant l'heure fixée. Je courus chez M. Ellis et nous nous dirigeâmes ensemble vers la porte, où l'on nous fit attendre quelques moments. Deux jeunes gens, officiers du palais, se présentèrent alors pour nous escorter ; la porte s'ouvrit, et nous eûmes à gravir une montée assez rapide, chapeau bas ; car, une fois l'entrée franchie, nous étions censés nous trouver en présence de Sa Majesté. Après avoir passé une voûte, nous entrâmes dans la grande cour carrée. Nous avions en face le grand palais, avec sa vérandah à trois étages soutenus par de longues colonnes en bois, et son immense toit élancé, le tout peint en blanc. A gauche on voyait une construction en pierre, peu élevée, la tombe de Radama Ier; puis, au delà, un second grand palais, mais plus petit que l'autre, et appelé la maison d'Argent. Au deuxième étage de la vérandah, la reine était assise sous un vaste parasol rouge, entourée de sa cour. Nous nous inclinâmes en passant, et nous longeâmes le mur jusqu'à l'extrémité du bâtiment. Une compagnie de troupes indigènes était alignée au milieu de la cour, sans uniforme, avec le lamba roulé autour des reins, et des buffleteries blanches qui faisaient le plus curieux effet sur ces peaux brunes. Ces soldats étaient armés de vieux fusils à pierre avec leurs baïonnettes. On nous fit monter par un escalier impossible, étroit et sombre, jusqu'au second étage, pour marcher ensuite le long de la vérandah jusqu'au centre de l'édifice, où se tenait la reine. Elle était assise sur un fauteuil, élevé de deux ou trois marches au-dessus du plancher, avec ses dames d'honneur d'un côté, et les messieurs de l'autre. Les premières étaient bien mises, à la mode anglaise, et quelques-unes avaient réellement bonne façon; la plupart avaient des coiffures de couleurs voyantes avec profusion de rubans, de fleurs et de plumes. La plupart des hommes étaient vêtus de drap noir, de fabrique anglaise. La reine avait le teint fort clair; sans être aussi belle que beaucoup de ses sujettes, elle avait de la grâce et de la dignité dans les manières avec une douce expression de physionomie qui n'était point sans charme. Elle portait un vêtement de soie brochée, avec une écharpe légère, et un véritable chapeau d'amazone orné de plumes rouges. En nous avançant vers elle, nous saluâmes à plusieurs reprises; elle se leva pour nous recevoir, et nous tendit la main de la manière la plus cordiale. Après une légère pause, je lui adressai quelques mots, où je lui disais quel prix j'attachais à la gracieuse protection qu'elle accordait aux Anglais, à l'instar de son prédécesseur Radama, en exprimant la confiance qu'elle m'accorderait des faveurs égales à celles que ce monarque m'avait promises. Je parlai ensuite de l'œuvre dont j'avais à m'acquitter et de l'érection des églises commémoratives, œuvre qui devait tourner au bien de ses sujets et du royaume. Ramaniraka traduisit mon discours en malgache, et la reine répondit par quelques mots d'approbation. Je présentai alors un dollar, comme c'est la coutume à une première entrevue avec un souverain malgache. M. Ellis prit ensuite la parole, informant la reine que j'étais versé dans la construction des routes, et autres travaux publics, et que je serais heureux de communiquer mes connaissances en pareille matière à ses fonctionnaires et à ses ouvriers. Il offrit enfin à Sa Majesté un magnifique exemplaire d'un nouveau recueil de cantiques publié par le comité de l'Union des Eglises congrégationalistes, en Angleterre. Après un nouvel échange de poignées de main, nous nous dirigeâmes vers la porte, pour ne nous retirer définitivement qu'après de nouvelles révérences. Le lendemain ou le surlendemain, un grand nombre de cadeaux furent envoyés de la part de la reine pour ceux d'entre nous qui étaient récemment arrivés; c'était de la viande, des volailles, du riz et autres denrées alimentaires.

La reine accordait souvent la même faveur à ceux qui quittaient le pays, pour leur fournir l'occasion de la remercier de sa protection et de sa bienveillance. Lorsqu'il ne lui convenait pas de donner audience, elle envoyait une lettre, accompagnée d'un lamba pour le voyage. J'en reçus un lors de mon départ pour l'Angleterre, avec ce petit mot du premier ministre : « La reine, apprenant que vous nous quittez, vous envoie un lamba rayé pour vous envelopper pendant la route. »

Quelques jours après l'entrevue dont je viens de parler, la reine nous donna une nouvelle marque de ses sentiments bienveillants. Elle invita tous les missionnaires à l'accompagner à Mahazoarivo, une de ses maisons de campagne. Je me rendis chez M. Ellis à huit heures, pour m'entendre avec lui au sujet du départ qui devait avoir lieu de neuf à dix heures. Mais j'appris, à ma grande surprise, que la reine était partie depuis près d'une heure. Toutefois un officier avait été chargé de nous attendre, et bien que tous nos amis ne fussent pas encore arrivés, nous montâmes immédiatement dans nos palanquins. Après une course d'une heure et demie au sud-est de la ville, nous arrivâmes à destination, dans un endroit ravissant. De grands jardins dessinés à l'européenne, de beaux arbres de haute futaie (ce qui est une rareté près de la capitale), couvrant la maison de leur ombre, une pièce d'eau de vaste étendue, des centaines de Malgaches dans leurs blancs costumes, et un ciel éclatant au-dessus de nos têtes, tout se réunissait pour composer un admirable spectacle. A l'entrée de la campagne on voyait, sur la pelouse, deux immenses lettres de verdure encadrant des massifs de fleurs : R. R., qui signifient *Radama Rex*; c'est l'œuvre du premier roi de ce nom, qui fit planter ces jardins. Qui se serait douté qu'un chef à demi civilisé, dont les sujets sortaient à peine de l'état de barbarie, aurait l'idée de perpétuer son nom au moyen d'une pareille inscription, dans la langue classique de l'Europe! Radama fit faire de grandes recherches pour réunir des échantillons de tous les arbres ou plantes remarquables et utiles du pays, et notamment des espèces végétales qu'utilise la médecine. Il y en a beaucoup qu'on a dû aller chercher très-loin, et ces jardins possèdent les arbres les plus beaux et les plus grands qu'on puisse trouver dans un rayon de plusieurs lieues autour de la capitale. D'immenses camphriers attirent particulièrement les regards; il y a aussi deux ou trois spécimens du gracieux palmier à éventail, à côté de massifs de rofias, avec leurs feuilles démesurément longues. Les jardins sont médiocrement entretenus, et plusieurs plates-bandes étaient plantées de choux en guise de fleurs. Le lac est peuplé de cyprins dorés et d'argentines, et couvert en grande partie d'une profusion de nénuphars purpurins.

Comme nous passions dans l'allée centrale, la musique se mit à jouer; un cordon de soldats entourait la maison, où se reposait la reine. Nous en fîmes le tour pour arriver à une vaste terrasse, où l'on tuait des bœufs, dont la viande allait cuire en quelques minutes, tant bien que mal, dans de grandes marmites en fer. Le repas de bœuf est un accompagnement obligé de toutes les fêtes malgaches. Nous montâmes ensuite sur une éminence de terrain, d'où nous dominions toute la scène, qui était très-animée par différents jeux, tels que la course, le saut, etc. Dans la partie haute des jardins on voyait beaucoup de vignes, ainsi que des figuiers, des manguiers, des ananas et des caféiers.

C'est alors qu'on vint nous prévenir que la reine nous attendait; elle était assise au milieu de ses dames, près de la porte de la maison. Elle était splendidement vêtue d'une longue robe de mousseline brodée d'or, mais toute sa suite portait simplement le costume indigène. Nous nous retirâmes après quelques minutes pour aller présenter nos respects au premier ministre, qui avait lui-même toute une petite cour autour de sa personne. C'est un homme qui n'est plus jeune, et d'une taille au-dessous de la moyenne; sa physionomie est fine et pénétrante, ses yeux vifs et pétillants; il portait un costume mi-parti européen et indigène. Nous fûmes bientôt invités à prendre part au banquet; nos amis d'Angleterre auraient bien ri de nous voir accroupis, à la mode du pays, sur une natte étendue sous les manguiers, déchiquetant notre volaille avec les doigts, et mangeant notre riz avec de grandes cuillers en corne; car le couvert était réduit, sur cette table, à la plus simple expression, ce qui ne nuisait en rien à la gaieté; le repas n'en rappelait que mieux nos pique-niques d'Europe, où nous aimons à mettre de côté toute cérémonie et à prendre nos coudées franches.

La principale fête annuelle des Malgaches est au nouvel an; et comme cette fête tire son nom du *fandroana*, « le bain » (de la reine), il ne sera pas hors de propos d'en parler ici. Rappelons-nous que l'année malgache est de onze jours plus courte que la nôtre, de manière que la fête du jour de l'an tombe tour à tour dans chacun de nos mois, avançant de onze jours chaque année. En 1864, elle se trouvait dans le mois de mars. Elle dure cinq jours ; le jour du milieu, qui est le principal, doit toujours être un jeudi ou un dimanche ; la fixation de ce jour appartient aux devins. Cette année-là, il était fixé au dimanche ; le vendredi précédent avait commencé et le mardi devait terminer la fête. Pendant ces cinq jours personne ne travaille et, à vrai dire, on ne fait pas grand'chose durant toute la semaine suivante ; le temps se passe tout entier en amusements, en fêtes, et en visites aux parents et amis.

Le jeudi veille de la fête, les représentants des diverses classes de la population vinrent au palais pour présenter le hasina à la reine. Apprenant qu'il était d'usage, pour les missionnaires précédents, de rendre visite à Sa Majesté ce jour-là, nous sollicitâmes la permission de présenter nos compliments de circonstance, ce qui nous fut immédiatement accordé. Nous nous rendîmes au palais dans la matinée. La reine était assise, suivant son habitude, sur le balcon, avec l'ombrelle écarlate au-dessus de sa tête ; mais le fandroana étant une fête essentiellement nationale, où tous les usages européens sont mis de côté le plus possible, Sa Majesté et sa cour étaient habillées exclusivement du costume national. La reine portait un de ces gracieux lambas rayés appelés *arindranos*. Après les salutations d'usage, nous nous avançâmes et lui touchâmes la main. M. Ellis, en sa qualité de doyen de la mission, présenta alors le dollar, avec quelques paroles exprimant tous nos meilleurs vœux pour son bonheur et sa prospérité. Après une courte réponse de Sa Majesté, nous nous retirâmes en échangeant de nouveau une poignée de main, et ainsi se termina notre visite. La route qui monte vers la porte était encombrée d'individus apportant des cadeaux à la reine : du riz, des cannes à sucre, des paniers de manioc, des nattes fines, de petits présents d'argent, et une immense quantité de fagots de bois à brûler, qu'on empilait à mesure des deux côtés du long escalier qui mène à la cour. Ce bois sert à alimenter la cuisine extraordinaire occasionnée par la fête. Chaque esclave apporte au jour de l'an un fagot à son maître.

Le lendemain, vendredi, étant un jour de marché, quelques-uns d'entre nous allèrent voir le marché à Zoma, où se pressait une foule compacte, occupée à acheter des provisions, en vue des réjouissances de la fête. Les volailles s'y trouvaient en quantité inimaginable ; on y voyait aussi une riche exposition de bœufs gras, dont la plupart avaient été mis au régime de l'engraissement depuis plusieurs mois. Quelques-unes de ces bêtes étaient magnifiques, et auraient parfaitement pu obtenir un prix à un concours agricole en Angleterre. Depuis plusieurs jours, les routes étaient presque impraticables, et toujours dangereuses, par suite de l'agglomération des bœufs qu'on amenait en ville chez leurs propriétaires (1). On en voyait dans la cour de toutes les grandes maisons, et

(1) D'après Mme Ida Pfeiffer, lorsqu'un enfant était né à un jour réputé néfaste, on l'exposait sur la grande route, sous les pas des troupeaux de bœufs ; si, par miracle, les animaux s'écartaient de lui sans lui faire de mal, alors seulement il lui était permis de vivre. C'était là l'*épreuve* dont il est parlé page 198. (*Trad.*)

on les entendait beugler, dans l'attente du sort qui leur était réservé pour le dimanche suivant.

Le soir, à la tombée de la nuit, on alluma dans toutes les cours un petit feu d'herbes sèches. Vu des parties hautes de la ville, c'était réellement un beau spectacle : dans toutes les directions on voyait flamber ces points lumineux, et parmi cette multitude de maisons semées dans les plaines de riz, on n'en comptait pas une qui fût privée de son feu ; les nombreux villages de la banlieue se détachaient en lumière jusqu'à l'horizon le plus éloigné, sur le fond sombre de la nuit. Les enfants attachaient des herbes enflammées au bout de longs bambous, et couraient avec ces torches, en criant et en chantant ; un immense murmure de joie s'élevait de toutes les parties de la ville. Ces feux s'appellent *arendrinas*. On en fait remonter la coutume à l'ancien culte du feu, répandu autrefois dans l'Asie. On en retrouve la trace aujourd'hui encore dans certaines contrées de l'Angleterre et de l'Ecosse, sous la forme de ces feux de joie que les populations allument le soir, à l'entrée de l'été, la veille du jour de la saint Jean. On sait aussi que cet usage s'est perpétué dans le midi de la France.

Le samedi, toutes sortes de denrées furent envoyées en cadeau, et les amis se rendirent visite réciproquement ; chacun apportait une petite pièce d'argent appelée *jaka*, — mot qui s'applique aussi au bétail tué pour la fête — probablement parce que ce cadeau en argent est destiné à remplacer le bœuf en nature. Le soir il y eut une illumination semblable à celle de la veille ; et dès que la nuit fut complète, une salve de tous les canons de la ville annonça que la reine allait prendre son bain; ce bain est une des cérémonies principales de la fête à laquelle il donne son nom. C'est à ce moment que s'ouvre réellement la nouvelle année; car les Malgaches, à l'imitation des Juifs, comptent le jour à partir du soir. Nous fûmes tous invités, mais si peu de temps avant la cérémonie, que les membres de la mission ne purent être tous prévenus ; deux ou trois seulement firent acte de présence. La cour et le palais regorgeaient de monde; presque toutes les personnes qui se trouvaient alors dans l'habitation de la reine portaient le lamba en soie rouge foncé, de mise dans les solennités officielles. La baignoire, qui était d'argent, se trouvait placée dans la salle principale du grand palais, derrière des rideaux écarlates. Sa Majesté, après avoir disparu pendant quelques minutes, se montra de nouveau avec les cheveux et la figure encore mouillés. Elle répétait en faisant son entrée : « *Samba, samba, no traïra hariva taona!* » — « Bonheur, bonheur, nous avons atteint la fin de l'année! » et les assistants répondaient par des cris de : « *Trarantitra!* » « Puisses-tu atteindre un âge avancé ! » Prenant alors à la main une corne remplie d'eau, la reine passa au milieu de ses sujets, en les aspergeant à droite et à gauche, sans oublier ceux qui se tenaient dehors sur le balcon. Pendant cette cérémonie le canon tonna de nouveau, pour annoncer la fin du bain royal. Cette aspersion est un symbole de l'abondance de pluie qu'on désire pour l'année qui commence; mais le bain représente vraisemblablement une espèce de purification; car la fête du fandroana contient plusieurs observances qui rappellent les coutumes juives. Les unes et les autres dérivent probablement, du moins dans certains cas, d'une origine commune, et de traditions qui remontent à une haute antiquité.

Après le bain, un mélange de riz et de miel fut servi aux hôtes, et chacun de ceux-ci, en le goûtant répéta « *samba! samba!* » Anciennement on posait une pincée de riz sur la tête de tous les assistants. Cet aliment fut cuit et servi dans des pots et sur des plats conservés depuis longues années, et mis à part pour cette fête par les anciens souverains. Un foyer était établi pour la circonstance dans un coin de la salle de réception, et c'était là qu'on apprêtait le riz.

Une troisième salve de coups de canon se fit entendre, la reine se retira, et les assistants se dispersèrent dans leurs maisons, où la coutume veut que chacun prenne un bain : le chef de chaque famille accomplit une espèce de réduction des cérémonies qui ont eu lieu au palais. Un autre usage, qui paraît être en voie de disparaître, consistait à pleurer et à gémir pendant la nuit pour les amis et les parents morts pendant l'année précédente : ces lamentations s'entendaient dans presque toutes les maisons, et chaque village devenait un Rama (1). La plupart des anciennes coutumes se perdent graduellement de jour en jour, par suite de l'extension du christianisme et des idées européennes. L'année dernière (1862), pendant le règne si court de Radama II, la fête du fan-

---

(1) Matthieu, II, 18.

droana fut complétement passée sous silence; le roi, tant il était sympathique aux institutions européennes, paraissait disposé à y substituer le jour de Noël comme fête nationale.

Le dimanche fut un jour essentiellement agité et bruyant, bien différent des dimanches ordinaires de Tananarive, qui se distinguent par un caractère paisible et rangé, et où l'on aime à voir se répandre dans les rues ces nombreux fidèles qui se rendent aux maisons de prière ou qui en sortent. Ce dimanche-là les services eurent lieu, mais beaucoup plus tôt qu'à l'ordinaire; car immédiatement après le lever du soleil commença le massacre des bœufs. Chaque famille qui en avait les moyens tuait sa bête; sinon elle s'associait avec une autre, en vue du festin qui devait avoir lieu à la fin de la journée. Ce dimanche se trouvait être un jour de communion, et la cène fut célébrée par quelques églises dans l'après-midi, dès qu'eut cessé l'agitation produite par la boucherie, et que les rues ne furent plus encombrées de bœufs. Nos amis chrétiens étaient péniblement affectés du trouble apporté à l'observation du jour du repos, mais la loi défendait de tuer avant ou après le jour fixé. Plusieurs fonctionnaires chrétiens protestèrent contre cette violation du sabbat, mais sans succès; car les devins avaient, à dessein, fixé la fête au jour sacré des chrétiens.

Le nombre des bœufs abattus est très-considérable; il s'élève quelquefois, pour la capitale et les environs, à dix ou douze mille; tellement que le pays entier ressemble à un vaste abattoir, où toutes les mains sont tachées de sang. Il faut voir alors, se dirigeant dans toutes les directions, les domestiques chargés de quartiers de viande offerts en cadeau à tel ou tel. Dans certaines années on tua une quantité si considérable de bœufs que le gouvernement fut obligé de réduire les proportions de ces boucheries périodiques, dans la crainte de voir le pays s'appauvrir. Pendant plusieurs jours, avant et après la fête, il est défendu de tuer. Il est d'usage que la reine donne plusieurs centaines de têtes de bétail pour les pauvres ; mais le train de derrière et la queue lui sont toujours apportés pour sa portion de chaque bête tuée. Les membres de la mission reçurent un bœuf de la part de Sa Majesté, et chacun d'eux reçut également plusieurs cadeaux de viande envoyés par les principaux nobles et fonctionnaires, ainsi que par d'autres amis.

Anciennement, le roi ou la reine immolait, la veille du nouvel an, un coq rouge, et le premier bœuf tué le matin était réservé à la table royale ; des prières et des actions de grâces étaient prononcées par le souverain dans la cour, devant les anciens tombeaux des rois, qui sont au nombre de sept. M. Freeman raconte que Radama Ier, en 1828, offrit devant chacun de ces tombeaux une espèce de sacrifice, qui consistait à brûler une portion de la graisse recueillie sur l'animal qu'on venait de tuer ; on tailla alors un morceau de la chair encore chaude, qui fut présenté au roi : celui-ci en toucha son front, le bout de sa langue, et son genou droit, en prononçant ces paroles : « J'ai goûté des bénédictions de l'année. Puissions-nous continuer à en jouir, et les goûter encore quand cette année finira ! » Des portions de bœuf sont mises à part, pour être conservées jusqu'à l'année suivante, après que la viande a été cuite et desséchée suivant un procédé particulier ; on assure que cette viande conservée est agréable au goût, bien que le sel n'entre pas dans la préparation. Autrefois on amenait, avant de les tuer, un grand nombre de bœufs dans la cour du palais, pour qu'ils reçussent la bénédiction royale.

Un autre usage, qui ressemble singulièrement à la célébration de la Pâque juive, consistait à répandre une partie du sang sur le linteau et les montants des portes, au-dessus desquelles on suspendait quelquefois un paquet d'herbes sèches trempé dans le sang. Cette pratique si intéressante paraît être actuellement à peu près abandonnée, du moins dans la capitale et aux environs, bien qu'elle se soit conservée probablement dans d'autres parties du pays.

Pendant les premiers jours de la nouvelle année, la ville est en fête et présente un aspect joyeusement animé : on voit passer des groupes d'hommes et de femmes vêtus de leurs plus beaux habits et parés de tous leurs joyaux, qui vont rendre visite à leurs amis et recevoir des cadeaux. Une foule de personnes qui habitent la campagne montent à la capitale pour aller voir leurs parents ; les esclaves qui travaillent dans les champs viennent présenter leurs devoirs à leurs maîtres ; les marchés sont suspendus ; c'est un temps de réjouissance générale et de réunions de famille. J'avais l'habitude, à cette époque, de faire une visite à nos amis malgaches, et je trouvais toujours chez eux un chaleureux accueil. Rien ne leur faisait tant de plaisir que de me voir prendre part avec eux au jaka, assis par terre à la mode indigène, et faisant honneur à la variété de plats qu'on prépare avec le bœuf. Avant de manger, il est d'usage de répéter, après l'hôte, la bénédiction suivante : « Béni, béni soit le Créateur ! Puisse la famille arriver à un millier d'années, unie et inséparable ! »

Le jeudi suivant nous reçûmes une invitation de la reine à aller, le lendemain à une heure, manger le jaka au palais. Au moment même où nous partions pour nous y rendre, nous reçûmes une invitation toute semblable de la part du premier ministre. Nous nous rendîmes donc au palais, et après avoir traversé la cour nous fûmes introduits dans le plus petit des deux grands bâtiments, le *Trano Vola*, ou maison d'Argent. La pièce principale, où nous devions dîner, est très-vaste ; au centre se trouve un des énormes poteaux qui supportent le toit. Plusieurs tableaux étaient pendus aux murs; joints aux peintures décoratives, ils donnaient à la pièce un caractère singulier, moitié européen, moitié oriental. Une longue table était dressée à notre intention ; les prêtres et les sœurs de la mission catholique étaient placés d'un côté, et les membres de la mission protestante de l'autre. On remarquait aussi la présence de plusieurs officiers supérieurs, tous revêtus du riche lamba en soie rouge. Le premier secrétaire d'Etat, Raïnimaharavo, se trouvait au haut de la table, comme représentant de la reine, que nous ne vîmes pas. Le repas ne fut point ce qu'on entend ordinairement par un banquet royal. Il se composait simplement du jaka, c'est-à-dire de bœuf légèrement faisandé, apprêté d'une manière particulière, et servi avec du riz, sur des morceaux de feuilles de bananier encore vertes, en guise d'assiettes. C'était tout le menu du festin. Le doyen des prêtres, secrétaire de M. Laborde, et l'un d'entre nous, présentèrent ensuite un dollar chacun ; on porta les santés de Rasohéri Manjaka, de la reine Victoria et de l'empereur Napoléon, puis nous prîmes congé, après avoir passé quelques minutes à examiner le contenu de l'appartement. En rentrant à la maison, nous nous arrêtâmes chez le premier ministre pour dîner avec lui ; il ne nous réduisit pas au maigre ordinaire du palais, et nous fit servir un repas excellent et copieux.

Un mois environ après le fandroana, la reine partit pour Ambohimanga, l'ancienne capitale ; elle devait y renouveler, sur les tombes d'Andrian-Impoïna et de sa tante Ranavalona, les prières et les sacrifices qu'elle avait offerts sur les anciennes tombes royales à Tananarive. Elle était accompagnée d'une nombreuse escorte de soldats et de personnes de sa suite, auxquels se joignirent la plupart des fonctionnaires supérieurs avec leurs familles et leurs domestiques ; à vrai dire, la ville sembla presque déserte pendant son absence. Sa Majesté partit un dimanche matin, ce jour étant considéré comme favorable ; le trajet étant de 16 à 18 kilomètres, elle fut portée dans un grand palanquin indien, muni d'un treillage par-devant et sur les côtés, le seul de ce genre qui fût dans le pays. Telle était l'aveugle adhésion de la reine aux gardiens d'idoles et aux devins, que le jour, l'heure exacte, le chemin à suivre, en un mot, toutes les circonstances du voyage, furent déterminés par la *sikidy* ou divination. Quelquefois un sentier qui faisait un long détour était déclaré le meilleur, et il fallait le suivre scrupuleusement dans tous ses circuits. Le gouvernement rougissait de laisser voir aux Européens jusqu'à quel point la reine se laissait dominer par cette absurde confiance aux antiques superstitions, et l'on déclina une fois notre offre d'accompagner Sa Majesté.

Immédiatement après le départ de la reine, une garde sévère fut établie à toutes les portes de la ville, qui furent momentanément fermées à l'exception d'une seule; celle-ci était défendue par des hommes accroupis par terre, la baïonnette en avant. Tout individu qui entrait était tenu d'établir exactement son identité, et souvent les étrangers qui venaient de loin ne parvenaient pas à se faire admettre. Au commencement les Européens n'avaient pas à se préoccuper de cette interdiction; mais plus tard ils subirent bien des ennuis à cet endroit, et des difficultés vexatoires furent opposées à ceux qui voulaient entrer dans la ville ou en sortir. On organisa un système de passe-ports; mais les ordres donnés par les officiers de place étaient si contradictoires, qu'il était impossible de savoir ce qui était réellement exigé. Le canon du soir était tiré beaucoup plus tôt que de coutume, et personne ne pouvait franchir les portes après la tombée de la nuit, ni se promener dans les rues; les Européens n'étaient point exemptés de ces interdictions. Le nombre des gardes était triplé pendant la nuit, et leurs cris monotones de « zovy » faisaient un concert assourdissant jusqu'au petit jour.

Ce ne fut pas sans satisfaction que nous reçûmes la nouvelle du prochain retour de la reine, qui allait mettre fin à cette espèce de réclusion de quatre semaines. Le jeudi fut fixé pour son entrée publique, occasion d'une grande cérémonie officielle. De grand matin la rue qui va du palais à la porte du nord, longue d'environ 1,200 mètres, fut bordée d'une double haie de soldats en grande tenue avec l'uniforme blanc. Un grand nombre d'officiers, en costumes européens de tous genres, coiffés de tricornes à plumes, se tenaient à Andohalo pour recevoir Sa Majesté. Pendant deux ou trois heures avant son arrivée, une foule de personnes en palanquin arrivèrent sans interruption, avec leurs domestiques et leurs esclaves courant après eux. La musique jouait divers morceaux, jusqu'au moment où le cortége fit son apparition : officiers à cheval et à pied, dames de la cour dans leurs palanquins, en toilettes anglaises de toutes les couleurs, et coiffées en amazones, avec leurs domestiques chargées de bagages ; enfin le parasol écarlate, annonçant la reine et les membres de la famille royale. Elle était entourée d'une troupe de soldats portant l'uniforme rouge anglais, et d'officiers resplendissants. Sa Majesté était magnifiquement habillée, et portait une espèce de couronne sur la tête. En arrivant an centre de la place d'Andohalo, elle descendit de son palanquin, et fut conduite par le premier ministre à un siége placé dans un endroit légèrement déprimé, où se trouve la pierre sacrée, cette roche bleue dont nous avons déjà parlé. Là, elle reçut les félicitations de ses sujets sur son heureux retour. Après une station de quelques moments, elle monta dans un autre palanquin, et tout le monde se dirigea vers le palais ; les chanteuses modulaient je ne sais quel chant étrange, et une multitude d'hommes en costume arabe dansaient en agitant des écharpes de soie, au milieu des cris de la population et des grondements du canon. C'était un spectacle vraiment remarquable, un mélange de pompe barbare et de cérémonies européennes, qu'on chercherait vainement ailleurs que dans un pays à demi civilisé comme Madagascar. Comme détail gracieux de cette entrée solennelle à Tananarive, je remarquai l'usage des habitants de se parer la tête de fleurs sauvages, de feuilles et de filaments de plantes grimpantes. Les esclaves qui portaient leurs maîtres avaient eux-mêmes des guirlandes de fleurs éclatantes, tellement que tout ce cortége semblait une fête champêtre. Ambohimanga et ses environs abondent en fleurs sauvages, et les coteaux boisés du pays avaient été mis largement à contribution pour la parure des voyageurs.

Parmi les traits de ressemblance entre les mœurs judaïques et les mœurs malgaches, il faut mentionner l'idée de souillure attachée aux cadavres. Il est défendu à tout individu qui s'est trouvé près d'un cadavre, ou qui a assisté à un enterrement, d'entrer dans le palais ou d'approcher le souverain avant le délai d'un mois. A l'exception du souverain, un membre quelconque de la famille royale, s'il tombe malade, ne peut rester dans le palais ni dans son enceinte, de peur qu'il ne meure et ne souille la place. Aucun membre de la famille royale ne doit s'approcher d'un cadavre, si ce n'est celui d'un parent ou d'un ami intime. Radama Ier, en assistant à l'ensevelissement de M. Hastie, voulut montrer le peu d'égard qu'il avait pour ces superstitions, et sa haute estime pour l'homme charitable et dévoué qu'on venait de perdre.

« D'après une coutume établie chez les Malgaches, si un criminel peut voir le souverain, ou si celui-ci accepte un hasina à lui envoyé par l'accusé, il est renvoyé absous, soit que le fait se produise avant ou après sa condamnation. Les forçats eux-mêmes, s'ils sont assez heureux pour apercevoir le monarque à son passage, ont le droit de demander leur grâce. Aussi, par une sorte de contradiction dans cette loi singulière, les éloigne-t-on souvent du chemin où l'on s'attend à voir passer le souverain. On a vu réclamer aussi une remise de la peine méritée pour tous ceux qui avaient rendu quelque service particulier au souverain ou à l'Etat; et non-seulement pour l'individu auteur du service rendu, mais pour ses descendants et les autres membres de sa famille qui, tous, bénéficient du même moyen de défense. Radama, pendant les dernières années de son règne, fit des efforts réitérés, mais sans succès, pour détruire les abus invétérés qui entravaient ainsi l'œuvre de la justice (1). »
A la fin toutefois il sut, par un stratagème ingénieux, montrer l'absurdité et l'injustice des coutumes de ce genre; après quoi il les abolit définitivement, et décida que, désormais, chacun serait traité uniquement d'après ses mérites.

(1) *Histoire de Madagascar*, vol. I, p. 376.

CHAPITRE XII.

CÉRÉMONIES OFFICIELLES (suite et fin).

Royauté malgache. — Description des palais de Tananarive. — Signature du traité avec l'Angleterre. — Cérémonie du couronnement.

Pour bien comprendre la pompe et le cérémonial qui entourent la royauté à Madagascar, il faut une certaine connaissance des habitations du souverain dans la capitale. L'inauguration d'un nouveau palais, en avril 1867, nous ayant donné une occasion particulièrement favorable pour examiner les bâtiments royaux, nous croyons devoir donner ici une description des cérémonies dont nous avons été témoin. Le lecteur remarquera que, dans l'ordre du *temps*, le palais a été ouvert *après* la réception du consul de Sa Majesté Britannique et la signature du traité avec l'Angleterre, mais que nous plaçons cette inauguration en premier lieu dans l'ordre du *récit*, la description des bâtiments devant rendre plus clair ce que nous aurons à dire ensuite. Les lignes suivantes sont transcrites, avec quelques légères corrections de style, d'une lettre écrite immédiatement après la cérémonie.

Il est d'usage, pour les souverains de Madagascar, de bâtir une maison dans la cour des palais, peu de temps après leur avénement au trône. La feue reine Rasohérina se conforma à cet usage, comme à toutes les autres coutumes que lui avaient transmises ses ancêtres. En effet, tout en tolérant le christianisme, elle était personnellement très-attachée aux anciens usages du royaume, et nullement disposée à y substituer les mœurs européennes, comme l'aurait voulu son prédécesseur Radama II. Le règne de ce dernier fut trop court pour lui permettre, dans le cas où il en aurait eu la pensée, de bâtir une nouvelle maison royale; mais le long règne de sa mère, la reine Ranavalona, fut signalé par l'érection de deux grands palais, qui coûtèrent des sommes considérables; ils dominent toutes les autres constructions de la capitale, et sont visibles de fort loin dans toutes les directions. Avant de parler du nouveau palais et des cérémonies de l'inauguration, il convient de dire quelques mots de la cour royale et des palais construits antérieurement.

Le rova, ou cour, des maisons royales de Tananarive, est un vaste enclos de forme oblongue, situé au sommet de la colline où la ville est bâtie, et presque au point culminant. Il a environ 115 mètres de longueur du nord au sud, et 60 mètres de largeur. Le sol de cette enceinte, élevé de quelques mètres au-dessus du terrain environnant, est maintenu par de solides murailles en pierre, crépies à la chaux et protégées elles-mêmes par une solide barrière en bois, dont les pieux sont serrés les uns contre les autres et taillés en pointe à l'extrémité.

On arrive à l'entrée principale, du côté nord, par une série de marches qui aboutissent à une grande porte en pierre. Cette porte ressemble beaucoup, dans des proportions réduites, à un arc de triomphe romain. De chaque côté de l'arche on voit deux colonnes doriques, reliées par une niche cintrée. Au centre, au-dessus de l'arche, est une espèce de panneau carré dans lequel est fixé un grand miroir, et que surmonte un aigle en cuivre aux ailes déployées ; il y a des figures semblables, mais plus grandes, au sommet du toit des principaux palais. *Voro-mahéry* — c'est-à-dire « aigle, » ou, plus littéralement, « oiseau fort » — est le nom de la tribu qui habite cette partie de la province de l'Imérina où se trouve la capitale, et par suite l'aigle a été adopté par les souverains comme une sorte d'emblème ou d'armoiries. Radama II le faisait figurer sur le sceau royal, ainsi que sur les médailles et les décorations.

En franchissant la porte on passe entre les baïonnettes des sentinelles malgaches au port d'arme. Ces « troupes du palais » n'ont rien de supérieur, comme tenue, à celles qui stationnent aux portes de la ville. Excepté dans des occasions spéciales, elles ne sont pas en uniforme, et leur malpropreté, leur tournure aussi peu militaire que possible, scandaliseraient un officier européen.

Nous arrivons ensuite dans la cour, qui peut avoir 35 ou 40 mètres carrés de surface. Devant nous s'élève le grand palais, appelé « Manjaka Miadana, » c'est-à-dire « régnant dans la prospérité. » Cet édifice paraîtrait remarquable, même en Europe ; mais dans un pays à demi civilisé comme Madagascar, où l'on ne connaît aucun des procédés usités chez nous pour épargner le travail de l'homme, et pour enlever les matériaux pesants, c'est réellement une construction étonnante. Le palais est bâti entièrement en bois ; il est entouré, à ses trois étages, d'une large vérandah supportée par d'énormes poteaux, qui mesurent 60 centimètres de diamètre. Il y a sept travées dans le sens de la longueur et 5 dans celui de la largeur, chaque travée ayant une arche cintrée.

Palais royaux et maisons des nobles.

Un toit d'une très-grande élévation recouvre le tout. Il se prolonge en pente douce au-dessus de la vérandah, et se termine, à chaque poteau de soutenement, par un bout sculpté en forme de bec. La toiture est faite de bardeaux de bois, et au milieu de chaque face du toit on voit trois étages de lucarnes. Les grands poteaux centraux se prolongent légèrement au-dessus du toit, et se terminent par des paratonnerres. La hauteur totale est d'au moins 40 mètres, dont 16 à 17 pour le toit. Le palais a environ 32 mètres de long sur 20 à 22 mètres de large, en faisant abstraction des balcons, qui se projettent de 5 mètres en dehors des murs. L'édifice entier, y compris le toit, la vérandah et les murs, est peint en blanc, sauf la balustrade massive de chaque étage de la vérandah, qui est rouge et noire. A une certaine distance du palais, on n'aperçoit ni portes ni fenêtres, parce qu'elles n'ont pas de moulures saillantes qui servent à les distinguer, et qu'elles sont peintes en blanc comme les murs. Les vitres sont très-petites; et on en trouve seulement aux étages supérieurs; les grands appartements d'en bas s'éclairent surtout par les portes ouvertes, et leurs fenêtres ne sont munies que de contrevents.

Le rez-de-chaussée est divisé en deux immenses pièces. C'est dans celle du nord que furent signés les traités avec l'Angleterre et avec l'Amérique. Le plafond et la partie supérieure des murs sont décorés de dessins étranges mais non sans élégance, rappelant un peu l'ornementation égyptienne ou hindoue; les parties basses sont tapissées de papiers français représentant des scènes de chasse et de guerre. Un des grands poteaux centraux traverse le milieu de la pièce, comme le mât d'un navire traverse le salon à bord; il est garni d'un revêtement, et doit avoir près d'un mètre de diamètre. Ces deux pièces du rez-de-chaussée ont un riche parquet, confectionné avec différents bois, entre lesquels on remarque surtout l'ébène, le buis et le bois de rose. Nous ne vîmes, en fait de meubles, que le trône de la reine, une petite table où est posée la couronne, et des consoles supportant d'immenses vases d'argent, fabriqués dans le pays sur des modèles européens.

A droite de la cour se trouve la barrière du rova; à gauche sont les jardins, avec un élégant pavillon orné de peintures et de verres de couleur. Plus loin, toujours sur la gauche, est le tombeau de Radama Ier. La partie inférieure est une construction massive et carrée en pierre, qui supporte une petite maison en bois, peinte de toutes les couleurs. Elle contient une seule chambre, où se trouvent une table, une chaise, de l'eau et du vin, parce que, d'après la croyance locale, l'esprit du trépassé pourrait vouloir se rafraîchir. Dans le tombeau même on a enseveli, selon une coutume déjà mentionnée, une immense quantité d'habits, d'uniformes, d'armes, de vaisselle, et d'autres objets utiles, avec plusieurs milliers de dollars.

A l'angle sud-est de la cour est le second palais appelé *Trano Vola*, ou « Maison d'Argent, » ainsi nommé d'une maison plus petite, qui occupait autrefois cet emplacement, et où les clous, ainsi que les pièces de serrurerie, étaient en argent. Ce bâtiment, malgré ses grandes dimensions, est écrasé par son gigantesque voisin de l'ouest. Il est entouré d'une vérandah, mais à deux étages seulement; les poteaux et les détails d'architecture y sont mieux achevés et plus ornementés que dans le grand palais. Il a la même forme de toit, peint en blanc ainsi que la vérandah, mais le corps du bâtiment est rouge. Il équivaut à peu près aux deux tiers du Manjaka Miadana.

La grande pièce centrale est très-haute de plafond, et décorée dans le même style que celle du premier palais ; mais elle renferme de jolis meubles, et plusieurs tableaux envoyés en cadeau par les cours de France et d'Angleterre. On remarque, entre autres, un portrait, grandeur naturelle, de la reine Victoria, envoyé par elle à Radama II à l'occasion de son avénement ; il y a aussi un grand portrait de sir Robert Farquhar, gouverneur de Maurice du temps de Radama Ier, celui qui travailla avec succès à faire supprimer la traite des nègres à Madagascar. On voit ensuite des lithographies coloriées représentant l'empereur et l'impératrice des Français, ainsi que d'autres tableaux plus petits, parmi lesquels on remarque de curieux portraits à l'huile de deux jeunes princes de l'ancien temps. C'est l'œuvre d'un artiste indigène ; l'exécution en est raide et grossière. Parmi les autres objets se trouve une grande pendule, très-habilement fabriquée par un ouvrier malgache, ainsi qu'un petit orgue, des consoles, des tables, etc.

Il y a, au sud des deux grands palais, plusieurs maisons plus petites et plus anciennes, dont les principales sont les trois suivantes : la première à l'ouest, appelée *Be-sakana*, c'est-à-dire « grande largeur ; » la seconde à l'est, nommée *Masoandro*, ou « le soleil ; » et la troisième au nord, connue sous le nom de *Mahitsy*, « la droite, » mot qui s'emploie comme chez nous dans les deux sens, au propre et au figuré. Ces maisons ont été bâties à l'époque des premiers souverains de la famille régnante, sur le vieux type malgache, qui est un simple parallélogramme ; elles sont de moitié au moins plus petites que le grand palais, mais surmontées des énormes toits déjà mentionnés. Les cornes qui se croisent aux pignons se prolongent de 3 ou 4 mètres. Parmi ces maisons, Bé-sakana est regardée comme la première du royaume ; on l'appelle aussi le *Lapa*, ou « trône, » et c'est là que le souverain nouvellement proclamé se rend aussitôt après son avénement, pour recevoir l'hommage de ses sujets. Le souverain décédé y est exposé pendant un jour et une nuit ; tout le bâtiment est alors tendu, depuis le haut jusqu'en bas, de draperies précieuses et richement ornées. La hauteur de ces maisons varie entre 15 et 20 mètres. C'est à Mahitsy que sont gardées les idoles, en sorte qu'on regarde cette maison comme le siége de l'élément religieux du royaume, de même que Bé-sakana est le siége de l'élément politique. Les idoles qui s'y trouvent sont Manjaka-tsi-roa et Fantaka, qu'on vénère comme étant spécialement les divinités tutélaires du souverain ; aussi les appelle-t-on, l'une l'idole du souverain, l'autre celle des serments.

Dans la cour, entre la nouvelle maison et le grand palais, on voit de petites maisons en bois, rangées en ligne, l'une près de l'autre, et entourées d'une barrière. Ce ne sont pas des habitations pour les vivants, mais pour les morts. Ces constructions, au nombre de sept, ont été élevées sur les tombeaux d'anciens membres de la famille royale. Il y en a une qui recouvre les restes d'Andriamasinavalona, lequel réduisit tout l'Imérina sous son autorité, et fonda la dynastie actuelle.

Le nouveau palais, ouvert en avril 1867, est situé au sud du Trano Vola, et à l'est du Manjaka Miadana, à 2 ou 3 mètres seulement du Masoandro. Il est bâti sur une terrasse qui s'élève de 3 ou 4 mètres au-dessus du niveau général de la cour. Le bâtiment a 20 mètres de longueur, 10 de largeur et 16 à 17 mètres jusqu'au sommet du toit. Bien que beaucoup plus petit que les deux grands palais, il est bien supérieur comme plan et comme construction; et il fait honneur à M. Cameron, qui en dirigea les travaux. Il a été appelé *Manampy-soa*, c'est-à-dire « addition d'une chose bonne, » ou « agréable. » Le premier poteau cornier a été planté le 25 avril 1865; la construction a duré deux ans, et l'ornementation de l'édifice n'était pas encore terminée le jour de l'inauguration.

Comme tous les travaux publics, ou ordonnés par le souverain à Madagascar, ce nouveau palais a été bâti entièrement au moyen du *fanompoana*, ou corvée gratuite due par le peuple au gouvernement. Le bois a été coupé dans la forêt, transporté jusqu'à la capitale, travaillé et assemblé, sans qu'aucune espèce de salaire — à part une gratification insignifiante — fût payé aux ouvriers et aux manœuvres; de même pour la maçonnerie et tout le reste de l'ouvrage. Au commencement de la construction de l'édifice, des centaines de charpentiers et de maçons y furent employés pendant plusieurs mois, tellement qu'on ne pouvait guère poursuivre aucun autre ouvrage dans la capitale, si ce n'est par intervalles, et encore fallait-il se contenter alors d'ouvriers inférieurs, civils ou esclaves. Presque tous les ouvriers habiles sont en même temps soldats, et tenus à travailler sous la surveillance de leurs officiers supérieurs, entre lesquels sont répartis les différents travaux à exécuter. La part de travail qui incombe à la population de la campagne, et à la classe non militaire, consiste à couper le bois et à le transporter depuis la forêt. Les grosses pièces de charpente, poteaux-corniers, sablières, tirants, etc., sont des plus massives; et, comme les forêts se trouvent à des distances de 30 à 40 kilomètres, sans qu'il existe aucune route digne de ce nom, c'est un travail effrayant que le transport de ces poutres énormes. Pendant toute la journée, et quelquefois pendant la nuit, on entendait les vociférations étranges des escouades d'hommes qui traînaient, à force de bras, de gigantesques pièces de bois sur les chemins abrupts qui mènent à la ville; et cela dura presque sans interruption pendant plusieurs mois.

Le jour de l'inauguration du palais ne fut annoncé qu'une semaine à l'avance. Le dimanche précédent, il y eut une assemblée publique à Andohalo, et le principal secrétaire d'Etat y apporta le message de la reine. Dans les solennités antérieures du même genre, ainsi qu'à la naissance d'un enfant dans la famille royale, les lois étaient comme suspendues momentanément pendant deux ou trois jours qui devenaient *andro-tsy-maty*, c'est-à-dire des « jours sans mort, » ce qui signifie que personne ne pouvait être mis à mort ni frappé d'aucune autre peine, quel que fût son crime, pendant la période privilégiée. Aussi la débauche la plus éhontée s'étalait-elle au grand jour, et des scènes que je n'ai point à décrire ici se produisaient dans tous les quartiers de la ville. Dans cette occasion, toutefois, on eut la satisfaction de constater que l'influence du christianisme prenait le dessus sur les anciennes coutumes, même chez ceux qui étaient encore païens. La reine fit proclamer que le jour de l'inauguration était bien un jour de fête, mais que tous ceux qui violeraient les lois n'en seraient pas moins regardés comme coupables, malgré ce que toléraient les anciens usages en pareille occasion ; la débauche et l'ivrognerie étaient sévèrement interdites; et en définitive, le soir de l'inauguration nous pûmes remarquer que la ville avait l'air plus paisible qu'à l'ordinaire; elle aurait pu faire honte à bien des villes d'Europe dans leurs jours de réjouissances publiques.

Le mercredi, 3 avril, toute la ville fut en émoi, et des foules de peuple y affluèrent de la campagne et des villes voisines. Les vieillards, les chefs de tribus et les magistrats municipaux des villages portaient généralement le lamba rouge, qu'on revêt aux mariages, au jour de l'an et aux autres fêtes. Ce lamba est en soie du pays, teinte en rouge foncé avec une couleur qui se tire de l'écorce d'un arbre; mais il a une bordure de nuances brillantes, disposées avec beaucoup de goût. Il y en a qui sont ornés de dessins produits avec de petits grains métalliques, composés d'un alliage d'étain et d'argent. Dans la ville, tout le monde se dirigeait vers la cour royale.

A trois heures et demie, nous nous réunîmes chez un membre de la mission qui logeait près du palais, et dont la maison nous servait de rendez-vous lorsque nous allions rendre visite à Sa Majesté. La plupart des personnes attachées à la mission s'y trouvèrent, y compris deux dames, qui désiraient profiter de cette occasion d'observer les mœurs malgaches. Nous allâmes jusqu'à la porte de la cour sans descendre de nos palanquins; tous les chemins étaient remplis de monde, ainsi que les balcons des maisons et les terrasses. Les messieurs eurent à subir un léger examen, du fait de l'officier de garde, qui voulut s'assurer s'ils n'avaient pas d'armes sur eux. Chacun dut se soumettre à cette épreuve, bien que ce fût la seule occasion, depuis notre arrivée dans le pays, où nous eussions vu prendre une semblable précaution.

La cour était remplie de monde; la plupart des visiteurs s'étaient assis, comptant sans doute rester là un certain temps. Un cordon de soldats entourait le rova, et une double haie de maranitras ou gardes du corps bordaient un passage allant de la porte à l'angle sud-est de la cour, où se trouvait le palais neuf. On nous conduisit à la vérandah de la maison d'Argent, qui est garnie d'une balustrade. En montant sur une terrasse, nous dominions toute la scène, et nous pûmes observer à notre aise la variété des costumes. En face du grand palais, on voyait assis un grand nombre de chefs de district et de fonctionnaires des villes de province; à côté d'eux se trouvaient une foule d'employés subalternes, tous vêtus du lamba rouge; les officiers avaient des chapeaux de soie anglais ou français. Les femmes étaient généralement groupées ensemble; leurs boucles d'oreille, leurs bracelets et leurs colliers formaient un riche étalage de joaillerie. Elles étaient habillées pour la plupart de jolies indiennes imprimées et de beaux lambas blancs. Sur la vérandah il y avait avec nous plusieurs officiers supérieurs et quelques-uns des juges, ainsi qu'une vingtaine de dames malgaches, femmes ou filles d'officiers et de nobles, vêtues du lamba rouge national. Quelquefois ce vêtement était en soie noire, avec de riches bordures et des broderies de couleurs diverses, disposées en élégants dessins.

Au coucher du soleil, nous fûmes invités à monter sur la vérandah de la maison neuve, pour y attendre l'arrivée de la reine. Après avoir passé entre les deux palais principaux, nous tournons à gauche, et montons un escalier qui nous conduit à la terrasse sur laquelle est assis le nouveau palais. Le premier ministre se tenait en haut pour nous recevoir. Il portait un magnifique lamba, une chemise de satin bleu, des pantalons d'uniforme, etc., sans parler de bracelets de corail rouge à gros grains et d'une chaîne d'or massif. Le bâtiment était entouré d'une garde de maranitras, au milieu desquels se trouvaient les officiers généraux, les chefs civils, les juges et d'autres personnages de haut rang. Nous contournâmes la maison à l'est et au sud, pour nous placer près de la porte de l'ouest, de manière à pouvoir entrer presque immédiatement après la reine. Là nous attendîmes, avec la faculté d'examiner à loisir la construction du palais ; volontiers nous aurions éludé cette partie du programme, car il devenait fatigant de rester debout pendant une heure et demie, avec fort peu de chose à voir et la nuit qui tombait. Il y avait du moins beaucoup à entendre ; car à côté de nous, et dans nos oreilles mêmes, éclatait un orchestre de tambours, tandis qu'au-dessous de nous deux autres corps de la même musique parcouraient la cour dans tous les sens ; ce triple orchestre, accompagné de chants, de battements de mains et du cri national « Hoo ! » répété à l'infini, formait un barbare assemblage de sons, moins agréable qu'assourdissant.

A l'extérieur, le palais neuf affecte à peu près, comme construction, la forme d'une croix grecque, avec des pignons élevés à l'extrémité de chaque bras; mais dans son ensemble il a plutôt l'air d'un carré, à cause de la vérandah qui remplit les angles et court aussi le long des façades nord et sud. Les entrées principales sont à l'ouest et à l'est; elles ont des frontons sculptés que supportent des colonnes corinthiennes. La vérandah est un ouvrage considérable et magnifiquement exécuté. Les piliers de support sont en forme de colonnes plates cannelées, avec des chapiteaux ioniques qui supportent un riche entablement enjolivé de dentelures et d'autres ornements. Chaque couple de piliers encadre une arche cintrée qui repose sur des pilastres secondaires. La maison elle-même est bâtie sur l'ancien modèle malgache, avec de fortes planches verticales d'un bois rouge foncé. Ces planches portent aux extrémités des moulures qui leur donnent un caractère massif et monumental. Les poteaux corniers sont énormes : ils ont bien 35 à 50 centimètres carrés d'épaisseur. Les quatre grands pignons ont des ouvrages sculptés à jour, et présentent des saillies auxquelles sont fixés les paratonnerres. L'effet général de ces immenses pignons ressemble à celui des maisons en bois bâties du temps d'Elisabeth, dont on trouve encore quelques spécimens dans les vieilles cités d'Angleterre. D'autre part, les détails classiques de la vérandah rappellent ce retour aux styles antiques qui a caractérisé les constructions des règnes suivants.

M. Cameron nous apprit que la reine avait établi un

nouveau *réfy* (unité de mesure) pour l'érection de ce palais. La mesure de longueur malgache est assez variable, le réfy étant ce qu'un homme peut comprendre entre les extrémités de ses doigts, lorsqu'il a les bras complétement étendus. Cet espace serait de 1 mètre 70 cent. à 1 mètre 80 cent.; mais le réfy adopté par la reine n'est que d'un mètre 58 cent., et toutes les dimensions principales du nouveau bâtiment sont des multiples de cette mesure. La reine prit, dès le début, un grand intérêt à la construction, mais son intervention dans tous les détails gênait singulièrement l'architecte, qui dut souvent défaire et refaire son travail pour satisfaire au caprice royal. Sa Majesté interdit absolument les serrures, et exigea que toutes les portes fermassent par un simple loquet, afin qu'aucun endroit de la maison ne pût être fermé depuis le dehors.

Il nous fallut attendre à la porte jusqu'à ce que le crépuscule eût fait place à la nuit; il y avait bien des lanternes disposées tout autour de la cour et dans les vérandahs des divers palais; mais il n'était pas permis de les allumer avant que la reine eût fait son entrée. A la fin, à sept heures et demie, plusieurs esclaves de la reine apparurent, portant des rouleaux de nattes pour le plancher, une large caisse en bois ouverte et basse pour former le foyer, des paniers contenant la terre dont on devait la garnir, des matelas, des lits, des tables, des bougies, du riz et une foule d'autres objets. Ils attendirent dehors avec leur charge, car rien ne peut entrer avant la reine. Elle apparut au même moment, précédée par une de ses tantes. Elle fit le tour de la maison deux ou trois fois, mais il n'y eut pas de salutations; la première fois, par suite de l'obscurité, nous ne nous aperçûmes de sa présence qu'après son passage; mais au second tour nous pûmes la distinguer grâce au diadème qui brillait sur sa tête. Elle entra dans la maison et en ressortit un moment; alors seulement on apporta des lumières; les différents objets préparés furent déposés à l'intérieur; on alluma le feu; et enfin la maison fut éclairée. Les soldats présentèrent les armes, et une salve fut tirée par tous les canons de la ville. Cet usage, qui veut que la reine entre la première dans la maison neuve, avant qu'elle soit éclairée, a une signification symbolique : le souverain est censé être la lumière du palais. Bien que nous fussions au mercredi soir, on compta, le soleil étant couché, comme si c'était jeudi, d'après la coutume malgache, semblable à celle des juifs. Le jeudi et le dimanche sont les deux jours fastes pour le souverain, et il ne fait jamais rien d'important en dehors de ces deux jours.

Nous eûmes encore à attendre quelque temps après l'entrée de la reine, pendant qu'on arrangeait la maison et qu'on l'illuminait. On nous invita à ne pas nous *appuyer* contre le bâtiment, et à prendre soin, en entrant, de faire le premier pas du pied *droit*.

A la fin, nous fûmes priés d'entrer dans la pièce centrale, où nous attendait une scène vraiment étrange. Personne n'adressait de compliment à la reine en entrant, on s'inclinait simplement devant elle. Sa Majesté était accroupie, à la mode malgache, sur une espèce de divan du côté nord de l'appartement, entourée de ses proches parents; à une petite distance se tenait le premier ministre, secrétaire d'Etat, ainsi que d'autres hauts fonctionnaires. Au milieu de la pièce flambait un feu de bois, avec du riz qui cuisait dans une grande marmite de terre rouge ; des domestiques de la reine, armés d'énormes cuillers en bois, surveillaient l'opération.

Les Européens furent invités à s'asseoir sur des nattes du côté sud de la pièce ; nous nous y accroupîmes de notre mieux, sans trop savoir que faire de nos jambes, qui nous semblaient de trop à ce moment-là. La salle fut bientôt remplie par les officiers, les juges et les chefs civils, avec leurs femmes. Pendant que le riz cuisait, nous eûmes tout le temps de regarder autour de nous et d'examiner l'intérieur de la maison. Elle nous parut de dimensions restreintes, et destinée plutôt à offrir une habitation confortable qu'à servir de palais pour les solennités officielles. La pièce du centre n'avait pas plus de 8 à 9 mètres carrés, sur 7 de hauteur. Une étroite galerie, garnie d'une balustrade dorée, en fait le tour. Les murs et le plafond sont construits avec un bois blanc assez commun (*hétatra*), employé à cet usage dans la plupart des maisons, mais ajusté avec beaucoup de soin et admirablement travaillé. Depuis l'inauguration les parois ont été recouvertes de riches papiers de tenture. C'est sur ce fond en bois blanc qu'on a rapporté les corniches, les panneaux, les bordures, les chambranles des portes et des fenêtres. On a employé pour ces accessoires un beau bois à taches noires, le *voamboana*, une espèce de bois de rose. Les fenêtres ont de doubles châssis et des volets brisés, comme en Angleterre. Deux portes, du côté nord et du côté sud de la pièce centrale, donnent dans des salles plus petites, dont les murs sont entièrement couverts de panneaux en bois noir, et qui ont un air de vrai confort, comme une salle à manger anglaise.

Après un bon quart d'heure d'attente, on annonça que le riz allait être servi. On en prit alors une cuillerée, qui fut présentée à la reine avec force cérémonies. Elle prononça une courte formule de félicitation ou d'action de grâces, que nous n'entendîmes qu'imparfaitement, et l'assemblée entière y répondit par un seul cri de « *Trarantitra!* » Au dehors, les troupes présentèrent les armes, les musiques jouèrent l'air national, et les canons tonnèrent une seconde fois. Le riz fut alors distribué, mélangé avec du miel, dans des plats de terre noire luisante, munis chacun d'une espèce de pied ou support. En guise de cuillers, on se servait de fragments de feuilles de bananier préparés à cet effet. L'opération n'était pas des plus aisées pour des personnes inexpérimentées comme nous; mais nous attaquâmes bravement cette friandise, au grand amusement de nos amis malgaches, qui observaient avec un visible intérêt notre gaucherie à nous servir de ces cuillers végétales.

Après que chacun eut mangé sa portion de riz, vint l'offrande du dollar, comme marque de soumission. Les proches parents de la reine commencèrent, et furent suivis du premier ministre, qui fit son offrande au nom de l'armée, en sa qualité de général en chef. Après lui, les représentants des diverses tribus et les chefs des villes principales de l'Imérina firent chacun leur petit discours, et offrirent le *hasina*. Cela durait depuis un certain temps quand la reine parut être légèrement fatiguée de la monotonie de ces discours ; elle fit signe au premier ministre de couper court à l'éloquence de quelques vieux serviteurs, qui devenaient décidément trop prolixes dans leurs harangues. Il finit par les arrêter tout d'un coup, et nous fit signe d'approcher. Les Anglais, les prêtres catholiques, et les missionnaires norwégiens présentèrent successivement leur dollar; et comme il était déjà près de neuf heures et demie, nous demandâmes la permission de nous retirer. Les dames et quelques-uns de nos messieurs retournèrent chez eux; mais la reine nous fit dire qu'elle aimerait à voir rester deux ou trois d'entre nous pour entendre le chant qui allait suivre. Nous ne pûmes que déférer à ce désir.

Pendant une demi-heure au moins, différents chœurs de chanteurs firent successivement leur apparition, tout en restant près de la porte, et débitèrent des chants d'un caractère étrange et sauvage, auxquels se mêlaient des cris et des battements de mains. Deux ou trois de ces chants furent accompagnés d'une espèce de danse, avec force inclinations et génuflexions devant Sa Majesté. Nous ne comprenions pas grand'chose aux paroles des chants, qui paraissaient se composer essentiellement de louanges extravagantes à l'adresse de la reine. Une ou deux fois, je distinguai les mots : « *Ramatoa Rasohérina, tsy mandia tany,* » c'est-à-dire : « Notre dame Rasohérina ne foule pas la terre, » ce qui signifie qu'elle se fait porter. Certains de ces chants paraissaient fort comiques, car ils provoquèrent de bruyants éclats de rire, auxquels se joignait cordialement la reine. C'était pour nous une scène absolument nouvelle, un amalgame étrange des mœurs civilisées avec celles d'un pays demi-sauvage, contraste qui se présente souvent à Madagascar. A dix heures quelques minutes, nous fîmes nos adieux à la reine avec la formule d'usage : « *Tarantitra, tompoko-vavy é.* »

En sortant dans la cour, nous trouvâmes le grand palais éclairé avec des lanternes, ainsi que tout le tour du rova. Quelques personnes étaient parties sans doute ; mais la grande masse des visiteurs étaient encore assis par terre, avec cette puissance de patience que les Malgaches possèdent à un si haut degré. En traversant la ville pour rentrer chez nous, nous trouvâmes fort peu de monde dans les rues, et, à part la musique des orchestres, tout nous parut plus paisible qu'à l'ordinaire. Mais le canon tonna toute la nuit par salves de six coups toutes les demi-heures, sans égard pour le repos des habitants.

D'après le programme primitif, les fêtes devaient durer trois jours, et quelques-uns d'entre nous se proposaient de retourner au palais le lendemain ; mais entre huit et neuf heures du matin, une salve de toute l'artillerie de la capitale annonça la fin des réjouissances. Aussitôt les rues furent inondées d'une foule qui rentrait à la maison, après avoir littéralement « fait de la nuit le jour. » La reine s'était trouvée fatiguée par les amusements de la nuit, et avait avancé brusquement la clôture de la fête. Ainsi se terminèrent les cérémonies de la dédicace royale.

Au mois de novembre 1864, M. T.-C. Pakenham, consul de Sa Majesté Britannique à Madagascar, vint à Tananarive pour négocier un traité entre l'Angleterre et le gouvernement malgache. Cent soldats, avec leurs officiers, furent envoyés au-devant de lui à une distance considérable de la capitale, et son entrée en ville fut annoncée par une salve de coups de canon.

Deux ou trois jours après son arrivée, M. Pakenham obtint une audience de la reine et fut reçu publiquement au palais. Il voulut bien inviter toute la colonie anglaise à l'accompagner, et plusieurs d'entre nous répondirent à cette invitation. La cérémonie fut une véritable solennité. Tous les officiers de l'armée, à partir du dixième honneur, reçurent l'ordre de s'y trouver. En entrant dans la cour royale, nous vîmes, en face du Manjaka Miadana, un grand carré formé par des officiers en costumes splendides, couverts, à la lettre, de galons d'or et de décorations ; derrière eux étaient alignés des soldats en uniforme rouge.

La reine était assise sous un dais au premier balcon du palais, tournant le dos à la porte, et entourée de sa cour. A notre entrée dans le rova, les officiers et les soldats présentèrent les armes au consul; la musique joua le *God save the Queen*, et nous traversâmes chapeau bas, en adressant à la reine le salut d'usage. Nous longeâmes le palais, entre une double haie de chanteurs royaux. Les hommes portaient le costume arabe; les femmes étaient habillées à l'européenne. Ces artistes entonnèrent un de leurs chants étranges, avec accompagnement de tambours en bois et de battements de mains. Nous nous dirigeâmes vers l'extrémité sud du bâtiment, montâmes l'escalier, et suivîmes la vérandah jusqu'à l'extrémité nord, où se trouvait la reine.

Sa Majesté était élégamment vêtue d'une robe de mousseline brodée d'or et de fleurs, et portait une espèce de couronne. Nous lui baisâmes la main, et

M. Pakenham prit la parole en anglais, un des sous-secrétaires d'Etat servant d'interprète. Il dit à la reine qu'il venait dans une pensée de paix, et la remercia pour la protection qu'elle avait accordée au christianisme et aux missionnaires; il ajouta que l'Angleterre était un pays chrétien, la reine Victoria une reine chrétienne, et qu'elle avait été heureuse d'apprendre que la liberté de conscience régnait à Madagascar. Il fit observer ensuite que, l'Angleterre étant puissante, aussi longtemps que Madagascar serait l'ami de l'Angleterre, il serait puissant comme elle. « Si vous en doutez, ajouta-t-il, demandez à vos ambassadeurs, qui ont vu nos soldats et nos vaisseaux, si nous ne sommes pas une nation forte, » etc.

Après quelques autres observations du même genre de la part du consul, la reine s'enquit de sa santé et de son voyage à travers le pays : puis, ayant baisé de nouveau la main de Sa Majesté, nous nous retirâmes, salués dans la cour par notre air national. Il était évident que le gouvernement avait fait tout son possible pour donner à la cérémonie un caractère de solennité, et pour honorer le représentant de notre reine.

La discussion du traité dura plusieurs mois ; et comme certains articles durent être soumis à l'approbation du ministre des affaires étrangères en Angleterre, il fut signé seulement au mois de juin de l'année suivante. Indépendamment des avantages commerciaux qui nous étaient expressément concédés, les clauses relatives à la liberté de conscience étaient aussi larges que précises.

Les stipulations du traité concernant la propriété des églises commémoratives ne paraissant pas complétement satisfaisantes, M. Ellis y fit ajouter, dans la suite, des clauses supplémentaires, par l'entremise de M. Pakenham ; elles furent approuvées et acceptées par le gouvernement indigène, et on entoura de toutes les garanties désirables l'engagement de conserver toujours aux édifices leur destination primitive.

Nous réservons pour un chapitre subséquent des détails complémentaires sur le caractère de la reine Rasohérina, et sur la part qu'elle prit personnellement aux évolutions politiques et religieuses qui ont marqué son règne. Elle fut amenée, en partie par des raisons de santé, à entreprendre, dans l'été de 1867, un voyage à la côte orientale, non-seulement pour changer d'air, mais aussi pour prendre des bains aux eaux thermales de Rano-Mafana. Le voyage avait également des motifs politiques : les ancêtres de la reine avaient l'habitude de semblables tournées, et d'ailleurs elle était bien aise de montrer aux tribus de l'Est la force armée dont disposait leur souverain.

Sa Majesté quitta la capitale en juin, avec une suite fort nombreuse. Le cortége se composait des membres du gouvernement, des officiers supérieurs et des hauts fonctionnaires avec leurs femmes, de 6000 soldats, et d'une foule d'esclaves et autres domestiques ; le nombre total des voyageurs s'élevait, dit-on, à 40,000. Le voyage avait été précédé de préparatifs considérables, tant pour l'amélioration des chemins que pour les approvisionnements en riz et en bœufs ; mais ceux qui connaissaient les difficultés de la route, et notamment celle de se procurer des vivres par suite de la rareté de la population de ces contrées, ne voyaient pas sans appréhension cette multitude immense entreprendre un pareil trajet. Chaque voyageur eut à se munir d'une tente, car aucune localité sur la route n'aurait pu fournir assez de maisons pour loger la centième partie de ceux qui accompagnaient la reine. Les craintes qu'on avait conçues ne se réalisèrent que dans une mesure restreinte ; la mortalité fut inférieure à celle qu'on avait annoncée ; toutefois, un grand nombre de personnes moururent dans le voyage, par suite de la fatigue et du manque d'abri. M. Laborde ayant été le seul Européen qui fît partie de la suite de Sa Majesté, il est difficile de donner à cet égard une évaluation précise. On dit que dans certains endroits de la forêt, particulièrement difficiles et dangereux, le premier ministre se joignit à d'autres hauts fonctionnaires pour porter le palanquin de la reine, afin de l'encourager et de relever son moral. On voyagea très-lentement en raison de la multitude des voyageurs et des difficultés de la route. Il fallut tout un jour aux quinze cents palanquins pour traverser la rivière Mangoro ; et la queue de la colonne n'arrivait au lieu de campement que plusieurs jours après la tête.

La troupe fut répartie en cinq divisions. La première portait les tentes, la seconde les ustensiles de cuisine et les lances, la troisième les fusils et les nattes de repos ; les deux autres devaient être continuellement à la disposition de la reine. Le camp était divisé en quatre parties : Sa Majesté était au centre, sous une tente bleue, et protégée, partout où elle faisait halte pour la nuit, par de hautes palissades ; le premier ministre se trouvait, avec le drapeau malgache, au nord de la tente royale ; l'est, l'ouest et le sud étaient occupés par les hauts fonctionnaires et par M. Laborde. Les deux idoles de la famille royale étaient portées à la suite de la reine, et abritées sous une tente qu'on dressait près de celle de Sa Majesté. Avant le départ pour la côte, on célébra, avec beaucoup de dévotion et de ferveur, des services religieux pour implorer la bénédiction et la protection d'en haut; il y en eut aussi au retour, pour rendre grâces à l'Être suprême de l'immunité relative dont on avait joui pendant les deux voyages au point de vue sanitaire. Un culte évangélique se célébrait au camp tous les dimanches, ainsi que dans certaines occasions spéciales; et les voyageurs non chrétiens furent vivement impressionnés en voyant les nombreux fidèles qui se réunissaient pour adorer le seul vrai Dieu.

Pendant son séjour à Andévourante, Sa Majesté reçut la visite des consuls étrangers et d'autres fonctionnaires; elle eut des attentions particulières pour le capitaine Brown, commandant la frégate anglaise *la Vigilante*, alors dans les eaux de Tamatave. Après un mois de séjour à la côte, la reine et sa suite retournèrent à Tananarive. Ce voyage, tout en réalisant les vues politiques de Rasohérina, fut plus nuisible que favorable à sa santé; et depuis sa rentrée dans la capitale, qui eut lieu en automne, son état parut empirer. Elle languit quelques mois encore; le Dr Davidson tenta, en vue de sa guérison, tout ce que purent lui suggérer sa science et son expérience médicale; mais le 1er avril 1868 la reine mourut, en emportant les regrets les plus sincères, tant de ses propres sujets que des résidents étrangers. Son règne, qui ne dura pas plus de cinq ans environ, fut un des plus paisibles et des plus prospères pour le pays. Le christianisme, l'instruction et la civilisation firent des progrès rapides pendant cette période, grâce à la politique généralement libérale de son gouvernement. Elle se fit aimer de son peuple par son humanité, et son constant désir d'alléger les lourdes charges que ses prédécesseurs avaient fait peser sur lui; d'un autre côté, tous les résidents ou visiteurs européens, qui ont eu la satisfaction de la voir, pourraient témoigner de l'amabilité et de la courtoisie qu'elle a toujours montrées aux étrangers.

Nous avons déjà décrit, en parlant des rites funéraires à Madagascar, le cérémonial caractéristique qui est en usage pour les obsèques royales. Il ne nous reste plus, pour achever notre esquisse des mœurs malgaches dans ce qui a trait à la royauté, qu'à placer ici quelques détails sur l'avénement d'un souverain malgache et les cérémonies du couronnement. Disons d'abord que le terme de « couronnement » ne répond pas exactement à l'expression indigène qui sert à désigner l'acte par lequel le souverain est publiquement reconnu en cette qualité. La *couronne* n'a été introduite qu'après le règne de Ranavalona Ire, probablement par suite du penchant qui portait son successeur Radama vers les usages européens. La cérémonie s'appelle *fisehoana*, c'est-à-dire « l'exhibition, » ou présentation devant le peuple. Elle avait lieu anciennement sur l'Imahamasina, ce vaste champ de Mars qui se trouve dans la plaine à la base occidentale de la colline de Tananarive; mais les dernières souveraines ont été couronnées ou reconnues par leurs sujets à Andohalo, dans l'intérieur de la ville. Les deux Radama avaient choisi Imahamasina pour théâtre de la cérémonie : comme tous deux moururent prématurément, un préjugé superstitieux s'est élevé contre l'ancien lieu de couronnement, et la pierre sacrée d'Andohalo a été substituée à la plaine.

Au fiséhoana de Ranavalona Ire, en juin 1829, il y eut un imposant déploiement de force militaire; l'incident saillant de la cérémonie fut la consécration de l'idolâtrie nationale; le but du gouvernement était d'affirmer hautement l'attachement de la reine aux anciens usages, et sa résolution de les maintenir à tout prix, fût-ce par la force. « Quand la reine fut arrivée à la pierre sacrée, elle monta dessus, les yeux tournés vers l'orient, entourée de cinq généraux, dont chacun tenait son chapeau d'une main et une épée nue de l'autre; la musique jouait l'air national. La reine dit alors : « *Masina, masina, masina v'aho?* » c'est-à-dire : « Suis-je consacrée, consacrée, consacrée? » Les cinq généraux répondirent affirmativement. A ce moment toute la foule s'écria : « Puisses-tu vivre longtemps, reine Ranavalona! » Puis la reine descendit de la pierre et prit dans ses mains les idoles Manjakatsi-roa et Fantaka, en leur disant : « Mes prédécesseurs vous ont donnés à moi; je place ma confiance en vous, assistez-moi! » Elles les rendit ensuite à leurs gardiens, et se fit porter sur une plate-forme qu'on avait érigée à une faible distance de la pierre.

» Le trône ou fauteuil royal était recouvert d'une draperie écarlate, richement ornementée de galons d'or; la reine s'y assit, entourée de ses parents, ayant à ses côtés l'héritier présomptif et la jeune fille de Radama. A droite et à gauche de la plate-forme étaient les juges, les fonctionnaires, les officiers et les nobles. Aux deux angles, du côté de l'ouest, les deux idoles de la souveraine étaient tenues par leurs gardiens respectifs. Elles étaient cachées sous une profusion d'étoffe écarlate, brodée d'or, que le peuple contemplait avec une vénération superstitieuse; cette exhibition était un des traits saillants de la scène. On porte à soixante mille le nombre des individus réunis dans cette circonstance, y compris huit mille soldats. Les troupes étaient massées en deux longues colonnes, qui bordaient la route d'Andohalo au palais. La musique avait été disposée dans un carré réservé devant la plate-forme, où se trouvaient aussi les femmes du souverain décédé avec celles des juges et autres fonctionnaires.

» Après être restée assise quelques instants, la reine se leva, en s'appuyant sur sa sœur aînée, qu'elle pria de recevoir pour elle le hasina. Elle s'adressa alors en ces termes à la foule immense qui l'entourait : « *Véloma Zana-dralambo, Véloma Zanak-andrian droroka, etc.*, » c'est-à-dire : « Je vous salue » (suit une énumération des différentes tribus dans l'ordre de leurs rangs respectifs.) Elle poursuivit ainsi : « Si vous ne m'avez pas encore connue jusqu'à ce jour, c'est moi, Ranavalona, qui parais maintenant devant vous. » Le peuple cria : « Hoo ! Hoo ! » et elle reprit : « Dieu donna le royaume à mes ancêtres; ils le transmirent à Andrian-Impoïn-Imérina, qui le légua lui-même à Radama, sous la condition que je lui succéderais. N'en est-il pas ainsi, Ambaniandro ? » (nom donné au peuple, et signifiant littéralement : *sous le jour*). — Tous répondirent : « Il en est ainsi. » —

« Je ne changerai rien, ajouta la reine, à ce que Radama et mes ancêtres ont fait; mais j'ajouterai à ce qu'ils firent. Ne croyez pas que, parce que je suis une femme, je ne puisse gouverner le royaume. Ne dites jamais : « C'est une femme ignorante et faible; elle est incapable de nous commander. » Ma sollicitude et mes efforts de tous les instants tendront toujours à augmenter votre prospérité et à vous rendre heureux. Entendez-vous cela, Ambaniandro? » — Tous répondirent : « Oui. »

» Raïnimahay, le premier ministre, se leva alors, salua la reine, puis se tourna vers le peuple pour le haranguer. « Les Malgaches, dit-il, peuvent avoir pleine confiance dans leur souveraine; » et il répéta le discours qu'elle venait de faire, en y ajoutant quelques observations qui tendaient à l'expliquer et à l'appuyer. Quand il eut fini, la première tribu, appelée Zana-dralambo, se leva, et un de ses chefs adressa un discours à la reine, où il l'assurait de la fidélité de ses concitoyens; puis il présenta une piastre d'Espagne à titre de hasina. Les différents clans, suivant l'ordre de préséance, en firent autant; puis les habitants des divers districts ou provinces, par l'intermédiaire de leurs délégués; après eux, quelques Arabes de Mascate, les Européens, et enfin les généraux, en qualité de chefs de l'armée. Ravalonsalama, le doyen des officiers, parlant au nom de ses compagnons d'arme, assura Sa Majesté que l'armée ne faillirait pas à sa mission de soutenir le trône. On remarqua que la reine ne remercia en personne que les Européens et les militaires. Elle avait désigné pour les premiers une place près de la plate-forme, où ils avaient deux cents soldats pour les protéger contre la pression de la foule.

» Après la fin de la cérémonie, le cortége retourna au palais par un autre chemin que celui de l'arrivée. Le canon annonça la rentrée de Sa Majesté chez elle ; quand elle fut dans la cour du Trano-Vola, elle descendit de son palanquin, et, debout près de la tombe de Radama, elle prit dans ses mains les draperies des deux idoles, et adressa à feu son mari une courte prière qui se terminait par ces mots : « Ton nom soit à jamais vénéré ! » Les officiers et les troupes furent alors congédiés, et la reine rentra dans son palais. »

On voit par ce récit qu'il n'y eut pas, à proprement parler, de couronnement du souverain, mais une simple reconnaissance de son autorité de la part des représentants du peuple. Une courte description du costume que portait la reine intéressera peut-être quelques-uns de nos lecteurs, ou tout au moins de nos lectrices.

« La reine était coiffée à la mode hova, avec une multitude de petites tresses. Au sommet de la tête elle portait une parure de corail divisée en cinq branches, à chacune desquelles pendaient une pierre précieuse rouge et un bijou en or de la forme d'une petite clochette. L'extrémité du corail était fixée dans une plaque de nacre qui s'appliquait sur le front. Cette parure était maintenue par une belle chaîne d'or de fabrique indigène, qui faisait plusieurs fois le tour de la tête. La reine avait trois colliers : un en corail, un autre en cornaline, et un troisième en pierre rouge. Elle portait à chaque bras trois bracelets en perles, cristal et corail ; une parure semblable, en pierres précieuses, entourait les chevilles de ses pieds ; sans parler de boucles d'oreille et de bagues de grand prix, et d'une écharpe agrémentée de cornalines. Le vêtement de dessus, ou *ranzo*, était de soie pourpre chargée de galons d'or et de boutons d'or. Le *kitamb*, ou vêtement de dessous, était en soie blanche ; le mantelet, taillé dans une belle étoffe cramoisie, était ornementé comme le ranzo ; enfin, des bas de soie blanche et des brodequins en maroquin jaune complétaient cette toilette royale. Le front de la reine était peint avec une argile blanche, appelée *tany-ravo* (« terre de bonheur »), à cause de l'usage auquel elle est affectée. »

Au couronnement de la reine actuelle, Ranavalona II, on put constater un abandon significatif des anciennes coutumes, conséquence des progrès qui eurent lieu sous le règne de Rasohérina, relativement à la connaissance et au respect du christianisme. La nouvelle souveraine, païenne par ses convictions personnelles, mais dépourvue de la force de volonté qui caractérisait son homonyme, dut céder au désir de son gouvernement, qui voulait rejeter les superstitions et les simagrées puériles du paganisme. C'est à mes amis les révérends W. E. et J. Cousins que je dois le récit suivant d'une cérémonie qui eut un succès complet, et qui fut jugée généralement bien supérieure à toutes les solennités de même nature qui ont eu lieu à Madagascar.

Une plate-forme, haute et spacieuse, fut élevée sur la place d'Andohalo, le matin du mardi 3 septembre (1868). Cette vaste surface triangulaire était occupée dès l'aurore par des milliers de personnes arrivant de toutes les provinces du royaume. Chaque petite éminence de terrain était couronnée de spectateurs. A neuf heures et quelques minutes, les membres du gouvernement, les fonctionnaires publics, tant civils que militaires, et une centaine de dames, habillées à l'européenne, sortirent processionnellement du palais. Ils marchèrent, escortant la reine en filanzana jusqu'à la plate-forme, où elle s'assit sous un splendide baldaquin, après être montée sur la pierre sacrée. Le baldaquin était porté sur des piliers peints en vert, avec des moulures dorées, et tendus de velours vert et or. Le dôme était en velours cramoisi, ornementé de pointes de lance en argent. Sur les quatre faces étaient inscrites, en langue indigène, ces épigraphes : « Gloire à Dieu. » — « Paix sur la terre. » — « Bonne volonté envers les hommes. » — « Dieu soit avec nous. » A la droite de la reine se trouvait une petite table, sur laquelle on voyait une Bible malgache richement reliée, offerte à Radama quelques années auparavant, ainsi qu'un exemplaire des « Lois de Madagascar. » La reine portait une robe de satin blanc, brodée d'or, à la confection de laquelle soixante ouvrières indigènes avaient travaillé pendant longtemps. Autour de Sa Majesté se trouvaient les dames de la famille royale, habillées de rouge, et les membres des missions anglaise et française. Le premier ministre, comme premier sujet du royaume, prit place plus bas avec le gros des assistants.

La particularité la plus intéressante était, sans aucun doute, l'absence complète d'idoles et de talismans. Avant Ranavalona II, aucun souverain n'avait été couronné sans ces accessoires païens. Un drapeau en soie blanche, avec les initiales du nom de Sa Majesté, et une couronne royale remplaçaient les emblèmes idolâtres ; d'autre part, la présence de la Bible chrétienne et les inscriptions tirées de la Parole de Dieu affirmaient avec éclat le changement qui s'était produit dans l'opinion publique, depuis la mort de la première Ranavalona. Onze ans à peine s'étaient écoulés depuis l'époque où le christianisme était proscrit et ses ministres cruellement persécutés.

La reine prononça un discours impressif, où elle déclarait son intention de gouverner avec justice et avec clémence, tout en détaillant, suivant l'usage, la descendance qui la rattachait aux anciens souverains. Ce discours, qui avait été imprimé à l'avance avec la presse de la mission pour être distribué au peuple, est une preuve frappante des progrès accomplis récemment à Madagascar ; et les sentiments qu'il exprime font honneur au jugement et à la sagesse pratique de son auteur. En parlant des bienfaits d'un bon gouvernement, et de l'obéissance aux lois du pays, la reine citait ce passage de l'Ecriture : « Car le commandement est un flambeau, et la loi est une lumière; » puis celui-ci : « Observe le juste, et considère l'homme droit, car il y a un avenir pour l'homme de paix (1). » Elle s'adressait ainsi à son peuple : « O vous qui êtes ici assemblés sous le ciel, je ne suis pas sans père et sans mère, puisque je vous possède : puissiez-vous donc vivre longtemps, et que Dieu vous bénisse ! » En parlant des membres du gouvernement, des juges et des officiers supérieurs, elle dit : « Je les

---

(1) Prov., VI, 23. Ps. XXXVII, 37.

ai faits pères et chefs du peuple pour qu'ils enseignent leur sagesse. » Elle leur rappela que la loi n'avait pas égard aux personnes; que ce ne serait ni eux ni elle-même qui condamneraient à mort les malfaiteurs, mais uniquement la loi, qu'ils étaient tous chargés de maintenir. La phrase où elle faisait allusion au christianisme était ainsi conçue : « Quant à la manière de prier, on ne vous impose à cet égard ni obligation ni interdiction, car c'est Dieu qui vous a faits. »

Après la présentation obligée du hasina, qui prit un temps considérable, grâce aux discours et aux assurances de dévouement dont on accompagnait cette formalité, la cérémonie se termina par un discours très-chaleureux et très-applaudi du premier ministre. Cette allocution ressemblait fort, en certains passages, à un sermon sur le second des textes cités par la reine. La séance dura cinq heures, et l'on a estimé à deux ou trois cent mille le nombre des assistants.

Le lendemain, la reine descendit au champ de Mars, Imahamasina, qui était plein de monde attiré par la fête. Dès que la reine eut pris place, commença une danse générale, ou du moins ce qu'on appelle une danse à Madagascar. Mains et chapeaux s'agitaient en même temps; tous les corps se démenaient sous les yeux de la reine, qui, debout, répondait à son peuple par un mouvement continuel des mains. Les femmes formaient plusieurs rangs l'un derrière l'autre, et, les bras étendus mais fixes, remuaient seulement les mains, tout en faisant avec les pieds un mouvement correspondant. La scène était étrange et amusante, mais n'avait pas l'animation et l'ardeur des fêtes européennes; elle ne laissait pas toutefois d'être légèrement excitante. Pendant trois heures environ, différents groupes vinrent danser devant la reine; puis l'assemblée se sépara. On se livra également à d'autres jeux, tels que chansons improvisées, combats simulés à la lance, etc.; mais tout se passa avec ordre et décence, et la fête fut signalée par une absence remarquable de toute espèce de désordres ou d'excès.

CHAPITRE XIII.

IDOLATRIE MALGACHE ET CROYANCES RELIGIEUSES.

Caractère de l'idolâtrie malgache. — Idoles principales. — Sens de leurs noms. — Fady ou tabou. — Aspect des idoles. — Autres formes de superstitions plus puissantes que l'idolâtrie. — L'épreuve par le tanghin. — Sorcellerie. — Le *sampy* ou dieu de la maison. Récit de Drury sur les coutumes religieuses. — Expiation par le sang. — Sacrifices. — Sacrifices humains. — *Faditra* ou expiation. — Sorona. — Divination. — Culte des ancêtres et des souverains décédés. — Traces de l'idée d'un Être suprême. — Idolâtrie d'introduction moderne. — Proverbes curieux et anciens dictons.

Il y a peu de sujets d'étude plus intéressants, pour le philosophe ou pour le chrétien, que les croyances et les observances religieuses des peuples qui ont été privés de la lumière de la Révélation. Cet intérêt s'accroît, s'il est possible, quand il s'agit de nations qui ont été isolées pendant des siècles du reste du monde, et empêchées ainsi de puiser à une source extérieure des idées religieuses plus élevées. La tendance dégradante de tous les systèmes humains, en matière de foi, est universellement reconnue; et l'histoire des nations civilisées, comme celle des tribus sauvages, vérifie cette déclaration de l'Ecriture, que « le monde n'a pu connaître Dieu par sa propre sagesse (1). » Il y a des différences très-remarquables dans le degré d'influence

(1) 1 Cor., I, 21.

exercé par les religions naturelles sur leurs adhérents. Alors que certaines nations (les Hindous, par exemple) sont essentiellement religieuses par la tournure de leur esprit, il en est d'autres qui ont perdu presque absolument l'idée même d'une existence spirituelle.

Le peuple malgache occupe une place intermédiaire entre ces deux extrêmes. Il diffère considérablement d'autres nations païennes par ses croyances religieuses, et par le moindre degré d'influence que son idolâtrie exerce sur ses habitudes, ses sentiments, sa vie de chaque jour. Lorsqu'un étranger arrive dans le pays, il constate à première vue une absence remarquable de tout signe extérieur de culte idolâtre. Dans l'Inde, en Chine, dans le royaume de Siam, on aperçoit des temples partout où il existe une population pour les fréquenter. Là les cérémonies et les observances religieuses affectent plus ou moins tous les actes et tous les sentiments des habitants. Supprimez leur religion avec tout ce qui s'y rattache, et ces nations asiatiques deviendront essentiellement différentes de ce qu'elles sont aujourd'hui. Cette observation s'applique, dans une mesure plus ou moins grande, à la généralité des peuples païens; mais il en est autrement à Madagascar. Ici on trouve bien peu de chose, à l'extérieur, qui vous rappelle qu'on foule une terre païenne. Point de temples somptueux, point d'images peintes ou sculptées, absence complète de prêtres et de culte proprement dit; les quelques sacrifices qui sont offerts le sont à de longs intervalles et d'une façon irrégulière. Il n'y a point de système religieux organisé comme le brahmanisme ou le bouddhisme : les pèlerinages, les pénitences, les offrandes coûteuses, les mortifications volontaires, tout cela est étranger à l'esprit malgache. Il existe pourtant dans ce pays une certaine idolâtrie avec des cérémonies et des observances qui sont dignes d'attention, en tant qu'elles révèlent cette « soif de Dieu » qui est commune à tout le genre humain, si dégradé et si ignorant soit-il.

Nous ne connaissons guère, de l'idolâtrie malgache, que ce qui a trait aux Hovas et aux autres tribus qui se rattachent à eux dans la partie centrale de l'île. Les renseignements fournis sur ce sujet par les quelques voyageurs qui ont pénétré dans d'autres régions sont trop pauvres, et souvent trop inexacts, par suite d'une connaissance imparfaite de la langue, pour être de grande utilité; mais, autant qu'on en peut juger par ces informations éparses, les observances et les croyances religieuses de la population paraissent présenter dans tout le pays un caractère général de similitude.

Il y a dix ou douze idoles principales vénérées dans la capitale ou dans la province du centre; et sur ce nombre, trois ou quatre sont placées au-dessus des autres. Chacune est réputée avoir une puissance ou une influence spéciale; elle est préposée au soin de certains intérêts, protége contre des malheurs déterminés, et dispense des bénédictions particulières à ses sectateurs.

L'idole Rakélimalaza occupe le premier rang, et on la considère comme la protectrice du souverain et du royaume. Son nom, composé de deux adjectifs malgaches, signifie : « petite, mais renommée; » la préfixe « Ra, » qui les précède, fait du mot composé un nom propre. Les bienfaits qu'on attribue à cette idole sont la victoire continuellement assurée au souverain, et la protection contre le feu, les crocodiles et la sorcellerie.

Vient ensuite, à un rang peu inférieur dans l'estime publique, l'idole Ramahavaly, qui joue le rôle de l'Esculape malgache. C'est d'elle que dérivent les *charmes* qu'on apporte aux malades comme le meilleur remède contre le mal. Autrefois, lorsque des troupes se mettaient en campagne pour aller faire la guerre dans une province éloignée, on portait cette idole de rang en rang dans l'armée pour la préserver des maladies; en cas d'épidémie, on la portait au milieu d'une assemblée solennelle du peuple pour arrêter la mortalité. Les gardiens de l'idole faisaient en même temps des aspersions avec une eau sainte, à peu près comme le prêtre use de l'eau bénite dans l'Eglise romaine.

Nous avons déjà parlé du patronage des serpents attribué à Ramahavaly. Ce rapprochement mystérieux entre le serpent et l'art de guérir se retrouve, comme on le sait, dans les mythologies des nations païennes de l'antiquité. Le nom de l'idole est beau et significatif; il veut dire : « Celui qui est capable de répondre. » Plus d'une fois, dans les prédications de la mission protestante, ce nom a fourni un texte heureux et naturel pour démontrer la folie de l'idolâtrie. Le prédicateur exhortait son auditoire à délaisser ces espérances mensongères pour se tourner vers Celui qui peut réellement entendre la prière et l'exaucer.

Les idoles Fantaka et Manjaka-tsi-roa sont plus spécialement préposées à la garde du souverain et de la famille royale. La première est conservée dans l'ancienne capitale, Ambohimanga, et la seconde au siége actuel du gouvernement, à Tananarive. Le nom de Manjaka-tsi-roa est bien approprié au caractère despotique de l'ancienne monarchie à Madagascar. Il signifie : « Il n'y a pas deux souverains. » Il exprimait ce sentiment d'autorité jalouse qui anima tour à tour Radama et Ranavalona. Ce fut sous l'empire de cette passion, dont ils avaient fait leur idole, qu'ils renversèrent tous les autres chefs de l'île, quoi qu'il en dût coûter, à leurs sujets immédiats, de souffrance et de sang pour atteindre ce but.

Une autre idole, qui jouit d'une certaine célébrité, s'appelle Ranakandriana; elle a son domicile dans une caverne de la montagne d'Andringitra, située à quelques 50 kilomètres au nord-ouest de la capitale. Cette idole était réputée capable de répondre à ceux qui lui adressaient un compliment. Cette croyance a probablement pour origine un écho dont le siége se trouvait dans certains rochers auxquels était adossé l'autel de cette prétendue divinité. Quoi qu'il en soit, le fait fut exploité par les gardiens de l'idole pour accroître sa renommée, et conséquemment leurs profits. On raconte l'anecdote suivante de Radama Ier, qui était trop intelligent pour croire à tous les faux prodiges qui servaient à tromper ses sujets. « En conséquence de la réputation attribuée à cette idole de répondre à ceux qui la saluaient, il résolut de se rendre à son autel pour vérifier l'exactitude de cette assertion. Il gravit la colline, entra dans la caverne qui servait de résidence à Ranakandriana, et salua l'invisible divinité. Une voix basse et solennelle répondit : « *Tsara hiany.* » — « Très-bien. » Il offrit alors un petit cadeau en argent. Une main s'avança doucement dans l'ombre pour accepter le présent ; mais le roi la saisit aussitôt et s'écria : « Ce n'est pas un dieu qui est ici ; c'est un être humain! » Il ordonna immédiatement aux gens de sa suite de chasser l'imposteur. Dès lors le charme fut détruit dans l'esprit d'un grand nombre, et il fut avéré que le roi ne croyait plus aux superstitions de son pays (1). »

Mentionnons encore une idole, dont le nom indique le pouvoir qu'on lui attribue : elle s'appelle Rakélimanjaka-lanitra, c'est-à-dire « petite, mais maîtresse des cieux. » Elle est réputée capable de protéger les rizières de la grêle, en la changeant en pluie; en sorte qu'elle procurait un bienfait à ses sectateurs, au lieu du malheur qu'ils redoutaient.

Il y a certaines choses et certains actes pour lesquels chacune des idoles malgaches est supposée éprouver de la répulsion. Ces objets ou ces pratiques sont appelés *fadys*. Le *fady* correspond au *tabou* des insulaires de la mer du Sud ; il est toutefois beaucoup moins vexatoire que ce dernier, tel qu'il est déterminé par le caprice des chefs de la Nouvelle-Zélande et d'autres chefs polynésiens. Les prohibitions du fady sont souvent du caractère le plus absurde et le plus trivial. Rakélimalaza ne pouvait souffrir, dit-on, les fusils et la poudre, non plus que les oignons, les chèvres, les chevaux, les chats et les hiboux ; il détestait surtout les pourceaux. Au temps de la reine Ranavalona, tous les pourceaux étaient chassés à plusieurs lieues de la capitale. Cette prohibition tomba en désuétude pendant la courte durée du règne de

---

(1) *Histoire de Madagascar*, par Ellis, tome I.

Radama II ; mais à l'avénement de Rasohérina, les porcs furent de nouveau bannis, et on n'en voyait aucun dans un rayon d'une journée de marche autour de la capitale. A cette prétendue antipathie de l'idole pour les chats et les hiboux se rattache le sentiment superstitieux de la population à l'égard de ces animaux. On les regarde comme des êtres de mauvais augure, et tout possesseur d'un chat passe aux yeux de bien des personnes pour un sorcier.

Un jour que j'étais en voyage pour retourner chez moi, je m'arrêtai le soir au village d'Ambodinifody, sur la route de Tamatave à la capitale. Sur la porte de la maison où je me proposais de passer la nuit, je rencontrai le propriétaire, qui me demanda si personne de nous n'avait avec lui du *tavolo* (fécule d'arrow-root); car le tavolo était, nous dit-il, antipathique au dieu de sa maison. Sur mon assurance qu'il n'y en avait pas trace dans nos provisions, il ne fit plus aucune objection à ce que je m'installasse chez lui pour la nuit.

On m'a souvent demandé quelle forme affectent les idoles malgaches. Chose étrange ! c'est là une question à laquelle il est difficile de donner une réponse quelque peu précise. D'abord, les idoles ne sont pas exposées à la vénération du peuple, et c'est commettre une sorte d'impiété que de les regarder. Aussi y a-t-il peu de Malgaches qui croient pouvoir répondre aux questions sur ce sujet. On croit que quelques-unes des idoles principales sont des morceaux de bois taillés de manière à présenter une grossière ressemblance avec la forme humaine ; mais il en est beaucoup qui n'ont pas de forme déterminée, seconde circonstance qui rend difficile de les caractériser. Elles sont de petite dimension et ne paraissent pas avoir plus de 30 centimètres de hauteur ; on les garde, quelques-unes du moins, dans des boîtes qui sont déposées dans une maison mise à part pour l'usage de l'idole. Un de ces dieux est, dit-on, un insecte, ou l'imitation d'un insecte ; un autre est une pierre météorique. Ce dernier

Idole malgache.
(Dessin tiré de l'*Histoire de Madagascar*, par Ellis.)

doit sans doute sa réputation de sainteté à la même origine que l'image d'Éphèse, qu'on disait tombée du ciel (1). Toutes les fois qu'on sort les idoles dans les solennités publiques, elles sont fixées à l'extrémité d'un bâton, et habituellement recouvertes de drap ou de velours écarlate. Quelquefois ces draperies

---

(1) Actes, XIX, 35 ; littéralement : « tombée de Jupiter. »

sont ornées de chaînes d'argent, ou de petits appendices en forme de dents de crocodile. En tête de la procession marche un homme armé d'une lance, qui crie au peuple de laisser libre le milieu du chemin ; il n'y a pas longtemps encore que les passants se conformaient généralement à cette injonction, attendant avec respect, et la tête découverte, que l'idole eût passé avec les gens de sa suite.

Mme Ellis décrit comme suit les idoles qui étaient portées processionnellement au couronnement de Radama II : « Vers la fin de la cérémonie, je me trouvai derrière les idoles, et j'en fus un moment complétement entourée. Elles étaient au nombre de trente environ, portées au haut de bâtons minces qui pouvaient avoir 3 mètres de long. La plupart d'entre elles ne ressemblaient à aucun objet déterminé dans le ciel ou sur la terre : c'étaient des fragments sordides d'une chaîne d'argent; des boules du même métal, variant du volume d'une bille à celui d'un œuf de poule; des morceaux d'os ou de corail, ou des ornements d'argent qui étaient censés représenter des dents de requin; d'étroites bandes d'étoffe écarlate, longues de 30 à 60 centimètres... que sais-je encore? Il faut ajouter que plusieurs de ces divinités étaient à moitié cachées sous une espèce de vieux bonnet de nuit rouge, et d'autres enfermées dans un sac d'étoffe indigène, ou dans un petit panier d'osier. Tels sont les objets vénérés desquels on a longtemps fait dépendre la sécurité et la prospérité de la nation (1). »

---

(1) *Madagascar au point de vue de ses progrès civils et religieux*, par Mme Ellis (1863).

La prédication du christianisme dans la capitale et aux environs a puissamment contribué déjà, sous le règne de Rasohérina, païenne de profession, à faire tomber l'idolâtrie dans l'abandon et le mépris. Pendant toute la durée de mon séjour à Tananarive, je n'ai eu qu'une seule fois l'occasion d'entrevoir ces dieux nationaux portés en public; c'était peu de jours après mon arrivée; la petite vérole sévissait alors avec violence, et les gardiens de l'idole, espérant relever la réputation de Rakélimalaza comme protecteur de la nation, le promenaient solennellement à travers la ville; ils passaient successivement par les différentes portes, où des charmes avaient été déposés, dans l'espoir que le fléau serait arrêté par l'influence de la divinité nationale. Tout ce que je pus voir fut un petit rouleau de velours rouge, fort sale, d'environ 30 centimètres de long, porté au bout d'un bâton, et suivi par quelques adorateurs. Ceux-ci faisaient entendre un chant bas et monotone, analogue à celui qui est usité pour rendre hommage au souverain lorsqu'il paraît en public.

En voyageant dans l'Imérina et dans les provinces limitrophes, nous avons souvent trouvé des villages bâtis en bois au lieu d'argile, à la différence de la plupart des maisons malgaches. C'étaient généralement des localités où l'on garde les idoles; il est défendu d'élever aucune habitation en argile dans l'enceinte du *hady* ou fossé de ces villages-là. Au centre se trouve une maison qui est consacrée à l'idole, et dans laquelle on conserve la boîte qui la renferme. Ces maisons ne sont ni des temples pour les sacrifices, ni des lieux de culte, et il n'y a pas d'époques déterminées pour les cérémonies religieuses. La plupart du temps, ce n'est pas la population qui a recours aux idoles, mais les idoles qui sont présentées à la population dans certaines circonstances. Quand on offre des sacrifices, si la chose peut s'appeler de ce nom, ils n'ont pas lieu dans l'intérieur de la maison de l'idole, ni dans le voisinage, mais de préférence sur certaines pierres en dehors du village, et souvent en présence des anciens tombeaux des Vazimbas, premiers habitants de l'Ankova.

On m'a cité, entre autres détails, la cérémonie suivante, qui se pratique dans certains cas. Le gardien de l'idole, après avoir réuni la population du village et des environs, entre dans la maison sacrée, et referme soigneusement la porte en veillant de très-près à ce qu'il soit absolument seul. Après certaines prières il ouvre la boîte, en retire l'idole, qu'il frotte avec de l'huile de ricin (le ricin croît en grande abondance dans l'île). Il fait de nouvelles invocations, puis rétablit l'image dans son logis; après quoi il informe la population que la divinité a été rendue propice, et qu'elle ne peut manquer d'accorder toutes les demandes qui lui seront adressées.

Il est difficile, pour ceux qui habitent aujourd'hui la capitale, de se former une idée bien juste de l'influence qu'a pu exercer autrefois l'idolâtrie malgache sur l'esprit des indigènes. L'influence latente du christianisme a si bien exhaussé le niveau général de la population, surtout pendant ces dernières années, qu'il n'est guère possible de savoir actuellement ce qu'était en réalité l'idolâtrie des Hovas, et jusqu'à quel point elle affectait leurs sentiments et leur vie de chaque jour. Mais nous croyons pouvoir inférer de ce fait même qu'à Madagascar — ou, pour parler plus exactement, dans l'Imérina — le culte des faux dieux n'a jamais été identifié avec les habitudes, les pensées et les affections du peuple, comme cela se voit dans la plupart des contrées païennes. L'idolâtrie proprement dite ne s'est jamais emparée de l'esprit malgache comme l'ont fait d'autres formes de superstition. La sorcellerie, la divination, les charmes et la vénération du *sampy*, ou dieu de la maison, exerçaient beaucoup plus d'influence que le culte des idoles les plus célèbres. L'esprit indigène est plein de conceptions non réfléchies, de vagues craintes superstitieuses; il est très-enclin à croire à la sorcellerie, à la fatalité, aux esprits et aux apparitions. Les Malgaches attribuent volontiers tous les malheurs qui peuvent leur arriver à l'influence de la sorcellerie. Les personnes soupçonnées à cet endroit étaient soumises, depuis un temps immémorial, à l'épreuve du tanghin ou du poison, et cet usage barbare s'est maintenu jusqu'à une époque toute récente.

Le tanghin ne s'administrait pas seulement à ceux qui étaient suspects de sorcellerie, mais aussi aux délinquants politiques et aux personnes accusées d'être favorables au christianisme. L'infaillibilité de ce poison, pour révéler les coupables, était un fait admis par toute la nation; si bien qu'on voyait des innocents non-seulement se soumettre à cette épreuve, mais la demander d'eux-mêmes dès que le plus léger soupçon s'attachait à eux. On s'imaginait qu'il y avait dans le tanghin une sorte de génie qui sondait les cœurs, et qui entrait avec le poison dans l'estomac de l'accusé, punissant le coupable, sans faire de mal à l'innocent.

L'épreuve du Tanghin.

La noix du tanghin paraît être un poison des plus violents; mais pris à petite dose, il ne fait que l'effet d'un puissant émétique. L'innocence était réputée démontrée par l'expectoration de trois petits morceaux de peau de volaille qu'on avait fait avaler au patient. L'accusé mangeait d'abord une certaine quantité de riz, après quoi on lui faisait prendre dans du jus de banane une râclure de la noix vénéneuse. Le *mpanozon-doha*, ou exécuteur, posait alors sa main sur la tête de l'accusé, et s'adressait en ces termes au génie du tanghin: « Ecoute, écoute, écoute, et sois attentif, à toi Raïmanamango! (*celui qui sonde, qui éprouve*) Tu es un œuf rond que Dieu a fait. Bien que tu n'aies pas d'yeux, tu y vois; bien que tu n'aies pas d'oreilles, tu entends; bien que tu n'aies pas de bouche, tu réponds; écoute donc et sois attentif, ô Raïmanamango! »

La prière entière est trop longue pour que nous la reproduisions ici; elle est pleine de répétitions et d'imprécations terribles. L'idée qui y domine est la sommation adressée au dieu de rendre le crime manifeste, s'il y a eu acte de sorcellerie; mais de faire vomir *intacts*, par l'effet du poison, les trois morceaux de peau, si l'accusé est innocent. Il est trop évident qu'une pareille pratique, indépendamment de ce qu'elle avait de cruel, n'était qu'imposture et mensonge. En variant, soit la quantité du poison, soit le laps de temps qui s'écoulait entre l'absorption du riz, celle du tanghin, et les rasades d'eau de riz qu'on administrait pour amener la nausée, l'exécuteur pouvait à son gré modifier les chances qu'avait le patient d'expectorer les morceaux de peau qui servaient à l'épreuve. S'ils ne se trouvaient pas intacts dans le riz rejeté par le vomissement, le malheureux était assommé avec le pilon du mortier à riz ; son corps était traîné d'une manière infamante et enseveli rapidement, lorsqu'il n'était pas abandonné aux chiens. Souvent les parents de l'accusé étaient condamnés à une amende, indépendamment de la confiscation de tous ses biens ; et ils étaient tenus de se laver, par une abjuration publique, de tout soupçon de complicité dans le crime. L'épreuve se faisait avec une grande solennité ; tout était calculé pour inspirer à un peuple ignorant et superstitieux une crainte sans bornes à l'endroit de l'esprit qui était censé résider dans la noix vénéneuse. Il arrivait souvent, même lorsque la personne accusée était proclamée innocente, que le poison causait de sérieux ravages, et qu'il entraînait la mort.

On a calculé que le tanghin, avant qu'il eût été aboli à la mort de Ranavalona, amenait la mort d'un cinquantième de la population totale de l'Imérina ; c'étaient trois mille personnes en moyenne qui tombaient chaque année victimes de cette affreuse coutume. Elle est désormais complétement supprimée, grâce aux progrès du christianisme et au développement de l'intelligence publique.

On demandera quelles étaient les pratiques de sorcellerie qui exposaient le coupable à l'ordalie du tanghin. Il est réellement difficile de répondre à cette question, la population redoutant à l'extrême toute communication avec ceux qui pourraient être soupçonnés d'user de l'*ody-mahéry*, ou « charme puissant. » On suppose que ce charme consistait à faire des imprécations pour appeler le malheur sur la personne que le sorcier désirait atteindre ; à cette invocation se rattachait l'emploi de certains objets, tels que les feuilles de diverses plantes auxquelles on attribuait un pouvoir magique, et qu'on brûlait près de l'habitation de la personne ennemie.

Dans l'opinion du peuple, tout individu qui avait commis quelque crime extraordinaire était réputé ensorcelé ; car jamais, disait-on, il ne se serait rendu coupable d'un pareil crime s'il n'avait pas été dominé par une influence diabolique. Dans cet ordre d'idées, la fermeté et le courage des confesseurs de Christ étaient attribués à un charme puissant, qui les mettait à même de résister aux ordres de la reine, et de persévérer fidèlement dans la pratique de leur religion. Aussi plusieurs d'entre eux furent-ils condamnés au supplice des sorciers, qui consistait à être précipité du haut d'une espèce de roche tarpéienne.

Il arrivait souvent que des individus malintentionnés cherchaient à effrayer les personnes auxquelles ils voulaient du mal, en faisant déposer à la porte de ces derniers, ou fixer à quelque endroit de la maison, certains objets réputés imbus d'une vertu malfaisante. M. Ellis m'a montré plusieurs petits paniers, noircis par le feu, où se trouvaient des fragments de bolides, du bois carbonisé, et d'autres objets sans valeur, mais ayant tous une signification symbolique ; ils avaient été placés contre sa maison par les chefs du parti de la réaction païenne, un peu avant la révolution de 1863. Ses amis indigènes l'assurèrent qu'il y avait là des présages et des menaces de mort ou d'autres malheurs, que les auteurs du dépôt se seraient sans doute efforcé de réaliser, si leurs machinations n'avaient été déjouées par les précautions du premier ministre. On conçoit qu'avec une population superstitieuse, des avis de ce genre pouvaient souvent amener les malheurs redoutés, par la seule crainte du danger.

Les idoles nationales sont probablement une dérivation du *sampy*, ou dieu de la maison, et leur culte n'est qu'une extension de la réputation de quelques-uns de ces fétiches, auxquels les circonstances ont fait attribuer une importance exceptionnelle. Ces sampys se trouvent dans la plupart des maisons païennes; ils se réduisent souvent à un simple morceau de bois, une pierre, une motte de gazon ou tout autre objet d'aussi peu de valeur; on les conserve ordinairement dans une espèce de panier en paille tressée, dont la forme ressemble à une bouteille, et qu'on suspend à la muraille, à côté du lit, placé à l'angle nord-est de la maison. Quelquefois le sampy est une petite figure d'argent, représentant grossièrement un bœuf; d'autres fois, c'est une simple bille de verre, un collier de verroterie, ou quelque autre babiole. Ces talismans, ou dieux domestiques, ne sont pas sans analogie avec les lares et les pénates des Romains; ils rappellent aussi les *Téraphims* des races sémitiques.

Dans quelques-uns des villages situés sur la route qui va de la côte orientale dans l'intérieur, j'ai trouvé, au milieu de la place centrale autour de laquelle sont bâties les maisons, une pièce de bois, haute de 2 mètres 50 centimètres environ, formée avec un arbre bifurqué, dont les branches étaient taillées en pointe et le tronc enfoncé dans le sol. Cet arbre, qui était enduit de sang et de graisse, paraissait être l'objet d'une sorte de culte, ou du moins d'une vénération spéciale. Quelquefois il était entouré de quartiers de basalte, sur lesquels on faisait des libations de sang, en manière d'offrandes. Dans un ou deux villages, je vis des crânes et des cornes de bœufs fixés aux pointes de la pièce de bois.

Dans la description que Drury a laissée des coutumes religieuses des tribus parmi lesquelles il a vécu de 1702 à 1717, il ne mentionne aucune idole qui ressemble à celles qu'on vénère dans l'Imérina. Le principal objet de culte, dans ces tribus, serait ce qu'il appelle un « *owley*. » On ne sait pas trop ce que ce mot signifie ; c'est peut-être une variante du mot hova *ody*, ou charme. « Les indigènes, raconte Drury, ont dans leurs maisons un petit ustensile portatif, consacré à un usage religieux : c'est une sorte d'autel domestique, appelé le *owley*. Il se fabrique avec un bois particulier taillé en menus fragments artistement ajustés, et il affecte à peu près la forme d'un croissant de lune dont les cornes sont tournées en bas ; entre ces cornes sont placées deux dents de crocodile. Il est orné de verroteries, et entouré d'une ceinture comme celle que les hommes s'enroulent autour des reins quand ils vont à la guerre. Je vis apporter de la forêt un arbre bifurqué qu'on enfonça dans le sol ; on y ajouta, posant sur les deux branches, une barre de bois longue de 2 mètres environ, taillée en pointe aux extrémités et portant deux ou trois chevilles, qui servirent à suspendre l'*owley*. Derrière cet arbre se trouvait un long poteau, auquel un bœuf était attaché avec une corde. Dans un brasier plein de charbons ardents, on brûla, au-dessous de l'*owley*, une gomme aromatique. On arracha ensuite, à la tête et à la queue du bœuf, quelques poils qui furent posés sur l'*owley*. Mon maître saisit alors un grand couteau, avec accompagnement de gestes particuliers, et prononça une prière solennelle à laquelle se joignirent les assistants. Après quoi le bœuf fut renversé par terre, et mon maître lui coupa la gorge; car ces gens-là n'ayant point de prêtres, c'est le chef du pays, de la ville ou de la famille qui s'acquitte de toutes les fonctions du culte. » Peu s'en fallut que le pauvre Drury, qui n'était alors qu'un enfant, fût tué par son maître pour avoir refusé de prendre part à la cérémonie, en répétant l'invocation prononcée par le peuple. Il ajoute, en effet : « Voyant que cette sorte de culte n'était qu'une grossière idolâtrie, je lui dis résolûment que j'aimerais mieux mourir que de rendre des hommages divins à une fausse divinité quelconque. » Ce ne fut que grâce à l'intervention du frère de son maître que sa vie fut épargnée.

Dans une conversation qu'il eut peu de temps après avec un chef malgache, celui-ci lui dit : « Ce n'est pas que nous adorions le bois, ni les dents du crocodile; mais il y a certains esprits tutélaires qui veillent sur les nations, les familles et les individus. Si vous étiez possesseur d'un de ces *owleys* et que vous lui donnassiez le nom de quelque esprit tutélaire, il aurait certainement soin de vous. »

L'élément patriarcal de l'idolâtrie malgache se montre clairement dans ces anciens récits, qui confirment les relations des premiers missionnaires protestants. Il n'y a jamais eu, paraît-il, de prêtre à Madagascar, dans l'acception ordinaire du mot, ni rien qui ressemblât à un culte organisé : « On ne voit pas ici, nous dit Drury, d'individus qui prétendent être plus aimés de l'Être suprême que les autres hommes, ni avoir une commission particulière de sa part pour interpréter et déclarer sa volonté. Personne n'a encore été assez présomptueux pour tenter la chose; et si quelqu'un avait cette hardiesse, il trouverait bien peu de personnes pour le croire. Chaque homme, le pauvre comme le grand seigneur, est son propre prêtre et celui de sa famille. » Le pouvoir politique des nombreux petits chefs ayant été absorbé par le souverain unique de Madagascar, leurs fonctions sacerdotales ont naturellement passé au même chef suprême; et c'est ainsi que, depuis le commencement de ce siècle, le roi ou la reine officie, en qualité de grand prêtre national, au Fandroana et aux autres solennités. Nous avons déjà parlé de ces coutumes à propos de la fête du jour de l'an, et du caractère sacré qui s'attache à la royauté malgache.

Il est intéressant de voir clairement affirmée, dans les sacrifices indigènes, cette idée que le sang est efficace pour l'expiation du péché. On peut remarquer aussi — autre trait de ressemblance avec le rite judaïque — que la graisse de la victime était considérée comme la partie la plus digne d'être offerte avec le sang. Il arrive souvent qu'en traversant de petits cours d'eau, on trouve au milieu du courant des rochers frottés avec de la graisse, en manière d'offrande propitiatoire au génie gardien de la rivière. Les pierres qui se dressent au-dessus des tombeaux sont souvent enduites de sang et de graisse; c'est un présent offert aux esprits des ancêtres de la famille. Même dans les environs de la capitale, il y a encore bien des tombes honorées de cette manière, ainsi que des pierres et des quartiers de roc qui sont regardés comme sacrés ; les tombes des Vazimbas sont l'objet de pratiques semblables.

Dans les quelques sacrifices que l'on offre, une partie seulement de la victime est brûlée ou immolée sur les pierres informes qui servent d'autels. Presque toujours les fidèles se régalent de la viande, de telle sorte que la cérémonie a le caractère d'un paisible service d'actions de grâces plutôt que celui d'un sacrifice expiatoire. On trouve pourtant une exception à cette règle générale dans les rites funéraires de la tribu chez laquelle vivait Drury. Il raconte qu'on allumait quatre feux aux quatre coins du cimetière de famille, et qu'on jetait dedans un bœuf, partagé en quartiers, qu'on y laissait jusqu'à complète incinération. On répandait alors de l'encens sur les charbons, et on les dispersait aux alentours. Il ne paraît pas que l'holocauste, ou l'offrande brûlée en expiation du péché, ait jamais été d'un usage général chez les Malgaches.

Quel que soit l'objet offert en sacrifice, ces offrandes sont toujours volontaires et facultatives, jamais prescrites par la loi; elles sont le résultat de vœux ou d'engagements librement contractés en raison de certaines circonstances particulières. Ce caractère spontané des sacrifices nous donne la clé des termes indigènes qui répondent tant bien que mal à ce que nous appelons « autel » et « sacrifice : » *fivoadiana* et *fanalamboady*, c'est-à-dire l'endroit où l'on fait un vœu, et l'opération par laquelle on l'accomplit. En effet, la plupart des sacrifices sont offerts ou étaient offerts pour tenir une promesse faite au génie tutélaire de lui abandonner certains animaux ou d'autres objets, s'il accordait les bénédictions qu'on implorait de lui.

Le Rév. David Jones assista, en novembre 1818, à la cérémonie du sacrifice d'un bœuf, à l'occasion de la plantation du riz. Voici la description qu'il en donne : « L'animal fut renversé par terre au coin d'un champ, et on lui lia ensemble les quatre jambes. C'était une femme, nommée Sénégala, qui faisait les fonctions de sacrificateur dans cette occasion. Après avoir adressé uue longue prière à Zanahary, l'Être suprême, elle aspergea le bœuf avec une corne pleine d'eau sainte; après quoi un des aides ouvrit la gorge de la bête, qui fut ensuite découpée pour être partagée le soir entre les planteurs de riz, en sorte que tout fut mangé, à l'exception du sang. Après cette cérémonie, chaque famille commença à planter son riz. Avant la distribution de la viande, la prêtresse versa de l'arac dans une coupe faite avec une feuille; puis, déclarant qu'elle offrait cette boisson à l'Angatra, l'esprit tutélaire, elle le pria de faire pousser le riz. Elle déposa ensuite la coupe pleine d'arac dans un endroit favorable, au grand air, pour que l'Angatra pût se donner le plaisir de boire de temps en temps. Comme le liquide s'évaporait et baissait sous l'influence du soleil, on croyait que l'Angatra le buvait. Cette condescendance de sa part était accueillie avec joie, comme preuve qu'il était satisfait et ferait prospérer le riz. Les Betsimisaraques ont coutume, avant de boire les spiritueux, d'en verser un peu par terre pour plaire à l'Angatra, dont ils redoutent la puissance.

» On a cru longtemps qu'il n'y avait jamais eu d'immolation de victimes humaines à Madagascar ; mais une étude plus attentive a constaté que les sacrifices humains étaient usités autrefois dans la provice de Vangaïdrano. L'existence de pareilles pratiques était manifestement contraire au caractère général de la population. Aussi n'y a-t-on ajouté foi que lorsque le fait a été établi par des témoignages multipliés et incontestables. Il y avait, paraît-il, un sacrifice par semaine, et c'est le vendredi qui était le jour fatal. Autant que possible, on cherchait à immoler des chefs ou des hommes cousidérables, comme constituant un sacrifice de plus de valeur, et partant plus agréable au Moloch malgache. Ce n'est pas à une idole proprement dite qu'on offrait ces sacrifices : les victimes étaient tuées au pied d'une longue perche, à l'extrémité de laquelle étaient suspendus des *odys*, ou charmes ; on s'imaginait conjurer les malheurs et attirer les bienfaits au moyen de ces charmes, avec lesquels ces immolations étaient supposées avoir une relation mystérieuse. La victime était transpercée avec une lance, puis donnée en pâture aux chiens et aux oiseaux. »

C'est ici le lieu de mentionner deux pratiques spéciales, qui se rattachent aux idées des indigènes en matière de sacrifices : le *faditra* et le *sorona*. Un *faditra* est un objet désigné par les devins pour être jeté ou détruit, afin de détourner le malheur. Cet objet interdit ou maudit est tantôt de l'argent, tantôt une pelletée de cendres, ou un fruit, ou un animal. Sur cet objet, quel qu'il soit, on énumère les malheurs qu'on veut conjurer, dans la pensée que la destruction ou la perte du faditra chassera au loin les calamités redoutées. Si ce sont des cendres qui constituent le faditra, on les jette au vent ; si c'est de l'argent, on le jette au fond de l'eau ; si c'est un fruit, on l'écrase sur le sol ; si c'est un animal, un homme l'emporte sur ses épaules dans un endroit éloigné et désert, en appelant les malheurs sur la tête de la victime. Quiconque a lu l'Ancien Testament reconnaîtra immédiatement une analogie frappante entre cette pratique et le bouc émissaire, qui emportait solennellement avec lui les péchés du peuple juif, à la fête de l'Expiation ; en sorte que dans la pensée des Malgaches, notre Seigneur Jésus-Christ, l'Agneau de Dieu qui ôte les péchés du monde, se présente comme un puissant faditra qui emporte avec lui les conséquences funestes du péché.

L'idée d'une substitution de peine est évidemment contenue dans la pratique du faditra ; il y a dans la formule qu'on emploie pour cette cérémonie une allusion très-claire à cette croyance. Voici cette formule : « Maintenant que les actions de grâces sont terminées, cet objet à droite est échangé contre la vie du malade : échangé afin que l'échange se fasse, substitué afin que la substitution se fasse ; cet objet est sacrifié cent fois, mille fois, pour détourner tout mal de la personne malade. »

Le *sorona* consiste ordinairement en certains objets, des chapelets ou des chaînes d'argent, par exemple, qu'on porte à titre de charmes, pour obtenir des faveurs ; quelquefois il consiste à sacrifier un bœuf, une volaille, des fruits ou même des objets qui n'ont aucune valeur intrinsèque.

La pratique de la divination paraît remonter à une très-haute antiquité. On l'appelle *sikidy*, terme dont l'étymologie est inconnue. Le sikidy se compose de nombres diversement disposés en rangées et en colonnes, suivant des règles déterminées, et qu'on manie comme les pièces d'un jeu d'échecs ou de dames, en laissant une certaine part au hasard. Les résultats de ces combinaisons sont réputés être la réponse des idoles aux questions qu'on leur a adressées. En cas de maladie, ou au début d'une entreprise, ou lorsqu'on part en voyage, ou encore quand on se trouve exposé à quelque malheur, on consulte l'oracle pour qu'il indique la conduite à tenir. Il y a diverses manières de pratiquer l'opération, trop fastidieuses et trop compliquées pour que nous les détaillions ici; pour la plupart d'entre elles, on se sert des graines de la plante nommée *fano*. D'après la tradition, ce procédé pour deviner l'avenir aurait été révélé par Dieu lui-même à un des premiers rois du pays, et transmis de génération en génération jusqu'à aujourd'hui. La feue reine croyait fermement à la vertu du *sikidy*, pour obtenir des lumières surnaturelles et pour se diriger dans la vie. Chaque fois qu'elle faisait sa visite annuelle à l'ancienne capitale pour prier sur les tombes de ses ancêtres, le jour et l'heure du départ, le chemin exact à prendre, et tous les détails du voyage, étaient déterminés par les *mpsikidys* ou devins, dont les instructions étaient toujours scrupuleusement suivies. Ces individus, qu'on appelle *ombiasys* dans certaines parties de l'île, ne constituent pas une caste à part et privilégiée, et leur nomination n'est pas soumise à des règles fixes; la seule condition exigée est la connaissance des méthodes usitées dans les opérations divinatoires.

Une description de l'idolâtrie malgache serait incomplète si nous n'entrions pas dans quelques détails sur le culte que rendent les indigènes à leurs ancêtres décédés. On trouve à cet égard une certaine analogie entre les mœurs de Madagascar et celles des peuples de l'Asie, notamment des Chinois. Nous avons déjà vu ce que sont les notions des Malgaches relativement à une vie future; nous avons dit que la vénération dont ils entourent la mémoire de leurs amis paraît impliquer la croyance à l'existence d'un esprit distinct du corps, croyance confirmée d'ailleurs par plusieurs de leurs fables et de leurs proverbes. L'importance qu'ils attachent aux tombeaux et aux rites funéraires témoigne de l'honneur dans lequel ils tiennent le défunt; et ce respect pour les morts, bien loin de diminuer avec le temps, grandit d'année en année. Les Malgaches ont une idée vague que les esprits des parents décédés continuent leur sollicitude et leur protection à ceux qu'ils ont laissés après eux; on adresse des prières aux défunts, on implore ardemment leur assistance, on apporte des offrandes à leurs tombes, on se rappelle les ordres et les désirs des ancêtres, pour y obéir scrupuleusement. Drury nous dit à ce sujet : « La vénération qu'ils ont pour la mémoire de leurs ancêtres, et l'assurance où ils vivent que leurs esprits existent toujours, apparaissent dans les moindres détails des quelques cérémonies religieuses qu'ils accomplissent. »

Ce culte général des ancêtres prend une importance toute spéciale quand il s'agit des prédécesseurs du souverain. Eu égard aux honneurs presque divins qui sont rendus au monarque régnant, on ne peut s'étonner de voir les souverains défunts élevés au rang de demi-dieux, et regardés comme les gardiens du royaume qu'ils ont gouverné pendant leur vie. Jusqu'à l'époque du règne actuel, les souverains de Madagascar adressaient, dans toutes les occasions importantes, des prières aux anciens rois. C'est à cette croyance qu'il faut attribuer, dans une certaine mesure, l'aversion que la vieille reine Ranavalona portait au christianisme et à ses adhérents. Dans son ignorance, elle s'imaginait que les noms de Jéhovah et de Jésus-Christ étaient ceux de certains ancêtres illustres des Européens, que ceux-ci prétendaient faire vénérer par son peuple au détriment des ancêtres indigènes. Aussi le christianisme se présentait-il à ses yeux comme une offense à la fois politique et religieuse ; avec lui, non-seulement le culte des idoles tombait en discrédit, mais ce déshonneur s'étendait à ces anciens souverains qui avaient fait la grandeur du royaume, et qui avaient de si justes titres à la vénération nationale.

Le feu roi Radama II éprouvait aussi un certain sentiment de jalousie à l'endroit de ses sujets chrétiens. Il avait coutume de dire que lorsque ceux-ci devenaient croyants, ou « prieurs, » ils se mettaient à aimer Christ plus que lui-même, et sa fierté ne pouvait souffrir un rival, même divin, dans l'amour de son peuple.

Mais il nous reste à relever un autre point, plus important que tout ce qui précède, dans les croyances religieuses des Malgaches. En dépit des ténèbres que la superstition a épaissies autour d'eux pendant de longues périodes d'isolement intellectuel et moral, ils n'ont jamais perdu complétement l'idée d'un seul vrai

Dieu ; et cette Divinité unique est reconnue par eux supérieure à toutes les idoles. Cet Être suprême est désigné sous deux noms différents : Andriamanitra, et Andriananahary ou Zanahary. Le premier de ces noms serait, d'après certaines autorités, une corruption d'*Andriandanitra*, « le prince céleste. » Ce n'est là toutefois qu'une conjecture ; car le mot, pris en lui-même, est formé de la réunion d'*andriana* (noble, princier) et *manitra* (odorant). Cette étymologie vient peut-être de ce qu'on brûlait anciennement de l'encens dans les cérémonies religieuses. Mais le second des noms dont nous parlons, Andriananahary, renferme certainement une grande vérité. Ce mot, qui signifie « le prince créateur, » a servi à conserver, depuis les âges les plus reculés, la vraie notion touchant la divinité, notion qui remonte probablement à l'époque de la première dispersion de la famille humaine.

Andriamanitra est le mot le plus usité dans l'intérieur ; l'autre est plus commun sur la côte ; mais ils sont souvent unis ensemble, notamment dans les prières des indigènes devenus chrétiens. Ces noms de Dieu sont constamment employés dans le langage populaire. La salutation la plus usitée est celle-ci : « *Ho tahin Andriamanitra anie hianao* » — « Que Dieu vous bénisse ! » Quand on présente le tribut au souverain, on invoque les deux noms pour sanctifier à la fois l'offrande et celui qui la reçoit. Dans les proclamations et dans les cérémonies publiques, on fait encore appel à ces deux noms comme à la source de la puissance et des grâces. Il est vrai que le mot *Andriamanitra* s'emploie aussi pour désigner certaines créatures ou certains objets, surtout ceux qui sont entourés de gloire ou de mystère ; mais il est évident que cette application du nom divin est la corruption d'une idée plus pure et plus noble, que la suite des siècles a graduellement défigurée. Cet abus n'est pas sans analogie avec celui que nous commettons nous-mêmes quand nous appliquons à des objets inférieurs des termes qui primitivement étaient réservés à l'Être suprême, et que nous disons, par exemple, d'un tableau ou d'un poëme, qu'il est « divin. »

Il paraît probable que le système d'idolâtrie actuelle est d'une date relativement récente. Un des premiers missionnaires a vu un vieillard qui prétendait se rappeler l'époque où fut introduit le culte de l'idole Ramahavaly. On peut citer, à l'appui de cette assertion, le récit de Drury, auquel nous avons fait dans ce chapitre de fréquents emprunts, parce qu'il présente à un haut degré le double avantage de l'ancienneté et de l'exactitude. « Ils reconnaissent, » nous dit-il, « et adorent le seul Dieu suprême, qu'ils appellent Dean Unghorray (c'est évidemment Andrianahary qu'il faut lire ici, car Drury a une manière à lui d'écrire les mots malgaches), ce qui signifie : *le Seigneur d'en haut*. Il y a, d'après eux, quatre autres seigneurs souverains, dont chacun gouverne un quart du monde. Un d'entre eux, le Seigneur de l'Est, dispense au genre humain les maux et les calamités, sur l'ordre, ou du moins avec la permission du grand Dieu. Les autres obéissent également à ses directions, mais ils sont chargés spécialement de dispenser ses faveurs et ses bénédictions. On les regarde tous les quatre comme des médiateurs entre les hommes et le grand Dieu. Aussi leur témoigne-t-on des égards tout particuliers, en se recommandant, par des prières et par des sacrifices, à leur indulgence et à leur protection. » De plus, il est à remarquer que chez les Malgaches il n'existe rien qui ressemble à une mythologie, et qu'ils n'ont aucune idée d'un système de dieux ou de déesses. Ignorant complétement le langage écrit avant que les missionnaires anglais ne l'eussent apporté parmi eux, ils n'avaient point de livres sacrés, et la tradition ne leur avait point transmis de légendes, comme celles dont s'alimentent le brahmanisme et les autres idolâtries de l'Asie.

Indépendamment des indices que nous venons de mentionner, et qui supposent la notion d'un Être suprême, on trouve chez les Malgaches un grand nombre de proverbes et d'anciens dictons qui renferment de grandes vérités relativement à la nature et aux attributs de ce seul vrai Dieu. Eu égard à l'ignorance et à la superstition qui règnent généralement parmi le peuple, ces maximes sont on ne peut plus remarquables. On y retrouve la trace évidente d'une foi primitive et plus pure, qui a surnagé sur la mer des siècles et qui s'est conservée dans la conversation vulgaire des Malgaches. C'est ainsi que, selon la parole d'un apôtre, le vrai Dieu « ne s'est pas laissé sans témoignages de lui-même » au sein de cette population. Il y a un proverbe malgache qui dit : « *Aza ny lohasaha mangingina no heverina, fa Andriamanitra no ambony ny loha,* » — littéralement : « Ne considérez pas le vallon silencieux (ou secret), car Dieu est au-dessus. » Le langage indigène est éminemment elliptique, et il faut souvent, en traduisant, ajouter deux ou trois mots pour compléter le sens, comme c'est le cas ici ; mais la phrase que nous venons de citer affirme évidemment cette grande vérité, que Dieu sait tout, et que le mal fait en secret n'a rien de caché pour son regard. La même idée est contenue dans un autre proverbe, qui dit : « Dieu regarde d'en haut et voit ce qui est caché. » Elle est exprimée plus clairement encore dans celui-ci : « Rien n'est inconnu pour Dieu. »

En voici un autre où Dieu est reconnu comme le maître et le régulateur de tous les événements : « Le créateur peut supporter la volonté déréglée de l'homme, car c'est Dieu seul qui règle toutes choses. » Notons encore celui-ci sur la justice de Dieu : « Dieu hait le mal ; Dieu ne saurait être blâmé, le Créateur ne saurait être censuré. » Et cet autre sur la récompense assurée à l'homme de bien, bien qu'elle puisse se faire attendre longtemps : « Quoique les hommes n'attendent pas Dieu, moi je veux l'attendre. » La maxime suivante affirme le châtiment réservé au méchant : « Mieux vaut être coupable aux yeux des hommes que coupable devant Dieu. » Tous ces proverbes, et d'autres analogues qui ont cours parmi le peuple, fournissent au prédicateur chrétien un terrain tout préparé, pour inculquer à ses auditeurs une connaissance plus parfaite du seul vrai Dieu. A l'imitation de saint Paul qui, en prêchant aux Athéniens, citait leurs propres poëtes, les missionnaires évangéliques, en s'adressant aux Malgaches, peuvent en appeler aux proverbes de leurs ancêtres, à l'appui de la vérité révélée dans les Ecritures ; ils peuvent leur démontrer, d'après leurs propres maximes, que le Dieu qu'ils annoncent n'est pas une divinité nouvelle ; que ce Dieu là n'est pas celui des Européens seulement, mais bien l'unique créateur de toutes choses, « qui veut que tous les hommes soient sauvés et arrivent à la connaissance de la vérité (1). »

Un ancien dicton, souvent répété par les indigènes, parle de « Dieu qui nous a créés avec des mains et des pieds : » ces parties du corps représentent l'ensemble des facultés physiques et morales dont nous sommes doués. Nous ne quitterons pas cette étude des proverbes sans mentionner encore celui-ci : « *Ny atody tsy misy, fa ny atao miverina,* » c'est-à-dire : « Il n'y a pas de rétribution, et pourtant le passé se retrouve. » Cela semble tout d'abord une contradiction ou une énigme ; mais, après réflexion, on reconnaît, affirmée dans ce proverbe, cette grande vérité, que le péché est à lui-même son propre châtiment : Dieu pourrait ne pas s'occuper du méchant, que ses mauvaises œuvres deviendraient elles-mêmes son juge, et sa pénalité.

Les proverbes que nous venons de rapporter, et d'autres encore, ont trouvé place, de la manière la plus heureuse, dans un sermon prononcé par un des missionnaires anglais en janvier 1867, à l'inauguration de la première église commémorative de la capitale. En parlant sur ce texte : « Celui que vous adorez sans le connaître, c'est celui que je vous annonce (2), » le prédicateur montra à son nombreux auditoire (dans lequel se trouvaient beaucoup de païens), que les an-

---

(1) 1 Tim., II, 4.
(2) Actes, XVII, 23.

cêtres des Malgaches avaient une certaine connaissance du vrai Dieu ; il leur démontra, d'après leur propre témoignage, que celui qu'ils adoraient était le Créateur, celui qui voit tout, qui sait tout, qui récompense les bons et punit les méchants. On ne saurait se figurer l'étonnement qui se peignit sur les figures des indigènes, lorsqu'ils entendirent tous leurs dictons sortir des lèvres d'un étranger. L'orateur termina en montrant combien, à tout prendre, cette connaissance du vrai Dieu était défectueuse, mélangée qu'elle était de superstitions absurdes, et comment l'Evangile de Christ pouvait seul les rendre sages à salut.

Il va sans dire que ces anciens proverbes, tout en parlant de la justice de Dieu et de son horreur du mal, sont absolument muets sur la question de savoir comment le pécheur peut obtenir son pardon, et comment son cœur peut être changé : en un mot, par quel moyen il peut s'assurer le bonheur éternel. A cet égard, le paganisme malgache en est encore à ignorer la nouvelle de cette « grande joie qui est destinée à tout le peuple, » et qui devient, pour tous ceux qui la reçoivent réellement, « la puissance de Dieu et la sagesse de Dieu (1). »

—

Ce livre était sous presse lorsqu'arriva la nouvelle de la destruction des idoles nationales de Madagascar. On eut là une occasion, qui ne s'était jamais présentée encore, de connaître une bonne fois la figure

---

(1) Luc, II, 19. 1 Cor., I, 24.

de ces idoles. C'était au mois de septembre 1869. Les gardiens de l'idole principale, Rakélimalaza, étaient venus à la capitale pour réclamer les droits qu'ils prétendaient leur appartenir en qualité de nobles. Le gouvernement réunit immédiatement un conseil, et décida d'envoyer le premier secrétaire, avec d'autres hauts fonctionnaires, au village de l'idole, pour la brûler pendant l'absence de ses gardiens. M. William Pool raconte la scène comme suit :

« La première chose qu'on fit, en arrivant au village, fut de lire la lettre du premier ministre et d'occuper la maison de l'idole. Cela fait, on alluma un feu avec les matériaux de la barrière qui entourait la maison, et qui avait été renversée par ordre de la reine le jour où elle posa la première pierre de la chapelle royale. On commença par jeter dans le feu une longue canne, appelée *Tsotsonaraka*, qui précédait ordinairement l'idole dans les processions et les voyages ; elle y fut bientôt suivie des douze cornes de bœuf qui servaient pour les aspersions sacrées, puis des trois parasols écarlates, et du lamba de soie qui, attaché à la tête du gardien, cachait l'idole en voyage. Après, ce fut le tour de la caisse de l'idole, creusée dans le tronc d'un petit arbre, et munie d'un couvercle ; et enfin arriva le moment suprême pour l'idole elle-même ; c'est alors que les assistants s'écrièrent : « Vous ne pouvez le brûler, c'est un dieu ! » — « Si c'est un dieu, répondit le fonctionnaire chrétien, il ne se laissera pas brûler ; nous allons voir ce qu'il en est. » Et lorsque le dieu fut enveloppé par les flammes, un des assistants le souleva avec un bâton pour montrer qu'il était bien en combustion.

» On trouverait difficilement un homme de la génération actuelle qui eût jamais vu cette fameuse idole ; tous paraissaient étonnés que ce fût si peu de chose. Le premier ministre m'a dit qu'elle avait à peu près la longueur et la grosseur de son index jusqu'à la seconde articulation. En voici une description que je tiens de bonne source. L'idole consistait tout simplement en deux morceaux de soie écarlate longs d'un peu moins d'un mètre et larges de 8 à 10 centimètres, entre lesquels était placé un petit morceau de bois ; il s'y trouvait fixé de manière que, soulevant légèrement l'enveloppe de soie, on mît à découvert une petite saillie du bois, qui servait à toucher l'eau ou tout autre objet qu'on voulait sanctifier. A chaque extrémité du fourreau de soie était cousue une chaîne d'argent, égale en longueur à la largeur de l'étoffe.

» L'idole du souverain consistait, disait-on, en une petite quantité de sable serrée dans un morceau de drap. Ratsimahalahy se composait de trois rondelles de bois, mesurant ensemble 15 centimètres de hauteur ; celle du milieu avait 3 centimètres de diamètre, et les deux autres un peu plus d'un centimètre chaque. Elles étaient maintenues ensemble par une chaîne d'argent, que j'ai en ma possession. Cette idole était conservée dans une boîte ronde, qui avait 50 centimètres de hauteur et 25 de diamètre, semblable à celle dont nous avons parlé ci-dessus ; cette dernière contenait 46 morceaux d'idoles, indépendamment de la divinité principale. Ratsimahalahy était sanctifié une fois par an, au commencement de septembre, avec le sang d'un coq rouge. Il avait une canne de plus d'un mètre et demi; autour on disposait des morceaux de drap rouge, de manière à former une tête assez semblable aux poupées que façonnent les enfants; on habillait ainsi la canne chaque fois que l'idole était sanctifiée. »

Le Rév. Georges Cousins donne les détails suivants sur les priviléges dont jouissaient les gardiens de l'idole nationale :

« Ils avaient droit de vie et de mort sur leur tribu, et pouvaient décapiter sans consulter le gouvernement. Ils jouissaient du privilége appelé *tsy maty manota*, c'est-à-dire de « ne pas mourir quand on s'est rendu coupable; » s'ils étaient pris en flagrant délit de vol, ou de quelque chose de piré, ils pouvaient demander à être relâchés sur-le-champ. De plus, ils étaient traités comme les nobles, et recevaient la salutation qui distingue toujours le noble, si pauvre soit-il, du bourgeois hova, si riche soit-il. Ils avaient le droit de porter un parasol écarlate, insigne d'honneur réservé exclusivement aux princes et aux princesses de sang royal. »

CHAPITRE XIV.

PREMIÈRES TENTATIVES MISSIONNAIRES, ET INTRODUCTION DU CHRISTIANISME DANS LE PAYS.

Premières tentatives de mission faites par les catholiques. — Caractère fâcheux de ces tentatives. — Missions portugaise et française. — Essais de conversions forcées. — Résultats désastreux. — Commencements de la mission évangélique. — Société des Missions de Londres.— Arrivée de MM. Bevan et Jones. — Ils sont éprvoués par la maladie et la mort. — M. Jones se rend à la capitale. — Accueil favorable de la part de Radama. — Obstacles et encouragements. — Etude de la langue. — Traduction de livres saints. — Ouverture d'écoles. — Artisans missionnaires. — Résultats de quatorze ans de travaux. — Mort de Radama. — Cruautés qui marquèrent l'avénement de Ranavalona. — Liberté accordée au début. — Prévention contre le christianisme. — Mesures restrictives. — Les chrétiens traduits en justice. — Grand kabary tendant à supprimer le christianisme. — Départ des missionnaires. — Persécutions. — Leur durée. — Périodes de sévérité excessive. — Premier martyr chrétien. — Souffrances des chrétiens. — Le prince Rakoto. — Son caractère. — Grande persécution de 1849. — Supplices du précipice et du bûcher. — Fermeté et courage héroïques des martyrs. — Impression produite sur les indigènes. — Visites du Rév. Ellis ; but et résultat de ces visites. — Complot formé par les Français pour détrôner la reine. — Défaite et châtiment des conspirateurs. — Nombreux chrétiens lapidés. — Résultats de la persécution. — Mort de Ranavalona. — Avénement de Radama II. — Reprise de la mission. — Arrivée de M. Ellis et d'autres missionnaires.

Quittons maintenant les notions incomplètes de la religion naturelle, et les superstitions de l'idolâtrie malgache ; entrons dans la période où toutes ces erreurs commencèrent à faire place aux glorieuses réalités révélées par l'Evangile de Christ. Madagascar, comme nous l'avons vu, a tout ce qu'il faut pour intéresser le naturaliste, l'ethnographe, le philologue, et tous ceux qui étudient la nature humaine dans la variété infinie de ses mœurs et de ses coutumes; mais, avant tout, le nom de cette île doit perpétuer le souvenir d'une fidélité et d'un héroïsme *chrétiens*, qui occupent une page lumineuse dans l'histoire moderne de l'Eglise.

A l'honneur de la foi catholique romaine, nous devons reconnaître que c'est grâce aux efforts de ses missionnaires que le christianisme — abstraction faite de la forme sous laquelle ils l'ont présenté — a été connu pour la première fois des Malgaches. A la honte de l'Eglise romaine, nous devons rappeler également que ces efforts furent poursuivis dans un esprit si peu chrétien, accompagnés de tant d'intolérance et de persécutions, que non-seulement ils ne produisirent aucun bien durable, mais qu'ils firent du christianisme un objet d'horreur pour la population. Ce triste résultat ne fut que trop évident pour les premiers missionnaires protestants, lorsqu'ils demandèrent la permission de prêcher dans la capitale. Radama Ier, qui régnait alors, accéda à leur demande, mais à la condition expresse que personne ne serait *forcé* de se convertir ni de recevoir leur enseignement. La force matérielle avait en effet été employée comme moyen de conversion, et les armes dirigées contre le paganisme avaient été les fusils et les baïonnettes des troupes européennes, au lieu de « l'épée de l'Esprit (1). »

---

(1) Ephés., VI, 17.

Les Portugais, qui découvrirent l'île en 1506, introduisirent à une époque reculée quelques prêtres romains dans les provinces de l'Est. Ceux-ci parvinrent à décider l'un des chefs à envoyer son fils dans leur station des Indes, à Goa, pour y faire son éducation ; l'enfant fut baptisé, mais il ne tarda pas à retourner au paganisme en succédant à son père. La colonie portugaise fut bientôt après détruite par les Français, et pendant plusieurs années aucune tentative nouvelle n'eut lieu pour enseigner le christianisme à la population.

Vers le milieu du siècle suivant, alors que les Français avaient plusieurs établissements sur la côte orientale, une autre mission catholique fut fondée. Un évêque, accompagné de plusieurs prêtres et assistants, cultiva ce champ de travail pendant quelques années. Leurs efforts ne paraissent pas avoir été couronnés de succès, ni comme évangélisation, ni comme essai de soumettre l'idiome national aux lois d'une langue écrite. L'avenir de la mission fut bientôt compromis et perdu par la conduite du supérieur, le père Etienne. Cet homme, au lieu d'attendre avec patience que les vérités de l'Evangile produisissent leur effet sur l'intelligence et sur le cœur des habitants, entreprit de convertir par la force un des chefs les plus intelligents et les mieux disposés ; il lui ordonna de chasser ses femmes, et le menaça de la vengeance des Français s'il refusait d'obéir. Le chef demanda quelques jours pour réfléchir, pendant lesquels il se retira avec ses hommes dans une position sûre, plus avancée dans l'intérieur. Le père Etienne le suivit, emporté par une ardeur qui tenait moins du zèle religieux que du fanatisme ; et après avoir répété son injonction, il saisit les idoles domestiques du chef et les brisa par terre sous ses yeux. La conséquence de cet acte fut telle qu'il était facile de la prévoir. Furieux d'une pareille insulte, le chef fit immédiatement mettre à mort le moine avec sa suite. Ce meurtre provoqua de cruelles représailles de la part des Français, et une guerre affreuse, qui n'épargnait ni le sexe ni l'âge, vint désoler la province. Au premier rang de ceux qui dirigeaient les troupes se trouvait un moine ; de telle sorte que la cruauté et la persécution furent associées de bonne heure, dans l'esprit des indigènes, au nom de ceux qui prétendaient prêcher le christianisme. C'est à cette conduite odieuse qu'est due la première pensée de la mission anglaise ; les chrétiens d'Angleterre ont voulu inculquer à la population une idée plus juste et plus vraie de la religion du Sauveur.

Ce fut vers la fin du siècle dernier que l'attention de la Société des Missions de Londres se porta sur Madagascar, et qu'on recueillit des informations sur le climat et sur les habitants. Le célèbre docteur Vanderkemp fut invité à entreprendre une mission dans cette île ; mais il en fut empêché par divers obstacles, notamment par la rareté des communications avec le pays ; et ce ne fut qu'en 1811 qu'il se trouva en mesure de se diriger de ce côté. Son désir à cet égard ne devait pourtant pas se réaliser ; il mourut au Cap, au moment de mettre à la voile pour Maurice, au mois de décembre de cette même année.

Aucune nouvelle tentative n'eut lieu avant 1818, alors que les révérends S. Bevan et D. Jones partirent d'Angleterre pour Maurice, où ils arrivèrent en juillet.

En dépit des pronostics défavorables qui accueillirent leur entreprise, tant à Maurice qu'à Bourbon, ils poursuivirent leur route et débarquèrent à Tamatave le 18 août. Par une coïncidence malheureuse, Radama se trouvait à ce moment-là exaspéré contre les Anglais, qui venaient de violer le traité abolissant la traite des noirs : c'était le gouverneur de Maurice qui s'était rendu coupable de cette violation. Aussi MM. Bevan et Jones se décidèrent-ils à séjourner quelque temps sur la côte, tout en étudiant les habitants au point de vue de leur aptitude à recevoir l'instruction. Ils furent traités avec bienveillance par quelques-uns des chefs du voisinage, et réunirent sans peine un certain nombre d'enfants, qui ne tardèrent pas à apprendre à écrire. De leur côté, ils s'appropriaient la langue du pays, et faisaient quelques études préliminaires pour la soumettre aux lois de l'écriture.

Après un séjour de six semaines à Tamatave, les missionnaires eurent la satisfaction de constater que les Malgaches n'étaient point, comme on les avait représentés, un peuple de barbares inaccessibles à toute instruction; et ils retournèrent à Maurice pour chercher leurs femmes et leurs enfants. M. Jones en repartit au bout de dix jours avec sa famille, laissant M. Bevan, qui devait le suivre en janvier; mais avant que les deux amis fussent rejoints, le petit groupe missionnaire fut atteint par la fièvre. Quand M. Bevan débarqua, Mme Jones était morte, ainsi que sa fille en bas âge, et M. Jones paraissait approcher de sa fin. Ce douloureux début affecta profondément le missionnaire nouvellement arrivé; le pressentiment d'un malheur prochain pesait sur son esprit sans qu'il pût le secouer, et il ne tarda pas à être saisi par le fléau, ainsi que son fils. L'enfant mourut le 24 janvier ; le père succomba le 31, et le 3 février Mme Bevan s'éteignait à son tour ! Tel fut le début mystérieusement triste et décourageant de la mission à Madagascar. Après une maladie des plus graves, pendant laquelle il eut beaucoup à se plaindre de certains commerçants européens, M. Jones se rétablit peu à peu, comme son ami l'avait prédit, et il essaya en avril de reprendre ses travaux. Mais de fréquentes rechutes rendirent nécessaire un changement d'air momentané, et il partit au mois de juillet pour Maurice, où il fit un séjour de quatorze mois.

Il en repartit pour Madagascar en compagnie de M. James Hastie, qui avait été chargé par le gouverneur, sir Robert Farquhar, de renouer avec Radama le traité pour l'abolition de l'esclavage. Sir Robert prit le plus grand intérêt à la mission, et fit tout ce qui était en son pouvoir pour assurer à M. Jones un accueil favorable à Tananarive, où celui-ci arriva le 4 octobre 1820. Après que le traité eut été, non sans quelque difficulté, conclu de nouveau, le roi donna aux missionnaires anglais pleine autorisation de s'établir dans la capitale ; et par ses bontés personnelles pour M. Jones, il montra à ses sujets combien il désirait qu'ils profitassent, eux et leurs enfants, de l'enseignement qui leur était offert. L'œuvre commença le 8 décembre, par l'ouverture de la première école à Tananarive.

L'année suivante, M. Jones obtint le concours de M. et Mme Griffiths ; et en 1822, de nouveaux compagnons d'œuvre arrivèrent d'Angleterre, parmi lesquels plusieurs artisans missionnaires, envoyés par la Société pour apprendre aux Malgaches les arts les plus utiles de la civilisation. Il y avait, notamment, des ouvriers habiles dans la charpenterie, le tissage, le tannage, et dans l'art de travailler le fer, ainsi que dans l'imprimerie. M. Johns et d'autres encore arrivèrent en 1826. Dès lors, la mission se trouva complétement organisée : prédicateurs, maîtres d'école, imprimeurs et artisans, tous mirent activement la main à l'œuvre pour travailler au bien matériel et moral de la nation. Il y eut, sans doute, des difficultés à surmonter; mais, d'un autre côté, ces généreux efforts furent chaudement appuyés par le roi, qui envoya ses propres enfants à l'école, et qui offrit de lui-même du terrain pour les écoles, les ateliers, les habitations et les lieux de culte.

La première chose à faire fut, naturellement, d'apprendre la langue. On n'avait pu se procurer à Maurice que peu de renseignements précis sur ce sujet, la langue malgache n'ayant jamais été réduite à une forme régulière, ni soumise aux lois de l'écriture ; la grammaire et la syntaxe étaient encore à créer, non-seulement pour les Européens, mais pour les indigènes. Cette tâche laborieuse fut accomplie avec l'aide du temps. On s'attacha à recueillir la conversation des indigènes, pour la leur rendre sous la forme écrite. On composa des vocabulaires et des livres d'instruction élémentaire, et des portions de l'Ecriture furent traduites.

L'éducation scolaire occupa la première place dans les travaux des premières années. Le roi appréciait la valeur de l'instruction comme instrument de progrès national, et les parents reçurent l'ordre d'envoyer leurs enfants à l'école. Près de cent écoles furent établies dans la capitale ou dans les environs ; elles reçurent, dans une période de dix ou douze ans, quatre à cinq mille individus des deux sexes, qui en rapportèrent les éléments d'une bonne éducation. La traite des esclaves avait inspiré aux indigènes une telle terreur des Européens, qu'il leur fallut longtemps pour se persuader qu'en leur demandant leurs enfants, on ne voulait que leur faire du bien. Beaucoup d'entre eux s'imaginaient que les Anglais les prenaient comme dans un piége pour les *manger* : car, dans leur pensée, tel était le sort réservé aux malheureux qu'on enlevait à Madagascar, pour les transporter au delà de la mer.

Il fallut surmonter ces préventions et d'autres du même genre, sans parler de l'aversion naturelle du cœur de l'homme pour la pureté morale exigée par l'Evangile. Aussi dut-on attendre plusieurs années pour obtenir quelques résultats visibles de cette œuvre, qui avait pour objet la conversion d'un peuple au christianisme. Toutefois, on eut bientôt de sérieux motifs d'espérer qu'une impression générale se produisait dans le sens désiré, et préparait le terrain pour des succès ultérieurs. L'idolâtrie de la population n'avait pas, nous l'avons dit, ce caractère d'organisation compacte et arrêtée qu'on trouve dans la plupart des pays païens, et qui oppose au christianisme une barrière si difficile à renverser. On n'avait pas à lutter contre une caste de prêtres, défendant des priviléges héréditaires, et exerçant une autorité sacrée. La sympathie du souverain, et celle des hommes éclairés parmi les principaux personnages du pays, protégeaient les missionnaires contre toute opposition extérieure ; et la population témoignait, par ses sentiments de cordialité, qu'elle appréciait des travaux entrepris en vue du bien général.

Les avantages matériels attachés au christianisme jouèrent un rôle important dans cette première œuvre missionnaire. La Société des Missions de Londres avait l'habitude, à cette époque, d'envoyer des chrétiens chez les nations païennes, non-seulement pour répandre l'instruction religieuse, mais aussi pour enseigner les arts utiles ; la présence à Madagascar d'ouvriers aussi précieux dut naturellement gagner à la Mission les sympathies générales, alors que le but le plus élevé qu'elle avait en vue, son but spirituel, ne pouvait être apprécié qu'avec le temps. Il existait d'ailleurs, à Madagascar, un sentiment sincère de respect pour l'Angleterre, et le désir de se lier d'amitié avec un peuple qui avait déjà beaucoup fait pour le progrès matériel du pays. Les connaissances médicales que possédaient plusieurs missionnaires, et qui les mettaient à même de joindre les soins du corps à ceux de l'âme, contribuèrent efficacement à donner une idée favorable du caractère bienfaisant du christianisme.

Il va sans dire que, tout en poursuivant leurs travaux d'instruction, d'éducation et de civilisation, les missionnaires donnaient leurs soins les plus assidus au côté le plus élevé de l'œuvre chrétienne, et qu'ils ne négligeaient rien pour inculquer aux indigènes la vérité évangélique. Deux congrégations chrétiennes se formèrent à Tananarive, et plusieurs autres dans les villages des environs ; il s'en forma une aussi dans le district de Vonizongo, situé à une journée de marche à l'ouest. Les membres de la petite colonie anglaise se constituèrent en église : culte public, explications de la Bible, tous les moyens d'instruction furent mis en œuvre; des catéchismes, des leçons sur l'Écriture, des cantiques et des portions du Nouveau Testament furent publiés à l'imprimerie de la Mission.

C'est ainsi que pendant plusieurs années les missionnaires poursuivirent, au grand bénéfice de la population, leur tâche ardue, défrichant le terrain et semant la bonne semence de la Parole de Dieu; travaillant de toutes leurs forces à former dans la nation une classe instruite et intelligente, tout en s'occupant activement de la traduction de l'Ecriture sainte. Le 1er janvier 1828, la première feuille de l'Evangile de saint Luc fut mise sous presse, heureuse consécration de la nouvelle année. Dans l'automne de l'année précédente, le roi avait annoncé, par un messager public, qu'il autorisait tout individu qui le désirerait à recevoir le baptême ; et bien que jusqu'alors aucun Malgache n'eût fait une profession publique de christianisme, on avait tout lieu de croire que beaucoup d'entre eux cherchaient le vrai Dieu, et que la vérité germait en silence dans bien des cœurs.

En juillet 1828, il survint un événement qui devait affecter profondément tant le pays lui-même que l'avenir de la Mission. Le roi Radama vint à mourir, après un séjour de quelques mois à la côte, où sa constitution avait été affaiblie par les plaisirs et les excès. Comme nous l'avons vu, la liberté d'action dont jouissaient les missionnaires était due en grande partie à la faveur personnelle du roi, bien que lui-même ne se fût jamais déclaré chrétien. Il y avait lieu de craindre, dès lors, que le changement de souverain n'entraînât un changement de politique, eu égard surtout aux faits qui suivirent la mort de Radama. Le roi avait désigné pour successeur son neveu, jeune homme intelligent et aimable, qui avait été instruit dans les écoles de la Mission ; mais grâce aux efforts d'un parti de fonctionnaires qui étaient mécontents de la ligne politique suivie par le souverain décédé, ce fut une de ses femmes, Ranavalona, qui fut placée sur le trône. La mort du roi fut cachée avec soin pendant plusieurs jours, jusqu'à ce que la faction opposante eût gagné l'armée, et se fût assurée de la personne de tous ceux qui auraient pu faire obstacle à leurs desseins.

Dès le début, le règne de Ranavalona se signala par une cruauté froide et implacable. Plusieurs officiers, qui osèrent protester dans la cour du palais contre son avénement, furent immédiatement mis à mort par la lance. L'héritier du trône et tous les proches parents du feu roi périrent dans les supplices, les uns par le fer, les autres par la lente agonie de la faim. Avec l'indifférence traditionnelle des orientaux pour la souffrance, la reine, nouvelle Athalie, « se leva et extermina toute la race royale, » écartant ainsi tout danger de voir dans la suite quelque prétendant à la couronne lui en disputer la possession. On put remarquer également, à cette époque, une disposition prononcée du gouvernement à froisser les sentiments des Européens, et même à provoquer contre eux des hostilités ; M. Lyall, le résident britannique qui avait succédé à M. Hastie, reçut l'ordre de quitter le pays dans quelques heures, et, pour quelques offenses imaginaires à l'endroit des idoles, il essuya avec sa famille les insultes et les cruautés les plus révoltantes. On comprend dès lors les vives craintes qu'éprouvèrent les missionnaires de voir le gouvernement mettre des entraves à l'enseignement chrétien, alors surtout que la reine était connue pour une idolâtre dévote, obstinément attachée à toutes les vieilles superstitions, et placée sous l'influence d'un parti réactionnaire, qui voyait avec dépit les progrès de la religion des Européens.

Ces appréhensions, toutefois, ne se réalisèrent point tout d'abord. Bien plus, pendant les deux premières années du règne de Ranavalona, une liberté plus grande fut accordée au peuple en matière religieuse. Il est vrai que, pendant la durée du deuil national de six mois qui suivit la mort de Radama, toutes réunions, tant pour le culte public que pour l'instruction scolaire, furent interdites; mais, après ce laps de temps, les missionnaires obtinrent l'autorisation expresse de reprendre leurs travaux. Pendant cette période de silence obligé, on avait travaillé sans relâche à préparer des livres et à terminer la traduction du Nouveau Testament. Le 21 mai 1831, la proclamation au sujet du baptême fut confirmée par un message de la reine, envoyé à la congrégation réunie dans une des chapelles.

Dans le cours des années 1830 et 1831, les missionnaires avaient été sérieusement encouragés par l'influence évidente que le christianisme gagnait sur la population. Le développement et le zèle des congrégations, le nombre croissant de ceux qui lisaient les Ecritures, l'ardeur avec laquelle on étudiait et l'on discutait les matières religieuses, enfin la conduite d'un grand nombre de Malgaches, qui s'efforçaient d'amener leurs concitoyens à se faire instruire, tous ces faits réunis encouragèrent nos amis à tel point, qu'ils crurent devoir engager plusieurs chrétiens indigènes à faire une profession publique de leur foi. Aussi vit-on, le dimanche qui suivit l'arrivée du message de la reine, vingt des premiers convertis recevoir publiquement le baptême des mains de M. Griffiths. Plusieurs autres furent, bientôt après, reçus dans l'Eglise ; il y en avait parmi eux qui avaient été des soutiens fervents de l'idolâtrie nationale, et qui avaient pratiqué le *sikidy*, ou divination, gagnant par ce moyen influence et richesse. Un esprit de recherche ardente se répandait rapidement parmi ceux qui suivaient le culte chrétien. Dans les maisons particulières il y avait souvent, en dehors des assemblées publiques, des réunions de prières et d'entretiens fraternels. Une Eglise indigène s'était constituée, et l'Evangile étendait son influence sur toutes les classes, depuis les esclaves jusqu'aux membres de la famille royale.

Mais cette période de prospérité ne devait pas durer longtemps. On ne sait pas au juste quel incident particulier détermina [le premier changement décisif de politique de la part du gouvernement; mais il est probable qu'il fut alarmé de l'influence croissante qu'exerçait le christianisme, comme constituant un trop brusque changement dans les mœurs du pays; d'autre part, eu égard à l'attachement personnel pour l'idolâtrie que témoignaient la reine et ses conseillers, ils ne pouvaient que voir de mauvais œil tout abandon des antiques superstitions. Il n'y avait pas six mois que la permission de recevoir le baptême avait été accordée, lorsqu'elle fut retirée pour tous ceux qui étaient au service du gouvernement, civils ou militaires ; il leur fut également interdit de prendre part à la communion. Sous le prétexte d'obéir à une ancienne loi de Radama, l'usage du vin à la communion avait été prohibé un ou deux mois auparavant. Il devint évident qu'une politique réactionnaire prenait le dessus.

A la fin de l'année, l'interdiction des cérémonies du baptême et de la Cène fut étendue des fonctionnaires à tous les sujets de la reine ; des officiers connus pour être favorables au christianisme furent placés dans des positions inférieures ; on s'efforça aussi de dépouiller l'éducation donnée dans les écoles de tout caractère religieux. Nul doute que le gouvernement n'eût fermé les écoles, s'il n'avait eu besoin de former des employés bien qualifiés pour l'expédition des affaires publiques. On pouvait encore prêcher et imprimer ; aussi déployait-on toute l'activité possible pour mettre en circulation un grand nombre de livres, et pour instruire les assemblées toujours plus nombreuses qui fréquentaient le service divin. Les missionnaires sentaient combien leur position était précaire, exposés qu'ils étaient à être interrompus d'un moment à l'autre ; ils se sentaient pressés de n'épargner aucun effort pour mettre à profit le temps dont ils pourraient encore disposer pour travailler au bien du peuple. On devinait sans peine la tournure qu'allait prendre la politique du gouvernement. M. et Mme Atkinson, arrivés dans le pays en 1831 pour s'occuper spécialement de l'école, ne furent autorisés qu'à rester un an, et on les obligea de partir au mois de juillet de l'année suivante.

Cependant, l'instruction se répandait avec une rapidité surprenante ; on imprimait et on vendait sans peine de fortes éditions de livres d'instruction élémentaire ; il devenait vraiment difficile de suffire aux besoins de la population. De 1831 à 1833, l'attention du gouvernement fut distraite, jusqu'à un certain point, des progrès du christianisme, par plusieurs expéditions dirigées contre les Sakalaves, et par les mesures prises pour s'opposer aux desseins des Français ; ceux-ci, en effet, avaient attaqué plusieurs ports, et se disposaient, disait-on, à envahir, avec des forces considérables, la côte orientale. N'eût été cette incertitude de la situation politique, et le désir de se concilier l'opinion de l'Angleterre comme une espèce de sauvegarde contre les Français, il n'est pas douteux que l'opposition du gouvernement eût été plus accentuée contre le christianisme. La présence des instituteurs chrétiens était tolérée aussi à cause des avantages que retirait le pays de leur connaissance des arts utiles.

Les soldats chrétiens, qui se trouvaient parmi les troupes envoyées dans des provinces éloignées, avaient fait beaucoup pour la diffusion de la connaissance de l'Evangile, tant parmi leurs camarades que chez les habitants des districts où ils étaient allés : de telle sorte que non-seulement dans l'Imérina, mais aussi dans d'autres parties de l'île, on voyait une foule de personnes apprendre à lire, se réunir en assemblées de culte, et mettre leur espérance en Christ pour être sauvés. Les missionnaires firent de longs voyages pour visiter ces petites communautés chrétiennes, tout en prêchant aux païens d'alentour.

Voici ce qu'ils écrivaient en juin 1834 :

« Nous avons été on ne peut plus satisfaits de la conduite personnelle de plusieurs. Il y a chez eux un sérieux, un zèle, une persévérance et une activité qui font notre admiration, et en présence desquels nous ne pouvons que nous écrier : « C'est ici le doigt de Dieu ! » Nous avons tout lieu de croire que beaucoup sont convertis à salut, qu'un plus grand nombre sont intimement convaincus de la folie de l'idolâtrie et de la divination, et que tous en masse sentent le besoin de réfléchir et de chercher. La puissance de l'erreur est vaincue par la force de la vérité. La Parole qu'on leur annonce est écoutée attentivement, les Ecritures sont recherchées avec ardeur et examinées avec soin. »

Ils parlaient aussi de l'esprit de prière qui se répandait dans le peuple, et de la mission indigène qui se formait pour la prédication et l'enseignement. Après un travail de quatorze années, ces hommes commençaient alors à récolter le fruit de leurs fatigues ; ils constataient avec joie que l'Evangile du salut n'avait pas été prêché en vain à ce peuple.

Cette joie, hélas ! fut de courte durée. Avant la fin du mois où fut écrite la lettre ci-dessus, un message de la reine défendit à tout indigène, sauf ceux qui étaient au service du gouvernement, d'apprendre à lire ou à écrire ; et il était facile de prévoir que des restrictions plus grandes encore allaient être imposées.

Ce fut au commencement de 1835 qu'éclata sur les têtes des messagers de l'Evangile, et de leurs enfants dans la foi, l'orage qui les menaçait depuis longtemps. Plusieurs personnes occupant une position distinguée s'étaient converties au christianisme ; et cette diffusion de la foi nouvelle dans les régions élevées provoqua l'opposition déclarée du premier ministre et de sa famille. Il n'avait d'ailleurs toléré jusque-là qu'à contre-cœur les progrès de la Mission. Il était de toute évidence que si le christianisme n'était pas arrêté, l'idolâtrie du pays serait bientôt vaincue, et toutes les coutumes des ancêtres abolies. On avait souvent parlé à la reine de l'irrévérence des chrétiens pour les idoles, de leur mépris pour les charmes, et de leur refus de prendre part aux pratiques superstitieuses. A la fin du mois de janvier, les chrétiens furent formellement accusés devant le grand juge, et les charges suivantes furent relevées contre eux :

1° Ils méprisent les idoles. 2° Ils sont toujours en prière. 3° Ils refusent le serment et se bornent à une simple affirmation. 4° Leurs femmes sont chastes. 5° Ils n'ont tous qu'une seule manière de voir, et se soutiennent mutuellement en ce qui regarde leur religion. 6° Ils observent le dimanche comme un jour sacré.

On voit quel beau témoignage cette accusation rendait à la pureté de mœurs dont les chrétiens donnaient l'exemple. Leurs ennemis, comme ceux de Daniel, ne pouvaient alléguer contre eux que leur fidélité à « la loi de leur Dieu (1). »

Lorsque cette affaire fut soumise à la reine, elle en fut vivement impressionnée. Sa colère était excitée par les rapports qui lui arrivaient sur le mépris dans lequel tombait graduellement l'idolâtrie. Un dimanche, quelques jours après la rédaction de l'acte d'accusation,

(1) Daniel, VI, 5.

elle passa processionnellement devant une chapelle, à l'heure du service, et, à l'ouïe du chant, elle dit à demi-voix en parlant des fidèles : « Ils ne s'arrêteront que lorsque quelques-uns d'entre eux auront perdu leurs têtes. » Le christianisme se présentait à la reine non-seulement comme un sacrilége, mais comme une offense politique ; en même temps que ses sujets apprenaient à mépriser les idoles de leurs pères, ils cessaient aussi de prier les ancêtres qui avaient fondé le royaume, et qui avaient fait la grandeur et la puissance du pays. N'arriveraient-ils pas à la mépriser elle-même, et à refuser au souverain régnant les égards qui lui étaient dus ?... Avec une femme aussi despotique que Ranavalona, qui ne souffrait pas la moindre résistance à sa volonté, il y avait là un puissant motif pour intervenir. La crise éclata à la suite de l'incident suivant. Un chef influent — un de ceux qui avaient vu avec déplaisir l'influence croissante du christianisme — se présenta devant la reine, et demanda qu'on lui apportât une lance brillante et acérée. Comme on lui demandait ce qu'il en voulait faire, il répondit qu'il ne pouvait voir sans douleur les progrès croissants de la doctrine des étrangers ; les dieux nationaux, ainsi que les ancêtres de la reine, déshonorés par cette doctrine, et les coutumes antiques foulées aux pieds par la foi nouvelle : « Tout cela, ajouta-t-il, ne peut que préparer l'invasion de Madagascar par les Européens, et comme je mourrais plutôt que de voir mon souverain et mon pays boire cette honte, j'ai demandé une lance pour me percer le cœur avant que le jour fatal ne soit arrivé. »

On assure qu'à l'ouïe de ces paroles, la reine fut

affectée à tel point, qu'elle resta longtemps muette de douleur et de rage ; après quoi elle fit le vœu solennel d'en finir avec le christianisme, dût-il en coûter la vie à tous les chrétiens de Madagascar. Pendant les quinze jours qui suivirent, le palais et la cour furent en deuil comme après quelque calamité publique ; il n'y avait pas de musique, tous les jeux étaient interdits, et l'alarme qui précède un malheur attendu pesait sur toutes les classes. Chacun sentait que des mesures étaient prises en haut lieu pour anéantir, autant que possible, tout ce qui avait été fait dans le pays par l'enseignement chrétien. Ce fut le 26 juillet que les membres de la mission reçurent de la reine une première communication à ce sujet. Dans cette lettre, tout en les remerciant pour leurs bonnes intentions à l'égard du pays, et en confirmant leur liberté pleine et entière de pratiquer leur religion, elle les avisait en termes exprès qu'elle désapprouvait absolument tout abandon par ses propres sujets des coutumes remontant à ses ancêtres, Andrian-Impoïna et Radama ; à aucun prix elle ne voulait tolérer l'altération de ces coutumes. « Et désormais, ajoutait-elle, pour ce qui regarde le culte religieux — qu'il ait lieu le dimanche ou un autre jour — et la pratique du baptême, ainsi que l'existence des sociétés (c'est-à-dire des Eglises), toutes ces choses sont interdites aux sujets de mon royaume ; — mais pour ce qui vous regarde vous-mêmes, Européens, faites ce qu'exigent les coutumes de vos ancêtres et vos propres coutumes. » Elle finissait en les autorisant à enseigner les arts et les sciences utiles, mais séparés de tout caractère religieux.

Ce message, bien qu'il fût attendu, affligea profondément les missionnaires; ils répondirent en suppliant la reine de ne pas leur interdire l'enseignement de la Parole de Dieu. « C'est pour cela même, faisaient-ils observer, que nous avons quitté notre patrie, persuadés que la soumission à la Parole de Dieu est le secret de la prospérité, pour les nations comme pour les individus. » On leur fit dire, pour toute réponse à leur réclamation, qu'aucun changement ne pouvait être autorisé dans les coutumes du pays.

Le 1er mars, un immense *kabary* (assemblée de la nation) fut convoqué par proclamation royale dans la capitale, à Imahamasina. Tous les rangs et tous les âges s'y trouvaient confondus, et l'on évalua à cent cinquante mille environ le nombre des assistants. Rien ne fut négligé de ce qui pouvait inspirer la soumission et le respect pour l'autorité royale. Sur les hauteurs de la ville les canons tirèrent de grand matin une salve prolongée; un corps [de troupes de cinquante mille hommes fut dirigé sur le lieu de l'assemblée, afin de montrer à tous les yeux les forces dont disposait la reine pour appuyer son autorité. Les plus hauts fonctionnaires civils ou militaires apparurent enfin avec le message de la reine, qui était ainsi conçu :

« Je vous déclare, à vous Malgaches, que je ne suis pas une reine qui trompe. Je vous annonce donc ce que je me propose de faire, et comment je vous gouvernerai. Quel est ici l'homme qui voudrait changer les coutumes de nos ancêtres et des douze souverains de ce pays? A qui le royaume a-t-il été transmis héréditairement, par Impoïn-Imérina et par Radama, si ce n'est à moi ? Si quelqu'un ici voulait changer les coutumes de nos ancêtres et des douze souverains, sachez que je déteste cela, dit Rabodon-Andrian-Impoïn-Imérina.

» Maintenant, si l'on songe à outrager les idoles, à traiter la divination d'enfantillage, et à renverser les tombes des Vazimbas, sachez que je déteste cela, dit Ranavalo-Manjaka. Ne le faites pas dans mon pays. Les idoles, dites-vous, ne sont rien. C'est par elles que les douze rois ont été établis, et sont-elles changées maintenant, pour n'être plus *rien*? Vous en agissez de même avec la divination; mais les tombes des Vazimbas servent de garants à ces coutumes. Quand la souveraine elle-même les tient pour sacrées, ses *sujets* peuvent-ils les compter pour *rien*? C'est ici mon affaire, dit Ranavalo-Manjaka. et je tiens pour coupable tout individu qui, dans mon pays, les détruirait.

» Quant au baptême, aux congrégations, aux lieux de culte distincts des écoles, et aux observances du sabbat, combien de maîtres y a-t-il dans ce royaume? N'est-ce pas moi seule qui gouverne? Ces choses-là ne doivent plus avoir lieu, dit Ranavalo-Manjaka; elles sont illégales dans mon pays, car elles ne sont pas les coutumes de nos ancêtres, et je ne change pas leurs coutumes, excepté pour les choses seules qui rendent mon pays plus prospère. »

La reine ordonnait ensuite, à tous ceux qui étaient coupables, de se présenter en diverses catégories, suivant la nature de leurs fautes, en s'accusant d'avoir été baptisé, ou d'être membre de l'Eglise, ou d'avoir appris à lire aux esclaves. Tous étaient tenus d'aller trouver les fonctionnaires et de se confesser; la peine de mort était prononcée contre tout individu qui cacherait sa faute et serait accusé par d'autres. Le message finissait ainsi :

« Et maintenant, quant à votre culte, il n'est pas celui de nos ancêtres. Vous changez cela, et vous dites : Croyez, suivez les coutumes nouvelles (c'est-à-dire les pratiques chrétiennes), et vous changez ainsi les coutumes des ancêtres ; car vous n'invoquez pas tout ce qui est sacré dans le ciel et sur la terre, et tout ce qui est sacré chez les douze souverains et les idoles. N'est-ce pas là changer les coutumes des ancêtres ? Je déteste cela, et je vous dis expressément que ces choses ne se passeront plus dans mon pays, dit Ranavalo-Manjaka. »

Tout le monde comprenait que cette proclamation n'était pas une vaine menace, et que la reine était résolue à faire tout plier devant sa volonté. On fit une tentative pour obtenir quelque adoucissement à la rigueur du message ; elle n'aboutit qu'à faire réduire d'un mois à une semaine le délai dans lequel les chrétiens devaient se dénoncer eux-mêmes ; de plus, un ordre additionnel prescrivit de remettre tous les livres aux officiers de la reine. On peut se représenter sans peine quelles furent la douleur et la consternation de la partie chrétienne de la population. Il était dangereux d'être vu, soit dans les maisons des missionnaires anglais, soit en leur compagnie, et ces derniers furent expressément avertis qu'ils n'eussent pas à commettre la plus légère infraction à la loi. Une foule d'exemplaires du Nouveau Testament et d'autres portions de la Bible furent jetés loin, souvent avec larmes, et non sans d'amers regrets ; beaucoup de personnes surent les dissimuler dans leur maison, soit en les enfouissant dans la terre, soit en les plaçant dans une cachette sûre. Plusieurs, au prix d'un extrême danger, se rendirent de nuit chez leur pasteur, pour être rafraîchis et fortifiés par la lecture de la Parole de Dieu.

Après une nouvelle tentative infructueuse pour obtenir la permission d'enseigner et de prêcher, le plus grand nombre des missionnaires, voyant que leur œuvre devenait impossible, partirent de Tananarive pour Maurice et le Cap, dans les mois de juillet et d'août; ils laissaient MM. Johns et Baker, qui devaient rester encore quelque temps, afin d'encourager par leur présence, sinon par leurs paroles, la petite phalange de frères et de sœurs fidèles. Après l'interdiction de l'enseignement, la fermeture des chapelles, la dispersion des élèves des écoles, privés de leurs serviteurs et de leurs typographes indigènes, les missionnaires avaient fait les plus grands efforts pour terminer une édition de la Bible entière en malgache. Ils voulurent, en vue de l'éventualité, qui paraissait inévitable, où ils seraient obligés de quitter leurs enfants dans la foi, leur laisser du moins, comme le plus précieux de tous les legs, toute la Parole de Dieu en langue indigène. Ils se mirent eux-mêmes à l'ouvrage, comme compositeurs ou pressiers, et purent arriver au terme de leur tâche avant de quitter le pays. M. Johns s'occupait de son côté d'une traduction du *Voyage du Chrétien*, ouvrage qui fut dans la suite très-apprécié à Madagascar, et estimé presque autant que la Bible elle-même.

Jusqu'alors, aucune mesure de persécution effective

n'avait été prise par le gouvernement; mais au commencement de 1836, Rafaravavy, dame de haute condition, dont le nom a été plus tard bien connu en Angleterre, fut accusée du crime de christianisme. Elle fut condamnée à mort; mais les craintes superstitieuses de la reine ayant été éveillées par un incendie survenu dans la capitale, sa vie fut épargnée; on lui imposa toutefois une amende très-considérable, pour lui rappeler qu'elle ne devait pas faire bon marché des ordres de sa souveraine.

MM. Johns et Baker furent bientôt après requis par le gouvernement de quitter le pays. Reconnaissant qu'il était impossible de continuer leur œuvre un jour de plus sans mettre en péril leurs amis, ils partirent pour la côte au mois de juillet, la mort dans l'âme; ils laissaient leurs ouailles, non-seulement comme des brebis sans pasteur, mais de plus exposées à la cruauté de ceux qui avaient soif de leur destruction. Remarquons que le dernier sermon prêché dans l'ancienne chapelle d'Ambatonakanga était sur ce texte : « Seigneur, sauve-nous, nous périssons! » paroles qui ne s'appliquaient que trop bien à ce petit troupeau de croyants, en présence de la tempête qui allait fondre sur eux. Mais le Seigneur fut effectivement avec eux dans leur détresse; il en retira plusieurs des mains de leurs ennemis, et aux autres il communiqua une telle fermeté et une paix si parfaite, que les morts les plus cruelles se changeaient pour eux en véritables triomphes.

Il n'entre pas dans notre plan d'essayer de faire un récit, si abrégé fût-il, de la longue période de persécution qui pesait alors sur le pays comme un sombre nuage. On trouvera des détails à ce sujet dans les livres publiés par MM. Freeman et Johns, ainsi que par M. Ellis, et par l'évêque Ryan ; ce sont des faits profondément touchants, admirable témoignage de la foi, du courage et de la patience des croyants, appelés tous les jours à confesser le nom de Christ et à donner leur vie pour l'amour de Lui. L'histoire de l'Eglise ne présente pas de tableau plus instructif du pouvoir de l'Evangile que l'histoire quotidienne de ces longues et cruelles années. Nous devons nous borner à relever les traits les plus saillants de cette époque de douleur et de gloire.

La persécution dura vingt-cinq ans, depuis le départ des derniers missionnaires anglais jusqu'à la mort de la reine. Pendant tout ce temps personne ne put (si ce n'est en s'exposant à perdre sa fortune, sa liberté ou sa vie) prier le vrai Dieu avec ses frères, invoquer le nom de Christ, lire les Ecritures ou un livre chrétien. Toutefois les devoirs religieux continuèrent de s'accomplir secrètement dans une certaine mesure; dans les villages éloignés, dans les profondeurs de la forêt, dans les caves, voire même dans les silos, le culte était de temps en temps célébré; on s'offrait mutuellement les emblèmes de la mort de Christ, et ceux qui se joignaient à la communauté étaient reçus par le baptême sur la déclaration de leur foi. Des feuilles contenant de courts extraits des Ecritures étaient conservées soigneusement comme le plus précieux trésor; on maintenait, en fait d'ordre et de discipline ecclésiastique, une organisation des plus simples, mais fondée sur l'Ecriture; ceux des fidèles qui étaient aptes à instruire et à exhorter leurs frères étaient reconnus, après un noviciat, en qualité de pasteurs ou d'anciens. Notons, comme un beau témoignage rendu à la puissance et à la pureté de vie et de foi de l'Eglise persécutée, que durant cette longue période il ne se glissa dans son sein aucune erreur sérieuse, soit dans la doctrine, soit dans la conduite. L'étude constante de la Parole de Dieu, qui était presque leur unique livre, et l'influence bénie de l'esprit de Dieu, suffisaient pour préserver ces chrétiens de l'erreur à tous les points de vue.

La persécution active ne se maintint pas, on le devine, avec une égale violence pendant toute la durée de ces vingt-cinq ans. De temps à autre, la haine de la reine et de ses conseillers contre le christianisme semblait céder devant une politique plus clémente, et la crainte d'une invasion étrangère absorbait l'attention du gouvernement. Trois ou quatre périodes se détachent en saillie sur ce quart de siècle comme des époques marquées par une cruauté exceptionnelle, et par des mesures impitoyables pour détruire la foi détestée avec ses adeptes. Ces époques sont les années 1837 à 1838, 1840, 1849 et 1857.

Le premier martyr de l'Evangile fut une jeune femme nommée Rasalama. Ce fut en 1837 qu'elle fut mise à mort, à coups de lance, à Ambohipotsy, extrémité méridionale de la longue colline rocheuse sur laquelle est bâtie la capitale. Elle avait été soumise au préalable à une cruelle torture; on l'avait mise aux fers, bien moins pour s'assurer de sa personne que pour la faire souffrir sans pitié. « Ces fers étaient des anneaux et des barres étroitement serrés sur les pieds, les mains, les genoux et le cou, de manière à réduire le corps tout entier à la plus atroce position, en tordant les extrémités comme si le patient eût été logé de force dans une petite cage. Lorsqu'elle fut conduite, le lendemain matin, sur le lieu de l'exécution, elle exprima sa joie d'être arrivée à la connaissance de la vérité, et ne cessait de chanter des cantiques en marchant. Quand elle passa devant la chapelle où avait prêché M. Griffiths et où elle avait été baptisée, elle s'écria : « C'est ici que j'ai entendu la voix du Sauveur. » Arrivée sur l'emplacement fatal, elle se mit paisiblement à genoux, et dans une prière solennelle remit son âme entre les mains de son Rédempteur. C'est dans cette attitude qu'elle fut percée par les lances. Les exécuteurs, placés derrière elle et à ses côtés, lui traversèrent les côtes et le cœur. Son corps fut abandonné aux chiens sauvages, qui hantent à Madagascar tous les endroits où sont exécutés les criminels.

L'année suivante, Rafaralahy, un chrétien fervent et généreux, subit un sort semblable. Il fut exécuté au même endroit, et montra dans ses derniers moments la même sainte confiance et la même sérénité. La tourmente de persécution augmenta de violence. Au nombre des personnes arrêtées alors se trouvaient six indigènes fidèles — quatre hommes et deux femmes — qui échappèrent à la mort par la fuite, et parvinrent heureusement (en 1839) en Angleterre, où ils donnèrent des preuves décisives de leurs principes chrétiens. Parmi eux était cette Rafaravavy, déjà nommée, qui avait appartenu à la haute société de Madagascar, et dont la vie fut sauvée comme par miracle (1).

(1) Nous avons raconté un épisode de cette fuite, p. 81.

Dans les années suivantes, il y eut beaucoup d'autres exécutions à Ambohipotsy; et c'est cette circonstance qui a déterminé plus tard le choix de ce point pour y construire une église commémorative. A quelques pas de l'endroit où l'héroïque Rasalama s'agenouilla devant la lance de l'exécuteur, s'élève maintenant une grande église, dont la flèche attire de loin les regards tout autour de la ville.

Un grand nombre de chrétiens échappèrent à la rage de leurs ennemis par un concours de circonstances exceptionnelles, qui fournissent des preuves admirables à la doctrine d'une providence particulière; les lettres que les chrétiens parvenaient à envoyer, de temps à autre, à leurs amis de Maurice, sont pleines du récit émouvant de fuites et de délivrances où la réussite tint à l'épaisseur d'un cheveu. Beaucoup furent condamnés à la perte de leurs honneurs et de leur rang; d'autres subirent des amendes ruineuses; d'autres furent envoyés au loin dans des régions insalubres, pour y mourir par le poison lent de la fièvre paludéenne.

En 1840, M. Johns s'aventura, non sans péril, à monter à la capitale, après avoir appris la fuite des six indigènes chrétiens. Il eut la douleur de constater que plusieurs chrétiens qu'il avait connus et aimés avaient péri victimes de leur foi; quelques jours à peine après son arrivée, neuf furent exécutés à Ambohipotsy. On lui dit qu'il y en avait au moins deux cents dispersés dans tout le pays, se dérobant à leurs ennemis « dans les afflictions, dans le dénûment, dans les angoisses (1). » On fit des tentatives pour les aider

---

(1) 2 Cor., VI, 4.

à fuir vers la côte; mais la surveillance exercée était si sévère, qu'il était presque impossible d'assister qui que ce fût. Plusieurs furent exécutés en 1842, dont un certain nombre par l'épreuve du tanghin. Rien de plus touchant que les lettres qui parvenaient à de rares intervalles jusqu'à Port-Louis, et racóntaient tout ce que souffraient les chrétiens dans leurs retraites; ces lettres sont pleines de foi et de confiance en Dieu; et tout en témoignant de la fermeté inébranlable des martyrs dans toutes les souffrances qu'il pouvait trouver bon de leur imposer, elles ne respirent que pardon et pitié pour leurs persécuteurs.

En 1843, M. Johns, qui s'était montré pendant bien des années leur ami éprouvé et fidèle, succomba à la fièvre dans l'île de Nossi-Bé, au nord-ouest de Madagascar. Il s'y était rendu dans l'espoir d'aider quelques-uns des chrétiens indigènes à s'échapper; mais il mourut chez des étrangers, en vue de la terre dont il avait tant aimé les habitants.

Ce fut vers cette époque qu'une accalmie parut se produire dans la tempête; car des réunions de culte eurent lieu près de la capitale presque ouvertement. Quelques-uns des prédicateurs déployèrent un courage et une ardeur admirables, et des païens vinrent en grand nombre grossir les rangs des chrétiens proscrits. Il en fallait peut-être chercher la cause, jusqu'à un certain point, dans l'intérêt que montrait pour le christianisme le fils unique de la reine, le prince Rakotond'Radama, qui assistait aux services et avait, disait-on, reçu le baptême. C'était un jeune homme des plus remarquables. Elevé dans un milieu social où la vie humaine était regardée comme de nulle valeur, où la cruauté était à l'ordre du jour, fils d'une femme qui ne souffrait aucune opposition à sa volonté absolue, il était, au contraire, doux et humain, haïssant la cruauté, aimant d'instinct ce qui était bon et juste, se refusant à punir même lorsque son propre salut semblait le demander. Il osait résister à la volonté de sa mère, et se poser en protecteur de l'opprimé, quel qu'il fût. Mais les chrétiens semblaient avoir gagné particulièrement sa sympathie, à cause de l'injustice manifeste dont ils étaient victimes. Jusqu'à quel point son cœur était-il réellement touché par l'Evangile, c'est ce qu'il nous est impossible de décider aujourd'hui; les vices grossiers qui s'emparèrent de lui si complétement dans la seconde partie de sa vie, lorsqu'il fut sur le trône, avaient comme oblitéré les qualités incontestables de sa nature. Il est certain toutefois que pendant plusieurs années il adoucit dans une large mesure la sévérité de la reine, grâce à son influence sur elle et à ses efforts ingénieux pour soulager ceux qui souffraient de la persécution. On s'explique que les chrétiens l'aient regardé alors comme étant réellement un des leurs, car il semblait vraiment se trouver sous l'influence de l'esprit de l'Evangile, dans tout ce qu'il a d'humain et de charitable. Le seul trait qui relevât un peu Ranavalona était son affection pour son fils. Quand on la pressait de le mettre à la raison lorsqu'il soutenait ceux qui défiaient son autorité, elle ne savait que répondre : « C'est mon fils, mon fils bien-aimé ! »

Un autre membre de la famille royale, le prince Ramonja, était également un ami chaleureux des chrétiens; ceux-ci virent d'ailleurs se joindre à eux d'autres personnes haut placées, parmi lesquelles était le fils du premier ministre Raïniharo, celui-là même qui était le plus ardent à pousser la reine dans la voie des persécutions. Il y eut ainsi une période de calme relatif, pendant laquelle les chrétiens se sentirent consolés et fortifiés dans leur affliction non-seulement par le sentiment de la présence de Dieu, mais par l'arrivée de nouveaux frères qui venaient grossir leurs rangs. C'était là sans doute, dans les intentions de Dieu, une préparation pour les terribles épreuves qui les attendaient en 1849, année qu'on a appelée celle de la Grande Persécution. Cette nouvelle explosion de cruauté fut provoquée en partie par le nombre croissant des chrétiens et par leur hardiesse, comme aussi par les progrès que faisaient leurs opinions parmi les hommes de haut rang. Ramboasalama, cousin de Rakoto et son rival comme prétendant au trône, fut un des chefs dirigeants dans cette nouvelle tentative pour anéantir le christianisme dans le pays.

On se souviendra longtemps du 28 mars 1849 comme d'un jour terrible et glorieux dans l'histoire religieuse de Madagascar. Dix-neuf chrétiens furent condamnés à mort ce jour-là; ils firent, en présence d'une immense multitude, une confession fidèle de leur foi, avec une fermeté héroïque et même avec joie. Quatorze d'entre eux furent exécutés à Ampamarinana, endroit qu'on a comparé à la roche Tarpéienne de Rome, mais qui fut ce jour-là le théâtre d'une scène à laquelle rien ne ressemble dans l'histoire classique. On appelle ainsi un précipice situé au milieu de roches saillantes, au quartier occidental de Tananarive. L'étroite plate-forme de rocher qui en forme le sommet n'est qu'à cent cinquante mètres environ du grand palais, mais à un niveau beaucoup plus bas; on pourrait presque y jeter une pierre depuis les balcons. La paroi rocheuse est interrompue vers le milieu par une saillie du roc, qui brisait la chute sans l'arrêter; et la chute totale de ceux qu'on précipitait du sommet était d'une cinquantaine de mètres. Ce supplice était réservé pour les sorciers, ou du moins pour ceux que l'épreuve par le poison avait déclarés coupables de sorcellerie. Nous avons dit que les chrétiens étaient supposés puiser leur force de résistance aux ordres de la reine dans la vertu de quelque charme puissant.

« Les quinze martyrs, enveloppés dans des nattes, et la bouche bourrée de paille pour les empêcher de parler entre eux ou aux assistants, furent suspendus à des bâtons par les mains et par les pieds, pour être portés ainsi sur le lieu de l'exécution. Mais on ne put parvenir à leur fermer complétement la bouche, et tout le long de la route ils priaient et exhortaient la foule. Ils arrivèrent ainsi à Ampamarinana. Le corps de chacun d'eux fut alors entouré d'une corde, puis, l'un après l'autre, quatorze d'entre eux furent placés sur la pente du précipice, retenus seulement au moyen de la corde. Leurs persécuteurs espéraient que, dans cette situation extrême, leur courage finirait par faillir; l'exécuteur se tenait debout, un couteau à la main, attendant, pour couper la corde, l'ordre de l'officier qui surveillait l'exécution. « Voulez-vous cesser de prier? » leur demanda-t-on une dernière fois. Un « non, » prononcé avec fermeté, fut leur seule réponse. Le signal fut immédiatement

29

donné, la corde coupée, et l'instant d'après leurs corps se déchiraient en lambeaux sanglants sur les aspérités du précipice. Un de ces vaillants martyrs, quand il se trouva sur le bord de l'abîme, demanda aux exécuteurs de lui accorder un moment pour prier : « car c'est pour cela, dit-il, que je vais à la mort. » On y consentit, et se mettant à genoux, il pria à haute voix avec ferveur ; se relevant ensuite, il exhorta la foule avec une éloquence si puissante et si entraînante, que tous en furent saisis et comme pénétrés d'une crainte respectueuse (1). »

Un des condamnés seulement fut épargné. « C'était une jeune femme à qui la reine portait une affection particulière ; on la mit à un endroit d'où elle pouvait voir ses compagnons tomber ; et on lui demanda — d'après l'ordre de la reine, qui voulait la sauver, mais qui ne pouvait la soustraire à la sentence générale prononcée contre les chrétiens — si elle ne voulait pas consentir à adorer les idoles pour sauver sa vie. Elle répondit négativement, et en manifestant un désir si arrêté d'accompagner ses frères et sœurs au ciel, que l'officier qui l'interrogeait la frappa sur la tête, en disant : « Vous n'êtes qu'une insensée ! » On envoya dire à la reine qu'elle avait perdu la raison, et qu'il était prudent de l'enfermer. »

Un sort plus cruel encore était réservé aux quatre autres condamnés. Ils appartenaient à la classe des andrians, ou nobles, et comme, d'après les usages traditionnels du pays, il est interdit de verser le sang des personnes de ce rang, ils furent, par un raffine-

---

(1) *Madagascar, sa mission et ses martyrs*, par le Rév. Prout.

ment de cruauté, condamnés à être brûlés vifs. Ce jugement reçut son exécution à Faravohitra, au sommet septentrional de la colline de Tananarive, à l'endroit où elle commence à s'incliner vers la plaine. Leurs compagnons avaient été ignominieusement attachés à des bâtons, et portés sur le lieu de l'exécution ; pour eux, on les laissa marcher librement à la mort; avec une assurance et un sang-froid merveilleux, ces quatre chrétiens, dont l'un était une femme, gravirent la colline, en chantant quelques-uns de ces cantiques qui avaient fait leur joie au temps passé et qui étaient maintenant leur consolation. Ils n'avaient ni tremblement ni hésitation en approchant du bûcher. Quand ils furent arrivés, ils entonnèrent en chœur un cantique, qui commence ainsi :

« Quand nos cœurs sont troublés, »

et dont chaque strophe se termine par ces mots :

« Souviens-toi de nous, Seigneur ! »

Ils contemplèrent ensuite d'un œil calme les préparatifs de leur mort, et se laissèrent sans la moindre résistance lier aux poteaux. « Au moment même où avait lieu cette opération, écrit un témoin oculaire, apparut un phénomène des plus remarquables. Un immense arc-en-ciel, formé de trois arches, se dessina dans le ciel. L'une de ses extrémités semblait s'appuyer sur le bûcher où les martyrs étaient attachés. Au même moment la pluie tomba à torrents, et la multitude attirée par le spectacle de l'exécution fut tellement saisie d'étonnement et de terreur, que beaucoup s'enfuirent à toute hâte. » Le bûcher fut allumé, et à travers les crépitations et le mugissement des flammes, on entendait distinctement, non pas des cris de douleur, mais une hymne de louange. On n'oubliera jamais à Madagascar cette scène de mort et de triomphe, ce cantique chanté par les martyrs, debout dans le char de feu qui les portait aux cieux. Après le chant vint la prière. « O Seigneur, les entendit-on crier, reçois nos âmes; c'est ton amour pour nous qui a voulu que cela nous arrivât; ne leur impute point ce péché! » « Ils prièrent, écrit un temoin de cette magnifique scène, tant qu'ils eurent un souffle de vie; puis ils s'éteignirent doucement et en paix. Oui, ce fut en souriant qu'ils sortirent de la vie, tandis que tous les assistants contemplaient leur supplice avec stupéfaction (1). » Ajoutons que pour la femme chrétienne, les angoisses de la maternité vinrent aggraver les affres du bûcher : au milieu des flammes elle donna naissance à un enfant, qui partagea le sort de la mère dont il avait reçu la vie dans ces horribles circonstances. Les corps déchirés de ceux qui avait été précipités à Ampamarinana furent apportés à ce moment, et brûlés avec les corps vivants de leurs amis : digne complément de cette affreuse tragédie.

C'est ainsi qu'un nouveau groupe vint grossir la noble phalange des martyrs, et fournir une preuve nouvelle de la puissance de l'amour de Christ pour rendre hommes et femmes fidèles jusqu'à la mort.

Les scènes de ce jour mémorable produisirent une profonde impression sur l'esprit des habitants. Les

---

(1) *Madagascar, sa mission et ses martyrs.*

Consolation apportée à un chrétien dans les fers.

cruautés de la reine et de son gouvernement commençaient à manquer leur but; bien plus, elles produisaient un effet contraire à celui qu'on se proposait. Les païens comprenaient qu'il y avait dans la religion professée par les chrétiens une puissance capable de dominer toute opposition terrestre; beaucoup pensaient et disaient qu'il devait y avoir dans cette foi quelque chose de divin. Un grand nombre de personnes se sentaient poussées à chercher le secret de ce merveilleux courage, et souvent elles allaient jusqu'à se joindre à la communauté chrétienne, en dépit du danger auquel elles s'exposaient.

N'oublions pas qu'en dehors de ceux qui subirent la mort pour leur foi, un nombre bien plus considérable de chrétiens étaient persécutés d'autres manières. « Trente-sept prédicateurs, avec leurs femmes et leurs enfants, furent réduits en esclavage perpétuel. Plus de cent chrétiens indigènes subirent d'abord la peine du fouet, et furent condamnés ensuite à travailler chargés de chaînes toute leur vie. Quelques-uns, parmi ceux qui avaient été réduits en esclavage, purent racheter leur liberté avec celle de leurs familles, en réunissant une somme d'argent suffisante; mais les autres restèrent esclaves pour la vie. Beaucoup subirent des amendes énormes; ceux qui appartenaient à la noblesse furent dépouillés de leurs honneurs et de leurs titres, et condamnés en outre aux travaux les plus serviles. En somme, au début du printemps de 1849, l'année terrible, dix-neuf cents personnes, d'après l'estimation la moins élevée, et probablement plus de deux mille, furent punies pour avoir professé ou favorisé la religion de Jésus. Dans l'armée, un grand nombre d'officiers furent dégradés, et condamnés à travailler à la construction d'une grande maison en pierre où le gouvernement voulait établir une fabrique. On imprima sur leur corps avec un fer rouge les mots « *Tsihiaharana,* » ce qui signifie : « Ce qu'il ne faut pas imiter, » pour détourner les autres de désobéir aux ordres de la reine.

On remarqua que le prince Rakoto échappa à toute punition et à toute entrave, alors que son cousin, Ramonja, était dépouillé de ses honneurs militaires, abaissé au rang de simple soldat et condamné à une forte amende. Quant au prince, il ne fut point inquiété, et il fit beaucoup en secret pour soulager ses amis malheureux.

L'impression des scènes terribles qui eurent lieu, il y a vingt ans, à Ampamarinana et à Faravohitra, est encore fraîche dans la mémoire du peuple. Plusieurs des parents de ceux qui furent exécutés à cette époque sont encore en vie, et ils conservent religieusement le souvenir des êtres bien-aimés qui ont sacrifié leur vie pour l'amour de Christ.

Une seconde période d'apaisement survint dans la persécution avant qu'elle exerçat ses dernières fureurs. Après 1849, les chrétiens proscrits jouirent pendant assez longtemps d'une sécurité relative, qu'il devaient sans doute en grande partie à l'influence du prince et de son cousin, ainsi qu'à la mort de Raïniharo, le premier ministre et le favori de la reine. Le bruit courut alors à Maurice que Ranavalona était sur le point d'abdiquer en faveur de son fils, et que les rigueurs exercées contre le christianisme allaient cesser. En 1853, ces rumeurs finirent par prendre une telle consistance que les directeurs de la Société des Missions de Londres décidèrent d'envoyer dans l'île une personne chargée de vérifier, sur les lieux, l'exactitude des informations qu'ils avaient reçues. Ce fut au Rév. William Ellis qu'ils s'adressèrent pour cette tâche importante et difficile.

La vie missionnaire de M. Ellis avait commencé en 1816. Il accompagna le regretté John Williams dans les mers du Sud, où il travailla plusieurs années ; il occupa ensuite, pendant longtemps, le poste de secrétaire de la Société pour l'étranger. Dans l'exercice de ces fonctions il eut des communications fréquentes avec la mission de Madagascar, et en 1838 il publia l'ouvrage le plus complet et le plus sérieux qui ait encore paru sur ce pays, l'*Histoire de Madagascar*, en deux volumes (1). La plus grande partie des matériaux de cette publication lui fut fournie par les missionnaires de Tananarive. Il mit aussi à contribution tout ce qui avait été écrit sur le sujet par des auteurs français ; et son livre fut revu avec soin par le Rév. J.-J. Freeman, après son retour en Angleterre. Il résultait de là que M. Ellis, bien qu'à cette époque (1853) il n'eût jamais visité Madagascar, se trouvait familiarisé avec l'histoire et la situation du pays ; il accepta avec empressement la mission qui lui était confiée par les directeurs.

En arrivant à Maurice, M. Ellis constata qu'il y avait eu beaucoup d'exagération dans les rapports favorables reçus en Angleterre. Il débarqua à Tamatave

---

(1) L'auteur du présent livre a souvent mis à profit cet ouvrage, notamment pour ce qui concerne la Mission.

en juillet 1853, mais ne put obtenir l'autorisation de se diriger vers la capitale, et après un séjour de trois mois il dut retourner à Port-Louis. Quelques mois plus tard, il fit une nouvelle tentative pour se rendre à Tananarive; mais le choléra sévissant alors à Maurice, une quarantaine sévère était en vigueur à Tamatave, et il se vit contraint à son vif regret d'abandonner son projet, après avoir visité Foule-Pointe et être resté trois mois sur la côte orientale. Il rentra en Angleterre dans l'été de 1855, après une tournée dans les établissements missionnaires du sud de l'Afrique.

Pendant sa station au Cap, M. Ellis avait reçu du gouvernement malgache des lettres qui lui accordaient la permission de se rendre à Tananarive. En conséquence, il repartit d'Angleterre en mars 1856, et arriva en août dans la capitale de Madagascar. La persécution n'était pas active à ce moment, mais il n'en fallait pas moins apporter une grande prudence dans les communications avec les chrétiens indigènes : M. Ellis sentait que tous ses mouvements étaient soigneusement surveillés. Cependant, il sut trouver le moyen de leur dire avec quel profond intérêt on s'occupait d'eux en Angleterre, dans ce pays d'où l'Evangile leur était venu pour la première fois. Il parvint à distribuer des secours à beaucoup de frères dans la pauvreté, qui souffraient des privations les plus cruelles; et il leur donna en même temps ce qu'ils estimaient bien davantage, des exemplaires du Nouveau Testament, des psaumes et d'autres livres chrétiens. La reine et ses officiers lui témoignaient, à ses visites, beaucoup de courtoisie et d'égards; mais il ne pouvait être question de demander le moindre adoucissement aux lois en vigueur contre le christianisme. M. Ellis se trouvait dans la capitale depuis un mois seulement, quand il reçut le conseil de partir ; l'approche de la saison des pluies était mise en avant pour l'engager à ne pas prolonger son séjour. Le conseil équivalait à un ordre. Dans l'impossibilité de faire davantage pour atteindre le but qu'il avait tant à cœur, notre ami quitta Madagascar et retourna en Angleterre, où il arriva au commencement de 1857.

Bien que ces visites n'aient pas eu tous les résultats qu'on espérait, elles furent cependant fort utiles. La présence personnelle d'un missionnaire anglais dans le pays prouva aux chrétiens que leurs amis d'Angleterre ne les oubliaient pas, et les consola dans leur affliction. On obtint aussi des renseignements exacts sur les progrès admirables que faisait le christianisme, à l'encontre de tous les obstacles ; la sympathie des Eglises anglaises se raviva, et elles adressèrent de nouvelles prières au Seigneur pour qu'il hâtât le jour où l'on pourrait reprendre l'évangélisation de Madagascar.

M. Ellis était rentré en Angleterre depuis trois mois à peine lorsqu'éclata la dernière des persécutions, une des plus violentes. Elle fut en grande partie provoquée par des circonstances politiques, et par les intrigues des étrangers qui se trouvaient alors dans le pays. Il y avait depuis plusieurs années des Français habitant la capitale, dont un notamment, M. Laborde, était en grande faveur auprès de la reine ; il avait fait beaucoup pour le progrès matériel de la population en introduisant divers arts utiles, en bâtissant des usines pour la fabrication du savon, des cotonnades, du papier, du verre, des poteries, ainsi qu'en fondant des canons et en confectionnant des fusils ou d'autres armes. Un autre Français, M. Lambert, planteur de Maurice, s'était aussi rendu souvent à Tananarive, où il avait obtenu un grand ascendant sur le prince. Révoltés des cruautés de la reine, et de l'état de barbarie auquel ses mesures tendaient à ramener le pays, ces messieurs formèrent un parti qui se proposait de détrôner Ranavalona et de placer son fils sur le trône. Nous devons constater, toutefois, que le motif principal qui les poussait était le désir de faire prévaloir l'influence française dans l'île, ainsi que l'espoir (au moins pour M. Lambert) de retirer de grands avantages personnels de la faveur de Rakoto, lorsque celui-ci serait roi. Les événements qui suivirent prouvent la vérité de cette assertion.

Le complot, quoi qu'il en soit, fut découvert. Profondément irritée d'un pareil attentat contre son autorité et sa liberté, la reine prit des mesures sommaires. MM. Laborde et Lambert, Mme Ida Pfeiffer, et deux prêtres jésuites qui étaient déguisés l'un en médecin, l'autre en maître d'école, furent chassés du pays. Ranavalona n'osa pas s'exposer à un conflit avec les puissances européennes en les mettant franchement à mort; mais elle donna des ordres, comme nous l'avons dit précédemment, pour leur faire passer plusieurs semaines en route à travers un pays insalubre. En cela elle fut désappointée, car tous les voyageurs, bien qu'ils eussent cruellement à souffrir dans le voyage, résistèrent à la fièvre jusqu'à leur départ de Madagascar (1).

(1) Voir à la page 43.

La reine se mit alors à exercer sa vengeance sur les chrétiens, qu'elle soupçonnait d'avoir souhaité le succès du complot formé pour la détrôner. Il est probable que quelques-uns en avaient eu connaissance, et peut-être faisaient-ils des vœux pour la réussite, parce qu'ils soupiraient après une délivrance quelconque de l'oppression qui pesait sur eux; mais il n'a jamais été prouvé qu'ils eussent pris la moindre part active à cette entreprise. Il suffisait à la reine, pour sévir, que les lois contre le christianisme fussent encore en vigueur, et qu'il fût bien avéré que le nombre des chrétiens augmentait chaque jour. Elle résolut de faire un dernier effort pour extirper la religion étrangère et soumettre ses sujets par la terreur.

La journée du 3 juillet 1857 rivalisa d'horreur avec les plus mauvais jours de la persécution malgache; toute la population de la capitale fut chassée des maisons par les soldats et poussée vers la place des Kabarys. « Tout le monde, dit un témoin oculaire, se précipitait en masse et courait dans les rues en poussant de grands cris, comme si la ville eût été attaquée par une armée ennemie. » La répression suivit de près la proclamation royale. Toutes les personnes suspectes furent emprisonnées; dans la ville et aux environs, on tenait des Kabarys presque quotidiens pour obliger à dénoncer les chrétiens, et pour proclamer la volonté de la reine de ne pas s'arrêter avant de les avoir exterminés du pays. Quelques jours après la grande assemblée, vingt et un d'entre eux furent lapidés; plusieurs autres furent exécutés à « La Roche du Précipice. » On regarde généralement cette dernière persécution comme la plus meurtrière de toutes. Un grand nombre de fidèles furent condamnés à subir l'épreuve du tanghin, à laquelle la plupart succombèrent ; plus nombreux encore étaient ceux qui furent chargés de chaînes et réduits en esclavage.

Mais le jour de la délivrance n'était pas loin. La sombre nuit commençait à s'éclaircir des lueurs de l'aurore. La santé de la reine déclinait, et dès les premiers mois de 1861, on put prévoir qu'elle n'avait plus longtemps à porter le sceptre. Dieu avait entendu les soupirs des prisonniers ; il allait délivrer ceux qui étaient destinés à la mort (1). Les vingt-cinq ans de persécution, bien loin de déraciner la doctrine détestée, n'avaient fait qu'étendre son influence dans toutes les directions. Comme au temps des apôtres, « ceux qui étaient persécutés allaient de lieu en lieu prêchant la Parole. » La vie chrétienne avait atteint un degré de profondeur et de puissance, que n'aurait jamais pu produire un temps de calme et de prospérité. L'Evangile avait prouvé qu'il était réellement « la puissance de Dieu, » se jouant de tous les efforts d'un souverain absolu, appuyé sur un gourvernement fort et sur une nombreuse armée.

Plus de cent chrétiens avaient été exécutés en public, pendant le règne de la reine ; un nombre plus grand encore avaient péri par le tanghin, ou étaient morts en prison, ou dans les souffrances de l'esclavage, ou bien encore de faim, de soif, de maladie, dans les forêts et dans les déserts qui leur servaient de retraites. Mais en dépit de toutes ces pertes, le petit troupeau de croyants, hommes et femmes, forcément

---

(1) Psaume CII, 21.

abandonné en 1836 par ses pasteurs, s'était plus que deux fois décuplé en 1861, et il était arrivé à une plénitude de foi et d'amour qui plaidait, avec plus d'éloquence que tous les discours, la cause de l'Evangile auprès de la population païenne.

Par leur confiance en Dieu, par leur patience et leur esprit de pardon, ces frères avaient souvent touché le cœur de leurs persécuteurs. Leurs ennemis rendaient hommage à la pureté de leur vie et de leurs mœurs ; le seul crime qu'on pût leur reprocher était leur religion même. Le sang des martyrs avait attesté la céleste origine de l'Eglise malgache.

Ce fut le 15 août 1861 que la reine Ranavalona fut citée devant le tribunal du Roi des rois. Le prince Rakoto, sous le nom de Radama II, lui succéda, au milieu de la joie générale du peuple, accablé par trente-trois ans d'un régime d'oppression. Bien que la portion chrétienne de la population eût été plus particulièrement en butte aux cruautés de la reine, les sujets païens de Ranavalona avaient aussi de bonnes raisons pour saluer avec joie l'avénement d'un souverain moins impitoyable. Radama était connu pour être juste et humain ; il souhaitait de vivre en bons termes avec les Européens et de faire tout ce qui pouvait développer le bien-être du pays. Au commencement de son règne, la chose est incontestable, il éprouvait un sincère désir de voir les lumières se répandre dans son pays, et il avait la noble ambition de le pousser lui-même dans la voie de la régénération.

Son avénement au trône ne s'accomplit pas sans quelque difficulté. Son rival, Ramboasalama, était soutenu par une portion notable du parti païen ; mais le général en chef était pour Radama un ami et un partisan dévoué. Grâce à ses habiles dispositions, les troupes furent concentrées dans la capitale et autour des murs, à l'approche de la mort de la reine; Ramboasalama fut désarmé avec ses partisans, et il dut la conservation de sa vie et de sa fortune à la conduite magnanime du nouveau roi, qui ne voulut pas souiller le commencement de son règne par l'exécution d'un rival, si dangereux fût-il. Il fut simplement placé sous une certaine surveillance, et envoyé en province, à quelque distance de la capitale, après avoir prêté le serment de fidélité.

Alors sonna l'heure de la délivrance pour les captifs. La liberté de conscience fut inaugurée en même temps que la liberté politique. Les lignes suivantes, de M. Ellis, décrivent d'une manière heureuse les conséquences immédiates de l'avénement de Radama. « Le soleil, dit-il, ne se coucha pas, le jour où Radama II devint roi de Madagascar, sans qu'il eût proclamé une protection égale pour tous ses sujets, et déclaré que chaque homme était libre d'adorer Dieu suivant les prescriptions de sa conscience. Il envoya ses officiers ouvrir les prisons, briser les chaînes des malheureux à qui les cris joyeux de la foule avaient déjà annoncé que le jour de leur délivrance était venu. Il en expédia d'autres pour aller chercher ceux qui survivaient d'entre les condamnés bannis dans des régions éloignées et pestilentielles; un grand nombre de ceux-là étaient morts de la fièvre ou d'épuisement, écrasés sous les lourdes barres de fer qui les entravaient ensemble par le cou. Les exilés se précipitaient chez eux; hommes et femmes, défaits et amaigris par les souffrances et les privations, reparaissaient dans la ville, à la grande surprise de leurs voisins qui les croyaient morts depuis longtemps, et à la joie reconnaissante de leurs amis. Le jubilé longtemps désiré était enfin arrivé ; partout éclataient la joie et les fêtes ; beaucoup de personnes, en effet, qui ne croyaient pas encore à l'Evangile, avaient sympathisé avec les chrétiens dans leur affliction, et se réjouissaient de leur délivrance. »

Les exilés disaient, en s'appropriant le langage des psaumes : « Quand l'Eternel ramena les captifs, » c'était pour nous comme un songe. Alors nos bou- » ches ont été remplies de joie, et notre langue de » chants d'allégresse. » On disait parmi les païens : « l'Eternel a fait de grandes choses pour eux. » Et nous répondions : «· Oui, l'Eternel a fait de gran- » des choses pour nous, c'est ce qui nous rend joyeux (1). »

On apprit bientôt qu'il y avait désormais une parfaite liberté de culte ; et un mois à peine s'était écoulé depuis la mort de la reine, que le service divin se célébrait de nouveau dans la capitale ; les chrétiens n'avaient pas moins de onze lieux de réunion, tous regorgeant de monde. En peu de temps cinq chapelles furent bâties ; c'étaient des constructions grossières, avec des murs en terre et des toits de chaume, longues, basses et sombres, mais elles n'en étaient pas moins remplies, chaque dimanche, depuis le matin jusqu'au soir, par des assemblées compactes et joyeuses ; on priait, on chantait, on bénissait Dieu

---

(1) Ps. CXXVI.

qui avait « dissipé les ténèbres, et fait briller sur le pays la vraie lumière (1). »

La Société des missions de Londres se prépara sans retard à reprendre ce beau champ de travail, et elle accepta l'invitation qui lui fut adressée à cet effet par le roi et par les chrétiens. Peu de jours après qu'on eut reçu la nouvelle de la mort de Ranavalona, M. Ellis se remit en route pour Madagascar, pour tout préparer en vue du rétablissement des missionnaires à Tananarive; il était chargé par la Société de prendre les arrangements nécessaires pour recouvrer les églises, écoles et habitations qu'on avait dû abandonner en 1836, quand éclata la persécution. Obligé d'attendre à Maurice, pendant quelques mois, la saison favorable, M. Ellis put communiquer fréquemment par lettres avec les chrétiens malgaches, et leur annoncer la prochaine arrivée de missionnaires européens pour se mettre en rapport avec leurs congrégations. Le Rév. J.-J. Le Brun, de Port-Louis, avait déjà fait un voyage à Tananarive vers la fin de 1861; sa présence et ses conseils furent très-précieux pour les églises indigènes ; de son côté il put, grâce à ses observations personnelles, transmettre des détails exacts sur la réalité du changement qui s'était opéré, et sur les besoins de cette communauté chrétienne qui se développait si rapidement.

M. Ellis arriva à Tananarive au mois de juin 1862 ; il y reçut l'accueil le plus chaleureux de la population, et les témoignages de respect les plus significatifs de la part du roi et de son gouvernement. Il fut rejoint,

---

(1) 1 Jean, II, 8.

à la fin d'août, par trois ministres consacrés, plus un missionnaire médecin, un maître d'école et un imprimeur, qui se mirent rapidement à l'ouvrage, chacun dans sa partie. C'est ainsi qu'après une interruption de plus de vingt-six ans fut reprise l'œuvre abandonnée en 1836. Le christianisme avait triomphé. Les tentatives faites pour le supprimer n'avaient abouti qu'à lui donner plus de force et d'extension. Ses partisans étaient désormais répandus dans toutes les régions de l'île. La pauvre et faible secte était devenue une portion importante et influente de la communauté. Les chrétiens étaient aussi surpris eux-mêmes de leur accroissement que leurs compatriotes païens. Les missionnaires nouvellement arrivés, lorsqu'ils assistaient pour la première fois aux services, et qu'ils se rencontraient avec les chrétiens indigènes à la table sainte, éprouvaient comme un sentiment de stupéfaction à la vue de ces multitudes qui se pressaient dans la maison de Dieu. Revenant de quarante ans en arrière, et se rappelant qu'à cette époque-là il n'existait pas un seul chrétien à Madagascar ; repassant dans leur esprit l'épreuve de sang et de feu qu'avait traversée l'Eglise malgache, et qui formait un si étonnant contraste avec la paix dont on jouissait actuellement, ils ne pouvaient se lasser de dire et de redire : « C'est ici l'œuvre de l'Eternel, et c'est une merveille à nos yeux (1) ! »

---

(1) Psaume CXVIII, 23.

CHAPITRE XV.

REPRISE ET PROGRÈS DE L'OEUVRE CHRÉTIENNE. — TRAVAUX DE LA SOCIÉTÉ DES MISSIONS DE LONDRES A TANANARIVE.

Brillants débuts du règne de Radama II. — Sa mort; causes et conséquences de cette mort. — Eléments contradictoires dans son caractère. — Folie dansante. — Garanties de liberté civile et religieuse obtenues sous la reine Rasohérina. — Sa conduite juste et tolérante. — Rapides progrès du christianisme pendant son règne. — Travaux des missionnaires. — Traits saillants de la vie chrétienne chez les indigènes. Esprit de recherche et désir de s'instruire. — Reconnaissance et libéralité des chrétiens indigènes. — Construction de chapelles. — Esprit missionnaire. — Caractère du christianisme malgache — Son influence sur les païens. — Amélioration des mœurs publiques. — OEuvre médicale de la Mission. — Mort de Rasohérina. — Sa superstition. — Progrès décisifs à l'avènement de Ramoma. — Renonciation publique à l'idolâtrie. — Grand nombre des fidèles. — Développement de l'influence du christianisme. — Dédicace de l'église commémorative d'Ambohipotsy. — La cour y assiste. — Baptême de la reine et du premier ministre. — Dangers attachés à une pareille prospérité. — Encouragements. — Suppression des dernières entraves à l'œuvre chrétienne.

Pour caractériser les sept années qui se sont écoulées depuis l'établissement de la mission anglaise en 1862, jusqu'au moment où nous écrivons (juillet 1869), on pourrait les diviser en trois périodes : la première d'un an, la seconde de cinq ans, et la troisième d'un an; périodes qui correspondent aux règnes des trois souverains qui ont occupé le trône pendant ce laps de temps. L'histoire du christianisme à Madagascar, du-

Radama II, roi de Madagascar.

Page 467.

rant ces trois règnes, n'est en somme qu'une suite de progrès rapides, de conquêtes quotidiennes, interrompues seulement par des obstacles momentanés de peu d'importance. Les nouvelles les plus récentes font prévoir une extension prochaine du christianisme dans toutes les provinces centrales de l'île. Le lecteur connaît assez le pays pour comprendre quelle influence prépondérante le caractère personnel du roi ou de la reine doit exercer sur la situation religieuse, si indépendante que soit la religion du Christ des faveurs de la royauté.

Le règne de Radama II s'ouvrit sous les plus brillantes perspectives. Jamais jeune souverain n'eut un programme plus riche de promesses que le sien. C'était le libérateur des opprimés, l'ami de la justice, de la liberté et du progrès qui montait sur le trône; et nul ne pouvait prévoir alors qu'en moins de deux ans ce roi, si aimé et si digne de l'être à bien des égards, mourrait de mort violente, à la suite d'une révolution que les témoins les plus impartiaux déclareraient inévitable, et profitable en somme pour le pays. Il serait difficile, sans entrer dans des détails que ne comporte pas le cadre de cet ouvrage, d'expliquer tous ces événements ; et même avec toutes les informations qu'on peut réunir, il y a des points qui restent inexplicables pour l'homme le plus familiarisé avec les incidents politiques de Madagascar à cette époque. Qu'il nous suffise de dire qu'une mauvaise politique commerciale; une complaisance trop crédule du jeune roi pour les desseins d'artificieux étrangers, qui l'entraînèrent dans des habitudes d'intempérance ; un engagement secret avec une compagnie française, d'après lequel de vastes et riches régions étaient cedées à la France ; le mépris de l'opinion de ses ministres, auxquels il était redevable de son trône ; la tolérance coupable avec laquelle il laissa vendre la justice et les places, en même temps que les fonctions du gouvernement étaient usurpées par une classe d'hommes appelés *ménamaso*, espèce de ministère irresponsable ; les habitudes licencieuses et révoltantes qu'il ne tarda pas à contracter ; enfin, vers la fin de son règne, l'empire qu'il laissa prendre sur lui aux gardiens d'idoles et aux devins : toutes ces causes réunies, et d'autres encore moins connues, amenèrent la révolution d'avril 1863, où Radama mourut assassiné, sans même obtenir les honneurs de la sépulture qui revenait à son rang.

On n'a pas oublié la pénible émotion qu'on éprouva en Angleterre le 2 juillet 1863, en recevant la nouvelle de la mort du roi et de la révolution dans le gouvernement. Il était difficile de trouver une explication satisfaisante à ce changement opéré en quelques mois, et de comprendre comment un prince, dont la conduite avait été si digne d'éloges, avait pu devenir un roi si peu sage et si licencieux dans sa vie privée. Les Anglais qui résidaient à Tananarive, tout en n'ignorant pas qu'il y avait des causes secrètes d'appréhension, espéraient que les choses s'arrangeraient, et ils se refusaient à croire que les habitudes vicieuses du souverain pussent entraîner des conséquences aussi désastreuses. Mais il aurait suffi, pour le renverser, de la proclamation insensée, et maintenue avec obstination, par laquelle il permettait que tous les différends, entre tribus comme entre particuliers, fussent réglés désormais, non par la loi, mais par les armes. Une telle mesure, dont l'exécution aurait fait du pays entier le théâtre d'une vaste guerre civile, rendit impossible toute accommodation avec lui, et précipita la crise de sa destinée.

Pendant la plus grande partie du règne de Radama, le christianisme jouit de la plus parfaite liberté. Bien plus, avec les faveurs de la royauté et la protection que lui accordaient les personnages haut placés, on pouvait craindre que la foi nouvelle ne s'énervât au sein de cette prospérité extérieure. Il n'y avait plus de danger à faire profession de christianisme : loin de là : c'était plutôt un moyen de réussite au point de vue temporel ; les Eglises indigènes couraient le risque de se mondaniser, et d'ouvrir leur sein à des chrétiens purement nominaux.

Le service divin se célébrait à la Maison de pierre, en présence du roi et de ses favoris ; M. Ellis lisait la Bible avec lui presque tous les jours, et il paraissait souvent impressionné par les grandes vérités que son conseiller s'efforçait de faire pénétrer dans son cœur. Il ne serait pas exact de dire qu'il se prêtait à ces habitudes de piété d'une manière purement extérieure, et sans y apporter un intérêt personnel. Quelle qu'ait été la conduite de Radama avant son avénement, il ne fit jamais profession de christianisme quand il fut roi, tout en disant souvent qu'il souhaitait de devenir un disciple de Christ. Il savait trop que ses habitudes privées étaient absolument incompatibles avec le christianisme. M. Ellis pouvait être un peu ébloui par sa nouvelle situation, et aveuglé sur les points faibles du caractère de Radama ;

mais il avait pourtant de sérieuses raisons d'espérer que le bien l'emporterait sur le mal chez son royal disciple, et que celui-ci obtiendrait de l'Esprit de Dieu la force de surmonter les tentations qui l'assaillaient. Radama fit un accueil chaleureux à tous les missionnaires anglais, et leur témoigna beaucoup d'égards personnels; il accéda avec empressement au projet de bâtir les églises commémoratives, et fournit toutes facilités pour l'acquisition des terrains.

Ce fut très-peu de temps avant sa mort que Radama changea de conduite envers le christianisme et ses adhérents. Nous avons lieu de croire que sa raison fut atteinte dans une certaine mesure par les craintes superstitieuses qu'on sut exciter dans son esprit. De prétendus messages lui furent apportés par les gardiens des idoles, et par d'autres personnes intéressées au maintien du paganisme; ces messages, présentés comme émanant de ses ancêtres, l'avertissaient qu'il fallait abolir le christianisme et les coutumes des étrangers, s'il voulait réellement être roi. A la même époque, une folie dansante des plus bizarres, appelée *Imanenjana*, fit son apparition dans certains villages aux environs de la capitale. Une foule d'individus en furent atteints; et ce phénomène fut adroitement exploité par les devins et les autorités païennes, pour peser sur l'esprit du roi dans le sens de leurs vues (1). On a prétendu qu'il avait consenti à un projet d'assassinat de M. Ellis et de plusieurs des principaux chrétiens indigènes; mais un tel acte eût été si complétement opposé à toute la conduite antérieure de Radama, qu'à

---

(1) Voir l'Appendice E.

supposer que le fait fût démontré, on ne saurait l'expliquer que par une altération momentanée de ses facultés. Ce qui est vrai, c'est que vers la fin de son règne il se montra quelque peu jaloux du christianisme et de ses adhérents, comme constituant une puissance distincte et qui échappait à son contrôle.

Nous avons dit le dénoûment tragique de ce règne d'une année. Il est impossible de penser sans une amère tristesse à cette fin prématurée. On assure que les derniers mots qu'il prononça, au moment où on lui passait la corde au cou, furent ceux-ci : « Je n'ai jamais versé le sang. » Ces paroles sont si vraies en elles-mêmes, si conformes à sa première nature, et si inconciliables avec les conséquences qu'aurait entraînées la mise à exécution de sa proclamation, qu'il semblerait que Radama avait à ses derniers moments recouvré la rectitude de son jugement, et ses sentiments humains d'autrefois.

Sa veuve Rabodo fut proclamée reine sous le nom de Rasohérina. Elle s'engagea, ainsi que nous l'avons dit plus haut, à gouverner constitutionnellement ; on reconnut bientôt que l'initiative prise à cette occasion par le premier ministre et par les autres membres du gouvernement n'était point dictée — comme l'ont prétendu les Français — par un sentiment d'opposition au vrai progrès ni d'aversion pour le christianisme ; car au nombre des clauses de la charte présentée à la reine on remarque les suivantes :

« Liberté parfaite et protection sont garanties à tous les étrangers qui se soumettent aux lois du pays.

» Des relations amicales seront entretenues avec toutes les autres nations.

» Protection, liberté de culte, d'enseignement et de propagande sont assurées à tous les chrétiens indigènes. »

Cette révolution ne fut donc point dirigée contre les étrangers ni contre la civilisation; elle n'en voulait qu'au pouvoir absolu et à l'usurpation étrangère. Il n'y eut point de meurtres commis au hasard ni de vengeances personnelles. Les seules vies sacrifiées furent celles du roi et de ses conseillers pervers. Toutes les fortunes, sauf les leurs, furent respectées; les citoyens paisibles ne furent l'objet d'aucune violence. Chez un peuple pareil, et en tenant compte des habitudes précédentes, c'était là un exemple admirable de la puissance de l'ordre et du respect pour la loi. Jamais révolution ne coûta moins de sang. Un despote manqué fut remplacé, avec l'assentiment général, par une reine constitutionnelle, liée par des engagements envers ses sujets comme ils l'étaient envers elle.

La nouvelle reine n'était pas chrétienne, et elle ne témoignait d'aucune sympathie personnelle pour le christianisme. C'était, au contraire, une idolâtre dévote, fermement attachée aux anciens usages, croyant à la divination et favorisant en secret ceux qui s'y livraient. Toutefois, en toute autre matière, elle faisait preuve d'un jugement excellent, et agissait avec une volonté ferme qui faisait de sa souveraineté autre chose qu'un simple mot. Bien que païenne, c'était une reine juste et clémente, sincèrement désireuse d'alléger les lourdes charges qui avaient écrasé ses sujets durant le règne de sa tante. Elle ne fit jamais usage de son autorité personnelle pour entraver le christianisme; et cependant, par mille moyens inavoués, elle aurait pu le faire sans violer son engagement solennel de tolérer et de respecter cette religion. La seule chose dont la portion chrétienne de la population eut à se plaindre, fut l'obligation qu'elle imposait, de temps à autre, aux officiers, soldats et ouvriers du gouvernement, de travailler le dimanche; elle les obligeait aussi à assister, comme leurs concitoyens, et à prendre part aux danses et à d'autres amusements publics qu'ils désapprouvaient. Mais ces exigences ne sauraient s'appeler de la persécution, et il n'est pas probable qu'elles eussent un caractère vexatoire dans l'intention de la reine. Rasohérina et son gouvernement, ne professant pas le christianisme, ignoraient simplement les droits que pouvait avoir une partie de la population à être exemptée d'un service public auquel tous étaient astreints.

C'est à ce point de vue qu'il faut envisager cette question, et certains incidents, bien connus de la mission anglaise dans la capitale, le prouvent avec évidence. Plus d'une fois, lorsque la reine et la cour se trouvaient en séjour à Ambohimanga, le service du gouvernement, pour le dimanche, fut organisé de manière à ménager aux officiers et aux soldats chrétiens le loisir d'assister au culte une fois au moins dans la journée, surtout quand c'était un dimanche de communion. Ainsi, l'on raconte que la reine dit un jour à ses serviteurs et aux personnes de sa suite immédiate : « Je sais que plusieurs d'entre vous sont des *prieurs* (c'est-à-dire des chrétiens), et tiennent à assister au culte; vous craignez peut-être, comme je ne prie pas, de me déplaire en y allant. Mais ne vous imaginez pas cela: ceux qui aiment à y aller iront. Souvenez-vous seulement que je m'attends, puisque vous vous dites chrétiens et que vous *prétendez* être meilleurs que les autres, à vous voir *agir* mieux que les autres. Je m'attends à ce qu'au lieu de mentir, tromper, voler ou faire le mal comme les autres, vous montrerez, par votre conduite, que « la prière » est réellement « une bonne chose. » Il serait superflu de relever dans ces paroles, à la fois bienveillantes et malicieuses, de Rasohérina, l'hommage inconscient qu'elles rendaient à la pureté morale et à l'élévation de caractère que développent les vrais principes religieux. Bien que la vie privée de la reine ne fût que trop conforme à l'ancien modèle païen, elle paraissait se trouver, à bien des égards, sous l'influence de l'esprit doux et bienfaisant du christianisme.

Sauf les restrictions ci-dessus détaillées, la liberté dont on jouissait, sous le règne de Rasohérina, était à peu près absolue en matière de culte, de prédication, de presse et d'enseignement. Si le christianisme était privé des faveurs de la cour, il n'était point opprimé par elle. Il y avait, à la lettre, « égalité sans faveur, » tant pour le paganisme que pour les missions protestante ou catholique. Pendant les cinq années du règne de la reine tout fut en progrès continu, tant en matière politique qu'en matière religieuse. La prospérité commerciale du pays se développait, grâce aux traités avec l'Angleterre et avec l'Amérique, dont nous avons déjà parlé. Dans le premier de ces traités, la liberté religieuse était assurée aux indigènes comme aux étrangers. La reine d'Angleterre, disons-le à son honneur, envoya un message à la reine Rasohérina, dans lequel elle lui demandait, comme une faveur personnelle, que les chrétiens ne fussent point persécutés ; ce vœu était d'ailleurs formulé dans le projet de traité envoyé d'Angleterre. Cette requête fut accueillie, et la clause suivante insérée dans le traité définitif : « Conformément au désir de la reine Victoria, la reine Rasohérina prend l'engagement qu'il n'y aura plus de persécution contre les chrétiens à Madagascar. » Cet engagement a été fidèlement observé, non-seulement à la lettre, mais dans son esprit ; la reine a montré, par de nombreuses attentions personnelles pour les missionnaires, que si elle ne comprenait pas le but élevé de leur œuvre, elle n'en appréciait pas moins leurs efforts pour le bien de ses sujets ; et elle leur a donné toutes facilités pour la poursuite de leurs travaux.

Pendant son règne, les assemblées n'ont pas cessé d'augmenter en nombre ; de nouveaux lieux de culte se sont ouverts, tant dans la capitale que dans les villages voisins ; on commença de bâtir les églises commémoratives ; l'une d'elles fut terminée et inaugurée dans l'année où mourut la reine ; l'imprimerie fut mise en pleine activité ; le dispensaire et l'hôpital de la mission étendirent leurs bienfaits à des milliers de malades.

A la fin de 1867, il y avait douze congrégations dans la capitale, quatre-vingt-six en province ; cinq mille communiants, et environ vingt et un mille chrétiens professants. Ajoutons que ce développement remarquable ne portait pas seulement sur le nombre, mais aussi sur l'instruction et l'intelligence. On n'en était plus à l'enseignement évangélique élémentaire des premiers mois ; on formait des prédicateurs indigènes qui étaient en mesure de parler avec talent et avec autorité. Le niveau moral de la congrégation chrétienne s'élevait de jour en jour ; la foi devenait toujours plus pure et plus ferme. Les missionnaires anglais avaient su si bien s'approprier la manière de penser des Malgaches et le génie de leur langue, qu'ils pouvaient s'adresser aux assemblées indigènes avec autant de force que de correction. D'autre part, dans leurs classes quotidiennes consacrées à l'étude des Ecritures, en formant des prédicateurs indigènes, en instruisant dans la théologie les jeunes gens les plus intelligents, il voyaient grandir leur influence sur la population, qui apprenait à formuler ses idées religieuses. Les convertis commençaient à réclamer une instruction plus élevée que celle qui d'abord était seule à leur portée ; et beaucoup passaient du développement imparfait de l'enfance à la « stature d'hommes faits en Christ. »

Une littérature chrétienne prenait pied dans le pays. Une grande édition des Ecritures, revue par M. Griffiths, était en vente ; on publia des catéchismes, des livres d'école, des traités, des traductions des meilleurs livres religieux anglais ; et le tout fut largement répandu.

Le 1er janvier 1866, on vit paraître le premier journal malgache : c'était un recueil bi-mensuel illustré, appelé *Sény Soa* (Bonnes Paroles). L'année suivante, on tira les premières feuilles d'un commentaire sur les Evangiles, avec une introduction historique générale, une préface en tête de chaque livre, etc. Tous ces ouvrages, sauf la Bible qui avait été presque terminée en Angleterre avant la réouverture du pays, furent admirablement imprimés, à l'imprimerie missionnaire, par de jeunes indigènes, sous la direction de M. John Parrett, qui leur apprenait à composer, à manier la presse, à relier, en un mot à faire tout ce qu'exige la confection matérielle d'un livre.

Sous la surveillance de M. Charles Stagg, on construisit une école centrale, où fut organisé un système d'éducation calqué sur le modèle des écoles anglaises. Cet établissement devait constituer une véritable école normale, pour préparer des jeunes gens des deux sexes à enseigner dans les autres écoles de la capitale et des environs. Malheureusement la mort de M. Stagg, qui arriva dix-sept mois après son arrivée à Madagascar, remit l'exécution de ses plans à une époque indéterminée. Toutefois, l'instruction déjà reçue par plusieurs jeunes gens, si incomplète fût-elle, les avait mis en état d'instruire les autres ; et bon nombre d'entre eux furent placés à la tête d'écoles de district. Après la mort de M. Stagg, qui survint en février 1864, le système scolaire prit nécessairement un caractère plus congrégationaliste. La plupart des églises de la ville possédaient une école, et il en était de même pour celles des plus gros villages. Les classes supérieures apprenaient l'anglais, outre la lecture, l'écriture, l'arithmétique, la géographie, la grammaire, l'histoire sainte, et le chant, qu'on enseignait à tous les élèves. Le dimanche, il y avait une instruction religieuse entre deux services, sur le modèle de nos Ecoles du dimanche en Angleterre et en France.

Les caractères les plus saillants du christianisme malgache, sous le règne de Rasohérina, peuvent se résumer dans les observations suivantes.

Il n'est personne, parmi tous ceux qui ont pris part

à l'œuvre missionnaire de Madagascar, qui n'ait été frappé de la soif de connaissances religieuses que manifestaient les indigènes. Cette disposition se montrait particulièrement dans le vif intérêt qu'ils prenaient aux leçons bibliques, dans leur désir d'apprendre à lire et de posséder des livres, et dans l'esprit de recherche qui travaillait l'ensemble de la population. Beaucoup de jeunes gens avaient pris l'habitude de suivre presque toutes les classes que tenaient les divers missionnaires, celles que tenaient leurs pasteurs respectifs ne suffisant pas à leur besoin d'instruction. Quelques jours après la réorganisation de la mission, une réunion de prières fut établie par les missionnaires. Ces services qui avaient lieu, tantôt le matin, tantôt l'après-midi, le premier lundi de chaque mois, étaient toujours largement fréquentés ; les plus grandes chapelles de la ville ne suffisaient jamais à contenir les assemblées. Un jour, après le service ordinaire, il y eut une réunion particulière des pasteurs indigènes, des diacres, et des principaux membres de toutes les congrégations. Les Européens n'y étaient point admis, et nous étions curieux de connaître l'objet de la réunion. D'après ce qui transpira, il s'agissait de rechercher quels seraient, pour les chrétiens indigènes, les meilleurs moyens à employer pour arriver à une connaissance plus complète de la Parole de Dieu. La plupart de ces frères avaient vu les bibliothèques des missionnaires, et ils avaient été frappés de leur richesse, ou du moins de ce qui leur paraissait tel ; ils furent bien plus étonnés encore, en apprenant que la plus grande partie de ces ouvrages se composait de notes, de commentaires et d'explications relatives à la Bible et à ses doctrines. Ils se dirent les uns aux autres : « Combien il nous serait précieux de posséder quelques-uns de ces ouvrages traduits en malgache! La plupart d'entre nous, surtout ceux qui habitent la province, n'ont aucun moyen de s'instruire sur le sens des Ecritures ; nous ne pouvons pas aller toujours demander au missionnaire une explication ; mais avec des livres comme ceux-ci, la plupart de nos difficultés disparaîtraient. » Ils envoyèrent, en conséquence, une députation aux missionnaires, pour les prier modestement de vouloir bien traduire immédiatement et imprimer le « Commentaire de Matthew Henry » et les « Notes de Barnes », en entier (1) ! Leur demande était accompagnée d'une longue liste de souscripteurs, comme preuve que les ouvrages seraient rapidement placés. La démarche nous fit légèrement sourire, mais nous n'en fûmes pas moins fort touchés de l'intention qui l'avait inspirée. Tout en ne satisfaisant pas littéralement à leur désir, deux d'entre nous (les Rév. R.-G. Hartley, et W.-E. Cousins) furent invités à composer un commentaire original sur les Evangiles, approprié à leurs besoins, dans la forme mentionnée plus haut.

Un témoin impartial, le capitaine R.-A. Brown, de la marine royale, commandant la frégate anglaise *la Vigilante*, a recueilli une preuve intéressante de l'amour des indigènes pour les Ecritures. Cet officier rendit visite à la reine Ràsohérina lorsqu'elle était en séjour sur la côte orientale ; en sortant de chez la reine,

---

(1) Chacun de ces ouvrages se compose d'un grand nombre de volumes (*Trad.*).

il se promena dans le camp, et fut frappé de voir qu'un grand nombre des officiers supérieurs étaient chrétiens. Ceux qui l'accompagnaient lui dirent : « Ils avaient de grandes Bibles bien reliées qui attiraient le regard ; et ils parlaient du saint volume avec un plaisir réel et sincère (1). »

Bien que l'attention qu'ils prêtaient à la religion fût, pour plusieurs, purement extérieure (il n'en pouvait guère être autrement dans un pareil milieu social), nous fûmes souvent frappés de l'empressement qu'ils témoignaient à entendre les vérités de l'Evangile. Partout où s'ouvrait une nouvelle chapelle, que ce fût au centre de la capitale ou dans les faubourgs, ou dans un des districts de la province, elle ne tardait pas à être remplie ; aussi, bien que nos désirs allassent au delà de cette assistance matérielle au culte, nous ne pouvions pas oublier que « la foi vient par l'ouïe, » et nous bénissions Dieu qui disposait tant de personnes à aller ainsi au-devant des moyens de grâce. On constatait également chez eux un profond sentiment de reconnaissance envers le Seigneur pour ses bontés. Lors de la dédicace d'une église, dans un grand village situé à trois kilomètres au nord de Tananarive, un des prédicateurs rappela les incidents de la persécution, en termes qui émurent vivement ses auditeurs. Cet homme, nommé Andriambélo, était un des plus éloquents prédicateurs indigènes ; il desservait, avec le Rév. W.-E. Cousins, la plus nombreuse congrégation de la ville. Il avait beaucoup souffert pendant la persécution : dépouillé de presque tout ce qu'il pos-

---

(1) Voir le *Times*, octobre 1867.

sédait, séparé violemment de sa femme, et réduit à errer de lieu en lieu, entouré de toute espèce de dangers, il avait tout sacrifié pour l'amour de Christ. On remarqua particulièrement dans son discours le passage suivant : « Je vois ici deux ou trois personnes qui formaient avec moi-même une petite réunion de chrétiens, dont la joie était de venir prier dans ce village durant les jours de ténèbres. Il nous arrivait souvent — vous vous en souvenez — de quitter la ville de nuit, après le coup de canon, sortant à la dérobée et arrivant au rendez-vous par des chemins différents ; nous allions dans la maison d'un ami sûr, et là, dans une chambre sous le toit, nous nous réunissions pour louer le Seigneur, pour prier, pour nous encourager les uns les autres à persévérer, à demeurer fermes dans notre voie, sans avoir peur du courroux de la reine. Là, dans l'obscurité, nous nous répétions les uns aux autres des portions de la Parole de Dieu, nous chantions des cantiques, mais à demi-voix, retenant notre souffle de peur d'être entendus. Puis, au point du jour, nous rentrions en ville avec les mêmes précautions qu'en sortant. Dans quels jours de terreurs et de périls nous vivions alors ! Mais maintenant tout est changé. Nous voici, dans cette belle maison, cinq ou six cents qui pouvons adorer Dieu sans crainte, et sans que personne ose nous intimider. Combien ne devons-nous pas être reconnaissants ! » A ces paroles, il courut dans l'assemblée un frémissement de gratitude, et l'on entendit un profond et unanime soupir d'actions de grâces ; tous, à ce moment, n'étaient qu'un seul cœur pour bénir Dieu d'avoir dissipé les ténèbres, et fait briller de nouveau sur le pays la lumière de l'Evangile.

Un autre trait digne de remarque est l'esprit de sacrifice personnel qui se développait chez les chrétiens indigènes. Les missionnaires anglais se sont efforcés de leur inculquer la libéralité chrétienne; ils leur ont fait comprendre le devoir de se créer des ressources par eux-mêmes, et de ne pas trop compter sur les Eglises anglaises pour subvenir à telle ou telle dépense, alors que plusieurs parmi eux étaient en mesure de faire des sacrifices pécuniaires. Sachant à quelle multiplicité de demandes l'Angleterre se trouve appelée à répondre en fait de bonnes œuvres de toute espèce, les missionnaires ont reconnu, non-seulement qu'il était juste d'économiser les ressources de ceux qui font des sacrifices pour soutenir les missions étrangères, mais aussi qu'il était bon, pour les chrétiens malgaches, de s'exercer aux sacrifices personnels, et de soutenir eux-mêmes l'Evangile par des offrandes volontaires. Bien que la plupart des congrégations soient fort pauvres, bien que la générosité n'ait jamais été inculquée aux Malgaches par leur éducation païenne et qu'ils soient naturellement très-amis de l'argent, on a su développer chez eux un véritable esprit de libéralité, en les livrant à leurs propres ressources, et en leur révélant la puissance de l'association dans les offrandes de la charité.

Cet esprit de sacrifice personnel s'est affirmé de différentes manières, mais principalement par le grand nombre de chapelles qui se sont élevées depuis que le pays a été ouvert au christianisme. Le développement des congrégations a rendu nécessaire des bâtiments plus grands pour le culte; les petites habitations qui servaient à cet usage pendant les premiers mois ont été remplacées presque toutes par de belles et solides constructions en argile, en bois, ou en briques. Les collectes pour la construction des églises, des chapelles et des écoles sont familières à ceux qui s'intéressent, en Angleterre, aux œuvres religieuses; dans le cours de ces quatre ou cinq dernières années, les demandes de ce genre se sont beaucoup multipliées pour Madagascar, à tel point que souvent nous ne pouvions y satisfaire avec les ressources qui étaient à notre disposition. Comme la plupart des étrangers, beaucoup de Malgaches se figurent volontiers que tout Anglais est cousu d'or. Tout en nous faisant un devoir et un plaisir de nous mettre en tête des listes de souscription de cette nature, nous avons été heureux de voir les indigènes en venir à contribuer eux-mêmes libéralement, tant en argent qu'en travail, pour la construction de leurs églises.

La congrégation d'Andohalo, au centre de la capitale, a une église neuve dont le terrain seul n'a pas coûté moins de 2,300 francs. Une grande partie de cette somme a été fournie par les fidèles. Or, à raison de la modicité des salaires, et de la valeur de l'argent relativement à la production, un franc à Madagascar équivaut à cinq ou six francs en Europe; aussi M. Hartley disait-il avec raison, en parlant de cette collecte, que de la part d'un peuple tel que les Malgaches, c'était là quelque chose de tout nouveau et de merveilleux. Pour un fonctionnaire de rang moyen, une cotisation d'une vingtaine de francs représente la somme de toutes ses dépenses pendant plusieurs semaines. L'église en question fut bâtie en bois, sur un beau modèle, grâce à la libéralité d'une dame anglaise; mais les indigènes y ajoutèrent beaucoup de leur côté, surtout en main-d'œuvre. Je fus particulièrement touché, en surveillant la construction des fondations, de voir dans les tranchées des personnes d'une position élevée, qui s'astreignaient de leur plein gré à un travail plus rude que celui des ouvriers salariés, parce qu'elles en faisaient une œuvre d'amour.

Il en fut de même pour une autre congrégation, établie en province, dans un village appelée Manjakaray. Les membres de cette Eglise m'intéressaient particulièrement; j'y prêchai plus d'une fois, et j'y tins une classe biblique de moitié avec le pasteur, mon ami le Rév. George Cousins. M. Cousins et moi nous appuyâmes chaleureusement le projet des fidèles de construire un nouveau lieu de culte, et nous les aidâmes selon notre pouvoir. Je fis le plan d'un édifice convenable, en briques, d'un style gothique simple; je m'attachai à trouver un genre de construction qui fût d'une exécution facile, tout en ayant un caractère approprié à sa destination, et qui pût servir de type, à l'avenir, comme église de village. Mais ce qu'il y avait de plus satisfaisant dans cette entreprise, c'était l'élan joyeux qu'y apportaient tous les membres de la congrégation. Tous mirent la main aux travaux pour creuser les tranchées, pour établir les fondations, pour construire les murailles. On vit des officiers supérieurs placer des briques, l'un à un arc-boutant, l'autre à un chambranle, un troisième à une fenêtre; leurs femmes, dont quelques-unes étaient des dames de la cour, leur apportaient les matériaux, et gâchaient le mortier pour leurs maris. Aussi, quand eut lieu l'inauguration de cette église qui était le travail de leurs mains, ce fut une joie qu'ils n'auraient jamais ressentie si leur chapelle leur avait été donnée par d'autres. Chacun était heureux de sentir qu'il avait sa part dans l'édifice, et qu'il avait payé de sa personne pour élever cette maison de Dieu.

L'esprit qui animait cette population se manifesta une seconde fois par le zèle qu'ils mirent à rebâtir leur église, détruite en partie par un ouragan accompagné de trombe, quelques mois après mon départ du pays. Voici la lettre que m'écrivit M. Cousins au sujet de ce sinistre :

« Vous apprendrez avec peine que notre jolie petite église de Manjakaray est en ruines. Un vent des plus violents a enlevé le toit et renversé les murailles. Environ cinquante maisons ont perdu leur toiture et sont sérieusement endommagées; les murailles ont été jetées à terre par la seule force du vent. C'était un samedi soir ; et quand les habitants sortirent le dimanche matin pour se rendre à la chapelle, ils s'y laissèrent tomber à terre désolés et pleurant, hommes et femmes. Leur réunion, toutefois, ne finit point par des pleurs ; ils décidèrent d'un commun accord qu'avec l'aide de Dieu ils rebâtiraient leur église, mais *plus grande et plus solide*. On se réunit dès le lendemain, pour répartir l'ouvrage entre tous. J'ai pris à ma charge personnelle un sixième de la dépense, convaincu que, lorsque nos bons amis d'Angleterre apprendraient le malheur, ils nous enverraient un petit secours. Le nouvel édifice coûtera 1500 francs, à moins qu'on ne fasse la toiture en tuiles, conformément au vœu général : auquel cas ce serait 2,500 francs. Nous voulons apprendre à nos Eglises à faire les frais de leurs maisons de prières; mais il est nécessaire que nous les y aidions par notre exemple comme par nos conseils; nous sommes tous appelés à faire des sacrifices personnels, pour les encourager à élever des lieux de culte convenables et solides, et à se constituer une existence indépendante. Ce n'est pas un faible signe de vie chez cette population, qui hier encore était païenne, que de se montrer prête sur l'heure à une entreprise pareille, quelques mois après avoir construit l'édifice qui vient d'être détruit. »

On peut juger par ces exemples de ce qui s'est passé dans tous les environs de la capitale, pendant ces quatre ou cinq dernières années. Les autres missionnaires pourraient rapporter de semblables exemples de zèle et de libéralité; je n'ai raconté celui-ci que parce qu'il s'était passé sous mes yeux.

Il y a une autre dépense que nos frères malgaches ont commencé à prendre à leur charge : c'est l'entretien du pastorat indigène. Les institutions politiques et sociales du pays, et les exigences du service du gouvernement, ont rendu fort difficile, jusqu'à ce jour, de trouver des hommes qui pussent donner tout leur temps et tous leurs soins à l'œuvre spirituelle. Toutefois, quelque chose a été déjà fait dans cette voie; et les pasteurs indigènes ne reçoivent aucun argent de source étrangère : tout leur vient des dons volontaires de leurs congrégations. Bien que les missionnaires anglais aient dû, jusqu'à ce jour, se faire pasteurs des Eglises, leur but est de former un pastorat indigène, se réservant de travailler eux-mêmes comme évangélistes, exerçant une surveillance générale, composant une littérature chrétienne, et apprenant aux autres à enseigner et à prêcher. Il y a quelque temps, l'Eglise d'Analakély a montré, d'une manière pratique, qu'elle commençait à comprendre le précepte de l'Apôtre : « Que celui à qui l'on prêche la Parole de Dieu fasse part de tous ses biens à celui qui l'enseigne (1). » Les fidèles se dirent les uns aux autres : « Il est évident que la composition d'un sermon est une œuvre qui demande du temps, de l'attention et de la réflexion ; il faut que ceux qui se livrent à ce travail aient le temps nécessaire à la préparation. Or, plusieurs de ceux qui nous prêchent sont pauvres, et ne peuvent faire sans se gêner le sacrifice d'un jour ou deux pour notre instruction. Nous devons leur venir en aide et donner de quoi acheter leur nourriture, pendant qu'ils se préparent à nous donner la parole de vie. » En conséquence, il fut décidé qu'on donnerait *douze sous* par service à chaque prédicateur, pour l'indemniser de la perte de son temps. Cette somme, qui nous fait sourire, était amplement suffisante pour vivre pendant un jour ; et le paiement de ces douze sous était un premier pas dans la bonne voie; c'était l'admission de ce principe que « l'ouvrier est digne de son salaire, » et que « ceux qui prêchent l'Evangile doivent vivre de l'Evangile. »

A peine avons-nous besoin de dire que l'esprit missionnaire s'est développé dans les Eglises indigènes : une communauté ne serait pas digne du nom de

---

(1) Galates, VI, 6.

chrétienne, si elle ne se sentait pas pressée du désir de travailler au bien spirituel du prochain. L'histoire du christianisme à Madagascar est toute remplie des efforts accomplis en vue de l'œuvre missionnaire, au sens le plus élevé du mot. Les réunions de prières dont nous avons déjà parlé tendent essentiellement à ce but ; ces réunions sont toujours vivantes et abondamment fréquentées ; les prières, les allocutions et les cantiques ne respirent qu'un seul désir, celui de l'extension de l'Evangile dans toute l'île de Madagascar et dans le monde entier. Chaque réunion est suivie d'une collecte, dont le produit est affecté à l'œuvre d'évangélisation faite spécialement par les fidèles de l'Eglise où le service a lieu.

En 1867, l'Eglise d'Andohalo fit un progrès encore plus marqué dans la voie de l'évangélisation du pays. Un jeune homme de grande intelligence, plein de zèle, et bon prédicateur, fut envoyé, sur son désir, en qualité de missionnaire dans une tribu appellée Antsianaka, à quelques journées de marche au nord de la capitale. Il y avait un certain nombre de chrétiens dans ce district, qui demandaient depuis longtemps qu'on leur envoyât quelqu'un pour les instruire plus exactement des choses de Dieu. Ce jeune Malgache avait reçu une bonne éducation, mais il était esclave ; avec l'aide de quelques amis d'Angleterre on acheta sa liberté, et il partit, avec sa femme et ses enfants, pour son lointain champ de travail, accompagné des prières et des meilleurs vœux de ses amis. La congrégation d'Andohalo s'engagea à lui servir un traitement annuel de 300 fr., non compris le logement. Cet exemple fut précieux plus qu'on ne peut le dire, pour stimuler les autres Eglises, sans parler de l'utilité du ministère d'un pareil pasteur pour la localité elle-même. Aux dernières nouvelles, son œuvre marchait en toute prospérité ; la population païenne se montrait bienveillante et cordiale, une chapelle avait été construite, et le succès paraissait assuré.

Une œuvre missionnaire d'un caractère moins accentué, mais non moins importante quant aux résultats, a été entreprise par les officiers et soldats chrétiens envoyés en garnison dans les localités éloignées. Partout où ils sont allés, ils ont établi un culte chrétien, auquel ils ont appelé non-seulement leurs familles et leur suite, mais leurs subalternes militaires. Dans la plupart des cas, ces assemblées se sont graduellement grossies de la population des environs qui était attirée par le service : si bien que tous les districts de l'île comptent aujourd'hui de petites communautés chrétiennes, qui sont arrivées en certains endroits à constituer des congrégations importantes. La société chrétienne de la région d'Antsianaka, dont nous venons de parler, doit probablement son origine aux efforts de ces soldats pieux. Dans plusieurs ports, ainsi que dans des places importantes de l'intérieur, c'est le gouverneur qui est devenu le pasteur ou le prédicateur principal de la congrégation.

Depuis mon retour en Angleterre, on m'a souvent demandé quelle espèce de chrétiens sont les indigènes de Madagascar, et quel est le niveau de leur vie morale. « Car, ajoute-t-on, d'après ce qu'on raconte de la faible moralité de certains convertis dans les pays païens, nous ne pouvons que mettre en doute la sincérité de ces conversions. » A cela, je réponds que nos chrétiens de Madagascar ressemblent singulièrement aux chrétiens d'Angleterre. En dépit du rang que tient notre pays au point de vue de l'éducation et de l'intelligence, et quelle que soit la profusion avec laquelle la Bible y est répandue, combien misérable, après tout, n'est pas la connaissance que notre peuple possède de l'Evangile! et combien *la lecture de la Bible* n'est-elle pas négligée! A Madagascar on n'a pas les connaissances que possèdent les Eglises en Angleterre. On y trouve bien des espèces de chrétiens : il y a des hommes d'une profonde expérience religieuse, qui ont beaucoup souffert et beaucoup appris, qui sont pleins de ferveur et de renoncement ; il en est d'autres qui, comme une foule de chrétiens dans notre pays, agissent peu et ne fournissent qu'un pauvre témoignage de la puissance régénératrice de l'Evangile. A tout prendre, si l'on considère les conditions où se sont trouvés les missionnaires, le peu de temps qu'ils ont eu pour travailler, et le petit nombre des ouvriers à l'œuvre, on sera frappé du caractère incontestable de leur succès, et de la somme considérable de vertu chrétienne, de charité, de foi, de zèle, de pureté qui se manifestent dans la vie de beaucoup de convertis. A tenir compte de ce qui a été donné aux unes et aux autres, je ne crains pas d'affirmer que les Eglises de Madagascar peuvent être comparées avec avantage aux Eglises d'Angleterre.

Signalons ici un caractère remarquable du christianisme malgache. Dans les temps de persécution ce christianisme s'est maintenu, et s'est même étendu de plus en plus, en dehors de la prédication publique, et de l'influence *directe* des missionnaires européens ;

et le même fait s'est produit depuis la proclamation de la liberté religieuse. Dès le début, le christianisme s'est largement répandu par l'enseignement personnel et par les efforts individuels des chrétiens, ainsi que par l'influence plus puissante encore de la pureté de leur vie et du changement de leur caractère. Les paiens ont été amenés à dire, en parlant de tel ou tel : « Nous l'avons connu autrefois pour un homme cruel, menteur, malhonnête; maintenant il est doux et aimant, il dit la vérité, et sa conduite est irréprochable. Ce ne peut être qu'une cause puissante qui a opéré un pareil changement. »

Indépendamment des effets produits par le christianisme chez les indigènes convertis (nous aurions pu nous étendre beaucoup plus longuement sur ce sujet), on peut affirmer qu'il a exercé une action indirecte très-remarquable sur la population non-chrétienne et sur les mœurs publiques. De même que cela s'est vu en Europe, dans bien des endroits où l'influence du christianisme ne s'est pas montrée dans toute sa force, elle n'en a pas moins fait progresser considérablement la civilisation et les sentiments d'humanité. Cet heureux effet est particulièrement accentué dans l'union conjugale, dans la décroissance du divorce et de la polygamie, dans la valeur plus grande attachée à la vie humaine, dans la disparition des châtiments cruels, dans le discrédit où sont tombées les anciennes superstitions et les coutumes licencieuses. Notons, à l'appui de cette assertion, ce qui se passa après une tentation insurrectionnelle qui eut lieu à l'avènement de la reine actuelle; c'est un bel exemple de la puissance des Ecritures.

Les coupables avaient été arrêtés, et leur sort demeura quelques jours indécis. Dans un conseil tenu au palais, la majorité des voix était pour la mort ; mais les résidents anglais faisaient tous leurs efforts pour persuader au gouvernement d'épargner la vie des prisonniers. Dans une lettre qu'ils écrivirent au premier ministre pour le supplier d'engager la reine à la clémence, ils citaient, entre autres paroles de l'Ecriture, ce passage de l'épître de saint Jacques : « Celui-là sera jugé sans miséricorde, qui n'aura point usé de miséricorde. » Ce verset fit une impression extraordinaire sur l'esprit du ministre ; il en perdit le sommeil, et arpenta sa chambre toute la nuit en répétant : « Ces étrangers apportent leurs Ecritures pour me maudire. » Les bons sentiments finirent par l'emporter, et il alla dans la matinée conseiller à la reine de commuer la peine de mort pour tous les coupables en des emprisonnements plus ou moins longs. Ainsi fut fermée, nous avons tout lieu de l'espérer, l'ère des condamnations capitales pour délits politiques.

Nous avons déjà mentionné, à propos de la dédicace du palais neuf, la désuétude significative où sont tombées les anciennes coutumes licencieuses (1). C'est encore sous le règne de Rasohérina que l'observation du repos dominical a passé dans les mœurs ; dans certaines localités, où les marchés étaient remplis d'une foule affairée le dimanche comme les autres jours, on les a vus peu à peu abandonnés par les marchands, si bien qu'à la fin il ne s'y trouvait plus

---

(1) Chapitre XI, page 357.

qu'une poignée d'individus, en sorte que les transactions commerciales devinrent impossibles. Les préjugés contre le christianisme et contre les Européens ont rapidement disparu. Parmi les causes qui amenèrent ce changement dans les sentiments de la population, une des plus puissantes est l'œuvre médicale de la Mission. Cette œuvre-là n'a pas exercé directement une action considérable au point de vue spirituel ; mais elle n'en a pas moins contribué puissamment à disposer les habitants à écouter les vérités de l'Evangile. En révélant le caractère humain et charitable de notre sainte religion, en montrant que son action bienfaisante s'adresse au corps aussi bien qu'à l'âme, les médecins missionnaires ont trouvé pour la cause chrétienne des auxiliaires dans les besoins les plus pressants de l'humanité souffrante, et ils ont été d'un grand secours pour les prédicateurs de l'Evangile. A l'exemple de Celui qui « allait de lieu en lieu faisant du bien, et guérissant toute sorte de maladies et d'infirmités parmi le peuple, » le docteur Davidson a employé toutes les ressources de l'habileté et de la science médicales pour combattre la maladie et soulager les souffrances physiques. Les opérations du dispensaire s'ouvraient chaque jour par un court service religieux ; et les ministres, tant anglais qu'indigènes, se rendaient à l'hôpital pour consoler les malades, et leur apprendre à connaître le grand médecin des âmes. On réalisait ainsi la devise de la Société de médecine missionnaire d'Edimbourg, à laquelle appartiennent maintenant les hôpitaux de Madagascar : « Soigne les malades, et dis-leur : le royaume de Dieu est proche. »

J'emprunte à un rapport publié récemment par

le docteur Davidson quelques détails relatifs à son œuvre spéciale :

« Dans le cours de l'année passée, le nombre des cas de maladie traités au dispensaire s'est élevé à 5116 ; et comme chaque malade passe en moyenne trois fois au dispensaire, c'est un total de 15,500 personnes au moins qui ont été successivement reçues et soignées. Les deux tiers appartiennent à Tananarive et aux environs ; le reste vient de districts plus ou moins éloignés. Il y a eu régulièrement chaque matin un culte pour les malades et leurs infirmiers.

» En même temps que le dispensaire a vu son importance augmenter chaque année, l'hôpital de son côté a été apprécié par la population au delà de toutes nos prévisions. 450 malades environ y ont été admis en 1868 ; ce nombre n'était limité que par l'impossibilité où j'étais d'en soigner davantage. Les malades ont subvenu presque complétement à leurs dépenses personnelles, sauf pour les remèdes, qui ont toujours été fournis gratuitement.

» Indépendamment de ces occupations, l'instruction des étudiants a réclamé une part toujours plus grande de mon temps. A l'heure qu'il est, j'en ai neuf qui suivent mes directions, et j'ai dû consacrer à les former près de deux heures chaque jour ; je suis, en somme, satisfait de leurs progrès. Grâce à nos bons amis d'Edimbourg, j'ai eu les moyens de donner à mes élèves une instruction technique en anatomie et en chirurgie. J'ai dû consacrer beaucoup de temps et de travail à la composition ou à la traduction de manuels de médecine. Le nouveau « Formulaire Britannique » a été traduit en malgache, sans parler de divers ouvrages sur d'autres branches de la science médicale, dont la traduction a été commencée et se poursuit. »

Nous ne donnons là qu'une esquisse très-imparfaite des progrès du christianisme pendant le règne de la reine Rasohérina. Toutes les branches de l'œuvre accusaient un développement ferme et rapide, et l'influence chrétienne s'étendait de jour en jour. Sans être patronné par le gouvernement, mais aussi sans être contrôlé ni comprimé, le christianisme s'adressait à tout ce qu'il y avait d'hommes sages et raisonnables chez les Malgaches, et la vieille idolâtrie tombait graduellement en discrédit. N'eût été la bienveillance de la reine et de certains personnages considérables dans l'armée ou la noblesse, le paganisme aurait eu de la peine à se maintenir dans la capitale et dans la banlieue. Ainsi que nous l'avons déjà vu, le voyage de la cour dans l'Est contribua à donner une idée favorable du christianisme aux tribus de cette partie de l'île, en leur montrant que la reine et son gouvernement n'étaient pas hostiles à la religion nouvelle.

Jusque vers la fin de sa vie, la reine parut conserver sa foi dans l'idolâtrie et dans la vertu de la divination; mais, quelques jours avant sa mort, on eût dit qu'un peu de lumière pénétrait dans son esprit, pour la convaincre de la folie de sa confiance dans les anciens dieux de sa famille et du pays. Pendant le cours de sa maladie, la reine habitait un village à quelques kilomètres de la capitale; mais le premier ministre désirait la ramener à Tananarive, dans la crainte de certains troubles, qui se produisirent en effet. Persuadé qu'elle obéirait sans difficulté à un message des idoles, il fit dire au fonctionnaire duquel dépendaient les gens préposés à leur garde qu'il avait besoin d'un message de l'idole à la reine, enjoignant à celle-ci de rentrer en ville. Le fonctionnaire résista à cette invitation, alléguant qu'il n'avait aucune action sur la divinité. Le ministre alors s'adressa directement aux gardiens, et les gagna aisément à ses vues. Ils se rendirent en conséquence auprès de la reine pour lui apporter le message de Kélimalaza. Elle fit quelques objections au déplacement en question, et leur demanda de son côté si l'idole leur avait parlé la nuit précédente. Décidés à mentir, ils répondirent : « Oui ; l'idole nous est apparue en songe, et a dit que vous deviez retourner à Tananarive. » Pour la première fois de son règne elle se refusa à obéir aux gardiens, et les plans du premier ministre furent renversés. Quelques-uns des officiers présents coururent alors, dans un état de grande surexcitation, auprès du docteur Davidson et de M. Laborde, qui se trouvaient dans le jardin, et leur crièrent : « Béelzébuth est vaincu ! Béelzébuth est vaincu ! » C'est le nom que donnaient à l'idole ceux qui ne croyaient plus à son pouvoir.

La reine connaissait en partie la vérité évangélique, et elle éprouvait une véritable sympathie pour l'esprit de douceur et de charité de l'Evangile. Il se peut que, dans les replis intimes de son cœur, elle cachât une foi réelle à la vérité et au Maître divin. Un jour, dit-on, son fils adoptif lui apporta une image de la vierge Marie qu'on lui avait donnée, et au bas de laquelle se trouvaient une ou deux courtes prières à adresser à la mère de Jésus. Elle la regarda un moment, et dit ensuite : « Non, non, mon enfant, ces prières-là ne sont pas bonnes; chaque fois que tu pries, fais toutes tes prières au Seigneur Jésus-Christ. »

La mort de Rasohérina et l'avénement de sa cousine Ramoma, sous le nom de Ranavalona II, furent le signal d'un nouveau progrès plus décisif encore que les précédents. Le premier ministre et les autres membres du gouvernement, hommes vraiment éclairés, étaient convaincus que les folies de l'idolâtrie et de la divination étaient incompatibles avec le développement intellectuel et moral de la population, et qu'il fallait accorder autre chose au christianisme qu'une reconnaissance négative. Aussi, à l'avénement de Ramoma, n'y eut-il aucune idole apportée sur le balcon du palais pour sanctifier la nouvelle souveraine, au moment où elle fut publiquement acclamée par la foule.

Nous avons déjà dit comment l'idolâtrie fut décidément rejetée lors du couronnement de la reine actuelle (1). L'absence d'idoles, la présence de la Bible au lieu de charmes, les passages de l'Ecriture inscrits sur le dais au-dessus du trône, les principes de liberté civile et religieuse exprimés dans le discours de la reine ainsi que dans la réponse du premier ministre, tout attestait le progrès immense qui s'était opéré dans l'esprit et dans le cœur de la nation.

Il était vraiment difficile, dès cette époque, de trouver une famille influente ou respectable qui ne comptât pas au moins quelques membres professant le christianisme; bien plus, beaucoup de personna-

(1) Chapitre XII.

ges haut placés, plusieurs même qui faisaient partie de la cour, étaient prédicateurs ou pasteurs des églises indigènes. Presque tous les jeunes hommes intelligents étaient plus ou moins sous l'influence chrétienne. La Société des missions de Londres avait pris la sage résolution de concentrer pour le moment tous ses efforts sur la capitale et sur la province du centre. En s'adressant à la tête du pays, en dirigeant l'influence du christianisme et des lumières sur le point géographique le plus avancé en civilisation et en instruction, les missionnaires prenaient virtuellement la possession morale de l'île entière.

La situation des affaires à cette époque, le mélange d'espoir et de crainte qu'éprouvaient les missionnaires pour l'avenir, tout cela ne saurait être mieux décrit que par des extraits de leurs propres lettres. Le Rév. G. Cousins écrivait, à la date du 30 juin 1868 : « Le paganisme, en tant que système soutenu par le gouvernement et soutenant celui-ci, peut être considéré comme ruiné. Les trois derniers mois, notamment, ont été marqués par des progrès surprenants. La reine Rasohérina était encore assez païenne de caractère et de sentiments pour contrarier, jusqu'à un certain point, les vues plus éclairées de quelques-uns des membres influents du gouvernement; et elle avait une volonté assez forte pour les empêcher de soustraire entièrement la question religieuse à son autorité. Mais elle n'est plus aujourd'hui, et sa mort a été le signal d'un changement de la plus grande importance. La nouvelle reine, de concert avec le premier ministre et tous les hommes les plus considérables du royaume, a rejeté l'idolâtrie, et a délaissé « les idoles muettes pour servir le Dieu vivant... » Maintenant, les chapelles regorgent de monde, et toutes sont devenues trop petites. Ma propre congrégation s'est augmentée de quatre cents membres en un mois, et dans plusieurs de mes villages on constate une augmentation proportionnelle. Tous se montrent disposés à écouter la prédication de l'Evangile ; dès que l'on ouvre un nouveau lieu de culte dans une localité importante des environs, il est immédiatement rempli. Les temples ont dû être agrandis dans la capitale comme aux environs, et l'on en construit de nouveaux à l'heure où j'écris. Dans notre réunion du Comité de vendredi dernier, nous avions près de trente nouvelles chapelles portées à l'ordre du jour.

» Nous ne pouvons pourtant pas nous dissimuler que parmi ceux qui sont accourus récemment dans la maison de Dieu, il en est beaucoup qui ont été amenés par des motifs de nature diverse : plusieurs, peut-être, étaient bien aises de s'assurer qu'on pouvait maintenant se faire chrétien sans se mettre en opposition avec la population. Les Malgaches aiment à marcher par masses ; ils sont respectueux jusqu'à la servilité devant leurs supérieurs. Je me sens parfois défaillir en pensant à notre faiblesse, en face de l'activité et de la fidélité que Dieu attend de nous. « Qui est suffisant pour ces choses ? » Encore devons-nous être profondément reconnaissants envers le Seigneur qui conduit lui-même toutes ces âmes dans sa maison, où elles entendent la prédication de sa Parole.

» La première idée du Malgache, lorsqu'il découvre le néant de ses vieilles croyances — qui ne sont souvent qu'une incrédulité superstitieuse — est une espèce de déisme : il veut adorer le Dieu qui l'a créé, et qui le protége de jour en jour. En même temps il se propose de prendre la Bible pour guide de sa conduite. Il n'a, au début, qu'une conception fort vague de Christ, et il éprouve souvent une grande difficulté à se représenter Dieu comme uni à la nature humaine. Mais si, comme c'est ordinairement le cas, il cherche sincèrement la vérité, il commence par observer le dimanche et par assister au culte divin ; et une fois qu'il s'est décidé à « entrer, » comme on dit ici, la doctrine du Fils de Dieu ne tarde pas à se révéler à lui avec sa vertu sanctifiante et salutaire. La personne de Christ lui devient bientôt familière par la lecture de la Bible et la prédication, par les prières et les cantiques, et il en vient à fonder sur lui toutes ses espérances. Aussi nous réjouissons-nous de voir les foules affluer dans nos temples, assurés que Celui qui les conduit à l'église écrira sa vérité dans leurs cœurs, et que cette nation deviendra, dans toute la vérité du mot, un peuple chrétien. »

Quelques mois plus tard, le Rév. W. E. Cousins écrivait ce qui suit :

« Nous avons, tous tant que nous sommes, autant d'ouvrage qu'il nous est possible d'en faire. Il y a ici 150 églises, et plus de 30,000 chrétiens. Nous venons d'envoyer en Angleterre nos rapports annuels, et en les rédigeant nous étions étonnés nous-mêmes du progrès qui s'est accompli depuis notre dernier recensement. Tous les chrétiens ont lieu de se réjouir du succès merveilleux de l'Evangile à Madagascar. Pendant les premières années de notre œuvre, les personnes âgées se tenaient à l'écart du christianisme ;

maintenant elles viennent toutes à nos chapelles. Vous pourriez voir dans chacune de nos congrégations des hommes à cheveux blancs, ne sachant pas lire, et trop vieux maintenant pour apprendre. La reine ayant embrassé aujourd'hui le christianisme, il est évident que beaucoup de personnes vont faire profession de la foi chrétienne sans sincérité; mais il n'y en aura pas moins, chez une partie très-importante de la population, une foi réelle dans l'Evangile. »

Ce développement remarquable des congrégations n'était pas le seul indice du changement qui transformait le pays. Le gouvernement commençait à reconnaître le dimanche comme un jour sacré. Sous les règnes précédents, les devins, sachant que les chrétiens attachent au dimanche un caractère de sainteté, avaient choisi parmi tous les jours de la semaine le dimanche et le jeudi, mais surtout le dimanche, comme les plus favorables. Aussi les réceptions publiques et la plupart des cérémonies officielles avaient-elles lieu ce jour-là. Maintenant, le contraste est frappant. Le consul américain fut informé tout récemment, lorsqu'il vint à Tananarive pour échanger les ratifications d'un traité, que, les affaires publiques étant suspendues le dimanche, la reine ne pourrait pas le recevoir avant le mardi. Les ateliers du gouvernement sont désormais fermés ce jour-là, et une proclamation royale a fait savoir que les marchés tenus jusqu'alors le dimanche auraient lieu à l'avenir le mardi.

« Indépendamment de l'accroissement extérieur des congrégations, et de l'intérêt que les sujets religieux excitent chaque jour davantage chez la population, on peut constater dans les églises indigènes une aspiration vers un état spirituel plus élevé. Les évangélistes d'Ankadibévava ont prié dernièrement leur missionnaire de les réunir pour la prière tous les lundis matin, afin que la bénédiction de Dieu suivît les services du dimanche. On s'est réuni d'abord chez le missionnaire ; mais bientôt, vu l'accroissement du nombre des assistants, la réunion a dû être transférée à la chapelle, et maintenant plus de deux cents frères se réunissent chaque lundi, de grand matin, pour prier.

» Le mouvement religieux de la capitale a commencé à s'étendre dans tout le pays environnant. Des localités autrefois interdites aux missionnaires sont librement ouvertes aujourd'hui. A Ambohimanga, siége sacré des idoles et des tombes royales, il y a maintenant deux congrégations chrétiennes (1). »

Le mardi 17 novembre 1868, la seconde église commémorative, celle d'Ambohipotsy, fut consacrée au culte, et la reine assista au service d'inauguration. Ayant remarqué que la Bible qui se trouvait dans la chaire était vieille et usée, elle eut l'aimable attention d'envoyer chercher sa propre Bible, richement reliée, et en fit don à la congrégation. Le premier ministre commença, selon l'usage, par présenter à la reine le hasina, après quoi il prononça un discours émouvant, où il pressait les assistants de devenir chrétiens, en mettant leur confiance en Christ et en acceptant la Bible comme Parole de Dieu. Il s'éleva contre le vieux préjugé qui prétendait qu'em-

(1) *Chronique missionnaire*, novembre 1868.

brasser le christianisme c'était honorer les ancêtres des étrangers; il se défendit avec énergie de l'accusation de refuser aux prédécesseurs du souverain les honneurs qui leur étaient dus, tout en déclarant que les chrétiens réservaient leur adoration à Dieu qui les avait créés et à Christ qui était mort pour leurs péchés.

Au fandroana (jour de l'an) de 1869, pendant les cérémonies qui eurent lieu au palais le matin de la fête, trois pasteurs indigènes remercièrent Dieu pour sa miséricorde et appelèrent sa bénédiction sur l'année qui commençait. Le lendemain, le premier ministre offrit à un grand nombre de pauvres un repas dans sa maison, et leur distribua 1150 francs.

La veille du jour où eut lieu l'assemblée annuelle de la Société des missions de Londres, en mai 1869, les directeurs reçurent des lettres qui leur annonçaient que la reine et le premier ministre avaient été baptisés le 21 février, au palais, en présence d'une foule de fonctionnaires influents et de chefs des différentes tribus. Cet événement ne fut nullement provoqué par les missionnaires anglais; bien plus, plusieurs d'entre eux ignorèrent jusqu'au dernier moment qu'il en fût question. Le service fut présidé par les seuls pasteurs indigènes; l'un d'eux adressa une allocution particulièrement fidèle et pressante aux deux nouveaux chrétiens. La reine avait été examinée, après avoir suivi un cours d'instruction religieuse, absolument comme le premier venu de ses sujets (1). Le gouvernement s'était montré, dès le

(1) Voici ce qu'écrivait un des missionnaires : « Le fait le plus

début, prudemment préoccupé de ne pas favoriser les missionnaires protestants anglais, pour ne donner aucun motif plausible de jalousie aux prêtres catholiques de la mission française. Les services qui eurent lieu dans le palais furent toujours présidés par des prédicateurs malgaches, et un Européen n'y a jamais officié devant la reine. Les prêtres n'eurent ainsi aucun prétexte pour demander d'être admis au palais et d'avoir accès auprès du trône, étant mis sur le même pied que les pasteurs anglais.

Les résultats définitifs de cette grave démarche ap-

---

important que j'aie à rapporter ce mois-ci est que, le dimanche 21 février, la reine et le premier ministre ont été baptisés par Andriambilo. Un grand nombre des principaux fonctionnaires étaient présents, et la cérémonie a été entourée de toute la publicité possible. Le soir du vendredi précédent, Andriambilo et Rahanamy (un des pasteurs d'Ambohipotsy) avaient eu un entretien avec la reine et le premier ministre, pour les interroger sur leur foi dans le Sauveur et sur les motifs qui les poussaient à désirer le baptême; leurs réponses, au dire d'Andriambilo, furent des plus satisfaisantes. Dans le cours de la conversation, la reine raconta que, dans le temps, lorsqu'elle était encore enfant, un des anciens missionnaires, aujourd'hui pasteur d'une des églises, fut chargé de lui apprendre à lire et à écrire; mais redoutant la reine alors régnante, il ne lui avait pas dit un mot du Sauveur ni de l'Evangile. Elle avait un frère, mort depuis, qui était en relation avec Andriantsiamba, un des quatre martyrs brûlés à Faravohitra, et qui recevait souvent sa visite. Cet homme profita de l'occasion pour parler à la jeune fille du Sauveur et du salut de son âme. « Ce fut, dit la reine, ma première initiation à une certaine connaissance de l'Evangile. » — Le premier ministre raconta de son côté que, pendant la même période de ténèbres, il reçut un exemplaire des Ecritures d'un des derniers martyrs (Razafinarina), et qu'il le cachait dans la cour du palais, à l'endroit où l'on tenait les taureaux de combat de la reine. Les voies de l'Eternel sont admirables, et nous recueillons aujourd'hui dans la joie les fruits de la semence qui fut alors répandue dans les larmes. (Psaume CXXVI, 6.)

partiennent encore à l'avenir; mais déjà le sentiment public, comme on pouvait s'y attendre, s'est prononcé de la manière la plus significative en faveur du christianisme. Des lettres, arrivées par le même courrier qui apportait la nouvelle du baptême de la reine, annoncent que les congrégations comprennent au total 37,000 membres environ, dont 16,000 se sont déclarés dans l'année. Il y a environ 7000 communiants, 150 stations, 2000 enfants dans les écoles; et plus de 15,000 francs ont été collectés dans ces dernières années pour des œuvres religieuses. « Depuis que la reine a été baptisée, dit M. Toy, presque tous les fonctionnaires supérieurs se portent candidats au baptême. J'en ai maintenant plus de cent à qui je fais un catéchisme hebdomadaire. Dans le nombre se trouvent le chef des gardiens d'idoles, l'astrologue de la feue reine, plusieurs personnages de la cour de la reine actuelle, le chef des bourgeois, ainsi que d'autres membres du gouvernement; beaucoup sont déjà des vieillards. » M. W.-E. Cousins ajoute : « Une centaine de congrégations nous demandent de les aider à reconstruire leur chapelle ou à l'agrandir. Un tiers des chapelles en construction pourront recevoir de huit à douze cents auditeurs chacune. »

Nous ne pouvons que nous réjouir et bénir Dieu de ces événements inattendus et merveilleux, qui semblent supprimer tout obstacle à l'œuvre évangélique; toutefois nous nous réjouissons en tremblant. Les dangers attachés à une pareille prospérité sont évidents, et elle pourrait aisément, si l'on ne déploie beaucoup de sagesse et de prudence, devenir plus désastreuse que la persécution même. Il est facile de comprendre tout ce qu'aurait de funeste un christianisme mondain et formaliste, où l'on se bornerait à se conformer extérieurement aux pratiques religieuses, d'après cette idée que le culte chrétien est une chose convenable et dans l'ordre. D'autre part, l'influence du gouvernement étant toute-puissante en toute matière, il y a lieu de craindre qu'il n'emploie le christianisme comme moyen politique, et qu'après avoir reconnu qu'il n'est pas possible de le comprimer, on ne prétende le contrôler et le diriger dans des vues temporelles. La possibilité de l'intervention du gouvernement dans les questions d'église n'est pas une crainte imaginaire, et une telle manière d'agir pourrait amener la confusion la plus déplorable, surtout avec un peuple comme les Malgaches, accoutumé à un respect servile pour l'autorité constituée.

Mais, à un autre point de vue, la situation actuelle est bien faite pour nous encourager et nous réjouir. Grâce à la profession publique de christianisme faite par la reine et par son gouvernement, les derniers obstacles matériels à la prédication de l'Evangile ont disparu, notamment dans les régions éloignées de l'île, où la crainte des anciennes lois pénales de la première Ranavalona dominait encore dans l'esprit de la population. L'accès dans ces régions va devenir beaucoup moins difficile; nous serons en mesure d'atteindre des multitudes qui jamais encore n'ont entendu parler de l'Evangile. Pendant le règne de Rasohérina, on ne voyait qu'avec un vif sentiment de jalousie un missionnaire anglais s'établir quelque part dans l'île, ailleurs que dans la capitale ou sur la côte orientale. Fianarantsoa, poste avantageux dans le dictrict de Betsiléo, où deux églises indigènes ont existé pendant plusieurs années, n'avait pu être réoccupé. Mais aujourd'hui toutes facilités sont données par le gouvernement pour y établir une nouvelle station ; et cette ville importante, au sud de Madagascar, deviendra, on l'espère, un foyer de lumière et d'instruction pour les tribus de cette région. Il se peut que le christianisme de l'époque actuelle ne soit pas en général d'un caractère aussi élevé que celui qui a subi la persécution et les supplices ; mais quoi qu'il en soit, Christ est prêché, et cela doit suffire pour nous réjouir.

C'est donc avec une ardente espérance, malgré les quelques mécomptes qui la peuvent troubler, que nos frères s'avancent aujourd'hui vers l'avenir. Le pays entier nous est ouvert; nous n'avons qu'à aller en prendre possession. Pendant bien des années encore, jusqu'à ce qu'on ait formé un pastorat indigène complet, intelligent et zélé, les missionnaires devront montrer le chemin, diriger, surveiller et conseiller. Et quel vaste champ s'ouvre maintenant devant nous! La capitale, il est vrai, est largement évangélisée, et les habitants de la province centrale se trouvent presque tous en contact avec l'enseignement religieux. Il y a un noyau chrétien important dans le Vonizongo, à l'ouest, et une petite colonie chrétienne à Fianarantsoa vers le sud; une autre dans le pays des Antsianaques, au nord, et des stations missionnaires sur la côte orientale; sans parler des congrégations disséminées ici et là dans les ports et dans d'autres localités. Mais la grande majorité des habitants de l'île, les Sakalaves, les Betsiléos et les Antsianaques n'ont pas encore, sauf quelques exceptions, été atteints par l'influence chrétienne. Ce n'est certes pas le moment d'introduire des missions rivales dans la capitale, d'entamer des controverses, et de reproduire à l'étranger ces divisions qui sont le fléau et la honte du protestantisme anglais, alors que des millions d'âmes périssent dans les ténèbres de l'ignorance. Les églises indigènes et leurs directeurs anglais ont besoin plus que jamais des sympathies et des prières de nos églises. De nouveaux secours deviennent nécessaires à nos frères, alors que leur responsabilité s'agrandit, et qu'ils s'imposent un labeur toujours croissant pour prêcher, pour écrire, pour traduire, et pour former un pastorat indigène. Dieu veuille répandre parmi nous un esprit de dévouement, et susciter de nombreux volontaires dans la guerre sainte contre l'ignorance et les ténèbres! et puisse bientôt l'île entière de Madagascar, de Tamatave à Manjaka, et du cap Ambro dans le nord à la pointe méridionale de Sainte-Marie, devenir un des « royaumes de notre Seigneur et Sauveur Jésus-Christ! »

Nous avons déjà dit un mot, à la fin du chapitre XIII, de la nouvelle récemment arrivée de la destruction des idoles, et des progrès du christianisme à Madagascar. Par le courrier de décembre 1869, on a reçu de nouvelles lettres annonçant que les idoles nationales avaient été détruites par ordre du gouvernement; que dans les provinces du centre les chefs des villages suivaient partout l'exemple donné à cet égard par la souveraine, et que les habitants en masse apportaient leurs talismans et tous les objets se rattachant à leur idolâtrie, pour les faire brûler.

Ce progrès décisif paraît avoir eu pour cause prochaine le langage séditieux des gardiens de la principale idole nationale. Lorsqu'ils virent la reine, en novembre 1868, poser la première pierre d'une chapelle royale dans la cour du palais, ils comprirent que leur influence touchait à son terme; ils furent particulièrement irrités de se voir dépouillés de leurs anciens honneurs, et astreints au service du gouvernement comme les autres Malgaches. Ils eurent la folie d'user de menaces, en disant que si la reine ne revenait pas au culte de ses ancêtres, l'idole se défendrait par « une médecine qui tuait, » c'est-à-dire du poison. La destruction des idoles n'était plus qu'une question de temps, et elle aurait été effectuée, sans aucun doute, à l'ouverture de la chapelle de la reine; mais le gouvernement comprit que des mesures promptes étaient nécessaires, et qu'il ne s'agissait pas de tergiverser en face d'agissements séditieux. Un conseil fut immédiatement réuni; deux heures après, un peloton d'officiers, conduits par le premier secrétaire d'État, étaient en route pour le village sacré, Ambohimanambola, avec l'ordre de détruire l'idole et sa maison, ainsi que tout ce qui se rattachait au culte dont elle était l'objet. A la grande terreur des habitants, les morceaux de bambou et de soie dont elle se composait furent réduits en cendres, et le charme fut rompu dans tous les esprits.

Le lendemain, tous les autres dieux nationaux furent livrés aux flammes. Fidèles à la tendance, si accentuée chez les Malgaches, à suivre l'exemple de leurs maîtres, les fonctionnaires annoncèrent à la reine que, puisqu'elle brûlait ses idoles, ils allaient naturellement brûler les leurs; plusieurs même poussèrent le zèle jusqu'à déclarer que si quelqu'un refusait de renoncer à ses sampys, ils le brûleraient avec eux. On a détruit bien des paniers remplis de vieilles guenilles : guenilles à nos yeux, mais pénates longtemps vénérés par leurs possesseurs, qui assistaient en tremblant à leur combustion.

Cet acte du gouvernement a eu pour résultat d'amener la masse de la population à dire au gouvernement : « Maintenant que vous nous avez enlevé nos dieux, envoyez-nous quelqu'un qui nous enseigne qui nous devons adorer. » On assure que, dans bien des endroits, les congrégations se réunissent sans qu'il y ait personne pour les instruire, et que dans certains cas il n'y a pas un seul individu dans l'assemblée qui puisse seulement lire la Parole de Dieu. Il y a, dit-on, cent cinquante villages où les habitants se réunissent ainsi sans pasteurs.

Mais la portion chrétienne de la population, en apprenant cet état de choses, s'est fait aussitôt un sérieux devoir d'instruire ces compatriotes, aujourd'hui sans religion. Après en avoir délibéré dans plusieurs réunions *ad hoc*, on décida que des évangélistes seraient envoyés sans retard dans les principaux villages; on souscrivit libéralement les fonds nécessaires pour les dépenses de ceux qui furent chargés de cette mission. On trouva des personnes de bonne volonté et d'un caractère chrétien éprouvé, pour se rendre dans la plupart des villages qui n'avaient point de pasteurs. Toutes les églises chrétiennes se montrèrent animées d'un esprit de générosité et de sacrifice. La seule église d'Ambohipotsy offrit 2,500 francs pour les dépenses, et cinquante quatre jeunes hommes pour l'œuvre missionnaire.

Les assemblées des églises de la ville et des principaux villages ont tellement grossi que, dans certains endroits, les bâtiments reçoivent dans leur enceinte, chaque dimanche, trois fois le nombre d'auditeurs qu'ils étaient destinés à contenir.

On croira sans peine que les missionnaires anglais de la capitale sont pénétrés du sentiment de responsabilité qui s'impose à eux en présence de ces multitudes d'âmes immortelles, dont l'instruction relève d'eux en premier ressort. Aussi nous adressent-ils ce pressant appel : « Envoyez-nous du secours; priez le Maître de la moisson d'envoyer des ouvriers dans sa moisson. » La phalange missionnaire qui évangélise les provinces du centre et celles du Sud doit recevoir au printemps prochain un renfort important, qui permettra de fonder des stations à Vonizongo, dans le pays de Betsiléo, et dans plusieurs grandes villes de l'Imérina, nouveaux foyers de lumière et d'instruction, qui prépareront la campagne contre l'idolâtrie dans les districts encore païens.

Dans tous ces événements, nous reconnaissons avec joie et actions de grâces la puissante main de Dieu. Il a rendu témoignage à la Parole de sa grâce. Il a donné une preuve nouvelle et vivante que sa vérité n'a rien perdu de sa vertu, qu'elle est toujours puissante pour renverser les forteresses de Satan, comme au temps des apôtres. Il nous parle à haute et intelligible voix, pour nous rappeler notre devoir à l'endroit du monde païen. Les Malgaches attendent maintenant des églises anglaises secours et direction. Méditons ces paroles, qu'il est assurément permis de nous appliquer aujourd'hui sans faire violence aux Ecritures : « Si tu restais neutre à cette heure-ci, le » secours et la délivrance arriveraient d'autre part, » et qui sait si ce n'est pas pour cette heure-ci que tu » es parvenu à la royauté (1) ? »

(1) Esther, IV, 14.

CHAPITRE XVI.

TRAVAUX MISSIONNAIRES ENTREPRIS PAR DIVERSES COMMUNIONS RELIGIEUSES.

Mission catholique romaine. — Son zèle et son énergie. — Elle réussit peu. — Raison de cet échec. — Défiance des indigènes à l'égard des Français. — Connaissances bibliques des chrétiens malgaches. — Faux rapports des Français. — Visite de la reine actuelle à l'église catholique. — Lettre imaginaire de Radama II au pape. — Prétendu couronnement de Radama par les prêtres. — « Pieux stratagème » pour baptiser la reine Rasohérina. — Mission protestante de la *Société épiscopale*. — L'évêque Ryan. — Son voyage à la capitale. — But de ce voyage. — Témoignage rendu par l'évêque au christianisme de la population. — Agents de la *Société des missions de l'Eglise anglicane*. — Leur œuvre à Vohimarina. — Leur retraite à Andévourante. — Voyage de M. Campbell dans l'intérieur. — Œuvre de la *Société pour la propagation de l'Evangile* à Tamatave. — Sujets de découragement. — Mort de M. Hey. — *Société des Amis.* — M. Sewell, M. et Mme Street. — Œuvre d'éducation et de prédication. — *Société des missions de Norwège.* — Station à Bétafo.

Bien que l'œuvre principale de l'évangélisation de Madagascar ait été accomplie par les agents de la Société des Missions de Londres, notre compte rendu de la campagne missionnaire dans cette île serait incomplet, si nous ne parlions pas de ce qui a été fait à cet égard par les autres communions chrétiennes pendant les sept dernières années.

En première ligne, au point de vue chronologique, se présente la mission de l'Eglise catholique romaine. Nous avons déjà dit qu'au seizième siècle et au dix-septième, les Portugais et les Français tentèrent de fonder des établissements missionnaires sur la côte orientale ; le peu de succès qui suivit leurs efforts, et l'impression malheureuse causée par l'esprit de persécution qu'ils déployèrent, nous sont également connus. Sous l'impression de ce souvenir, Radama Ier et Ranavalona refusèrent tous les deux aux prêtres romains l'autorisation de s'établir dans la capitale. Deux pères jésuites s'y trouvèrent bien en 1857 ; mais ils étaient déguisés, et leur vrai caractère n'était pas connu du gouvernement indigène. Ils prirent part au complot qui tendait à détrôner la reine, et ils eurent aussi leur part dans le châtiment sommaire où furent englobés tous les coupables.

A l'avénement de Radama II, l'Eglise romaine se hâta de profiter de la liberté accordée à tous les étrangers de s'établir dans le pays. Une mission fut immédiatement organisée à Tamatave ; et avant que M. Ellis eût pu atteindre la capitale, plusieurs prêtres et moines étaient arrivés à Tananarive. Leur grand établissement de l'île de la Réunion les mettait à même d'organiser du jour au lendemain une mission pour Madagascar. D'autres prêtres venant de France se rencontrèrent à bord avec M. Ellis, de Suez à Maurice ; et une nombreuse compagnie de pères jésuites, de frères lais ouvriers et de Sœurs de la Miséricorde, était installée dans la capitale avant l'arrivée des missions protestantes, en août 1862. Avec le temps, deux églises furent bâties dans d'excellentes situations. Les catholiques avaient également des stations moins importantes dans certains villages, et une espèce de ferme à Soatsimanampiovana, où se trouvaient la maison de campagne et la terre de M. Laborde, le consul français.

Le zèle et l'énergie avec lesquels ils ont travaillé ne sauraient être trop admirés. Les Sœurs de la Miséricorde ont fait beaucoup de bien, en assistant les pauvres et les malades, et en soignant les jeunes enfants Celles qui se trouvaient à Tamatave soignèrent avec le plus grand dévouement Mme Pearse, qui mourut de consomption en retournant en Angleterre; et celles qui demeuraient dans la capitale s'offrirent pour soigner M. Stagg, lorsqu'il était en proie à la fièvre malgache. Les sœurs ont eu un grand nombre de filles sous leur direction, et des écoles de garçons étaient dirigées par les prêtres de la Mission.

Plusieurs de ces jeunes garçons furent envoyés par eux au quartier général de la Réunion pour y apprendre la musique sacrée, en vue d'en faire des enfants de chœur. Souvent on s'efforça d'attirer la population à des fêtes religieuses au moyen de services en musique préparés avec soin; un orchestre de cuivres jouait à la célébration de la messe. Mais, malgré tout, les congrégations des catholiques n'ont jamais été nombreuses, et ils ne sont jamais arrivés à faire grande impression sur les habitants de la capitale. Peu de personnes influentes se sont mises en relation avec eux, et les filles mêmes des hauts fonctionnaires, dont beaucoup avaient fréquenté les écoles pour apprendre la broderie, cessèrent de fréquenter les églises romaines, après qu'elles eurent appris tout ce que les Sœurs de la Miséricorde pouvaient leur enseigner.

Il est difficile de s'expliquer complétement le peu

de succès qu'eurent les travaux zélés et persévérants d'un corps si nombreux de prêtres et de moines; on en comptait de trente à quarante. La pompe et la splendeur du culte romain semblaient bien propres à attirer des hommes tels que les Malgaches, sans parler de la facilité bien connue avec laquelle la doctrine de cette église se plie à la faiblesse humaine. Quoi qu'il en soit, il est de fait que la foi catholique romaine n'a pu amener à elle que fort peu d'individus ; et elle n'a jamais exercé qu'une très-faible influence sur la population de Madagascar.

On peut donner, comme première raison de cet insuccès, le simple fait que la mission était presque exclusivement française : les vues politiques de la France sur l'île, qui remontent à l'époque de la découverte du pays, et notamment la tentative du traité Lambert pour s'emparer du pouvoir souverain à Madagascar, ont exaspéré les Malgaches contre les Français et contre tout ce qui se rattache à eux. La mission catholique est considérée comme faisant partie intégrante du plan qui tendait à placer l'île sous l'influence et le pouvoir des étrangers ; et cela non sans raison, si l'on se rappelle le rôle joué par deux prêtres dans le complot de 1857.

Mais nous trouvons une explication plus satisfaisante encore du peu de succès obtenu par l'Eglise romaine à Tananarive, dans le fait que les Malgaches connaissent trop bien la Parole de Dieu. Le père Jouen, chef de la mission, écrivait au pape : « Tout le christianisme de la population consiste dans la lecture de la Bible. » Malgré l'exagération volontaire de ce jugement, il renferme cependant assez de vérité pour expliquer en grande partie l'échec de l'œuvre de ce prêtre et de ses collègues. La religion des Malgaches est *fondée* sur la Bible, et c'est ce qui a rendu la population inaccessible aux vanités et aux folies du romanisme. La pompe de ce culte et ses interminables cérémonies présentent aux yeux du chrétien malgache un si parfait contraste avec la simplicité de son culte à lui, qu'il a de la peine à leur trouver le moindre caractère *religieux*. On le verra regarder de temps à autre, en passant, par la porte ouverte de la chapelle catholique, et on l'entendra dire tout étonné, en voyant les génuflexions et les cérémonies qui se font devant l'autel : « Quels fous que ces Français ! nous n'avons jamais vu les Anglais faire de pareilles folies ! » Le bon sens naturel des indigènes, joint à leur connaissance familière de la Bible, les a prémunis contre les sophismes des prêtres, et plusieurs, avec toute leur simplicité, se sont habilement servis des paroles du vieux livre pour rétorquer les arguments spécieux qu'on leur présentait.

On comprend que l'influence croissante du protestantisme sur la population ait provoqué une grande jalousie chez les catholiques, et que les missionnaires anglais aient été représentés comme « l'ennemi qui cherche à semer de l'ivraie dans le champ de l'homme de bien. » Dès le début on s'est efforcé, systématiquement, de travestir le caractère de leur œuvre et de porter atteinte à leur réputation. La plupart des nouvelles de source française, et quelques-unes de source anglaise, relatives à Madagascar, ont été altérées dans ce sens. Pendant ma résidence dans l'île, et même avant mon départ d'Angleterre, les informations des journaux, sur les affaires malgaches, travestissaient les faits à tel point, tant au point de vue politique qu'au point de vue religieux, qu'il était presque impossible de trouver quelque part un tableau fidèle du véritable état des choses. L'absurdité de plusieurs de ces nouvelles ne le cédait qu'à leur méchanceté. Le lecteur n'a qu'à revoir la collection du *Times*, juillet et août 1865, pour constater amplement la vérité de cette assertion.

Avant l'arrivée de M. Ellis dans la capitale en 1862, on avait habilement fait courir le bruit que le roi s'était fait catholique, et que les chrétiens indigènes s'étaient mis eux-mêmes sous la direction des prêtres; tout cela, il n'est besoin de le dire, était de pure invention.

On avait mis tout en œuvre pour décider Radama II à assister à l'office de la chapelle catholique, comme il avait fait pour le culte protestant; le roi et la reine avaient fini par se rendre au désir des prêtres le jour de Noël 1862. Plus tard, après la dédicace de l'église commémorative d'Ambohipotsy, à laquelle la reine actuelle et la cour avaient assisté, les Français pressèrent sans relâche Sa Majesté de se rendre à un office dans leur église neuve d'Imahamasina. Tous les arguments furent mis en avant pour atteindre le résultat convoité, et notamment celui-ci : « Le traité récemment conclu stipule que les Français seront traités comme la nation la plus favorisée. » La reine cependant présentait toutes sortes d'excuses dilatoires qui, en somme, laissaient clairement paraître sa répugnance à faire ce qu'on lui demandait. A la fin, de guerre lasse, elle consentit à visiter l'église, et le jeudi 25 mars 1869 la cour s'y présenta. Un trône richement décoré attendait la souveraine, et la chapelle avait été parée avec ce goût artistique dont les Français ont le secret. La musique, bien entendu, avait été mise en réquisition, et un chant national avait été composé à la louange de la reine; on avait eu recours, en un mot, à tout ce qu'un esprit ingénieux avait pu imaginer pour la séduire et la charmer. La reine sortit du palais à huit heures du matin, avec sa garde et sa musique ordinaires. Au seuil de l'église, elle fut reçue par le commissaire français délégué pour la circonstance, et par les prêtres officiants. Arrivée au milieu de la nef, elle s'arrêta de nouveau, et le premier ministre lui présenta le *hasina* de la part de l'assemblée. Après cette formalité, la reine se disposait à partir, lorsque le commissaire lui prit la main et la supplia d'occuper le siége qui avait été préparé pour elle. « La reine, dit alors le premier ministre, est venue ici pour recevoir le hasina, parce que la maison lui appartient (1). » Le commissaire répondit : « Je vois qu'il n'y a point ici d'amitié pour la France, mais seulement de la haine. » — « Il n'y a rien dans le traité, repartit le ministre, qui oblige la reine à prier selon un rite qu'elle désapprouve; » et la cour se retira, sans avoir passé dans la chapelle plus de dix minutes (2). Il est permis de croire que la visite

---

(1) Il faut se rappeler que, d'après la coutume malgache, tous les édifices et toutes les propriétés foncières appartiennent théoriquement au souverain.

(2) Voir une lettre de M. W. Pool dans l'*English Independent* du 10 juin 1869.

royale a fait plus de mal que de bien à la cause romaine.

Quelques jours après l'arrivée de M. Ellis dans la capitale en 1862, les fils de plusieurs nobles ou hauts fonctionnaires lui furent confiés pour les instruire, et la reine ne tarda pas à lui envoyer de son côté son jeune fils adoptif. Ce fut un amer déplaisir pour les pères jésuites; aussi, pendant le séjour des envoyés diplomatiques anglais et français, qui avaient reçu mission d'assister au couronnement de Radama II, on fit auprès du roi de telles instances, qui n'étaient pas exemptes d'une apparence de menaces, que l'enfant fut brusquement enlevé à M. Ellis et envoyé à l'école catholique, où il resta près de trois ans. Mais quand l'indemnité de 5 millions fut exigée du gouvernement malgache par les Français en 1865, la reine, de concert avec tout son peuple, fut tellement froissée du caractère injuste de toute cette affaire, qu'elle ne voulut pas que son enfant fût instruit plus longtemps par des personnes complices d'actes aussi peu bienveillants pour le pays. Le jeune Ratahiry fut donc retiré aux jésuites; sa mère ne l'envoya pas dans une des écoles de la Mission protestante, mais, ce qui était beaucoup plus sage, elle confia son éducation à un chrétien indigène. Ratsilaïngia, chrétien d'un caractère éprouvé, qui avait été soigneusement instruit par les premiers missionnaires quarante ans auparavant, et qui avait fait le sacrifice de tous ses biens pour rester fidèle à sa conscience, fut placé à la tête d'une école composée d'enfants appartenant à la famille royale ou fils de membres du gouvernement. La reine, toute païenne qu'elle était, fit acheter des Nouveaux Testaments, des recueils de cantiques et des livres d'école pour leur usage. Leur maître avait toute liberté d'action, et, comme dans les autres écoles protestantes, la lecture de la Bible et le culte religieux faisaient partie du programme de chaque jour.

Tout en rendant justice à ceux qui, selon leurs lumières et leurs convictions, ont travaillé et travaillent encore à répandre ce qu'ils croient être la vérité, tout en honorant la charité et le christianisme pratique dont plusieurs membres de la Mission romaine ont fait preuve, nous ne saurions passer sous silence deux ou trois faits qui révèlent l'*esprit* de cette mission à Madagascar. Nous retrouvons ici les mêmes errements que l'Eglise de Rome a toujours suivis en tout pays : user de moyens douteux pour arriver à ses fins, et ne pas dédaigner d'altérer la vérité, si les intérêts de l'église peuvent s'en bien trouver. Il est bien entendu que c'est le *système* que nous condamnons, et non pas les *individus;* des faits comme ceux que nous allons rappeler sont bons à présenter aux personnes qui nourrissent l'illusion que Rome se pénètre de l'esprit moderne, et qu'elle a renoncé à ses voies tortueuses.

Les *Annales de la Propagation de la Foi*, journal officiel des Missions catholiques, nous fournissent deux documents publiés dans un des premiers numéros de 1862. Ce sont une lettre adressée au pape par le père Jouen, préfet apostolique de Madagascar, et une prétendue lettre de Radama écrite également au pape. La première est une pièce caractéristique au point de vue de l'exactitude des nouvelles contenues dans ce recueil officiel. On en peut juger par cette assertion de l'écrivain, que les catholiques furent les premiers à cultiver le sol vierge de Madagascar, et que le roi, non-seulement leur permit, mais leur *ordonna*, pour autant que la chose dépendait de lui, « d'aller prêcher et enseigner partout où bon leur semblerait. » Une phrase de la fin s'est trouvée, nous devons en convenir, strictement vraie, mais dans un tout autre sens que le révérend correspondant ne le prévoyait. « Heureusement, écrivait-il, les chrétiens formés par les missionnaires *méthodistes*, et dont tout le christianisme consiste à lire la Bible, ne paraissent pas, du moins pour le moment, avoir de préjugés contre le catholicisme ; et nous avons lieu d'espérer qu'ils verront bientôt l'énorme différence qui existe entre les enseignements froids et faux du protestantisme, et les immenses ressources que leur offre la sainte Eglise catholique, apostolique et romaine, avec ses dogmes touchants, l'unité de sa foi, la pompe de son culte, les trésors de sa charité, la grâce de ses sacrements, et la vertu toute-puissante du saint sacrifice de l'autel. » Vous avez bien dit, père Jouen : les Malgaches ont reconnu « l'énorme différence » qui sépare toutes ces choses de la foi qu'enseigne le Nouveau Testament, et de son culte simple et spirituel.

La seconde lettre, on a toutes raisons de le croire, n'a jamais été écrite par le roi. Elle est absolument contraire à ses sentiments bien connus, et porte essentiellement le cachet d'une origine française ; bien plus, il y manque totalement la première preuve de l'authenticité d'une lettre, la signature, de telle sorte que le moins qu'on en puisse dire, c'est qu'elle est suspecte au plus haut degré.

Il y a un autre épisode de l'histoire de l'Eglise romaine à Madagascar, qui ne saurait être mieux raconté que par la relation qu'en a faite M. Ellis. Je prends la liberté de citer le passage suivant de son deuxième livre sur Madagascar (1). « Au couronnement du roi se rattache un épisode très-caractéristique, malgré son peu d'importance, qu'il est bon de rapporter ici, à cause de la publicité dont il a été l'objet. Immédiatement après la cérémonie, on disait dans la capitale que le roi avait été couronné par les prêtres catholiques dans l'intérieur du palais, avant que ceux-ci ne se rendissent à la solennité publique. Je saisis la première occasion pour demander au roi s'il en était réellement ainsi. Il me répondit que le matin du jour du couronnement, deux prêtres vinrent lui demander s'ils pourraient venir dans la matinée pour voir la couronne qui avait été offerte par l'Empereur, et pour l'asperger d'eau bénite. Il avait accédé à cette demande. De grand matin, le père Jouen et le père Finaz arrivèrent au palais, regardèrent les couronnes, les aspergèrent, et en placèrent une sur la tête du roi pour voir — ainsi le supposait Radama — comment elle lui allait. Il était, ainsi que la reine, en négligé du matin, peu préparé pour aucune cérémonie de cette espèce, et ils furent tout surpris de l'action du prêtre, mais sans y attacher la moindre importance. Dans la pensée du roi, le seul couronnement était l'acte solennel qui avait eu lieu en présence du peuple. »

Voici maintenant le récit de cette scène, tel qu'il a été publié par l'acteur principal dans quelques jour-

---

(1) *Second voyage à Madagascar.*

naux de France et de Maurice. « A vrai dire, les premiers rayons du soleil avaient à peine éclairé le faîte du palais lorsque nous nous présentâmes, le Révérend père Finaz et moi ; immédiatement toutes les portes s'ouvrirent, et nous fûmes autorisés à installer l'autel du sacrifice. Le révérend chapelain de Sa Majesté (1) se doutait certes fort peu à ce moment de ce qui allait se passer. Qu'aurait-il pensé, surtout s'il avait pu voir une couronne royale placée sur l'autel, et attendant la bénédiction que le prêtre catholique allait invoquer sur elle ? Donc, tout étant préparé, je commençai à dire la messe en présence du roi, de la reine et de quelques intimes. Un père de la Mission m'assistait. La messe terminée, je récitai sur la couronne royale toutes les prières ordonnées par l'Eglise ; puis, après l'avoir aspergée d'eau bénite et avoir appelé sur elle toutes les bénédictions d'en haut, je la pris dans mes mains, et, m'approchant de Radama, je la plaçai solennellement sur sa tête en prononçant ces paroles : « Sire, c'est au nom de Dieu que je vous couronne. Régnez longtemps pour la gloire de votre nom et pour le bonheur de votre peuple ! » Il était près de huit heures lorsque finit cette cérémonie, qui n'avait guère eu d'autres témoins que Dieu et ses anges (2). »

Citons encore un extrait des *Annales de la Propagation de la Foi*, qui nous apprend que la feue reine, qui fut toujours réputée être morte païenne comme elle avait vécu (du moins pour ce qui concerne ses actes

---

(1) M. Ellis, à qui Radama avait confié des fonctions de ce genre.
(2) *Relation d'un voyage à Tananarive à l'époque du couronnement de Radama II*, par le T. R. P. Jouen, préfet apostolique de Madagascar.

extérieurs), mourut en bonne catholique, apparemment sans qu'elle s'en doutât. Le père Jouen décrit ainsi cette conversion inconsciente : « C'est alors, comme elle était à toute extrémité, que M. Laborde s'approcha de la royale malade, qui avait recouvré ses sens, pour lui présenter quelques considérations pieuses en harmonie avec le grand acte qui allait s'accomplir. Elle répondit en levant les yeux et les bras au ciel. Et alors, sous le prétexte de la magnétiser, il demanda une cuvette d'eau, y trempa ses mains, et mouilla le front de Rasohérina en prononçant les paroles sacramentelles. Aucune des personnes présentes n'avait eu le moindre soupçon du pieux stratagème qui devait avoir pour effet de régénérer une âme. Ainsi fut baptisée la souveraine de Madagascar, le vendredi 29 mars 1868, à cinq heures du matin, par la vertu du sang précieux dont nous célébrions la fête ce jour-là. Trois jours après, le lundi, elle alla au ciel, selon notre ferme croyance, échanger son titre de reine contre celui de patronne de la grande île africaine, patronne plus zélée que toute autre pour la conversion de ses sujets, car elle connut mieux que personne l'étendue de leurs misères, et la profondeur des ténèbres dans lesquelles ils sont plongés. Gloire soit à Dieu pour toutes ces choses! Et puisse l'homme excellent qui a si fidèlement accompli les desseins de la miséricorde divine être l'objet d'un reconnaissant souvenir! »

Tout commentaire sur les extraits qui précèdent serait évidemment superflu. Une religion qui emploie de pareils moyens pour arriver à ses fins doit ressembler fort peu à celle qu'ont enseignée Christ et ses apôtres. Avec de tels exemples sous les yeux ; avec le souvenir de Tahiti dans le passé, et, de nos jours, celui des îles de la Loyauté; après toutes les iniquités commises envers les chrétiens indigènes de ces deux localités par les autorités françaises, à l'instigation des prêtres romains, — nous ne saurions être trop reconnaissants de ce que la France et la religion qu'elle protége ont eu si peu d'influence à Madagascar; et nous ne pouvons que souhaiter ardemment que les habitants de ce pays demeurent fermes dans la simplicité de l'Evangile.

MISSIONS PROTESTANTES ÉPISCOPALES.

A l'avénement de Radama II, une ambassade fut envoyée de Maurice par le gouvernement britannique, pour apporter des présents au roi et assister à son couronnement au nom de la reine Victoria. Le major général Johnstone, commandant des forces militaires, était à la tête de cette mission diplomatique; il était accompagné du révérend docteur Ryan, évêque de Maurice, désireux d'étudier par lui-même l'état religieux du pays et les moyens les plus efficaces d'y développer le christianisme. L'évêque fut vivement impressionné par la vie et la ferveur qu'il trouva dans les services publics. Il ne fut pas moins frappé de l'influence durable que les chrétiens indigènes ont obtenue sur le pays, par suite de leur fermeté indomptable dans la persécution. Dans le cours de son voyage à travers l'île et pendant son séjour à la capitale, il eut toutes les occasions possibles d'observer l'état actuel des choses, de manière à pouvoir formuler un jugement impartial sur la condition morale, religieuse et sociale des habitants. Il rendit le plus beau témoignage, tant à Port-Louis qu'en Angleterre, au caractère solide de l'œuvre accomplie par la Société des Missions de Londres.

Le docteur Ryan exposa en ces termes l'objet de son voyage dans un sermon qu'il prêcha pour son église à Port-Louis, le dimanche avant son départ : « Ma ferme intention, en allant étudier ces choses par moi-même, est de m'abstenir de tout semblant d'intervention dans cette belle œuvre de la Société des Missions de Londres, cette œuvre qui a subi l'épreuve de longues années d'une persécution sanglante, et qui a produit des résultats si importants pour l'avenir. Toutefois, dans un champ aussi vaste que cette grande île, et avec ses millions d'habitants, il y aura aisément place pour une œuvre indépendante de la part de notre église, et rien n'est plus naturel, alors que Dieu nous ouvre la carrière, que de nous efforcer d'en profiter pour répandre la connaissance de son nom. »

Pendant le séjour de l'évêque dans la capitale, ses relations avec M. Ellis furent cordiales et fraternelles. Ils convinrent entre eux que dans les opérations de la Société missionnaire de l'Eglise anglicane, ou de la Société pour la propagation de l'Evangile, que M. Ryan représentait toutes deux, les agents envoyés par ces institutions occuperaient quelques-uns de ces vastes champs du paganisme qui se trouvaient encore incultes, de manière à éviter toute collision entre les différentes Sociétés, et que celles-ci poursuivraient leur œuvre respective dans un esprit de mutuelle bienveillance et de fraternelle sympathie. M. Ellis étant d'avis que le renfort missionnaire qu'il attendait d'un jour à l'autre suffirait pour compléter l'œuvre de la capitale, le docteur Ryan se décida à diriger ses efforts sur la côte orientale. Il ne put pas, à Maurice, faire traduire en malgache la liturgie de l'Eglise anglicane ; mais M. Baker, alors en Australie, qui s'était occupé dans le temps de l'imprimerie de Tananarive, se chargea de ce travail, et la liturgie malgache fut imprimée à Londres aux frais de la *Société de la science chrétienne* (1).

Dans le cours de l'année 1864, la Société missionnaire de l'Eglise anglicane envoya les Rév. Campbell et Maundrell pour commencer une mission dans les tribus des districts nord-est de l'île. A plusieurs reprises ils tentèrent sans succès d'atteindre Madagascar, et furent repoussés par la tempête, qui les chassa une fois jusqu'au groupe des Seychelles, à plus de cent lieues vers le nord. Toutefois, ils ne se laissèrent point décourager par ces épreuves, s'embarquèrent de nouveau à Maurice en novembre, et débarquèrent à Vohimarina, le principal port de la province du même nom, à la pointe septentrionale de l'île. C'est là qu'ils travaillèrent pendant dix-huit mois avec un zèle tout apostolique, au sein d'une population presque entièrement païenne. Leur quartier général était à Amboanio, ville située à trois heures de distance de l'endroit où ils avaient débarqué.

Cette œuvre se présenta tout d'abord sous un aspect encourageant. Le gouverneur de la ville était un chrétien qui avait souffert pour la vérité sous le règne de Ranavalona, et il se montra pendant quelque temps

---

(1) *Christian knowledge society.*

désireux de profiter de la société des missionnaires. Les habitants, de leur côté, firent à la mission un accueil cordial, et le jour du Seigneur ils venaient en foule écouter la prédication de l'Evangile. Mais plus tard, quand les missionnaires en vinrent à attaquer les habitudes vicieuses de la population, qui, transmises de génération en génération, étaient devenues comme une partie intégrante de l'édifice social, l'opposition se déclara. On essaya de les chasser de la localité, tout en les empêchant de se rendre chez les indigènes de l'intérieur. Dans ces pénibles circonstances, ils ne rencontrèrent pas cette sympathie chrétienne qu'ils avaient droit d'attendre des autorités. Ils finirent par constater que le district où ils se trouvaient n'avait qu'une population très clair-semée, et qu'il était isolé des autres régions de l'île, en même temps que les communications avec Maurice étaient difficiles, lentes et incertaines. Ils se décidèrent alors à explorer le pays au nord et au sud d'Amboanio, pour chercher quelque localité plus propre à devenir un centre missionnaire. M. Campbell alla vers le sud en contournant la baie d'Antongil, et M. Maundrell poussa vers le nord jusqu'à Antomboka. Ces explorations eurent pour résultat de les confirmer dans l'opinion que cette partie de l'île ne se prêtait décidément pas à leurs projets, et qu'il fallait placer ailleurs la base d'une œuvre missionnaire.

Isolés qu'il étaient de toute société civilisée depuis plus de dix-huit mois, les missionnaires avaient grand besoin, avant de défricher un nouveau terrain, d'aller se retremper à Maurice; ils y passèrent quatre mois. Ils s'embarquèrent de nouveau pour Tamatave le

30 septembre 1866, et, comme si les vents et les flots fussent ligués contre eux, ils essuyèrent de nouveau des tempêtes qui les chassèrent loin de leur route pendant plusieurs jours. Le capitaine avait entendu parler de leurs expériences précédentes, et dominé par un misérable préjugé de marin à l'endroit des ministres de la religion, il leur déclara solennellement que s'il avait connu avant de lever l'ancre leurs antécédents, il ne les aurait pas pris à son bord, à quelques conditions que ce fût.

Ils finirent pourtant par arriver au port, et après avoir conféré avec leurs amis à Tamatave, ils choisirent Andévourante, ville importante à l'embouchure de la rivière Iharoka, à 112 kilomètres au sud, pour le nouveau quartier général de la Mission. C'est là que MM. Campbell et Maundrell ont travaillé depuis novembre 1866. Ils ont fait de grands voyages dans le sud ou dans l'intérieur, et fondé des églises chrétiennes dans plusieurs villages d'alentour, prêchant l'Evangile partout où ils allaient. Bien que le développement actuel de leur œuvre ne puisse être comparé au grand mouvement qui se poursuit dans l'Imérina, résultat de près de cinquante ans d'influence chrétienne, ils ont cependant lieu d'espérer qu'en continuant leurs travaux, ils obtiendront avec le temps d'aussi beaux résultats. Cette œuvre est plus strictement *missionnaire* que celle de la capitale, parce qu'ils se trouvent dans un milieu de populations païennes, à part un petit nombre de chrétiens, Hovas pour la plupart, disséminés çà et là dans les localités principales.

Dans les derniers rapports de cette mission, publiés

en 1868, se trouve le récit très-intéressant d'un voyage d'exploration au sud, dans le district intérieur de Betsiléo. M. Campbell fut accueilli avec enthousiasme par les congrégations chrétiennes de Fianarantsoa, chef-lieu de cette province. Pendant la semaine qu'il y passa, il fut continuellement occupé à converser avec les habitants, depuis les premières heures du jour jusqu'à la nuit. Le matin, avant même qu'il fût habillé, les indigènes attendaient à sa porte qu'il les reçût, et dès qu'ils étaient entrés, l'œuvre d'instruction chrétienne commençait. L'après-midi, il donnait alternativement une leçon biblique et une leçon de chant; après quoi il était suivi sur la place du marché par une foule à laquelle il prêchait l'Evangile.

Partout où il allait, il prêchait aux païens; il était toujours reçu amicalement et écouté avec bienveillance, bien que son aspect inspirât d'abord la terreur à ceux qui n'avaient jamais vu d'Européen. Dans certain village, toute la population s'enfuit à son approche comme devant une bête sauvage. Toutefois, le son de la langue natale était doux à leurs oreilles dans la bouche de l'étranger, et il lui suffisait de leur parler pour gagner leur confiance. Une vieille femme, après être restée longtemps ébahie devant lui, s'écria : » En vérité, voilà un homme! » Une autre, après s'être livrée à un examen minutieux de sa personne, arriva à cette conclusion : « C'est Dieu tombé du ciel! »

Les résultats de cette tournée missionnaire convainquirent M. Campbell que le pays de Betsiléo était un champ encore inculte, mais tout préparé pour recevoir la bonne semence. Il terminait sa relation par un appel pressant où il demandait de nouveaux secours pour le mettre à même, lui et son collègue, d'occuper cette vaste étendue de pays, où la population avait faim et soif d'entendre les paroles de la vie éternelle.

La *Société pour la propagation de l'Evangile* commença une mission à Tamatave en août 1864. Deux missionnaires envoyés par elle, les Rév. Hey et Holding, furent bien accueillis, et dans l'espace de trois ans ils réussirent à bâtir deux églises, l'une à Tamatave, l'autre à Foule-Pointe, à 64 kilomètres au nord; dans ces deux villes ils parvinrent à réunir des congrégations nombreuses, et d'autres moins importantes dans trois villages de la côte. Des catéchistes travaillent avec ardeur et persévérance dans ces diverses localités. M. Holding, en dehors de ses occupations courantes, a fait des excursions dans l'intérieur, chez les païens Bétanimènes et Antsianaques, prêchant la parole de Dieu dans bien des endroits où jamais visage d'homme blanc n'avait été vu auparavant.

A Tamatave et à Foule-Pointe, il y avait, avant le départ de M. Holding et la mort de M. Hey, service matin et soir, et la communion était donnée une fois par semaine. Ces services quotidiens de prières étaient suivis par une congrégation de soixante et dix personnes environ, dans laquelle on comptait quarante-cinq communiants. On établit des écoles du dimanche et des écoles quotidiennes, ainsi que des classes de couture, de chant, de lecture biblique, sans parler de l'instruction des communiants et des catéchumènes. M. Hey avait la direction de l'imprimerie, et il apprit à plusieurs jeunes gens l'art de l'imprimeur.

Sans être entravés par les obstacles matériels que rencontrèrent les frères de la Société de l'Eglise anglicane, les missionnaires de Tamatave ont eu à lutter contre des épreuves et des difficultés spéciales, par suite des fréquentes attaques de fièvre que provoquait le climat de la côte. C'est ce qui obligea M. Holding à laisser son œuvre pendant plusieurs mois; quant à M. Hey, après un service éminemment laborieux et dévoué, il mourut en mer, en revenant de Maurice, où il était allé chercher des secours médicaux pour sa femme.

L'année dernière, M. Holding a repris ses travaux de concert avec M. Chiswell, qui fut, pendant quelque temps, le seul représentant de la Société à Tamatave.

Cette mission étant organisée d'après les principes anglicans, la congrégation hova, déjà existante à Tamatave, qui avait pour pasteur le gouverneur, en est demeurée séparée, conservant son culte propre et son organisation antérieure.

SOCIÉTÉ DES AMIS.

Tel a été le vif intérêt excité par l'œuvre de Madagascar chez tous les chrétiens anglais, que la *Société des Amis* s'est sentie pressée d'envoyer quelques-uns de ses membres pour prendre part à cette œuvre. En 1867, M. Sewell, de Hitchin, un de ses ministres les plus estimés, partit, avec M. et Mme Street, des Etats-Unis, pour Tananariye, où ils arrivèrent au mois de juin. Leur but était, non de former une société chrétienne distincte, mais de réunir leur action à celle des missionnaires déjà établis à Madagascar, et notamment de prendre part à l'éducation scolaire. Dans ce but, ils étaient amplement approvisionnés de livres, de cartes, et d'autres fournitures d'école (1).

Leurs excellents services ont été hautement appréciés tant par les Malgaches que par les missionnaires anglais. M. Sewell a composé quelques bons livres d'école dans la langue indigène; et, de concert avec ses compagnons, il a travaillé avec zèle à l'instruction religieuse ou séculière des habitants. Chose remarquable, et bien opposée aux habitudes de la *Société des Amis*, M. Sewell, voyant combien il y avait urgence, pour le développement des congrégations, qu'elles eussent un plus grand nombre de pasteurs, devint le pasteur officieux de deux églises indigènes, de concert avec un des missionnaires de la Société de Londres.

Peu de temps après leur arrivée, MM. Sewell et Street envoyèrent à leurs amis d'Angleterre un rapport détaillé sur l'aspect religieux du pays; ce rapport confirmait pleinement tout ce qui avait été dit auparavant sur le caractère irréprochable de l'œuvre chrétienne commencée à Madagascar. Avec cette largeur d'esprit, qui est le propre des vrais chrétiens, ils écrivaient : « Les services indigènes se célèbrent avec tant de simplicité et de fidélité scripturaire, qu'aucun membre de notre Société ne saurait se faire scrupule d'y prendre part. » De telles

---

(1) Déjà, avant l'arrivée de ces frères, des membres de la Société des Amis avaient généreusement contribué à l'œuvre scolaire de la Mission, et en particulier aux fournitures de l'école Centrale.

paroles, dans la bouche de chrétiens qui, à bien des égards, se séparent des autres pour l'organisation ecclésiastique et pour le culte, sont un précieux témoignage rendu à la réalité du christianisme des néophytes malgaches; en même temps qu'elles manifestent cette unité essentielle qui existe entre tous les disciples de Christ, quelles que puissent être les divergences extérieures. L'année passée (1869), une sœur, de la *Société des Amis*, est allée rejoindre les premiers arrivés pour prendre part à l'œuvre importante de l'éducation des femmes.

SOCIÉTÉ DES MISSIONS DE NORWÉGE.

Indépendamment des Sociétés déjà mentionnées, l'Eglise nationale de Suède et Norwége a voulu contribuer à l'évangélisation de Madagascar.

En août 1866, deux missionnaires, le Rév. J. Eng et M. Nillson, arrivèrent dans l'île. Ils se proposaient de séjourner quelques mois dans la capitale, non pour y fonder une mission, mais pour apprendre la langue, se familiariser avec la population, et décider, de concert avec les missionnaires anglais établis à Tananarive, quel serait, dans les environs, l'endroit le plus favorable où ils pourraient se mettre à l'œuvre.

Après avoir rempli ce programme, et séjourné quelque temps à Tananarive, ils reçurent la visite de leur évêque, qui amenait avec lui leurs fiancées. Le mariage se célébra à la capitale, et ils partirent ensuite pour Bétafo, gros village à 50 kilomètres vers le sud, où ils travaillent en ce moment. N'ayant eu sous les yeux aucun rapport de la Société norwégienne, ni aucune lettre particulière, nous ne sommes pas en mesure de donner sur cette œuvre de plus amples informations.

CHAPITRE XVII.

LA VIE RELIGIEUSE DANS LA SOCIÉTÉ.

Caractère mélangé des congrégations indigènes. — Disposition des églises de village dans les districts. — Œuvre laïque. — Œuvre d'un missionnaire anglais. — Un dimanche à Tananarive. — Sermons. — Ecoles du dimanche. — Habitudes indigènes. — Chant religieux. — Cantiques indigènes. — Influence de ces cantiques sur les habitants. — Musique sacrée. — Bible malgache. — Versions différentes. — Classes bibliques. — Un dimanche en province. — Prédication dans les villages. — Soif d'instruction. — Prédicateurs indigènes. — Leurs sermons et les anecdotes originales dont ils les émaillent. — Tenue respectueuse au culte. — Influence sociale de la mission anglaise.

Nous avons déjà essayé d'indiquer les traits les plus saillants de la vie et de l'activité chrétienne dans les églises indigènes ; nous avons dit comment s'est éveillé chez les Malgaches le désir de connaître la Parole de Dieu ; nous avons parlé de la libéralité qu'ils ont montrée, tant pour subvenir à leurs propres dépenses religieuses que pour étendre les bénédictions de l'Evangile à leurs compatriotes païens. Il nous reste à mentionner quelques autres détails qui ne seront pas sans intérêt, du moins pour ceux qui désirent étudier de plus près la situation de nos églises indigènes, et l'influence exercée par le christianisme sur les relations sociales des Malgaches.

Nos congrégations présentent un certain caractère hétérogène, mais elles se divisent généralement en deux grandes classes : celles qui ont fait profession de l'Evangile pendant les persécutions, et celles qui ne sont allées grossir les rangs des « prieurs » qu'après la mort de Ranavalona. Les chrétiens de la première catégorie sont pour la plupart âgés, et d'un caractère longuement éprouvé ; l'expérience qu'ils ont faite de la souffrance a donné à leur vie religieuse une profondeur et une sincérité qui s'acquièrent rarement sans traverser de pareilles conjonctures. Plusieurs d'entre eux sont pasteurs ou diacres de nos églises, et nous en comptons quelques-uns au nombre de nos meilleurs prédicateurs.

Mais la grande majorité des convertis ont abandonné la société païenne depuis la suppression des entraves qui pesaient sur le christianisme. A cette classe appartiennent un nombre considérable de jeunes hommes intelligents et avides d'instruction, qui constituent un élément très-important de nos congrégations, et dont plusieurs font d'excellents prédicateurs. Les Malgaches, comme nous l'avons vu, attachent un grand prix aux relations de famille, et ils aiment à suivre les mouvements collectifs ; il suffit qu'un individu se déclare chrétien dans une famille, pour qu'il entraîne à sa suite plusieurs de ses parents ; et si le chef d'une maison commence à fréquenter les services religieux, presque toute sa famille et bon nombre de ses connaissances se mettent avec lui à « prier, » suivant l'expression consacrée. Il y a là, évidemment, un danger : celui de voir la religion devenir une affaire de famille plutôt qu'une relation personnelle entre l'âme et Dieu. Un Malgache qui se déclare chrétien ne rencontre pas habituellement, au sein de sa famille ni dans la société, cette opposition dont souffrent dans l'Inde, par exemple, ceux qui abandonnent le paganisme; aussi, les admissions dans l'Eglise ont-elles dû se faire ici avec une grande prudence.

A raison du rapide développement du christianisme pendant ces huit dernières années, et de la multiplication des congrégations en province, une activité incessante est imposée au petit groupe des missionnaires anglais, et force leur a été d'user largement du concours des laïques indigènes. Chacun des six ou sept missionnaires (1) a une grande congrégation dans la capitale, et généralement une autre dans les faubourgs, indépendamment de douze à vingt églises de village, sur lesquelles il exerce une surveillance générale. Il aide ces congrégations de ses conseils dans le choix de leurs pasteurs ou de leurs diacres, les visite aussi souvent que possible pour y donner des prédications et y diriger des classes bibliques, ainsi que d'autres moyens d'instruction. Ces églises de campagne se sentent toutes comme rattachées à l'Eglise-mère de la ville ; et chaque dimanche, des prédicateurs indigènes de Tananarive se rendent dans ces stations rurales, pour leur apporter le bienfait de l'instruction qu'ils ont reçue eux-mêmes du missionnaire anglais. On a adopté un système d'évangélisation analogue à celui qui est en usage chez les wesleyens, et il a donné les résultats les plus satisfaisants. Les nécessités mêmes de la situation ont conduit à une sorte d'organisation épiscopale des plus simples. Chacun de ces groupes d'églises rurales, avec son

---

(1) Ceci se rapporte à l'année 1869.

inspecteur anglais, est une espèce de diocèse dirigé par un évêque, ou, pour parler la langue des méthodistes wesleyens, un *circuit* avec son surintendant. Dans le développement actuel des esprits, ce système a paru le meilleur à suivre pour faire bénéficier toutes les églises de l'instruction et de l'expérience des ministres européens; il faudra probablement le conserver quelque temps encore. Le but des missionnaires n'est pas de devenir de simples pasteurs, mais bien d'être des pionniers, des évangélistes, des aides et des conseillers pour les églises indigènes; de former un pastorat malgache éclairé et fidèle; de fournir aux habitants une littérature chrétienne, et de mettre en œuvre les moyens d'action variés qu'ils croient nécessaires au progrès spirituel des églises.

Comme la plupart d'entre eux se rattachent, par le fait de leur éducation ou de leurs convictions personnelles, à telle forme particulière d'organisation et de discipline ecclésiastique, ils s'efforcent d'adopter à cet égard un éclectisme large et simple. Ils ne cherchent pas à imposer aux néophytes malgaches les coutumes et les traditions anglaises stéréotypées; mais ils leur donnent pour guide la Parole de Dieu, dans le désir de voir leur vie religieuse se développer conformément à leurs besoins particuliers, et sous la forme la mieux adaptée à ces besoins. En agissant ainsi, ils poursuivent le but élevé que s'est proposé la Société des Missions de Londres, qui n'a pas été constituée pour établir un système particulier d'organisation ecclésiastique, mais « uniquement en vue de répandre la connaissance de Christ chez les païens, et chez tous ceux qui sont privés de la lumière évangélique (1). »

Un étranger qui arrive à la capitale, et qui y passe un premier dimanche, ne peut manquer d'être frappé de l'ordre extérieur et du respect qui caractérisent le saint jour, ainsi que du grand nombre des auditeurs qui remplissent les églises. Déjà, sous le règne de la reine païenne Rasohérina, on ne travaillait presque pas le dimanche, et les marchés étaient fermés la plupart du temps.

Dès le point du jour, les routes principales se couvrent de fidèles qui se rendent aux maisons de prière avec un joyeux empressement, vêtus d'habits blancs d'une propreté irréprochable. Presque toujours les églises indigènes sont pleines, si bien qu'il est souvent difficile, en entrant, de se frayer un chemin vers un siége, à travers la masse des auditeurs. A la vieille chapelle d'Ambatonakanga, sombre hangar long et bas, la lumière était souvent interceptée par un rideau de faces noires groupées aux portes et aux fenêtres. Ceux-là étaient des païens, et souvent des habitants de provinces éloignées, qui venaient dans la capitale pour affaires, ou pour apporter le tribut au souverain. Pour beaucoup d'entre eux l'Evangile était quelque chose d'absolument inconnu ; j'ai souvent pensé avec émotion à ce fait que plusieurs de ces hommes écoutaient alors, *pour la première fois*, la bonne nouvelle du salut, et cette histoire du Sauveur qui nous est familière depuis notre plus tendre enfance. D'après l'idée qui semblait répandue dans la population, entrer dans

---

(1) Article II du règlement de la Société.

l'édifice était faire une espèce de profession de christianisme ; aussi les personnes qui n'étaient pas encore décidées à se faire instruire écoutaient le service en restant *dehors*.

La grande majorité des églises ont leur service du matin à huit heures. Ce service est précédé de chants et de prières dont l'ordre n'est pas réglé ; tous ceux qui s'y sentent disposés se lèvent l'un après l'autre, entonnent un verset ou deux de cantique, puis implorent la bénédiction divine sur les services de la journée. A l'arrivée du missionnaire commence le service proprement dit, qui se célèbre à peu près comme dans les chapelles dissidentes en Angleterre, à part cette circonstance qu'il y a toujours au moins *deux* sermons, souvent trois et quelquefois jusqu'à quatre, dans un même service. Ces sermons, bien entendu, sont de courtes allocutions ; mais comme la connaissance que les prédicateurs indigènes ont de la Bible a fait de grands progrès, en même temps que l'intelligence des congrégations, le niveau de la prédication s'est graduellement élevé ; et aujourd'hui ces discours se rapprochent sensiblement, tant pour le fond que pour la longueur, de ceux qu'on entend en Angleterre. Il faut se rappeler que les services publics sont pour les Malgaches le principal moyen d'acquérir des connaissances religieuses ; et qu'ils n'ont pas à leur disposition notre riche littérature, nos journaux, nos revues et nos livres, tous ces trésors de sagesse et de piété qui sont l'héritage d'une longue suite de siècles. Ils n'ont que fort peu de livres, et un seul recueil périodique ; la Bible elle-même est un ouvrage coûteux, beaucoup plus cher pour eux qu'il ne l'est pour nous.

Aussi viennent-ils à l'église pour s'instruire, et on les voit assister, sans aucun signe de fatigue, à des services de deux ou trois heures.

Après le service du matin, il y a généralement école du dimanche jusqu'à midi; beaucoup de personnes adultes restent avec la jeunesse, et quand j'ai commencé une école de ce genre, j'avais plus de grandes personnes que d'enfants. C'était un vrai plaisir que de lire et d'étudier avec eux les histoires de l'Ancien Testament. Pour la grande majorité, c'était un livre nouveau; car le Nouveau Testament a seul été un peu largement répandu parmi les chrétiens; le reste de la Bible était presque inconnu. Cela tenait au petit nombre des exemplaires qu'on avait tirés de la première édition des saintes Ecritures, et à la destruction qui en fut faite par ordre de Ranavalona. Aussi les récits de l'Ancien Testament se présentaient à eux avec tout l'attrait d'une révélation nouvelle, et leur faisaient en quelque sorte l'effet de contes de fées. Je leur enviais presque la fraîcheur de sentiment que rencontraient chez eux les histoires d'Abraham, de Jacob, de Joseph et de Moïse. Leur ravissement se communiquait à moi dans une certaine mesure, et leurs questions ouvraient mon esprit à des idées nouvelles, à des aperçus que ne m'aurait jamais suggérés notre longue habitude du saint Livre.

Le second service du dimanche a toujours lieu dans l'après-midi, de trois à cinq heures. Il eût été difficile de le mettre le soir, à cause du mauvais état des rues, où il ne fait pas bon marcher de nuit, et de l'habitude qu'ont les habitants de rester chez eux après le coucher du soleil. En outre, pendant la moitié de l'année, la pluie tombe souvent sur la fin de l'après-midi, en sorte que personne ne sort, à moins de nécessité absolue.

La plupart des fidèles ne se placent pas sur des siéges, ils s'accroupissent suivant la coutume locale sur les grosses nattes en paille qui couvrent le plancher. A l'exception des grandes églises, où une partie de la nef est garnie de bancs pour les hommes, les deux sexes préfèrent à cet égard suivre leur vieille coutume plutôt que l'usage européen. Quelques bancs très-simples, autour de la plate-forme peu élevée qui sert de chaire, servent de siéges aux prédicateurs et aux membres les plus considérables de l'église; et encore les voit-on souvent, pendant le service, se laisser glisser du haut de leurs siéges et reprendre par terre leur position accoutumée. Conformément à l'usage du pays de séparer les sexes dans toutes les réunions publiques, les hommes occupent ordinairement un côté de l'édifice et les femmes un autre. A cet égard encore nous avons cru devoir les laisser agir d'après leur sentiment personnel des convenances.

Le chant des cantiques occupe une place capitale dans le culte public à Madagascar. Le goût des indigènes pour la musique leur fait vivement apprécier cette branche du service. Leur recueil est encore bien pauvre ; il se compose jusqu'ici de cent soixante-huit cantiques. Il a été composé par les premiers missionnaires et par quelques indigènes des plus intelligents ; la plupart de ces cantiques sont des traductions de l'anglais ; il y en a qui sont aussi familiers aux Malgaches dans leur langue qu'ils le sont à nous-mêmes dans la nôtre. Malheureusement ces cantiques traduits sont dépourvus de rimes; mais il ne serait pas très-difficile de les en doter. Les mots et les syllabes sont bien disposés en lignes, pour être chantés sur un ton lent ou vif, ou sur les tons intermédiaires; mais il n'y a pas de rhythme proprement dit. Tels qu'ils sont, ces cantiques se rattachent aux plus chers souvenirs de l'Eglise indigène. On n'oubliera jamais ceux qui firent la consolation des martyrs de Faravohitra; on garde le vivant souvenir des strophes qu'ils chantaient en montant la colline, de ce cantique qui commence ainsi : « Quand nos cœurs sont troublés, » et dont chaque verset se termine par ces mots : « Souviens-toi de nous, Seigneur ! » (*Tsarovy izahay*) (1). On se rappelle également le chant qu'ils faisaient entendre du milieu des flammes, parlant de la terre promise où ils avaient déjà leur cœur et leurs espérances.

Ces cantiques, si bizarres qu'ils paraissent à l'oreille, n'en sont pas moins pathétiques et émouvants dans leur simplicité. Ils furent chantés dans les forêts, dans les cavernes, au fond des silos, dans les ténèbres des prisons, et à l'heure de la mort la plus cruelle : comment s'étonner qu'ils soient restés chers aux cœurs chrétiens de Madagascar, et qu'ils soient devenus, dans l'Imérina, comme les chants nationaux du peuple? Comme exemple de la beauté simple et naïve que présentent plusieurs de ces cantiques, même sous le voile de la traduction, nous donnons ici, avec l'ori-

---

(1) Voici le sens de la dernière strophe :

> Quand la mort, ardente et cruelle,
> Nous entraîne au sombre séjour,
> Ouvre nous, ô Sauveur fidèle,
> Les bras de l'éternel amour!

ginal malgache, une reproduction presque littérale en français, d'un chant du dimanche matin :

ANDRO ALAHADY.	DIMANCHE.
1. *Mandrenesa, Zanahary,* *Ny saotr' atao ny olonao;* *Aok' ho sitrakao ny feony* *Miravaka, ka mihira.*	1. Prête l'oreille, ô Créateur, Aux actions de grâces de ton peuple; Puissent leurs voix te plaire Dans la prière et dans la louange !
2. *Tianay ny andro sabata,* *Zay anay ety an-tany;* *Fa ny tsara ao an-danitra* *Izan no antenaïn' indrindra.*	2. Nous aimons le jour du sabbat, Notre jour ici sur terre; Mais ce beau jour dans le ciel Est notre suprême espérance.
3. *Tsy hahita ny mahory* *F' afa-tsasatra, afa doza,* *Afak' ota, afa-jaly,* *Tsy hisy alahelo' ntsony.*	3. A jamais exempts de trouble, Libres du péché, libres du mal, De la fatigue et de la douleur, [mes. Nous n'aurons plus de sujet de lar-
4. *Tsy handrahona ny andro,* *Alina tsy hisy' ntsotry;* *Andro mahafinaritra,* *Haharitra mandrakisay.*	4. Sans nuage sera le jour, La nuit ne sera plus; Jour de paix et de joie, Qui ne finira jamais.
5. *Sabat' tsar' indrindr' izany,* *Endra ka hiseho faingana!* *Sasatr' isikia ran aty;* *Sambatr' isikia rah' any!*	5. Oh ! qu'il luise bientôt, Le meilleur de tous les sabbats ! Si nous sommes accablés ici-bas, Combien bénis serons-nous là-haut!

Dans les premiers mois de 1869, le feu Rév. Hartley publia une nouvelle édition du recueil de cantiques, imprimée par la Société des Traités religieux; il y ajouta, avec le concours d'autres membres de la Mission, une douzaine de nouveaux cantiques, avec la musique appropriée aux diverses voix (1).

Les airs sur lesquels on chante ces cantiques peuvent se diviser en trois classes. La première se compose de vieux airs qui étaient populaires en Angle-

(1) Outre le recueil de cantiques, des éditions considérables du *Voyage du Chrétien* et d'autres ouvrages religieux populaires, ainsi que plusieurs traités, ont été publiés par la Société des Traités religieux à l'usage des missionnaires malgaches et des néophytes.

terre il y a cinquante ans. Ils ont été enseignés aux indigènes par les premiers missionnaires, et il y en a plusieurs qu'on chante de trois tons au moins plus bas que celui auquel nous sommes habitués ; en sorte qu'il est fort difficile de les reconnaître au premier abord. Cette gamme basse est apparemment celle qui fut donnée par les premiers missionnaires, et elle a été fidèlement conservée par la tradition depuis trente ou quarante ans.

La seconde classe comprend des airs de composition indigène, qui ont plutôt le caractère d'un morceau de musique que celui d'un chant religieux. Quelques-uns de ces airs sont fort beaux, et s'adaptent bien aux paroles ; mais ils sont trop difficiles pour le culte public. De plus, il arrive souvent que les motifs sont empruntés à des mélodies militaires importées d'Europe, à des romances, ou même à des airs de danse ; en sorte qu'ils sont loin de présenter le caractère grave qui convient à un cantique. Il y en a plusieurs que les Malgaches affectionnent particulièrement, ce qui a amené ce résultat regrettable, que le chant est devenu l'apanage trop exclusif d'un chœur, et que l'assemblée entière n'y prend point une part active. Aussi nous sommes-nous donné beaucoup de peine pour apprendre à nos amis un certain nombre de nos meilleurs airs modernes ; et dans les églises de la ville, l'ancienne musique a été remplacée par une nouvelle, mieux appropriée au culte divin. Un bon harmonium dans toutes les églises serait très-utile pour transmettre et maintenir, parmi les indigènes, la connaissance de la bonne musique sacrée ; il y en a deux ou trois qui possèdent déjà cet instrument.

Comme nous l'avons déjà dit, les premiers missionnaires anglais avaient publié, avant l'époque où ils furent obligés de quitter l'île, une édition complète de la Bible en langue indigène. De cette édition, douze exemplaires seulement subsistent aujourd'hui, tant on a mis de diligence à les rechercher et à les détruire, en exécution des ordres de la reine. Un grand nombre de ces vieilles Bibles ont pourri dans la terre, où leurs possesseurs les enfouissaient souvent pour les dérober aux agents du gouvernement. Celles qui ont été conservées portent les traces des rudes épreuves qu'elles ont subies dans ces temps de trouble. Reliés avec une peau non tannée, tachés et décolorés, presque détruits en certains endroits par l'usage, ces volumes sont de glorieux souvenirs du temps où la Parole de Dieu était précieuse, où il fallait se cacher pour la lire, et où la seule possession du Livre de vie devenait un danger mortel.

Cette première édition, ainsi qu'on pouvait s'y attendre, est loin d'être complétement satisfaisante comme traduction. Toutefois il y a lieu d'être surpris qu'elle ne laisse pas davantage à désirer, si l'on songe au peu de temps qu'ont eu quelques-uns des traducteurs pour étudier soit le malgache soit l'anglais; car plusieurs livres ont été traduits en partie par les plus intelligents des élèves indigènes. Cette traduction suit de trop près l'idiome anglais pour offrir à l'esprit des indigènes une exacte reproduction de l'original. On avait publié à part le Nouveau Testament, ainsi que des évangiles séparés, des épîtres, et même de simples feuilles contenant des extraits des livres saints, qui pouvaient se transporter aisément, cachés dans les plis du lamba.

Après son retour en Angleterre, M. Griffiths consacra un certain temps à revoir cette traduction. Une nouvelle édition du Nouveau Testament fut publiée par la Société biblique en 1855; mais la révision de la Bible complète ne fut terminée qu'en 1866. Ce fut alors qu'on reçut à Madagascar le saint Livre, soit en un seul volume soit en parties séparées. Pendant les premiers jours qui suivirent l'arrivée des caisses contenant cette édition, la cour de l'imprimerie fut assiégée par les indigènes, impatients d'acheter le livre, si cher qu'il fût à côté de nos Bibles anglaise et française, qui se vendent si bon marché. Cette seconde version est pourtant loin d'être parfaite. On s'est trop préoccupé de suivre à la rigueur les règles théoriques de la langue, et l'on n'a pas assez tenu compte des exceptions qui modifient ces règles dans la pratique. On a fabriqué un certain nombre de mots qui, bien que tirés par une déduction logique de racines malgaches, ne sont pas compris par la population et ont besoin en fait d'être traduits. Comme cette édition est déjà près d'être épuisée, on a commencé une révision complète qui sera presque une nouvelle traduction. En mettant à profit l'expérience du passé, on espère obtenir une troisième version rendant fidèlement dans la langue indigène le texte sacré.

Indépendamment du culte public du dimanche et de la semaine, on a largement utilisé les classes bibliques pour répandre l'instruction religieuse. Il est difficile, au premier abord, pour un Anglais qui possède depuis son enfance la connaissance des saintes Ecritures, de se mettre à la place de personnes qui viennent seulement d'apprendre le premier mot de la vérité religieuse. Les doctrines et les faits principaux de la Révélation nous sont si familiers, que nous supposons involontairement qu'il en est de même pour nos auditeurs; d'où il résulte qu'une grande partie de ce qu'on leur prêche reste souvent inintelligible pour eux. Mais dans ces réunions familières tout s'éclaircit; on y apprend comment pensent les indigènes, sous quel jour la vérité se présente à leur esprit, et ce que doit être la prédication pour s'adapter à leurs besoins.

Plusieurs de ces classes bibliques sont particulièrement destinées aux jeunes hommes appelés à prêcher, et divers livres de l'Ecriture y sont l'objet d'une étude approfondie. Deux de nos missionnaires ont commencé dernièrement des cours qui pourront devenir le noyau d'une école de théologie pour former des pasteurs et des prédicateurs indigènes, et pour enseigner la dogmatique, l'exégèse, l'homilétique, l'histoire ecclésiastique, etc. Si l'on ajoute à ces leçons quotidiennes, dans les classes bibliques et dans les écoles, la préparation des services publics, le travail des traductions, et la création d'une littérature chrétienne indigène, on conviendra qu'un missionnaire, à Madagascar, ne manque pas d'occupation. Sa femme, de son côté, en dirigeant les classes de femmes et de filles, lui vient puissamment en aide. par l'action qu'elle exerce sur la population féminine.

La description d'un dimanche à la campagne donnera une idée plus précise encore de l'œuvre de la Mission, et du désir d'instruction qui anime les indigènes. Membre laïque de l'église d'Ambatonakanga, j'avais été inscrit sur la liste des prédicateurs, et je me trouvais chargé d'une tournée dans les stations de village. Je sortais de chez moi le dimanche de grand matin ; je prenais généralement un double assortiment de porteurs, — ou plutôt ils me prenaient — et nous nous dirigions vers le nord, sur la grande route qui conduit à Ambohimanga. Cette localité apparaît d'abord dans le lointain comme une colline d'un bleu sombre, qui devient graduellement plus distincte à mesure que nous avançons, jusqu'à ce qu'après deux heures de marche environ, nous arrivions au pied de ces belles hauteurs boisées. Contournant l'extrémité orientale de la ville, nous atteignons un groupe de maisons qui forment un faubourg dans la plaine, en dehors des fossés qui marquent le périmètre de la ville sainte. Arrivés devant la massive porte de pierre où se tient la garde, nous donnons notre nom à l'officier de service, et nous voici rendus, à huit heures et quelques minutes, dans une jolie petite chapelle, où nous trouvons la congrégation assemblée pour attendre le missionnaire anglais. Bien qu'à cette époque il fût encore défendu d'entrer dans la ville proprement dite, les quartiers en dehors des fossés n'étaient pas interdits aux chrétiens ni aux étrangers.

A peine ai-je franchi le seuil de la chapelle, que le pasteur indigène ouvre le service et donne une première prédication ; je le remplace alors dans la chaire et je prêche à mon tour, après quoi je congédie les assistants avec la bénédiction. Mais ils ne semblent pas disposés à s'en aller ; aussi passons-nous à une leçon biblique, et l'assemblée presque entière reste pour en profiter. Au cours de cette leçon, on nous demande l'explication de certains passages difficiles, l'éclaircissement de quelques points obscurs, et bien des idées intéressantes nous sont suggérées par ces questions. Cependant, les fidèles qui demeurent près de la chapelle ont eu soin de préparer à manger pour le visiteur; et aussitôt la leçon finie, on m'apporte dans l'église même une volaille, du riz et des fruits pour mon dîner. Les assistants se promènent au dehors pendant que je fais honneur à ces vivres, tout en causant avec quelques-uns des prédicateurs. Mon repas est à peine expédié qu'ils s'empressent de rentrer; car une visite de leurs amis européens est un événement qui ne se présente pas tous les jours, et il faut mettre chaque moment à profit pour s'instruire de manière ou d'autre. Tantôt j'apprends aux chanteurs un nouvel air, enseignant à chacun sa partie, non sans y perdre haleine quelquefois, et leur faisant répéter l'ensemble jusqu'à ce qu'ils en soient complétement maîtres. Tantôt nous discutons sur des sermons et sur des textes ; nous cherchons la meilleure manière de diviser un sujet donné ; on soumet à ma critique des plans de discours, en me demandant des idées. Ensuite vient le service de l'après-midi ; je prêche encore, pour me retirer enfin entre deux et trois heures, comblé par les fidèles des remercîments et des vœux les plus chaleureux.

Au retour, nous nous écartons de quelque 1500 mètres de la grande route pour visiter un autre village, Lazaïna, où l'on a déjà pu entendre un sermon ou deux ; j'y donne une nouvelle prédication, et rentre finalement à Tananarive avec la nuit, convenablement fatigué, mais heureux et reconnaissant d'avoir pu faire

Village de Lazaïna.

Le révérend Toy et sa classe de prédicateurs indigènes.

Page 553.

quelque chose pour ces âmes qui ont faim et soif de la vérité divine. Quels dimanches vraiment heureux que ceux-là! Il est difficile d'imaginer un travail plus encourageant que celui qui incombe actuellement aux missionnaires. Ce que nous avons dit d'une station peut s'appliquer généralement à toutes les autres ; et tous nos frères pourraient faire des récits semblables au sujet de leurs districts respectifs.

Il nous reste, pour compléter cet aperçu de l'œuvre chrétienne à Madagascar, à dire quelques mots des prédicateurs indigènes. Il m'est souvent arrivé d'être amusé, et tout ensemble charmé par les rapprochements originaux dont ils émaillent leurs discours. Leur manière d'interpréter l'Ecriture provoque parfois un sourire; mais on sent si bien chez eux l'ardent désir de faire pénétrer la vérité dans le cœur de leurs auditeurs, qu'on passe volontiers par-dessus leurs explications hasardées de certains passages de la Bible. J'ai été particulièrement frappé d'un sermon donné par un de nos prédicateurs d'Andohalo, chrétien excellent et plein de zèle. Une courte analyse de ce discours ne sera peut-être pas sans intérêt. Notre ami prêchait sur ce passage de l'épître de saint Jacques (chap. V, verset 14) : « Quelqu'un est-il malade parmi vous ? qu'il appelle les anciens de l'église, et que ceux-ci prient pour lui, en l'oignant d'huile au nom du Seigneur. » Il commença ainsi : « Je connais trois maladies qui amènent fréquemment la mort: ce sont la petite vérole, la coqueluche et le *péché* (1). Je

(1) La variole a fait, avant l'introduction de la vaccine, des ravages terribles dans la population, et la coqueluche a été récemment très-meurtrière parmi les enfants, à Madagascar.

sais que la première est terrible, car j'ai entendu dire à des vieillards que, lorsqu'elle a fait sa première apparition dans le pays, ceux qui en furent atteints étaient *ensevelis vivants* (!). Mais aujourd'hui, nous connaissons le remède: si l'un d'entre vous ou de vos enfants n'a pas encore eu la petite vérole, qu'il aille au plus tôt chez le médecin pour se faire vacciner. Quant à la coqueluche, ce qu'il y a de mieux à faire, c'est d'acheter de la flanelle et d'en faire de chauds gilets pour vos enfants. Mais pour le *péché*, la plus terrible de toutes les maladies, il n'y a qu'un seul traitement à suivre : allez à Christ, le seul médecin des âmes. » Il s'étendit alors d'une manière très-pressante sur la puissance du péché, et sur l'efficace de la foi en Christ pour nous en délivrer.

Il passa ensuite à ces mots : « Qu'il appelle les anciens de l'église. » « Certaines gens, dit-il, sont toujours à murmurer; quant ils ne sont pas bien, ils disent : « Personne ne s'occupe de moi, personne ne vient me visiter ; le pasteur et les diacres me laisseraient mourir sans s'en inquiéter le moins du monde. » Mais comment pourraient-ils savoir que vous êtes malade si vous ne le leur faites pas dire ? Croyez-vous donc que les anciens de l'église sont des *prophètes*, pour savoir par inspiration si vous êtes malade ou si vous vous portez bien ? Que fit Corneille quand il désirait que l'apôtre Pierre vînt l'instruire ? Il ne se contenta pas de le *désirer :* il envoya des messagers à Joppe, pour informer l'Apôtre de ses besoins et de ses désirs. De même, mes frères, si vous avez besoin de secours et de consolation, ne vous lamentez pas comme font plusieurs, mais *faites appeler* les anciens de l'église.

» Et maintenant, que devons-nous entendre par ces mots : « En l'oignant d'huile ? » Il y a là, ce me semble, une allusion au remède : nous lisons, en effet, que lorsque le bon Samaritain vit le pauvre blessé sur le bord de la route, il alla panser ses plaies en les arrosant d'*huile* et de vin. Cela signifie, à mon avis, que, si nous allons voir un malade, nous devons prendre dans notre poche quelques médicaments à son usage. Quelques-uns diront peut-être : « Nous sommes trop pauvres pour acheter des remèdes pour les autres ; » mais vous pouvez faire quelque chose pour eux sans argent; vous pouvez aider à les porter

Ratsilaïngia, prédicateur indigène.

chez le docteur à l'hôpital. » C'est ainsi que cet excellent homme, avec une exégèse fort contestable, arrivait à démontrer des vérités importantes, et cela, avec une vigueur et une justesse d'application que des prédicateurs plus instruits atteignent rarement. On aura remarqué aussi comme il savait profiter de l'occasion pour donner à ses auditeurs, en passant, d'utiles conseils hygiéniques.

Un de mes frères a entendu raconter l'anecdote suivante par un prédicateur indigène, comme exemple de l'insuffisance des biens terrestres pour satisfaire l'âme. « Il y avait, dit-il, dans une province éloignée du pays, un certain officier très-riche, qui, en mourant, ordonna d'observer à son égard le cérémonial suivant. Lorsque le corps, suivant la coutume locale, fut exposé aux regards des parents et des amis avant d'être brûlé, on dut remplir la bière d'argent, l'entourer de soldats, et étendre la main ouverte du défunt. Quand cela fut fait, plusieurs des assistants témoignèrent leur surprise ; mais d'autres dirent : « Voyez la sagesse de cet homme : il veut nous montrer que tout cet argent ne peut racheter sa vie, que ces soldats ne peuvent le protéger contre la mort, que ces parents qui pleurent autour de son cercueil ne peuvent prolonger son existence : il étend la main, et demande maintenant d'*autres biens*. »

Beaucoup de nos prédicateurs indigènes ont la parole facile et impressive ; leur profonde conviction, leur expérience chrétienne, et leur connaissance des Ecritures les font écouter avec plaisir, et ils contribuent puissamment à faire du bien aux âmes.

J'ai été frappé, dès le premier jour, de la tenue respectueuse des auditoires au culte public, et surtout pendant la prière. Presque tous les assistants ont alors la figure couverte par les plis du lamba, et les petits enfants eux-mêmes semblent comprendre instinctivement que la prière est un acte solennel : on les voit souvent couchés par terre tout de leur long, immobiles, et leur petite tête cachée sous leur vêtement.

Pendant la lecture des Ecritures, un grand nombre de fidèles suivent sur leurs Bibles, et quand on cite un passage dans le sermon, ils le cherchent immédiatement, comme pour donner plus d'autorité aux paroles du prédicateur. Lorsque la Cène leur est administrée, on remarque toujours chez eux un profond respect pour la cérémonie, bien qu'elle soit dépourvue de toute pompe extérieure : car on n'y voit ni calice ni aiguière ou plat d'argent ; et les symboles ne sont, le plus souvent, qu'un pain de riz et du vin léger fait avec des fruits. Les chrétiens indigènes n'en apportent pas moins au sacrement un hommage qui vient du cœur, absolument exempt de superstition comme de légèreté.

Je dois signaler, en terminant, les conséquences importantes du séjour, dans la capitale, de la petite communauté chrétienne de la Mission anglaise. Ce seul fait a dû exercer une influence décisive, bien qu'indirecte, sur le développement religieux et moral de la population. Le spectacle de la vie de famille avec ses affections pures et tendres, l'exemple et les leçons des femmes chrétiennes ont puissamment contribué à former le caractère de la société indigène, à donner aux Malgaches une idée plus élevée du lien matrimonial, et à leur faire élever leurs enfants dans la crainte de Dieu. Une mission de célibataires n'aurait jamais obtenu de tels résultats. L'influence combinée d'un enseignement fidèle et d'une vie sainte, tant chez les premiers missionnaires que chez ceux d'aujourd'hui, soit qu'il s'agît du pasteur, de l'époux ou du père, voilà ce qui, sous la bénédiction de Dieu, a révolutionné la vieille société païenne de la capitale. Nous avons la ferme confiance que l'œuvre commencée s'étendra graduellement avec le temps à l'île entière, et fera de l'ensemble des tribus malgaches un peuple homogène, éclairé, civilisé et chrétien.

CHAPITRE XVIII.

CONSTRUCTION DES ÉGLISES COMMÉMORATIVES.

Origine du projet. — Le Rév. W. Ellis s'assure des emplacements. — Demande de secours aux chrétiens anglais. — Leur réponse généreuse. — Mission de l'auteur comme architecte. — Description des quatre emplacements : Ampamarinana, Ambohipotsy, Faravohitra et Ambatonakanga. — Commencement de la première église à Ambatonakanga. — Description de l'édifice. — Difficultés et obstacles. — Manque d'ouvriers. — Leur peu de capacité. — Travail inintelligent. — Fréquentes interruptions du fait des coutumes nationales et des demandes du gouvernement. — Service militaire. — Rareté des matériaux. — Construction de la flèche. — Pose de la dernière pierre. — Aspect de l'église. — Extérieur et intérieur. — Eglise d'Ambohipotsy. — Caractère supérieur de l'œuvre. — Retour en Angleterre. — Changement dans les lois malgaches au sujet des constructions en pierre. — Objections faites à la construction des églises commémoratives. — Avantages qui ont découlé de cette construction.

Les premiers chapitres de cet ouvrage contenaient plusieurs détails d'un caractère personnel. Je dois encore, dans ce dernier, m'aventurer à parler de moi, pour ajouter quelques mots sur ma mission spéciale, sans laquelle, selon toute probabilité, les pages qui précèdent n'auraient jamais été écrites. Je ne laisse pas d'espérer que ce livre tombera sous les yeux de quelques-unes des personnes qui ont contribué à l'érection des églises commémoratives de Tananarive : celles-là, tout au moins, n'apprendront pas sans intérêt comment leur argent a été employé, et quelles furent les difficultés qui ont longtemps retardé l'achèvement de cette entreprise.

L'idée première d'ériger des églises commémoratives appartient au Rév. W. Ellis, dont le nom occupe une place si importante dans l'histoire religieuse de Madagascar.

Avant son arrivée dans la capitale, en 1862, il écrivit au roi Radama II, pour lui demander que les terrains où avaient eu lieu les principaux martyres fussent mis à part, et employés à l'érection d'églises chrétiennes. « Ces édifices, consacrés au culte de ce Dieu sauveur pour lequel les martyrs étaient morts, serviraient ainsi à perpétuer dans les âges futurs la mémoire de leur constance et de leur foi. » Conformément à cette prière, des ordres furent immédiatement donnés pour qu'on réservât les emplacements désignés à cette destination spéciale; M. Ellis, à son arrivée, reçut du roi l'assurance que le terrain ne serait affecté à aucun autre usage, et qu'on le délivrerait à première réquisition. Ainsi encouragé, M. Ellis sollicita, dans un appel pressant, l'appui des chrétiens anglais pour accomplir ce projet; il insistait sur le besoin urgent qu'éprouvaient alors les églises indigènes de posséder des locaux pour le culte public; il ajoutait qu'à raison des amendes, des emprisonnements et des pertes matérielles subies par les chrétiens pendant la persécution, ils ne pouvaient faire grand'chose eux-mêmes pour la construction d'édifices solides. Cette lettre contenait une description détaillée des quatre principaux emplacements, et estimait à 250,000 fr. les frais d'érection de quatre églises convenables; ces églises devaient être en pierre, sans ornements ni détails de luxe, simples, solides et durables, répondant, en un mot, par leur caractère, au but de leur construction, et susceptibles de contenir chacune de huit cents à mille personnes. M. Ellis terminait en disant : « L'Angleterre, en donnant ces édifices à Madagascar, rattacherait les combats et les victoires de cette Eglise naissante à la source où celle-ci a puisé le salut, sous la bénédiction de Dieu; elle perpétuerait les sentiments de sympathie et d'amour qui unissent les chrétiens anglais à leurs frères de Madagascar. »

Cet appel trouva l'accueil le plus sympathique, tant en Angleterre que dans les colonies. Madagascar et ses habitants excitaient alors un intérêt très-vif parmi les chrétiens de notre pays. Quelques semaines après la publication de la lettre de M. Ellis, la moitié de la somme demandée était déjà fournie; et au bout d'une année ou deux, cette somme était de beaucoup dépassée par les souscriptions. En juin 1863, je fus invité par les directeurs à me rendre à Madagascar en qualité d'architecte des églises à construire. Regardant comme un honneur de coopérer à une telle entreprise, espérant aussi être de quelque utilité pour l'œuvre spirituelle de la mission, je me décidai à accepter cette proposition; et quittant l'Angleterre en août, j'arrivai dans la capitale de Madagascar le 16 octobre de cette année 1863.

Deux ou trois jours après mon arrivée, j'allai avec M. Ellis examiner les terrains sur lesquels nous devions bâtir; je fus vivement frappé de la position dominante de ces emplacements, et du caractère exceptionnel qu'elle imprimerait aux églises.

Le premier endroit que nous visitâmes est Ampamarinana. C'est un petit plateau découvert au sommet de la roche d'où l'on précipitait les criminels. On se trouve là au cœur même de la ville, à quelque cent mètres du grand palais, et presque à l'ombre de son énorme masse. Cette roche Tarpéienne de Madagascar fut le théâtre de la mort de quarante chrétiens dans la sanglante persécution de 1849. Nous avons déjà décrit la hardiesse de ce site et le caractère grandiose du paysage qu'il commande.

Nous nous rendîmes ensuite à l'extrémité sud de la colline, à Ambohipotsy. L'endroit précis où mourut Rasalama, le premier martyr, est un fossé peu profond, reste des anciennes fortifications, un peu au-dessous du point extrême de la crête. L'emplacement proposé pour l'érection de l'église est la plate-forme unie qui se trouve à quelques mètres de ce point; nous sommes ici presque au quartier le plus élevé de la ville; la vue porte sans obstacle à plusieurs lieues de trois côtés : l'est, le sud et l'ouest; elle est bornée seulement par la chaîne des montagnes de l'Ankaratra, située à cent ou cent dix kilomètres au sud-ouest. De chaque côté, sauf au nord, la colline forme une pente très-rapide, et ses flancs contiennent une carrière inépuisable de pierre d'excellente qualité.

Elle était admirablement belle, la vue sur laquelle tombèrent les derniers regards de ces fidèles confesseurs de Christ, quand ils s'agenouillèrent ici sous la lance de l'exécuteur : c'était la plaine fertile avec ses champs cultivés, arrosés par l'Ikiopa, dont on suit le cours au nord-ouest à perte de vue; et ces nombreux villages si paisibles; et ces lignes étagées de collines

Emplacement du premier martyre.

Page 502.

rouges, avec les roches grises qui les percent à chaque cime; et enfin la bleue silhouette des montagnes, qui se perd dans le lointain. Mais leurs espérances étaient fixées sur une terre meilleure, où le fleuve de vie coule dans le jardin de Dieu, et où règne Celui dont la justice demeure éternellement.

Après avoir examiné l'emplacement d'Ambatonakanga, dont nous avons déjà signalé l'excellente situation dans un quartier populeux, nous gravîmes l'exmité nord de la colline jusqu'à Faravohitra, où fut dressé, en 1849, le bûcher des quatre martyrs de la classe noble. Assez semblable, comme situation, à Ambohipotsy, bien que moins élevé, cet emplacement a sur le nord une vue étendue, embrassant plusieurs des villes saintes et l'ancienne capitale, Ambohimanga. C'est là-bas, sur ce sommet rocheux, à vingt kilomètres, que se trouve la tombe de Ranavalona, cette rëine qui, il y a un peu plus de trente ans, commença son entreprise de supprimer le christianisme en chassant du pays les premiers missionnaires. Quelle histoire que celle qui est comprise dans ces quelques années ! Quelle lutte entre « le prince de ce monde » et la vérité divine ! et quel triomphe à la fin ! — Depuis 1849, on avait bâti sur une portion de ce terrain, et il avait été séparé par une muraille peu élevée de la pente de la colline. C'est à quelques pas d'ici que fut élevé le bûcher des martyrs chrétiens. M. Cameron écrit à la date du 30 juillet 1867 : « Les directeurs apprendront avec intérêt qu'en creusant pour asseoir les fondations de l'église, nous avons trouvé l'endroit même où fut brûlée la femme qui donna naissance à un enfant au milieu des flammes. Nous avons exhumé, dans un rayon d'un à deux mètres, des vestiges incontestables de cette scène douloureuse : c'étaient des charbons et des cendres, reconnus par les indigènes pour appartenir aux broussailles sèches qui furent entassées autour des martyrs ; on découvrit au milieu de ces cendres le fragment d'un os humain de l'épaule, que les indigènes pensent avoir appartenu à cette femme. Il se trouva, sans intention spéciale de notre part, que la première pierre de l'église commémorative « des enfants (1) » fut posée exactement sur ce point, à l'angle sud-ouest de l'église. »

Peu de jours après ces visites, je me mis à l'œuvre en traçant le plan exact de deux des emplacements désignés. Il fut décidé, après discussion, que la première église serait érigée à Ambatonakanga, où l'on avait fait quelques préparatifs de construction, en détachant et en équarrissant un grand nombre de pierres. Ce ne fut pas chose facile de faire l'arpentage du terrain. Le sol était si rocailleux et si irrégulier, couvert qu'il était de saillies d'une roche bleue très-dure, dont quelques-unes avaient jusqu'à 4 mètres de haut, que la vue était interceptée dans toutes les directions. Bien que placées à 3 ou 4 mètres seulement au-dessous de l'angle sud-est de l'emplacement, les routes de l'est et du sud, qui limitaient de deux côtés notre terrain, descendaient dans chaque direction par une pente si rapide, qu'à l'extrémité nord nous nous trouvions à plus de 12 mètres au-dessus de la route.

Nous avions tout l'espace nécessaire pour une

---

(1) Ainsi nommée parce qu'elle a été construite avec le produit d'une collecte spéciale parmi les enfants anglais.

grande église, ainsi que pour une maison d'école et une habitation de missionnaire; mais pour utiliser l'emplacement, il fallait enlever et emporter au loin une immense quantité de terre; il fallait faire jouer des mines par milliers, et faire sauter plusieurs centaines de mètres cubes de rocher. Non-seulement le terrain était couvert de roches, mais le basalte affleurait le sol en bien des endroits, ce qui m'imposa un travail considérable pour asseoir des fondations régulières et durables. Heureusement le fond du terrain était un sable graveleux et dur, présentant l'apparence du granit, mais dépourvu de l'élément aggrégatif qui en fait un corps compact. Nous trouvâmes à Ambatonakanga, en quantité considérable, une pierre froide blanche, ressemblant aux plus belles qualités de la pierre du Yorkshire, et pendant quelques mois nous tirâmes tous nos matériaux de cette source.

Après avoir mûrement étudié les besoins à satisfaire, la capacité des ouvriers, la qualité des matériaux dont je disposais et les exigences du climat, je fis le plan de la première église. On décida qu'elle serait bâtie entièrement en pierres de taille, de 30 centimètres de côté, avec abside, sacristie, tour et flèche à l'angle sud-est de la façade. Elle devait mesurer 25 mètres sur 13 à l'intérieur, et avoir une grande tribune au-dessus du vestibule, prolongée jusques et y compris la première travée : ce qui suffirait amplement, à mon estimation, pour donner place à un millier d'auditeurs.

J'adoptai un style d'architecture qui est une application des plus simples du style normand, me proposant de satisfaire l'œil plutôt par une disposition correcte des matériaux que par l'élégance des détails. Lors même qu'il eût été désirable de faire du beau, j'eusse été contraint d'y renoncer, eu égard à la main-d'œuvre inhabile dont je disposais, et à la nature intraitable de la pierre. Les moulures ne pouvaient qu'être simples et peu ouvragées. Les deux portes et les fenêtres de la façade principale sont les seules parties de l'édifice où j'aie essayé de m'élever au-dessus du strict ordinaire. Les portes étaient à cintre aigu, avec le chevron ornemental du milieu qui caractérise le genre. Le toit, dont la pente est passablement rapide, recouvrait les murs par de larges avancées. Les grosses pluies de la saison humide faisaient de cette disposition une impérieuse nécessité; j'ai toujours été convaincu que pour cette raison, et aussi parce qu'une main-d'œuvre imparfaite s'arrangeait mieux du style gothique simple que des styles grec ou italien, j'avais bien fait d'adopter le genre d'architecture du nord de l'Europe plutôt que celui du Midi.

L'intérieur devait se composer d'une nef séparée des ailes par des colonnes en bois, qui supporteraient la charpente du toit. Eu égard au poids considérable des tuiles que nous devions employer pour la toiture, il était désirable d'avoir quelques supports intérieurs, et de ne pas laisser tout reposer sur les murailles. Ce projet fut modifié dans la suite; des colonnes et des arceaux en pierre furent substitués aux ouvrages en bois, de manière à donner à notre chapelle une certaine ressemblance avec une église européenne. Une chambre de ventilation était ménagée dans l'espace vide entre le plafond et le toit; et pour satisfaire aux exigences du climat, une fenêtre sur deux était garnie avec un châssis en bois au lieu de vitres, de manière à pouvoir toujours faire passer un courant d'air à travers l'église.

Tel était le projet; mais la mise à exécution avec la pierre et le bois fut une question autrement ardue; pendant bien des mois, et même des années, ma patience et ma foi furent mises à l'épreuve, au point de désespérer parfois de voir jamais l'édifice terminé.

J'avais, il est vrai, quelques avantages. Nous possédions, ou paraissions posséder au début, une abondante provision de pierre ; et je n'étais pas arrêté, comme le sont beaucoup d'architectes, par le manque d'argent pour achever l'ouvrage. Mais, d'un autre côté, je ne connaissais ni la langue, ni les habitants, ni leur manière de travailler. Il était difficile d'obtenir des renseignements précis sur les meilleurs moyens de se procurer le bois, la chaux, les tuiles, etc. Mais le plus grand obstacle venait du nombre limité d'ouvriers dont les services valaient la peine d'être recherchés, et même de l'impossibilité de les retenir ensemble un peu longtemps. La maçonnerie en pierre n'était pas une chose entièrement nouvelle pour les Malgaches. Ils avaient déjà construit des tombeaux et des portes de ville, ainsi que deux ou trois maisons en pierre pour le souverain. Mais un grand bâtiment, exigeant un sérieux travail scientifique, était pour eux une nouveauté; avec la plupart des ouvriers, il fallait commencer par l'A, B, C de l'art, et leur apprendre d'abord à placer une pierre sur sa vraie base, puis à la tailler comme il faut. L'usage du niveau et du fil-à-plomb était un mystère que les plus intelligents eux-mêmes ne comprirent que lentement, et je fus condamné à examiner minutieusement chaque rangée, et presque chaque pierre de la bâtisse. Si je m'en étais dispensé, la troisième ou quatrième rangée se serait souvent trouvée dépasser les rangées inférieures de 6 à 8 centimètres.

Cependant, si obtus qu'ils parussent en certaines choses, mes ouvriers se montraient, à d'autres égards, tout aussi fins que n'importe quel maçon européen : pour s'épargner un peu de peine, ils savaient « escamoter » l'ouvrage, et glisser des matériaux de rebut avec une adresse qu'une surveillance de tous les instants pouvait seule déjouer. Il me fallait donc passer un temps considérable sur le chantier, et inspecter de près chaque détail de l'œuvre, mesurant chaque pierre, soit à terre, soit quand elle était en place. A part les gros murs, tous les travaux exigeaient que j'y misse la main, et malgré toutes les précautions, j'avais souvent le chagrin de constater qu'un beau bloc avait été massacré par la maladresse de mes maçons improvisés.

Il en allait de même avec les manœuvres et les charpentiers ; qu'il s'agît de cintres, d'échafaudages, de clôtures, de terrassements, il fallait leur tailler avec soin toute la besogne. Au lieu de me borner à mon rôle d'architecte, je cumulais en outre les fonctions d'entrepreneur, de maçon, de chef des travaux, et de contre-maître.

Je m'étais plus ou moins attendu à ce genre d'ennui ; mais j'eus en outre à lutter contre des interruptions continuelles provenant de la difficulté de retenir le service de mes ouvriers, si imparfaits qu'ils fussent. Dès le début, je ne pus avoir à la fois que vingt à trente hommes au *maximum*. De plus, ils s'attachaient à certains procédés traditionnels de travail, qu'ils suivaient aussi religieusement qu'un *trades-unionist* anglais obéit aux statuts de son comité. Par exemple, chaque homme équarrissait lui-même ses propres blocs, puis les taillait et les maçonnait dans les murs ; et pendant longtemps il me fut impossible d'établir un système de division du travail. D'après une autre de leurs règles, si un ouvrier avait travaillé le premier à telle partie du bâtiment, aucun autre ne consentait à y toucher, considérant cette tâche comme l'apanage exclusif de celui qui l'avait commencée. Celui-ci avait beau s'occuper d'un autre ouvrage pendant des semaines entières, peu importait : il fallait laisser en plan l'œuvre commencée, pour qu'il la terminât à sa convenance. Aussi avons-nous vu certaines parties rester inachevées pendent plusieurs mois ; et comme les camarades n'ignoraient pas que je n'avais point d'autre ressource que leur travail, ils me mettaient au défi. Je ne pouvais faire appel à un autre corps d'ouvriers, vu qu'il n'y en avait pas d'autres : j'étais obligé d'attendre que les paresseux jugeassent à propos de se remettre à leur travail. Quel que soit l'amour des Malgaches pour l'argent, ils aiment cependant à prendre leur temps pour le gagner ; l'ouvrage était donc souvent suspendu, et ni affection ni intérêt ne pouvait les déterminer à le reprendre qu'à leur convenance.

De grands ennuis me furent aussi occasionnés par es interruptions provenant d'autres causes, telles que l'abondance générale des vivres, qui mettait la vie à bon marché. Personne n'était contraint par le besoin à travailler longtemps de suite dans n'importe quelle partie; aussi, dès qu'un homme avait gagné quelques dollars, il disparaissait pendant quelque temps pour aller s'occuper de ses rizières, planter ou bâtir chez lui, réparer sa maison ou son tombeau de famille. Chacun avait à semer, à transplanter, à moissonner son riz, à surveiller ses clôtures et ses canaux. D'autres difficultés naquirent du fait des coutumes nationales, de l'étendue des relations de famille, et des devoirs qu'elles étaient censées imposer à chaque individu. Un mariage, une naissance, l'enterrement d'un parent, d'un ami ou d'une connaissance, était une excuse suffisante pour s'absenter du chantier plus ou moins longtemps, au point que j'étais parfois tenté de croire que chaque citoyen de Tananarive était lié de parenté avec chaque habitant de cette ville. Indépendamment de toutes ces difficultés, les exigences du service du gouvernement et des principaux fonctionnaires, et même, jusqu'à un certain point, de tous les individus exerçant une autorité quelconque, étaient incessantes. J'avais à peine commencé le gros de l'église lorsque le premier ministre et le général en chef se mirent en même temps à bâtir chacun une grande maison. Un matin, en descendant au chantier, je trouvai tout le monde parti; ces hauts personnages m'avaient pris tous mes ouvriers, y compris mon contre-maître, dont je ne recouvrai les services que plusieurs mois après. Pendant la plus grande partie de la durée de notre construction, la reine fit bâtir de son côté un nouveau palais, et tous les bons ouvriers du pays furent requis dans le *rova*, bien qu'on n'y ait peut-être jamais vu travailler effectivement le dixième d'entre eux ; et ce n'était pas sans s'exposer quelque peu qu'un certain nombre de maçons ou de charpentiers osèrent travailler ostensiblement à notre église pour gagner de l'argent.

Souvent aussi le système militaire du pays réclama le temps de nos ouvriers, dont la plupart étaient soldats ou membres de la milice. Durant tout l'été de 1866, lorsqu'on avait des craintes sérieuses du côté de la France, il y eut pendant plusieurs semaines des marches et des exercices continuels. Pendant près de deux mois, ce fut à peine si nous pûmes poser une pierre à l'église ; à vrai dire, les travaux de toute espèce étaient généralement suspendus à cette époque.

Par surcroît à toutes ces misères, la chaux était rare, étant l'objet d'un monopole officiel, et nous étions obligés d'aller la chercher fort loin. Celle que nous obtenions était souvent mélangée avec de l'argile blanche, ce qui la mettait hors d'usage. Les grands bois de charpente étaient difficiles à se procurer, et il les fallait traîner à force de bras depuis des forêts éloignées de plusieurs lieues, si bien qu'ils revenaient souvent plus cher que nous ne les aurions payés en Angleterre. Nous fîmes heureusement l'acquisition d'une grande maison, où nous prîmes nos poutres pour le toit, ainsi que du bois bien sec pour les portes, les fenêtres et les autres ouvrages de menuiserie. C'était un bois excellent, rouge et dur, tenant de l'acajou et du bois de rose.

Pendant un an je n'eus que fort peu de secours de la part de l'Europe ; car un jeune Écossais, qui était venu du Cap pour surveiller la charpenterie, fut obligé de repartir presque immédiatement, à la suite d'attaques de fièvre réitérées. Plus tard M. Cameron se chargea de la construction du toit de l'église et de la couverture en tuiles. M. Ellis me fut également d'un grand secours pendant plusieurs semaines, en me servant d'interprète et en m'aidant à me procurer du bois et de la chaux.

On peut juger, par ce qui précède, si j'eus besoin de patience pendant l'érection de la première église, qui dura trois ans. La première pierre fut posée par le premier ministre, Raïnivoninahitriniony, en présence de plusieurs des principaux membres du gouvernement et d'une foule de chrétiens indigènes. Peu à peu, mois après mois, les murs s'élevèrent; nous plaçâmes la poutre maîtresse du toit dans les premiers jours du mois de mars 1866; la flèche fut commencée en décembre 1865. C'était modeste comme hauteur : une tour de 15 mètres et un clocher en flèche des plus simples, mesurant 9 mètres; mais pour les Malgaches, c'était une construction merveilleuse. Les jours de marché notamment, quand les foules qui arrivaient des villages et des districts éloignés passaient devant l'édifice, on les voyait s'arrêter sur la route, la bouche béante d'admiration. La destination de la tour donnait lieu aux conjectures les plus variées et les plus amusantes. Quelques-uns étaient persuadés que les fenêtres du beffroi étaient des embrasures de canons, et que nous étions, nous Anglais, de rusés compères qui préparaient une place forte pour s'y mettre en sûreté pendant les troubles qui pourraient survenir. D'autres s'imaginaient que ces massives murailles de pierre cachaient quelque mystérieux projet de conquêtes politiques; et d'autres enfin, persuadés que l'édifice ne serait jamais terminé, disaient : « Quand il sera fini, je me mettrai à prier, » c'est à dire : je me ferai chrétien.

Je n'avais garde de dire à mes ouvriers quelle hauteur je me proposais d'atteindre ; je les aurais trop effrayés. Même dans ces conditions, ce ne fut pas sans quelque difficulté que j'obtins leur concours ; et si je n'avais pas eu les mêmes hommes depuis le commencement jusqu'à la fin, les habituant peu à peu à l'augmentation de la hauteur, ils ne se seraient jamais aventurés à cette terrible élévation de 22 à 24 mètres. Plus d'une fois leurs femmes et leurs enfants vinrent me trouver, pour me supplier de donner à leurs maris et à leurs pères quelque autre ouvrage, et de ne pas exposer leur vie en les envoyant jusqu'au ciel, comme je faisais. Je calmais leurs craintes soit par de petites cajoleries, soit en appelant leur attention sur l'accroissement de salaire qui était la récompense du courage de leurs parents, et en leur promettant de prendre toutes les précautions possibles pour qu'il n'arrivât aucun accident. Je vis le moment où il me faudrait achever le clocher moi-même, avec l'aide de mon brave contre-maître, et de deux ou trois ouvriers esclaves qui avaient travaillé à la construction de l'échafaudage ; ceux-ci étaient arrivés à la longue à ne plus avoir peur. Cet échafaudage, soit dit en passant, était une construction curieuse. Il était établi sur de grosses poutres de bois qui sortaient des fenêtres du clocher. Dans une ville européenne, nous aurions été certainement rappelés à l'ordre par l'autorité ; quoi qu'il en soit, le système tint bon, et il fut établi puis défait sans le moindre accident.

En dépit de la lenteur de nos progrès, nous finîmes par arriver au but. Ce fut avec un sentiment de profonde gratitude que, le 31° août 1866, j'escaladai l'échafaudage, en compagnie de mon ami le Rév. Georges Cousins, pasteur de l'église, pour placer le chapeau de la flèche et fixer la croix. Notre cher contremaître, Raïnimahazo, dit à ce moment : « Ne remercierons-nous pas Dieu ? » Aussitôt, M. Cousins exprima dans une courte prière notre vive reconnaissance d'avoir pu mener à fin notre entreprise, sans avoir eu le moindre accident à déplorer pour un seul ouvrier. Si le couronnement de notre édifice ne fut pas salué par des hourras, il fut marqué du moins par les actions de grâces les plus sincères. C'était jour de marché, et des multitudes passaient sous nos pieds en se demandant ce que nous pouvions faire à une telle hauteur. Je n'oublierai pas de sitôt cette petite réunion à la pointe de la flèche, où nous confondîmes nos prières et nos louanges. Je sentis réellement qu'un Dieu fidèle avait veillé sur nous ; la chose était d'autant plus frappante, que pendant la construction du palais de la reine, deux hommes s'étaient tués, il y avait quelques mois à peine, en tombant de l'échafaudage. Si par malheur quelque accident nous fût arrivé, l'église n'eût probablement jamais été achevée, et le gouvernement serait intervenu pour nous empêcher d'exposer la vie de ses sujets.

Après quelques mois encore de travail, l'édifice arriva graduellement à son terme, et le 22 janvier 1867, il fut solennellement consacré au culte divin (1).

(1) Voir ci-dessus, chap. V, page 124.

Eu égard aux difficultés avec lesquelles j'eus à lutter, aux modifications apportées dans la disposition intérieure pendant la construction, et surtout au fait que cette première église en pierre était dans le pays un essai sans précédent, je fus satisfait de l'effet général, au-dedans comme au-dehors, bien qu'il y eût plusieurs choses que j'aurais arrangées autrement si j'avais eu à refaire les plans de l'église. Les fonds dont je disposais m'avaient imposé des proportions très-modestes pour la hauteur ; chose regrettable, car le corps de l'édifice et le clocher auraient gagné l'un et l'autre à un peu plus d'élévation. Quoi qu'il en soit, l'église prit une place importante parmi les constructions de la ville ; l'horloge de la tour était le premier cadran public qu'on eût vu à Madagascar. L'intérieur était simple et sans prétention, avec ses colonnes et ses arcades ; dans l'abside s'élevait une plate-forme avec un lutrin, en dessous duquel se trouvaient la table de communion et les fonts baptismaux. Au-dessus de la grande arcade j'avais inscrit en grandes lettres ce passage : « Ma maison sera appelée la maison de prière pour tous les peuples. » En regardant depuis la chaire du prédicateur vers le vestibule d'entrée, on voit la grande tribune, avec sa triple fenêtre ; au-dessus de la grande porte, les fenêtres sont garnies de verres de couleurs ; celle du milieu porte le monogramme sacré I. H. S., et celles de côté l'Alpha et l'Oméga, sur des fonds colorés. Une portion seulement de la nef fut garnie de bancs sans dossier, la plupart des hommes et toutes les femmes préférant s'asseoir par terre à la mode du pays, sur des nattes de paille. On disposa pour les femmes une espèce de dossier contre lequel elles peuvent s'appuyer quand elles sont assises sur le sol.

C'est ainsi qu'après bien des mois d'attente et de travail, je vis ma première église achevée; non sans éprouver pour l'édifice, et je dirai presque pour chaque pierre des murs, un intérêt et une affection que ceux-là seuls peuvent comprendre, qui ont concentré sur un seul objet, pendant un long espace de temps, leurs pensées, leurs préoccupations et leur incessant labeur.

En dehors des travaux de l'église même, nous eûmes à dépenser beaucoup d'argent pour le terrain qui la porte. Nos gros blocs de rocher nous furent très-utiles pour établir des murs de soutenement à l'est et au sud. Nous apportâmes à ce travail nos soins les plus attentifs, car la sécurité de l'édifice dépendait en définitive de la solidité de ces murs.

Pendant plus d'une année avant l'achèvement de l'église d'Ambatonakanga, nous fûmes occupés en même temps à la seconde construction, celle d'Ambohipotsy. Durant les quinze ou seize premiers mois consacrés à la première, il ne fallait pas songer à diviser notre faible contingent d'ouvriers en essayant de mener de front d'autres travaux; mais dès que la bâtisse de l'édifice proprement dit se trouva près d'être achevée, le moment parut venu de commencer une seconde église, de manière à ne pas perdre les maçons que j'avais amenés à comprendre nos procédés de travail. En juillet 1865 je fus rejoint par M. William Pool, envoyé par les directeurs pour m'aider en qualité de constructeur ou de chef de travaux. La première pierre du nouvel édifice fut posée au commencement d'octobre.

Pasteur indigène et divers de l'église d'Ambatonakanga.

Raïnimahaso, contre-maître de maçonnerie.   Ratsilaingia, pasteur indigène.   Andriamperingia, orfèvre de la reine.

En faisant le plan de l'église d'Ambohipotsy, je m'accordai plus de liberté que pour ma première construction. Mon plan comportait une nef avec des ailes, un transept et une abside, une tour et une flèche, et la hauteur dépassait de trois mètres celle de l'église d'Ambatonakanga. A cause de son exposition particulièrement en vue, cette église, qui dominait comme un phare tous les environs jusqu'à une immense distance de la capitale, devait avoir un caractère monumental; et comme désormais je jugeais mes maçons capables, moyennant une surveillance attentive, d'exécuter un ouvrage en pierre plus avancé, je me hasardai à la dessiner d'après le vieux style gothique anglais, sauf de légères modifications pour satisfaire aux exigences du climat. J'indiquai des ouvrages intérieurs de menuiserie et d'ébénisterie plus soignés, au point de vue de l'ornementation, que dans le cas précédent; et comme j'avais alors le grand avantage de la longue expérience de M. Pool comme surveillant, j'eus le bonheur de voir mes plans fidèlement suivis.

L'ouvrage marcha bien, et nous obtînmes quelque chose de beaucoup mieux fini, tant en maçonnerie qu'en menuiserie, que pour la première église. Nous avions l'avantage de posséder sous la main une carrière inépuisable d'excellente pierre, en blocs beaucoup plus gros qu'à Ambatonakanga, où pendant plusieurs mois nous dûmes aller chercher tous nos matériaux à de grandes distances. Mais, tout en ayant la satisfaction de voir les murs-maîtres finis, et la tour terminée jusqu'à la naissance de la flèche, il me fut impossible de rester jusqu'à l'achèvement de l'édifice. Le temps pour lequel je m'étais rendu à Madagascar était déjà dépassé de plusieurs mois, et bien des raisons me rappelaient impérieusement en Angleterre. Diverses circonstances, inutiles à détailler ici, nous empêchèrent de commencer les autres églises commémoratives. Aussi, après avoir terminé les plans, et préparé les premiers travaux de l'église de Faravohitra, ayant en outre fait les esquisses préliminaires pour celle d'Ampamarinana, je quittai Tananarive le 16 mai 1867.

Ce ne fut pas sans regret que je dis adieu à mes amis, tant anglais que malgaches. Conformément au désir aimable qui m'a été exprimé à mon départ, je forme souvent le souhait de revenir quelque jour dans cette « cité des mille villes, » où j'ai laissé tant d'affections, et de pouvoir contribuer d'une manière plus directe au développement spirituel et social de ce peuple. Indépendamment de mon œuvre spéciale, je me suis employé de mon mieux, pendant mon séjour dans le pays, à diriger la construction des autres édifices destinés au culte religieux et à l'instruction, à Tananarive et au dehors : j'ai pris aussi ma part de l'œuvre des écoles et de la prédication, dans la mesure où mes autres occupations me le permettaient.

Après un voyage aussi heureux que rapide, de la capitale à la côte, je m'embarquai pour Port-Louis. La traversée, de treize jours, sur un bateau-bouvier, fut des plus malencontreuses; nous avions à bord 260 têtes de bétail, et j'essuyai une attaque violente de la fièvre malgache, dans des conditions qui rendaient le soulagement impossible. Je séjournai trois semaines à Port-Louis pour me refaire, et partis enfin pour l'Angleterre par la malle du Cap ; j'arrivai à Hull le 24 août, quatre ans jour pour jour après mon départ du même port.

Eglise commémorative d'Ambohipotsy.

Depuis mon retour, nous avons été informés de l'abrogation des anciennes lois qui prohibaient la construction de bâtiments en pierre dans l'enceinte de la ville. Cette nouvelle nous amena à revoir le projet arrêté pour l'église d'Ampamarinana. Il fut décidé que cet édifice serait, comme les trois autres, construit en pierre, de telle sorte que le projet primitif de M. Ellis se réalisera avec le temps. Plusieurs des grandes congrégations de la ville, aidées en partie par leurs amis d'Angleterre, mais surtout en réunissant leurs efforts personnels, ont rebâti leurs maisons de prière sur un modèle à la fois solide et architectural, en briques cuites au soleil; en sorte que Tananarive possède aujourd'hui un certain nombre de beaux édifices consacrés au culte du vrai Dieu, dans les situations les plus en vue.

Je crois devoir ajouter quelques mots en réponse aux objections soulevées par certaines personnes contre le projet des églises commémoratives. Ces objections portaient sur deux points : on a dit d'abord que nous risquions d'introduire le dangereux principe de la vénération des saints et des martyrs; et en second lieu, qu'en construisant ces églises, nous détournions la population d'apprendre à s'aider elle-même et à subvenir aux frais de son propre culte. Les auteurs de ces objections seront heureux d'apprendre que le premier des inconvénients signalés est purement imaginaire. Nos Malgaches n'ont en rien justifié les craintes émises, et nous n'avons pas relevé chez eux la plus légère tendance à rendre des honneurs exagérés à la mémoire de ces chrétiens d'élite, qui ont scellé leur foi de leur sang.

La seconde objection semble avoir quelque chose de

plus plausible. Cependant, tout ce qu'on peut dire, c'est que les congrégations qui prient maintenant dans ces églises ont été dispensées de construire à leurs frais tel ou tel édifice ; pour ce qui est de la population en général, nous avons eu des preuves nombreuses du développement rapide d'un esprit de libéralité et de sacrifice personnel, comme le lecteur l'a déjà vu (1).

D'un autre côté, nous pouvons répondre que nous avons donné aux chrétiens de Madagascar quatre bonnes et solides maisons de prière, qui ne sont pas seulment un bienfait en elles-mêmes : ce sont quatre témoignages perpétuels rendus aux bienfaiteurs de la nation, à ces hommes qui, par leur courage indomptable, par leur fidélité à la conscience et à la vérité, ont doté leur pays de la plus grande des bénédictions, la foi aux Ecritures. Nous avons montré, sous une forme visible et palpable, la sympathie des églises britanniques pour leurs frères persécutés, et la conviction où nous sommes que « le juste laisse une mémoire éternelle » (Psaume CXII, 6).

Les grands édifices ont toujours été une puissance, en imprimant un caractère de fixité et de durée aux systèmes qui s'y sont rattachés. Notre foi ne consiste certes pas en édifices, mais en principes ; toutefois les moyens d'action de ce genre ne sont pas à mépriser. Il était peut-être impossible de donner par un autre moyen, aux Malgaches non chrétiens, une preuve réelle, visible et irrécusable, du profond intérêt éveillé chez les Anglais par l'établissement du christianisme dans leur pays. Ces bâtiments en pierre sont des témoins

---

(1) Chapitre XV.

attestant que nous croyons en notre religion, que nous désirons ardemment d'en étendre jusqu'à eux les bienfaits, et que, dans la mesure de notre influence, l'Evangile sera un *fait* accompli et durable à Madagascar; non pas quelque chose de temporaire, symbolisé par une construction en roseaux ou en argile, mais une chose qui résiste à l'action des siècles, comme le granit dont ces églises sont bâties.

Tout en remplissant le premier but auquel les églises commémoratives étaient destinées, elles ont donné à la civilisation la plus sérieuse impulsion. Tous ces ouvriers que nous avons employés pendant des années, les procédés européens que nous leurs avons appris en maçonnerie, menuiserie, fabrication des tuiles, travail du fer, etc., ont répandu, parmi les plus intelligents des artisans, une somme importante de connaissances utiles, et mis en circulation une quantité considérable d'argent. Nous leur avons appris à bâtir, et à utiliser leurs propres richesses en pierre, en bois et en métaux; grâce à l'intelligence et à la vivacité naturelles de la population, toutes ces notions ne sortiront plus de leur esprit. Elles ont déjà produit des résultats importants; et nous pouvons être certains que la construction de ces églises marquera une époque décisive dans le développement religieux et matériel de Madagascar.

APPENDICES.

APPENDICE A.

LE RUKH DE MADAGASCAR (*Æpiornis maximus*).

L'intérêt du monde savant a été vivement éveillé, il y a quelques années, par une communication transmise à l'Académie française des sciences. Il s'agissait d'une découverte faite en 1850 à Madagascar, par un voyageur nommé Abadie, d'un œuf d'oiseau dont le volume équivalait à celui de six œufs d'autruche, ou de cent quarante-huit œufs de poule ordinaire. M. Isidore Geoffroy-Saint-Hilaire, qui a donné, dans les comptes rendus de l'Académie des sciences, une description de cet œuf gigantesque, et de quelques fragments d'ossements attribués à l'oiseau d'où il provenait, a proposé pour celui-ci le nom d'*Æpiornis maximus*. Mais ces renseignements, tout en ouvrant la voie aux hypothèses des naturalistes, étaient trop restreints pour indiquer avec certitude à quel genre appartient l'oiseau qui a pu produire un œuf semblable. Le professeur Valenciennes, après avoir étudié les fragments fossiles recueillis, émit l'opinion qu'ils devaient provenir d'un pingouin gigantesque. Le professeur Bianconi, de Bologne, écrivit une brochure pour démontrer que ces débris étaient ceux d'un oiseau de proie, dépassant de beaucoup la taille du condor, et répondant au *Roc* des contes arabes; une espèce d'aigle assez fort pour emporter dans ses serres un bœuf ou un jeune éléphant.

D'autre part, au dire de Marco Polo, « les indigènes racontent qu'à une certaine époque de l'année un oiseau extraordinaire, appelé *Rukh*, apparaît dans la région méridionale de l'île. » Cette observation pourrait s'appliquer à l'Æpiornis, qui aurait existé à Madagascar à l'époque du voyage de Marco Polo, comme le dodo ou dronte vivait encore dans l'île Maurice. Quoi qu'il en soit, rien ne prouve que le rukh fût en état de voler. A supposer qu'un marchand arabe, du temps du célèbre Haroun-Al-Raschid, se soit rendu de Bagdad à Madagascar, et qu'il ait eu en sa possession un de ces œufs, il a bien pu, en le comparant aux œufs d'aigle et de vautour, s'imaginer qu'il provenait d'une sorte d'oiseau de proie assez grand pour soulever un jeune éléphant. Toutefois, le professeur Owen, d'accord avec Geoffroy-Saint-Hilaire, rattache les débris en question à une espèce d'oiseau terrestre tridactyle, différent pour le genre du *Dinornis giganteus* de la Nouvelle-Zélande, ne dépassant pas la taille de ce dernier, et ayant probablement un métatarse plus court.

En 1868, M. Grandidier découvrit dans un terrain marécageux, à Amboulitsale, sur la côte est de Madagascar, un tibia et un fémur presque entiers, ainsi que deux vertèbres d'oiseau, correspondant pour la grandeur avec les débris déjà trouvés de l'Æpiornis. Ces fossiles, qui sont aujourd'hui au Jardin des Plantes, ont été décrits par MM. Grandidier et Alphonse Milne-Edwards. Nous donnons ici les dimensions de ces ossements indiquées par ces naturalistes, en y joignant les dimensions correspondantes du dinornis, relevées par le professeur Owen, dans les procès-verbaux de la Société de zoologie :

Dimensions du tibia.

	Æpiornis maximus.	Dinornis maximus.
Longueur.	64 centimètres.	100 centimètres.
Circonférence de l'extrémité supérieure.	45 —	54 —
Id. de la partie médiane.	15,50 —	22 —
Id. de l'extrémité inférieure.	38 —	45 —

Dimensions du métatarse.

	Æpiornis maximus.	Dinornis maximus.
Longueur.	38 centimètres.	50 centimètres.
Diamètre transversal (le moindre).	8 —	7,75 —

On peut conclure, de ces dimensions, que le rukh était à peu près de la taille d'une autruche; mais que, comme le *Dinornis Elephantopus*, il était plus robuste, et avait, en particulier, des jambes et des pieds plus forts. Milne-Edwards et Grandidier ont aussi retrouvé les traces de deux Æpiornis plus petits, dont l'un aurait eu la taille du casoar et l'autre celle de l'outarde. De nouvelles recherches établiront vraisemblablement que l'île de Madagascar a été habitée autrefois par une famille nombreuse et variée de rukhs, comme la Nouvelle-Zélande l'a été par les moas.

La plus grande espèce connue d'Æpiornis est représentée, au Musée Britannique, par des reproductions des originaux décrits par Saint-Hilaire. Le seul œuf intact qui soit parvenu en Angleterre y a été apporté par George D. Rowley, qui en a publié, en 1864, une description intéressante. Nous citons, d'après lui, les dimensions suivantes de cet œuf :

> Grand axe de l'ellipse. . . . . $0^m 3099$
> Petit axe. . . . . , ... $0^m 2363$
> Grande circonférence. . . . . $0^m 8083$
> Petite circonférence. . . . . $0^m 7381$

Voici les dimensions correspondantes prises sur un œuf d'autruche de l'Afrique :

> Grand axe. . . . . $0^m 1549$
> Petit axe. . . . . $0^m 1270$
> Grande circonférence. . . . . $0^m 4526$
> Petite circonférence. . . . . $0^m 4318$

M. Rowley raconte que l'œuf de rukh qu'il possède fut trouvé à Mananzary, sur la côte orientale, à une grande profondeur, dans une colline de formation diluvienne, par des Malgaches qui exploitaient une mine de fer. Quelques ossements qui se trouvaient avec l'œuf furent malheureusement brisés avant d'être dégagés.

APPENDICE B.

NOTES SUR L'HISTOIRE NATURELLE DE L'ILE.

A la suite de l'ouvrage du commandant Dupré, intitulé *Trois mois de séjour à Madagascar*, on trouve une monographie très-intéressante de l'histoire naturelle du pays, écrite par le docteur Aug. Vinson, qui accompagna la députation diplomatique française à Tananarive, en 1862, comme médecin et naturaliste.

Les découvertes du docteur Vinson ne furent pas très-étendues ; car il ne séjourna que trois mois dans l'île, et ne put explorer le pays que dans le voisinage immédiat de la capitale et sur la route de Tamatave. Il réussit cependant à recueillir des informations très-exactes sur les différentes espèces de makis, et à leur assigner leur rang dans l'ordre auquel ils appartiennent.

Il découvrit plusieurs nouvelles espèces de papillons ; il détermina le genre et l'espèce du ver dont la chrysalide fournit la soie aux indigènes ; il décrivit scientifiquement les deux araignées qui sont réputées les seuls insectes dangereux et venimeux de Madagascar. Les quelques détails qui suivent, empruntés à cette esquisse, aussi vivante que pittoresque, serviront à compléter les observations contenues dans notre texte sur ce sujet intéressant.

Le docteur Vinson décrit la plaine d'Ankay, entre les collines d'Angavo et d'Alamazaotra, comme formée de sédiments riches en débris fossiles ; mais, malheureusement, il ne donne aucune indication sur la nature ni sur l'âge géologique de ces derniers. Il est donc réservé aux futurs explorateurs de déterminer l'époque des plus récentes formations géologiques de Madagascar. Vinson partage, du reste, l'opinion de ceux qui croient à la haute antiquité de l'intérieur de l'île, à cause de la grande abondance de roches primitives. En parlant de la flore de Madagascar, le docteur cite les paroles du botaniste français Dupetit-Thouars, qui, après avoir passé dix ans à étudier la végétation de Maurice, de la Réunion et de Madagascar, disait qu'il lui en faudrait encore autant pour connaître à fond les seules productions de ce dernier pays. Commerson, bien qu'il eût déjà fait le tour du monde avec Bougainville, fut tellement frappé de la beauté de Madagascar qu'il en parle, dans une lettre à Linnée, comme de la terre promise des botanistes.

Après avoir énuméré quelques-uns des arbres les plus remarquables (voir notre chapitre IV), le docteur Vinson termine son étude sur la flore en disant que « les bois de construction, les bois propres à l'ébénisterie et aux ouvrages d'art, les plantes nutritives, médicinales, textiles, en un mot tous les végétaux utiles, abondent dans ce pays favorisé, qui voit croître dans ses plaines la végétation des tropiques, et sur ses hauteurs celle des zones tempérées. »

Les makis, découverts dans les forêts par le docteur, appartiennent au genre *Indris*, et sont connus dans le pays sous les noms de *babacotes* et de *simepounes*. Le premier est l'*Indris niger*, et pour le second, le docteur propose le nom d'*Indris albus*. Ces deux animaux ont environ 0^m,85 de hauteur; leur fourrure est épaisse et douce au toucher. Quelques-unes des tribus de l'intérieur ont une grande vénération pour les babacotes. Ils les achètent pour les mettre en liberté lorsqu'ils les trouvent en captivité, et ils les enterrent après leur mort. Les indigènes racontent qu'une certaine tribu, en guerre avec ses voisins, s'était réfugiée dans une forêt; ceux-ci, en la poursuivant, attirés par le son de voix humaines, se trouvèrent en présence d'une troupe de babacotes, dont la vue les frappa d'une telle terreur, qu'ils s'enfuirent, persuadés que les fugitifs avaient été changés en bêtes. Quant à ceux-ci, ils vouèrent, au contraire, une reconnaissance éternelle au quadrumane qui les avait sauvés.

Les lépidoptères sont nombreux et variés à Madagascar; ils sont particulièrement remarquables par la richesse de leurs couleurs. On a reconnu que le plus beau de tous les papillons se trouve dans cette île (l'*Urania riphæa*). C'est une espèce de grande phalène; le fond noir de ses ailes antérieures est traversé par une multitude de raies et de bandes irrégulières d'un vert splendide, aux reflets dorés; les ailes postérieures offrent un magnifique ensemble des teintes les plus éblouissantes. Le docteur Vinson a trouvé aussi, dans les bois d'Alamazaotra, un beau et grand *Salamis* d'un blanc nacré, et remarquable par la forme de ses ailes, qui sont relevées sur les bords et marquées d'un V rouge ; plusieurs variétés du *Papilio epiphorba*, et un charmant *Salamis Radama* tout bleu, qui est propre aux environs de Tananarive. On assure cependant, qu'introduit accidentellement à la Réunion, en 1850, il s'y est multiplié d'une manière extraordinaire.

« Les habitudes des lépidoptères subissent à Madagascar, plus qu'ailleurs peut-être, les influences atmosphériques. Le matin, quand un brouillard froid et épais couvre les districts marécageux, si funestes aux Européens, tous les insectes dorment ou se cachent sous le feuillage sombre et humide ; mais, dès que le soleil brille dans son éclat tropical, les forêts, les sentiers, les lits des torrents sont peuplés de papillons au vol léger, aux ailes diaprées, qui se livrent à toutes sortes d'ébats, et tourbillonnent dans l'air comme de brillants flocons d'une neige multicolore.

» Quelque répugnance que nous éprouvions pour l'emploi des chenilles et de leurs chrysalides comme substances alimentaires, nous ne pouvons qu'admirer le parti qu'en tirent les Hovas dans l'industrie.

» Aucun pays ne paraît mieux approprié que celui-ci à la sériciculture. Dans l'*Imérina*, et dans les provinces environnantes, plusieurs chenilles se couvrent d'enveloppes soyeuses pour se préserver des froids de l'hiver et des pluies de l'été ; d'autres se revêtent dès leur naissance d'un manteau dans lequel elles se développent, ne laissant paraître à l'extérieur que les pattes antérieures pour se suspendre aux plantes, et la tête pour dévorer les feuilles. J'ai trouvé quelques-unes de ces chenilles sur une morelle dans le voisinage de la capitale. Il y en a qui effectuent leur métamorphose dans un cocon à plusieurs replis, et qui emploient pour le former des matières végétales artistement entrelacées. Certaines vivent en république, dans une poche qu'elles filent en commun ; chacune s'enferme ensuite dans un cocon séparé. Le mûrier et le ver à soie de Chine ont été naturalisés à Madagascar ; mais la soie qui s'y trouve la plus abondante, et qu'on appelle *Landy*, provient d'une chenille qui vit sur le *Cytisus cajanus*. Cette soie, quelque peu terne, est très-solide, et sert à tisser une étoffe d'une force exceptionnelle. On assure qu'en fouillant des tombes, on en a retiré des morceaux parfaitement intacts de ce tissu, qui avait servi pendant plusieurs siècles de linceul à des morts.

» La chenille qui produit cette soie a 55 millimètres de longueur; elle est de couleur marron, avec de belles rayures d'un brun plus foncé. Elle est composée de douze segments, avec huit paires de pattes; elle a de loin en loin des poils noirs, et porte sur le dos, près de la tête, quatre touffes de poils disposés en rosettes, qui se hérissent lorsque l'insecte est irrité. Le cocon, d'un jaune grisâtre, a 5 centimètres de longueur et 8 centimètres de circonférence. La chrysalide, qui est volumineuse et de couleur marron, est un mets favori des Malgaches. Le papillon est de taille moyenne; la femelle, plus grande que le mâle, est d'un gris perle; son corps, gros et court, est rempli d'œufs argentés. Le mâle est entièrement rouge. Ce lépidoptère, qui fait partie des *Bombyx*, appartient au genre *Brocera* (Bois-Duval), et formera une nouvelle espèce, nommée *Brocera cajani*, du nom de la plante qui nourrit la chenille.

» Les Malgaches ne dévident pas les cocons; ils les cardent et les filent à la quenouille après les avoir fait bouillir, afin de détacher les poils dont les chenilles se servent pour rendre leur linceul plus solide. Cette opération préliminaire est indispensable, car ces poils seraient dangereux pour les mains et les yeux; la soie est d'un gris clair; on l'emploie habituellement écrue; mais on la teint quelquefois avec des couleurs végétales ou minérales.

» Il existe de nombreuses variétés d'araignées dans les régions intérieures de l'île. La plus grande est une grande épeira, à tubercules, que les indigènes appellent *hala-bé*. Une autre, grosse et noire, avec des proéminences blanches, jette par-dessus les torrents des fils d'une longueur prodigieuse. On trouve dans les bois de très-belles gasteracanthes à épines courbes; il y a aussi des *olios*, une sélénapse tachetée, une *philodrome* blanche, etc. C'est parmi les arachnides que se trouvent les animaux les plus venimeux de Madagascar. Les araignées dangereuses sont de deux genres. La première est petite, noire, elle a 10 millimètres de longueur; l'abdomen est volumineux et garni d'une touffe de poils vermillon sur la partie postérieure ; une autre touffe de même couleur est placée transversalement sur la partie antérieure de l'insecte. Il présente en outre trois rangées de petits points blancs qui sont régulièrement placés sur le corps. Les pattes sont fines ; la première et la quatrième paire sont les plus longues. Les indigènes appellent cette araignée *menavody* ; ils s'accordent tous sur le danger attaché à sa morsure. Flacourt dit que le sujet mordu s'évanouit et devient froid comme de la glace. Les Malgaches se servent, comme moyen de guérison, d'une infusion de certaines plantes, et placent le patient devant un grand feu. A Tananarive, on pratique des incisions et des cautérisations.

» J'ai eu la chance de trouver une de ces araignées, non encore décrites par la science. L'examen de cet insecte m'a convaincu qu'il faut le ranger dans la même catégorie que le *Latrodecte pernicieux* de la Corse et de l'île d'Elbe, dont la morsure est réputée mortelle ; il se rapproche également du *Latrodectus mactans* de la Martinique, qui n'est pas moins venimeux. Je propose pour cette araignée le nom de *Latrodectus menavody*.

» La seconde araignée dont la morsure, également mortelle, produit une enflure qui, du point blessé, s'étend à tout le corps, est le *Foka* ou araignée crabe. Sa forme est celle d'un petit crabe ; sa longueur est de 11 millimètres ; le thorax est arrondi et résistant ; l'abdomen a la forme d'un trapèze, et se termine par une ligne droite à la partie postérieure. Tout le corps est d'un brun marron ; il est couvert de tubercules ; les pattes sont courtes, épaisses et semées de rugosités, comme chez les crustacés du genre *parthénope*. Je n'ai pas encore pu classer cette araignée, dont la forme exceptionnelle n'a point d'analogue parmi ses congénères. Peut-être faudra-t-il créer pour elle un genre nouveau. »

Ajoutons à ces renseignements, fournis par le docteur Vinson, qu'à l'exception des deux araignées décrites ci-dessus, les animaux nuisibles sont singulièrement rares dans le pays. Les serpents sont petits et on les dit inoffensifs ; les scorpions et les scolopendres sont moins nombreux que dans la plupart des régions tropicales. Pendant toute la durée de mon séjour à Madagascar, je n'ai jamais rencontré l'un ou l'autre de ces hideux insectes. La piqûre de l'un et de l'autre est très-douloureuse et quelquefois difficile à guérir; mais, moyennant quelques soins, elle ne présente point de danger. Les moustiques sont fort importuns dans la saison chaude et humide; mais l'intérieur de l'île est généralement franc des autres insectes domestiques, tels que blattes, cancrelats, et araignées de maison.

On trouve à Madagascar plusieurs espèces de jolis lézards de petite taille, tels que le *gerrhosaure* (voir la gravure, page 45), ainsi que des caméléons, notamment la singulière variété à nez fendu (*C. bifidus*), chez laquelle le museau est divisé en deux branches distinctes. Une des plus grandes espèces, le caméléon à verrues, est originaire de l'île. Les tortues y sont abondantes, notamment la grande tortue éléphantine, et la petite espèce nommée tortue à boite (*Pyxis*).

Les animaux insectivores y sont représentés par plusieurs variétés du *tenrec* ou rat de Madagascar, qui appartient à la famille des *talpides*.

Les coquilles terrestres sont nombreuses; une des plus grandes espèces, la *conque royale*, est employée en guise de trompette dans les solennités.

APPENDICE C.

NOTES SUR LA LANGUE MALGACHE.

La langue que parlent les Malgaches est indubitablement une branche de l'idiome malais-polynésien, dont la diffusion, géographiquement parlant, dépasse probablement celle de tout autre groupe de langues de même origine. L'usage de cet idiome s'étend, en longitude, sur plus de la moitié de la circonférence du globe, de Madagascar jusqu'aux îles qui touchent à l'Amérique méridionale; et en latitude, des îles Sandwich, au nord, jusqu'à la Nouvelle-Zélande dans le sud. L'illustre linguiste Humboldt, dans une lettre au Rév. J.-J. Freeman, s'exprime ainsi : « La langue malgache fait partie, sans aucun doute, de la famille des langues malaises, et elle a beaucoup de rapports avec celles qu'on parle à Java, à Sumatra et dans tout l'archipel indien.. Ce qui demeure pour moi une énigme, c'est la question de savoir de quelle manière et à quelle époque s'est effectuée l'émigration malaise à Madagascar. On trouve aussi un certain nombre de mots sanscrits dans le malgache. »

En comparant les termes malgaches avec ceux de la langue malaise qui sont cités dans les ouvrages de Marsden et de Crawfurd, on reconnaît que plusieurs mots sont absolument identiques dans les deux langues. Mais on trouve une preuve plus décisive encore de leur affinité dans la similitude de leurs constructions, notamment pour la manière de former les terminaisons des verbes, sans parler de l'absence commune de déclinaisons pour indiquer le genre, le nombre et le cas. Tout cela prouve suffisamment, sinon l'identité d'origine, tout au moins la relation intime des deux langues.

Un certain nombre de mots arabes se rencontrent aussi dans le malgache. Quelques-uns ont probablement été introduits à une époque relativement récente, et les autres dérivent sans doute d'une source commune. Bien que Madagascar soit très-rapproché de l'Afrique, la langue de la Cafrerie et du Mozambique est totalement inconnue dans l'île. Les Malgaches et les indigènes du continent ne se comprennent pas entre eux.

Nous avons déjà mentionné l'unité de la langue parlée à Madagascar. Bien qu'il faille un certain temps, à un étranger habitué au dialecte hova, pour comprendre les gens de la côte et pour causer facilement avec eux, il y a une telle ressemblance entre tous les dialectes, qu'il est facile, lorsqu'on connaît la langue parlée dans une partie de l'île, de se faire comprendre des natifs des autres districts. Les livres imprimés dans la capitale sont lus d'un bout à l'autre de l'île, sauf que chaque province prononce les lettres à sa façon.

Le verbe prend une grande variété de significations par l'addition de préfixes à la racine, qui est généralement un participe passif. Au moyen de ces préfixes on lui donne un sens actif, neutre, causatif, réciproque, récipro-causatif; et bien d'autres nuances encore s'expriment ainsi par un simple changement de la préfixe. Dans certains cas, on voit dériver d'une seule racine près de deux cents mots et formes de verbe.

Le Rév. J.-J. Freeman, un des premiers missionnaires de l'île, auteur d'un dictionnaire anglais-malgache, fait les observations suivantes : « La structure générale de cette langue a pour traits caractéristiques la simplicité et la netteté. Les phrases sont courtes, et sans circonlocutions. Les expressions figurées sont nombreuses ; mais la métaphore existe plutôt dans l'idée générale que dans les *mots* employés. Cette langue se prête aisément à l'art oratoire dans ce qu'il a de puissant et d'entraînant. Plusieurs chefs de districts, qui par leur position sont obligés de s'occuper des affaires de l'Etat, et qui sont par là même appelés à parler en public, possèdent un véritable talent d'orateur. Leur succès, toutefois, dépend de l'adresse avec laquelle ils flattent les passions ou les penchants de leurs auditeurs, bien plus que de l'enchaînement logique du raisonnement. Leur style admet la répétition de la même idée et des mêmes termes, pour donner plus de force à ce qu'ils veulent dire.

» L'usage fréquent des expressions figurées constitue un des grands charmes de la langue malgache. Cela rend les descriptions plus animées, et compense amplement l'absence de termes abstraits, qui est propre à un état de civilisation peu avancé. Plusieurs de ces expressions figurées sont des mots composés ; dans d'autres cas ce sont des phrases. En voici quelques exemples : *mitsamboki-mikimpy* : littéralement, « sauter en fermant les yeux ; » c'est-à-dire « s'aventurer témérairement. » *Mitsipi-dòhà-làka-mitana* : expression composée de la contraction de plusieurs mots qui veulent dire littéralement : « donner un coup de pied à la tête du canot qui passe (la rivière) ; » c'est-à-dire « mal reconnaître un témoignage de bonté. » Il y a un proverbe anglais correspondant qui dit : « Médire du pont qui vous fait passer la rivière. » *Ràmomàso-tsy-miàrak'àmam-pàty* : littéralement : « Ne pas accompagner le mourant avec l'eau des yeux ; » autrement dit : « ne pas pleurer au moment de la mort (d'un ami) ; » c'est-à-dire : « faire une chose à contre-temps ; » ou encore : « ne pas profiter de l'occasion ; » ou encore : « se repentir trop tard. » *Manisa-ràvina*, littéralement : « compter les feuilles des arbres, » c'est-à-dire : « se laisser aller à de folles imaginations. » *Manàoàriàry-zàto-àmpandriàna* ; littéralement, « amasser une centaine de piastres sur son lit, » c'est-à-dire : « former des projets sans consistance, bâtir des châteaux en Espagne. » *Màndri-àndriandèfona*, littéralement : « être couché sur une lance, » c'est-à-dire : « se trouver dans une douloureuse anxiété ; » nous dirions : « être sur les épines. »

» Il est difficile de donner des exemples de compositions littéraires des indigènes, par la simple raison qu'il n'existe dans leur pays d'autre littérature que celle qui a pour auteurs des Européens. L'esprit national ne s'est pas encore incorporé dans une forme écrite. Il existe toutefois une somme considérable de pensées et de sentiments qui se transmettent par la tradition, et dont un certain nombre ont été recueillis par l'écriture dans le cours des dernières années. Ce sont principalement des proverbes et dictons qui remontent à un temps immémorial. Il y a en outre des fables, des légendes, des chansons, des énigmes, et des formules de discours usitées dans les solennités publiques, assemblées politiques, mariages, funérailles, etc.

» Les fables, qui sont nombreuses, ne présentent aucun caractère saillant. Plusieurs d'entre elles ont quelque chose d'agréable ou d'amusant ; mais la plupart sont assez puériles ; quelques-unes ont même une tendance décidément vicieuse. Il en est peu qui soient faites pour inspirer des idées de loyauté, de devoir filial, d'honnêteté et d'industrie.

» Les légendes abondent, mais ont peu de valeur. Elles n'impliquent aucun système de morale, de théologie ni de philosophie. Ce sont les proverbes qui donnent l'idée la plus complète des tendances intellectuelles et morales du peuple, surtout si l'on réunit les *Hàintènys* et les *Ohabòlanas*. Ces derniers sont de courts dictons, des proverbes proprement dits ; les premiers sont des reparties heureuses, des jeux de mots populaires, et une variété infinie de plaisanteries dont tout le sel consiste parfois dans le simple son des mots. »

La langue des Malgaches n'a subi aucune modification pendant plusieurs siècles. Cela tient sans doute à leur isolement du reste du monde ; car les quelques relations qu'ils ont eues avec les commerçants arabes ou persans, sur la côte nord-ouest, ont été trop rares pour influer notablement sur leur langage. M. Griffiths, dans sa grammaire, signale le malgache comme « une langue qui abonde en voyelles douces et mélodieuses, si bien qu'on pourrait l'appeler l'italien de l'hémisphère sud. Elle a un caractère si original et si philosophique, qu'il y a lieu d'être surpris qu'un peuple aussi peu civilisé l'ait conservée à un tel degré de perfection. Les indigènes n'ont aucune littérature; la langue a donc atteint sa perfection actuelle uniquement par la conversation journalière, par les discours dans les assemblées publiques, et par les plaidoyers devant les cours de justice. »

Bien que, par suite de sa simplicité même et de sa pauvreté, le malgache ne se prête pas à rendre ces pensées délicates et élevées que les langues de l'Asie et de l'Europe expriment avec tant d'élégance, cela n'implique pas nécessairement un manque de capacité intellectuelle chez le peuple qui le parle ; c'est plutôt le résultat de leur isolement. Si, au moyen de ce langage, on ne peut exprimer que difficilement des idées abstraites, il y supplée par la facilité avec laquelle il s'approprie les mots étrangers, qui se plient à la prononciation indigène au moyen d'une légère altération dans le son des voyelles.

Si le malgache est pauvre à certains égards, il est riche d'un autre côté par la variété des termes qui servent à exprimer certains objets, avec une profusion et une délicatesse de nuances dont nous n'avons aucune idée. Il y a, par exemple, près de vingt mots différents pour décrire les divers modes de courbure que peuvent affecter les cornes des bœufs; et il existe plus de trente mots pour désigner les façons variées d'arranger les cheveux. C'est là, du reste, une particularité qui se retrouve dans la plupart des langues orientales.

Dans la langue malgache, on emploie la forme passive préférablement à l'actif des verbes. Ainsi pour le verbe dérivé du radical *hita* (vu), on dira : *hitako*, littéralement : « *vu par moi*, » au lieu de : *mahita àho*, « *je vois*. » On conjugue les verbes en ajoutant au radical une partie du pronom personnel, et les substantifs prennent le caractère possessif au moyen d'une addition semblable. Le nominatif suit généralement le verbe et l'adjectif le nom. Il n'y a pas de pluriel pour les substantifs.

On pourrait citer des exemples intéressants de ce que l'archevêque Trench appelle « la morale dans les mots. » Nous en avons déjà cité deux (page 187) en parlant du divorce et de la polygamic. Le mot malgache pour désigner l'hypocrisie est *fihiatsarambelatsihy*, littéralement : « devenir bon en étendant une natte : » expression énigmatique pour qui ne connaît pas les habitudes du pays ; mais si l'on se rappelle que dans les maisons indigènes, les murs et les planchers sont couverts de nattes de paille, qui cachent la bouse de vache dont les premiers sont enduits, et la saleté qui caractérise habituellement les seconds, on trouvera la métaphore parfaitement juste. Il est facile de donner instantanément un air de propreté à une maison, en étendant sur le sol une natte neuve, qui trop souvent ne sert qu'à dissimuler la souillure du dessous.

Les indigènes chrétiens emploient souvent, en s'adressant à Dieu dans leurs prières publiques, la locution : *Milèlà-pàladia anao izahày*, qui signifie littéralement : « Nous léchons les semelles de tes pieds. » L'étrangeté de cette expression s'explique par une ancienne coutume du pays. C'était autrefois l'usage que les esclaves et les prisonniers de guerre, pour montrer leur soumission à leur maître ou à leur vainqueur, leur léchassent les pieds ; les femmes rendaient aussi le même hommage à leurs maris. Bien que cet usage soit tombé en désuétude, du moins dans l'Imérina, il se trouve rappelé dans cette expression, pour indiquer l'humiliation profonde qui convient à l'homme envers Dieu.

Il y a beaucoup de mots qui renferment une image poétique : ainsi la rivière s'appelle *rèni-ràno*, « mère des eaux ; » le soleil, *màso-àndro*, « l'œil du jour ; » la capitale : *rènivòhitra*, « mère des villes. » Le mot « continuellement » est rendu par *màndrakariva*, « jusqu'au soir ; » car cette langue, comme presque toutes les autres langues, n'exprime que difficilement l'idée de la durée infinie. Pour dire « à jamais, » on dit : *mandrakisay, mandrakisay*, littéralement : « jusque-là — jusque-là. »

Les missionnaires de la Société de Londres furent les premiers qui donnèrent au malgache une forme écrite. Ils en fixèrent la grammaire, le mode de construction, et firent des dictionnaires. On adopta naturellement les caractères romains ; les voyelles ont le même son qu'en français, à l'exception de l'*o* qui se prononce *ou*. L'*u* n'est pas usité, car on le prononce *io*. L'*i* et l'*y* sont identiques, le dernier s'emploie toujours à la fin des mots. Les consonnes *c*, *g*, *w*, *x* ne servent pas. Lorsqu'on adopte des mots européens, on les allonge en insérant fréquemment des voyelles entre des consonnes qui se suivent immédiatement dans nos langues. Nous avons déjà dit que cette abondance de voyelles donne au langage parlé une douceur très-agréable à l'oreille; on n'y trouve pas ces sons gutturaux et sifflants qui caractérisent les langues du nord de l'Europe et celles de l'Asie occidentale.

Le malgache est facile à apprendre ; il faut, pour le comprendre et le parler, bien moins de temps que pour la plupart des langues hindoues, sans compter le chinois. Plusieurs personnes ont pu prêcher en malgache après six mois de séjour dans l'île. Toutefois, on ne se rend maître de toutes les finesses de la langue qu'au prix d'un temps assez long, d'une grande application, et de relations continues avec les indigènes. Nous donnons ici-dessous, comme spécimen des constructions malgaches, l'Oraison dominicale et deux strophes d'un cantique indigène (1).

(1) « Rainay Izay any an-danitra, Hasino ny anaranao. Ampandrosoy ny fanjakanao. Atavy ny sitra-ponao aty an-tany, tahaky ny any an-danitra. Omeo anay anio izay hanina sahaza ho anay. Ary mamelà ny trosanay, tahaky ny famelanay ny mitrosa aminay. Ary aza mitarikia anay ho amy ny fakam-panahy, fa manafaha anay amy ny ratsy; Fa anao ny fanjakana, sy ny hery ary ny voninahitra, mandrakizay. Amena. »

« 1. Jeso, Tompo, mamindrà-fo
    Amy ny mpanomponao ;
  Fa tsy misy famonjena,
    Afa tsy ny aminao :
      O vonjeo
    Ny mifona aminao.

» 2. Fa kamboty sy mahantra,
    Ory, osa, reraka,
  Izahay aty an-tany,
    Raha tsy vimbininao ;
      O ampio
    Ny miankin' aminao. »

Au dire de plusieurs écrivains français, les caractères arabes auraient été introduits sur certains points de la côte de Madagascar, où ils auraient servi à écrire quelques livres et des traités scientifiques. Flacourt parle de vingt-huit livres de ce genre. Quoi qu'il en soit de l'exactitude de cette assertion, on peut être sûr que l'usage des lettres arabes a été très-restreint, et qu'elles n'ont probablement été employées que dans des relations commerciales. Aucun des livres mentionnés n'a été vu dans la capitale, et l'arabe n'a exercé qu'une très-faible influence sur la langue du pays. On ne le connaît même pas du tout parmi les Hovas des provinces du centre.

Le Rév. M. Campbell, de la Société des Missions de l'Eglise anglicane, a découvert, dans une tournée qu'il fit, en 1867, dans les provinces du sud, quelques traces de l'influence arabe parmi les Antimours (voir la carte). Il raconte qu'un des indigènes lui dit que les Antimours ne comprenaient pas nos lettres, et qu'ils se servaient pour écrire des caractères arabes. « Je le priai, ajoute le missionnaire, d'écrire son nom sur mon livre de notes, et il l'écrivit de droite à gauche, à la manière orientale. Il écrivit avant son nom ce qu'il appelait *isha*, et quand je lui demandai ce que cela signifiait, il me répondit qu'il ne le savait pas, mais que c'était *ny fombany ny olona any Maka*, « la coutume des gens de Maka » (sans doute la Mecque). » On sait que les principaux établissements arabes, à l'est de Madagascar, étaient situés sur cette partie de la côte visitée par M. Campbell.

APPENDICE D.

PROCLAMATION DE RADAMA Ier POUR L'ABOLITION DE LA TRAITE DES ESCLAVES A MADAGASCAR, OCTOBRE 1817.

« HABITANTS DE MADAGASCAR !

» Aucun de vous n'ignore l'amitié qui nous lie au gouverneur de Maurice, et l'attachement dévoué que nous avons pour lui. Il s'est occupé, différant en cela des autres étrangers qui ont visité nos rivages, d'augmenter notre bien-être et notre prospérité. Il ne nous a pas privés de nos droits ni de nos propriétés ; il n'a pas permis aux hommes blancs d'emmener nos enfants en esclavage ; il nous a envoyé des personnes pour nous enseigner des arts et des industries que nous ne connaissions pas, pour que nous pussions nous défendre contre nos ennemis, et prévenir la famine par une culture plus productive de nos terres. Nous sommes plus tranquilles et plus heureux depuis l'établissement dans notre voisinage des représentants de la puissance britannique, et nous sommes reconnaissants envers notre bon père (1), qui nous a valu ces bénédictions.

» Son peuple et son roi ont fait des lois pour empêcher que vous ne fussiez emmenés hors de l'île en esclavage, et il punit les blancs qui se permettent de les violer.

» Il nous a fait appel pour nous prier de l'assister dans cette œuvre qui n'a en vue que votre avantage, et il nous a promis son puissant secours pour punir les désobéissants.

» Nous accédons volontiers à cette proposition de notre père, et nous déclarons, en conséquence, que si quelqu'un de nos sujets se rend coupable de vendre un esclave ou une autre personne dans le but de la transporter hors de l'île de Madagascar, le coupable sera puni en étant réduit lui-même à l'état d'esclave, et ses biens seront confisqués.

» Que ceux de mes sujets qui ont des esclaves les emploient donc soit à la culture de riz, au soin des troupeaux, ou à ramasser la cire des abeilles, ou la gomme, ou à tisser les étoffes, ou à tels autres services qu'ils peuvent rendre. Je leur donne le premier l'exemple en abandonnant la taxe qui m'était allouée sur la vente des esclaves pour l'exportation.

» J'invite mon frère, Jean René, et les autres chefs qui sont sur les côtes, à saisir, pour leur propre usage et à leur profit, tous les esclaves qu'on tenterait d'importer dans leurs provinces respectives. De plus, ils prêteront aide et assistance à l'agent du gouvernement de Maurice dans l'exécution de ses devoirs.

» Telle est ma volonté ; qu'elle soit connue de chaque habitant de cette île ! Leur propre bonheur et leur sûreté dépendront de leur obéissance à cette proclamation. »

(1) Le gouverneur anglais de Maurice.

APPENDICE E.

L'IMANENJANA OU MANIE DANSANTE.

Pendant le mois de février 1863, les Européens en résidence à Tananarive entendirent parler vaguement d'une maladie nouvelle et étrange qui avait fait son apparition dans la région du sud-ouest. Les indigènes l'appelaient *imanenjana*, nom qui ne pouvait fournir aucune lumière sur la nature de cette affection mystérieuse. De proche en proche elle arriva dans la capitale, et au mois de mars elle y devint commune. On vit d'abord des groupes de deux ou trois personnes, accompagnés de musiciens, danser sur les places publiques; dans l'espace de quelques semaines ces personnes se comptèrent par centaines, tellement qu'on ne pouvait sortir de chez soi sans rencontrer quelque bande de ces danseurs. La contagion s'étendit rapidement jusque dans les villages les plus éloignés de la province d'Imérina, et même dans les chaumières isolées.

Les esprits étaient vivement excités à cette époque, en raison des changements politiques et sociaux qui avaient été accomplis par Radama II. Un parti antichrétien et antieuropéen s'était formé pour combattre le progrès. Il existait des sympathies occultes entre ce parti et l'épidémie dansante, surtout dans la capitale, et les chrétiens virent là une possession du malin esprit. Les progrès de cette étrange maladie produisirent une consternation générale, et cette consternation aidait à la propager.

Les personnes qui en étaient affectées appartenaient principalement, mais non exclusivement, aux classes inférieures. C'étaient en majorité des jeunes femmes de quatorze à vingt-cinq ans; il y avait toutefois un nombre considérable d'hommes parmi les danseurs; mais ils ne dépassaient pas le quart du chiffre total.

A part de très-rares exceptions, qui ne sont même pas bien constatées, les chrétiens échappèrent à cette influence; sans doute parce qu'ils étaient étrangers à l'esprit d'inquiétude et de malaise qui paraît avoir été la source de la maladie; leurs sympathies étaient plutôt dans le sens de la révolution sociale qui inquiétait la multitude ignorante. Ils se trouvaient, pour ainsi dire, en dehors du courant. L'immunité dont ils furent l'objet peut s'expliquer en partie par la supériorité de leur éducation intellectuelle et morale ; mais elle provenait aussi de la conviction où ils étaient qu'il y avait dans toute cette affaire une influence du mauvais esprit sur leurs compatriotes païens. Dès lors ils pouvaient étudier le phénomène en simples observateurs, et sans être atteints par la peur, qui en pareil cas prédispose à la maladie.

Les malades se plaignaient ordinairement d'un poids et d'une douleur dans le péricarde, d'un malaise général, quelquefois d'une raideur à la nuque du cou. Quelques-uns éprouvaient en outre des douleurs dans le dos et dans les membres ; le plus souvent il y avait accélération dans la circulation du sang, quelque fois même de légers symptômes fébriles. Après s'être plaint de ces malaises pendant un, deux ou trois jours, ils manifestaient une agitation nerveuse ; si alors la moindre excitation agissait sur eux, et notamment s'il leur arrivait d'entendre un chant ou le son d'une musique, ils devenaient incapables de se maîtriser, échappaient à toute contrainte, couraient où la musique se faisait entendre, et se mettaient à danser, quelques fois pendant plusieurs heures consécutives, avec une rapidité vertigineuse. Ils balançaient la tête d'un côté à l'autre d'un mouvement monotone, et agitaient les mains de haut en bas d'une manière également uniforme. Les danseurs ne se joignaient jamais au chant, mais ils faisaient entendre fréquemment un profond soupir. Les yeux étaient hagards et toute la physionomie prenait une expression indéfinissable d'*absence*, comme si les patients eussent été absolument étrangers à ce qui se passait autour d'eux. La danse se réglait sensiblement sur la musique, qui était toujours aussi rapide que possible, et semblait ne l'être jamais assez au gré des danseurs ; cette danse dégénérait souvent en un pur sautage. Ils dansaient de la sorte, à l'étonnement de tous les assistants, comme s'ils eussent été possédés de quelque esprit malin, et avec une persistance presque surnaturelle, lassant la patience et les forces des musiciens qui se relayaient fréquemment entre eux, jusqu'à ce qu'enfin les danseurs tombassent subitement comme frappés de mort ; ou bien, si la musique venait à s'interrompre, ils se précipitaient en avant comme saisis d'un nouvel accès, et se mettaient à courir jusqu'à ce qu'ils tombassent par terre dans un état d'insensibilité. Lorsque les patients étaient arrivés ainsi à un état de complet épuisement, on les rapportait chez eux, et le principe du mal semblait alors détruit ou suspendu. Quelquefois la maladie ne revenait plus après ce temps d'arrêt ; mais le plus souvent une nouvelle crise éclatait plus tard. Il suffisait pour la déterminer du son de la musique, ou de toute excitation qui avait quelque rapport avec la maladie.

Les patients aimaient à porter avec eux des cannes à sucre. Ils les tenaient à la main ou les mettaient sur l'épaule quand ils dansaient. Souvent aussi on les voyait évoluer en portant sur la tête un vase plein d'eau, qu'ils maintenaient en équilibre avec une étonnante dextérité. C'était habituellement au son du tambour qu'ils dansaient ; mais les autres instruments pouvaient également servir. Lorsqu'on ne pouvait pas se procurer un instrument, les assistants battaient la mesure avec leurs mains, on chantaient un air qu'affectionnaient particulièrement les patients. Leur rendez-vous favori était la pierre sacrée qui se trouve dans la plaine au-dessous de la ville, et qui sert au couronnement des souverains de Madagascar (page 113). Ils dansaient là pendant des heures entières, et terminaient la scène en déposant sur la pierre une canne à sucre en guise d'offrande.

Les tombeaux étaient aussi des lieux de réunion affectionnés des danseurs ; ils s'y rencontraient le soir, et dansaient au clair de la lune jusque passé minuit, au milieu des tombes.

Beaucoup d'entre eux prétendaient entretenir des relations avec les décédés, et notamment avec la feue reine Ranavalona. En décrivant plus tard leurs sensations, ils disaient avoir éprouvé comme celle d'un cadavre attaché à leur personne, et dont tous leurs efforts ne parvenaient pas à les débarrasser ; d'autres parlaient d'un poids qui les attirait incessamment en bas où en arrière. Ils abhorraient par-dessus tout, chose étrange, les porcs et les chapeaux. La seule vue de ces objets leur était répulsive à tel point qu'elle les jetait quelquefois dans des convulsions; elle ne manquait jamais d'exciter leur fureur. Ils éprouvaient également une vive répulsion, plus difficile à expliquer, pour la couleur noire. Les pourceaux sont réputés impurs par plusieurs tribus malgaches, et l'on s'explique que ces animaux aient pu être l'objet d'une horreur superstitieuse. D'un autre côté, les chapeaux rappelaient le souvenir odieux des étrangers, puisque la plupart des indigènes n'en portent pas; mais comment se rendre compte de cette antipathie à l'endroit d'une couleur? Le fait est pourtant que ce symptôme se rencontrait toujours dans les accès de la maladie en question. On a observé le même phénomène lors des pèlerinages d'enfants au treizième siècle, lesquels finirent par prendre le caractère d'une choréomanie (1).

Cette maladie se rattachait évidemment à des préjugés nationaux, politiques ou religieux, qui formaient un lien puissant et intime entre un grand nombre de personnes : ce qui explique le caractère épidémique de l'affection. C'est ainsi qu'au moyen âge on vit apparaître une manie dansante qui était en rapport avec les idées superstitieuses du temps. A Madagascar le choix du voisinage des tombes, pour les évolutions des patients, s'explique par le culte des ancêtres et le respect superstitieux des tombeaux, qui sont un trait si caractéristique des mœurs indigènes. Il est à remarquer aussi que c'est seulement aux époques où l'esprit public est fortement préoccupé par quelque cause générale, que la choréomanie prend un caractère épidémique. On l'a vue se manifester en Allemagne à la suite des ravages de la peste et des inondations du Rhin, qui avaient amené un état général de dénûment et de misère. Les conditions religieuses et politiques de l'époque, tels que les abus du régime féodal, la corruption de l'Eglise, l'abaissement du niveau moral, l'exercice illimité du pouvoir engendrant l'esprit de révolte, toutes ces circonstances ont dû contribuer à donner au mal un caractère épidémique.

A Madagascar cette maladie avait rarement une issue funeste;

---

(1) Le 15 juillet 1237, un millier d'enfants se trouvèrent subitement réunis à Erfurth, par suite d'une impulsion spontanée, sans entente préalable, et à l'insu de leurs parents.

les cas de mort, en petit nombre, se sont présentés seulement lorsqu'on empêchait le patient de prendre part aux danses. Il semblerait que la danse fût un moyen salutaire de donner issue à l'effervescence interne, qui devenait funeste lorsqu'elle était violemment comprimée. La musique avait pour effet de régler et de contrôler les mouvements, qui auraient pu être dangereux s'ils eussent été abandonnés à leur désordre naturel. C'est un fait bien remarquable que l'exercice purement physique, à quelque degré de violence et de durée qu'il soit poussé dans cette maladie, est complétement inoffensif pour la santé.

Ajoutons en terminant que dans ces manifestations morbides, dont la réalité ne saurait être mise en doute, il se mêlait une certaine proportion d'imposture, de la part de quelques personnes. Tous les malades prétendus n'étaient pas de vrais malades. Il est très-difficile en pareil cas de démêler exactement les motifs divers qui font agir les hommes. On comprend aisément qu'il a dû y avoir bien des personnes qui, ayant commencé par feindre la maladie par esprit d'imitation, en sont plus tard devenues réellement les victimes (Voir *La choréomanie*, esquisse historique, par le docteur Davidson).

APPENDICE F.

DE LA LÈPRE ET D'AUTRES MALADIES RÉGNANTES DANS LES RÉGIONS CENTRALES DE MADAGASCAR.

La province centrale de l'île, élevée de 12 à 1500 mètres au-dessus du niveau de la mer, jouit d'un climat plus tempéré qu'on ne le supposerait au 18e degré de latitude méridionale ; la température habituelle varie entre 14 et 26 degrés centigrades. La quantité de pluie qui tombe pendant la saison humide, de novembre à avril, est de 1 mètre 50 cent.

Les chaleurs sèches qui précèdent la chute des pluies favorisent le développement de diverses maladies, telles que la fièvre typhoïde, la diarrhée, le choléra des enfants, et de graves inflammations internes. La chaleur humide qui accompagne les premières pluies engendre des affections du foie et de l'estomac. La dyssenterie proprement dite est rare dans le pays, ainsi que la fièvre scarlatine et le vrai typhus. Les affections de poitrine ne se rencontrent que dans la proportion d'un malade sur cent ; les bronchites aiguës sont aussi rares là-bas qu'elles sont fréquentes en Angleterre ; on voit aussi très-peu de rhumatismes aigus. Les vers intestinaux se rencontrent presque chez tous les individus ; le ver solitaire n'est point rare, et il est très-redouté des indigènes. « La nature humaine, écrit M. Davidson, est portée en tous pays vers les empiriques et les charlatans : ce genre de parasites abonde ici presque autant qu'en Angleterre. Il y a dans ce moment un esclave dont la panacée consiste à pratiquer dans la peau, au moyen d'un acide violent, des trous de brûlure de la dimension d'un shelling. Quelle que soit la partie du corps où réside le siége du mal, sans excepter la figure et les yeux, le patient est immédiatement soumis à une série de brûlures symétriques, qui parfois le défigurent atrocement. »

Les affections de la peau sont fréquentes, ainsi que ces hideuses maladies qui ont pour origine l'inconduite. La folie est extrêmement rare ; le suicide l'est encore plus : on n'en connaît jusqu'ici que deux cas. Le docteur Davidson n'a jamais rencontré dans l'île le *delirium tremens*.

La lèpre est assez fréquente à Madagascar. On a traité au dispensaire de la Mission, dans la seule année 1862, près de cent cas de cette mystérieuse et terrible maladie. Elle présente trois périodes dans son développement. La première est caractérisée par l'apparition de taches, qui deviennent des tubercules dans la deuxième période ; la troisième amène l'ulcération, et parfois la chute des membres. Ces trois phases de la maladie peuvent exister simultanément sur différents points du corps. Les symptômes et les progrès de la lèpre, à Madagascar, ne diffèrent pas sensiblement des descriptions données à ce sujet par les auteurs les plus anciens. Tout en affectant la peau, les cheveux, et en dernier lieu les jointures des membres, le mal n'atteint pas dans la même mesure les fonctions essentielles de la vie. On observe généralement une influence exercée sur les organes de la respiration et sur le système nerveux ; un ralentissement des fonctions du cœur; et tous ces symptômes s'accusent de plus en plus à mesure que le mal fait des progrès. Les malheureuses victimes, incapables de se servir elles-mêmes, finissent par devenir une charge et un objet de répulsion pour ceux qui les soignent.

Selon le docteur Davidson, aucun doute ne saurait exister sur le caractère héréditaire de la lèpre; et dans presque tous les cas qui se présentent, on peut remonter à la source de l'infection transmise par hérédité. Il est difficile de décider la question de savoir si la maladie peut se déclarer de nos jours spontanément, ou si elle est toujours le résultat d'une contagion. Elle n'est pas éminemment contagieuse dans le sens ordinaire du mot; car on voit des maris lépreux vivre pendant plusieurs années en contact avec leurs femmes, sans leur transmettre le mal dont ils sont atteints, et *vice versâ*. Toutefois, c'est un fait digne d'attention, que la lèpre s'est répandue d'une manière effrayante dans la population de Madagascar, depuis qu'on a laissé tomber en désuétude la loi qui excluait les lépreux de la société.

Un profond mystère enveloppe la cause première de ce terrible fléau. Les différences relatives à la race, au climat, à l'alimentation, au degré d'élévation au-dessus du niveau de la mer, ne fournissent aucune solution du problème; le mal se rencontre indifféremment chez toutes les tribus, dans tous les rangs de la société et dans toutes les régions du pays. Il est probable que le défaut de propreté dans l'alimentation, dans le vêtement et dans les habitudes journalières, tend à aggraver la maladie. Il semble que la lèpre n'apparaisse jamais spontanément chez un individu en vertu des causes inconnues qui la produisent, mais que ces causes agissent lentement et graduellement, dans le cours de plusieurs générations successives.

Nous sommes également dans l'obscurité au sujet du traitement de cette effroyable maladie. Tous les moyens curatifs ont été vainement expérimentés. Dans l'état présent des connaissances, il ne peut être question que de pallier le mal, non de le guérir. L'iodure de potassium, le quassia à forte dose, les applications externes d'huile d'olive, les bains tièdes, ont été employés avec quelque succès, en tant que ces moyens ont procuré aux malades un soulagement temporaire.

APPENDICE G.

En vue des personnes qui désireraient étudier plus à fond l'histoire de Madagascar, je joins ici la liste des diverses publications dont j'ai eu connaissance sur ce sujet.

OUVRAGES ANGLAIS.

Histoire de Madagascar, par Copland.
Vie de Beniowski.
Aventures de Robert Drury pendant une captivité de quinze ans dans l'île de Madagascar; description du pays, de ses produits, de ses manufactures, de son commerce, des mœurs et coutumes des habitants, de leur organisation civile et militaire; avec un Appendice contenant un vocabulaire de la langue malgache. Londres, 1728-1743.
Journal d'une veuve de missionnaire, renfermant quelques détails sur Madagascar, et le récit de la carrière missionnaire du Rév. J. Jeffreys. Par Keturah Jeffreys. Southampton, 1827.
Histoire de Madagascar, écrite d'après des documents originaux, par le Rév. William Ellis. Avec cartes et gravures. Londres, 1838.
Ce livre est incontestablement l'ouvrage le plus exact et le plus complet qui ait été publié jusqu'à ce jour sur le pays et ses habitants. C'est la source à laquelle ont puisé la plupart des auteurs qui ont écrit sur ce sujet.
Récit des persécutions dirigées contre les chrétiens à Madagascar, avec des détails sur l'évasion des six réfugiés qui se trouvent actuellement en Angleterre. Par les Rév. J.-J. Freeman et David Johns. Londres, 1840.
Madagascar, dans le passé et dans son état actuel; avec des observations sur les relations politiques et commerciales du pays avec l'Angleterre et avec la France, ainsi que sur les progrès accomplis sous l'influence de la civilisation chrétienne. Par un résident. Londres, 1847.
Trois visites à Madagascar pendant les années 1853, 1854 et 1856; voyage à la capitale; notes sur l'histoire naturelle du pays,

et sur les progrès de la civilisation parmi les habitants. Par W. Ellis. Avec gravures. Londres, 1859.

Derniers voyages d'Ida Pfeiffer; visite à Madagascar. Traduit par H.-W. Dulcken. Londres, 1861.

Cet ouvrage a été traduit en français par W. de Suckau, et publié dans le *Tour du monde*, année 1861.

Madagascar : ses missions et ses martyrs. Par le Rév. E. Prout. Londres, 1862.

Madagascar et les Malgaches; avec des vues prises dans les provinces de Tamatave, de Bétaniména et d'Ankova. Par le lieutenant S.-P. Oliver. A. R. Londres, 1863.

Madagascar : ses progrès religieux et sociaux, par Mme Ellis. Londres, 1863,

Nouvelle visite à Madagascar ; événements du dernier règne et révolution qui l'a terminé; par W. Ellis. Avec gravures. Londres, 1867.

L'Eglise martyre ; introduction, persécutions et triomphe du christianisme à Madagascar. Par W. Ellis. Gravures. Londres, 1869.

OUVRAGES DE PHILOLOGIE.

Dictionnaire de la langue malgache. En deux parties : anglais-malgache, par le Rév. J.-J. Freeman; malgache-anglais, par D. Johns. Tananarive, 1835.

Grammaire de la langue malgache dans le dialecte d'Ankova, par le Rév. David Griffith. Woodbridge, 1854.

Eléments d'une grammaire de la langue malgache, par E. Baker; Port-Louis, 1845 ; Londres, 1864.

BROCHURES.

Voyage en bateau sur les lacs de la côte orientale de Madagascar, par le capitaine R.-W. Rooke. Lu à la Société géographique. Décembre 1865.

Visite dans les provinces nord-ouest de Madagascar, par le Rév. H. Maundrell. Lu à la Société géographique. Janvier 1867.

De la lèpre à Madagascar, par le docteur Davidson, médecin missionnaire. Edimbourg, 1864.

La choréomanie : esquisse historique. Relation de l'épidémie observée à Madagascar, par le docteur Davidson. Edimbourg, 1867.
Journal de la Société des missions de Londres. Années 1812 à 1869.
Journal de la Société des missions de l'Eglise anglicane, 1863 à 1869.
Annales de la Propagation de la foi, 1862 à 1869.

OUVRAGES FRANÇAIS.

Histoire de Madagascar, par Flacourt.
Voyages à Madagascar et aux Indes orientales, par l'abbé Rochon. 1791.

Ce livre renferme des vues élevées et pleines d'humanité. L'auteur n'hésite pas à condamner la cruauté et la folie des diverses tentatives faites par ses compatriotes pour établir des colonies dans l'île. On y trouve des renseignements détaillés sur la flore de Madagascar, et il est accompagné d'une carte géographique des plus curieuses.
Annales de la propagation de la foi. Années 1862 à 1869.
Trois mois de séjour à Madagascar, par le capitaine Dupré, avec cartes de l'île. Paris, 1863.
Madagascar et les Madécasses. Histoire, mœurs, productions, curiosités naturelles. Par Octave Sachot. Paris, 1864.

Le fond de cet ouvrage est tiré « des *Trois visites* de M. Ellis; » l'auteur ajoute de nombreux renseignements puisés à des sources françaises, et des rectifications faites au point de vue français.
Histoire et géographie de Madagascar, par Macé-Descartes.
Madagascar, possession française depuis 1642 (!), par V.-A. Barbié du Bocage. Paris, 1858.
Connaissance de Madagascar, par Louis Lacaille. Paris, 1862.
Notice historique, par Francis Riaux.
Histoire de l'établissement français de Madagascar, par L. Carayon.
Documents sur l'histoire de Madagascar, par M. Guillain.
La relation du docteur Milhet-Fontarabie. Revue algérienne. 1860.
Voyages à Madagascar et aux îles Comores, par L. de Lacombe.
Madagascar et le roi Radama II, par R.-P.-H. de Régnon. Paris. 1863.
Notes sur Madagascar, par M. Albrand, 1844.
Colonisation de Madagascar, par Désiré Laverdant. Paris, 1844.
Notice historique et géographique, par Eugène de Froberville.
Relation du voyage à Tananarive, par le T.-R. P. Jouan.
Madagascar à vol d'oiseau, par M. Désiré Charnay. Paris, 1864.

APPENDICE H.

TABLEAU CHRONOLOGIQUE DES PRINCIPAUX ÉVÉNEMENTS DE L'HISTOIRE DE MADAGASCAR.

Date (ap. J.-C.).

Découverte de l'île par Laurence Alméida, vice-roi des possessions portugaises dans l'Inde.	1506.
Etablissement d'une colonie française à Lucie, dans la province d'Anosy.	1642.
Etablissement d'une colonie anglaise à la baie de Saint-Augustin.	1642.
Naufrage de Rubert Drury sur la côte méridionale.	1702.
Son séjour dans l'île comme esclave jusqu'en. . . . . , ...	1717.
Destruction de la piraterie par les forces combinées des marines européennes. . .	1722.
Etablissement des Français au fort Dauphin, sous la conduite de M. Mandave. . . .	1768.
Débarquement du comte Béniowski à la baie d'Antongil pour fonder une colonie française..	1774.
Meurtre de Béniowski par les Français. .	1786.

(On suppose qu'Andriambélomasima, grand-père de Radama Ier, régnait à cette époque sur l'Imérina.)

Naissance de Radama Ier.	1792.
Mort d'Andrian-Impoïn-Imérina, père de Radama Ier.	1810.
Proclamation de sir Robert Farquhar, gouverneur de l'île Maurice, pour prendre possession de Madagascar, comme dépendance de cette île, ancienne colonie française.	1814.

Arrivée à Tananarive du capitaine Le Sage,

APPENDICE. 611

agent du gouvernement anglais, pour négocier un traité d'amitié et de commerce.	Novembre 1816.
Conclusion du traité entre Radama Ier et le gouverneur de Maurice.	Janvier 1817.
Arrivée à Tamatave des premiers missionnaires protestants, les révérends Bevan et Jones.	Août 1818.
Arrivée à Tananarive de M. Jones, accompagné de M. Hastie, résident anglais, pour commencer une mission dans la capitale.	3 octobre 1820.
Conclusion du traité abolissant la traite des esclaves..	11 octobre 1820.
Ouverture de la première école à Tananarive.	8 décembre 1820.
Arrivée dans la capitale des ouvriers de la mission..	15 mai 1821.
Fondation de la première église chrétienne.	Septembre 1822.
Mort de M. Hastie à Tananarive.	8 octobre 1826.
Mort de Radama I^{or} et avénement de sa veuve Ranavalona.	27 juillet 1828.
Couronnement de Ranavalona comme reine de Madagascar.	12 juin 1829.
Attaque des Français contre Tamatave.	14 octobre 1829.
Baptême des premiers chrétiens malgaches.	29 mai 1831.
Interdiction du baptême et de la communion aux soldats chrétiens.	Novembre 1831.
Ordre signifié aux premiers missionnaires anglais (M. et Mme Atkinson), de quitter le pays..	8 juin 1832.
Grande assemblée tenue à Tananarive, le dimanche, pour interdire le culte et l'enseignement du christianisme.	1er mars 1835.
Départ des derniers missionnaires anglais, MM. Johns et Baker.	Juillet 1836.
Rasalama, premier martyr chrétien, subit le supplice de la lance à Ambohipotsy.	14 août 1837.
Attaque dirigée contre Tamatave par des forces combinées anglaise et française.	Juin 1845.
Accroissement de la persécution ; quatorze	

martyrs précipités du rocher d'Ampamarinana; quatre brûlés vifs à Faravohitra.	Mars 1849.
Arrivée de M. Ellis à Tananarive pour s'enquérir de l'état des choses.	26 août 1856.
Tentative de révolution sous l'influence française; elle aboutit au bannissement de MM. Laborde et Lambert, et de Mme Ida Pfeiffer.	Juin à sept. 1857.
Réveil de la persécution; beaucoup de martyrs sont lapidés; un très-grand nombre sont mis en prison et dans les chaînes; cinquante environ subissent l'épreuve du poison (tanghin).	Juillet 1857.
Mort de la reine Ranavalona, et avénement de son fils Radama II.	15 août 1861.
Arrivée de M. Ellis à la capitale pour réorganiser la mission anglaise.	16 juin 1862.
Couronnement de Radama II.	23 septemb. 1862.
Conspiration et révolution; meurtre de Radama.	Mai 1863.
Avénement de sa veuve Rabodo, sous le nom de Rasohérina.	12 mai 1863.
Pose de la première pierre de l'hôpital des missions à Analakély.	14 janvier 1864.
Pose de la première pierre de la première église commémorative à Ambatonakanga.	19 janvier 1864.
Révocation du premier ministre Raïnivoninahitriniony, auquel succède son frère Raïnilaïarivony.	18 mai 1864.
La Société *pour la propagation de l'Evangile* commence une mission à Tamatave.	Août 1864.
La Société *des missions de l'Eglise anglicane* commence une mission à Vohimarina.	Novembre 1864.
Signature d'un traité de commerce, garantissant la liberté religieuse, entre le gouvernement anglais et celui de Madagascar.	27 juin 1865.
Ouverture de l'hôpital de la mission.	25 juillet 1865.
Indemnité de 6 millions payée par le gouver-	

APPENDICE. 613

nement malgache au gouvernement français en compensation de la rupture du traité Lambert.	Septembre 1865.
Arrivée des missionnaires norwégiens. . .	Août 1866.
La Société de l'Eglise anglicane commence une mission à Andévourante..	Novembre 1866.
Mort à Tananarive du comte de Louvière, agent du gouvernement français. . . .	31 décembre 1866.
Inauguration de l'église commémorative d'Ambatonakanga.	22 janvier 1867.
Traité de commerce entre le gouvernement malgache et celui des Etats-Unis. . . .	14 février 1867.
Inauguration du nouveau palais, appelé Manampy-Soa.	3 avril 1867.
Voyage de la reine Rasohérina à la côte orientale. . . . . . :	Juin à oct. 1867.
Mission de la *Société des Amis* à Tananarive..	Juin 1867.
Mort de Rasohérina, et avénement de Ramoma, sous le nom de Ranavalona II..	1er avril 1868.
Abrogation de la loi interdisant de construire des édifices en pierre dans l'enceinte de la capitale..	17 juin 1868.
Couronnement de la reine Ranavalona II. .	3 septembre 1868.
Inauguration de l'église commémorative d'Ambohipotsy, en présence de la reine et de la cour.	17 novemb. 1868.
Mariage de la reine avec Raïnilaïarivony, premier ministre..	19 février 1869.
Baptême de la reine et du premier ministre par Andriambélo, pasteur indigène. . .	21 février 1869.
Tournée du missionnaire Jukes dans la province de Betsiléo. . . . . , . . .	Juin 1869.
Tournée du missionnaire Joseph Pearse dans la province d'Antsianaque.. , . .	Juin 1869.
Pose de la première pierre de la chapelle royale. . . . . . ;	Juin 1869.
Destruction des idoles nationales par ordre du gouvernement. , . . . , . .	Septembre 1869.

Progrès décisifs de l'influence chrétienne et abandon général de l'idolâtrie dans l'Imérina. . . . . Septembre 1869.
Fondation d'une Société de mission intérieure. . . . . Septembre 1869.

FIN.

TABLE DES MATIÈRES.

Préface du traducteur. V
Préface de l'auteur. IX
Liste des gravures. XI

CHAPITRE I.

INTRODUCTION.

Etendue de l'île. — Date de sa découverte. — Tentatives de colonisation par les Portugais et les Français. — Configuration et climat. 1

CHAPITRE II.

TAMATAVE. PREMIER ASPECT DU PAYS.

Premier coup d'œil sur Madagascar. — Histoire missionnaire du pays. — Port de Tamatave. — Aspect de la ville. — Aimable réception. — M. Lambert et la compagnie française. — Politique déplorable du feu roi Radama. — Difficultés avec le gouvernement français. — Débarquement des bagages. — Commerce des bœufs. — Mécontentement des commerçants étrangers. — Désordre et anarchie à Tamatave. — Maisons indigènes et autres. — Marché et denrées comestibles. — Visite au gouverneur. — Course en palanquin. — La Batterie. — Organisation militaire du pays. — Garnisons. — Préparatifs de voyage. Visite de chrétiens indigènes. 6

CHAPITRE III.

VOYAGE A LA CAPITALE. — BORDS DE LA MER.

Voyage dans l'intérieur. — Absence de routes. — Difficultés que présente le passage dans les forêts. — Raisons politiques pour conserver le *statu quo*. — Craintes d'une invasion étrangère. — Beauté du paysage. — Beauté de la végétation. — Désagréments du voyage. — Les *maromitas*, ou porteurs. — Le *filanzana*, ou palanquin. — Départ de Tamatave. — Route le long de la mer. — Plantes des tropiques. — Orchis. — Lieux de halte. — Hivondro. — Maisons de la côte. — Bateaux. — Oiseaux. — « L'oiseau aimé des bestiaux. » — Le bœuf de Madagascar. — Coquilles. — Une chaîne de lacs. — Explorations du capitaine Rooke. — Beauté pittoresque de ces lacs. — Le pandanus et le tanghin. — Andranokoditra. — Hospitalité des indigènes. — Insalubrité de la côte. — La fièvre malgache. — Mortalité dans la première station missionnaire. — Mme Ida Pfeiffer. — Le « trou des serpents. » — Insectes et reptiles. — Andévourante. — L'aye-aye. — Œufs énormes de l'épiornis.   23

CHAPITRE IV.

VOYAGE A LA CAPITALE. — DE LA CÔTE A L'INTÉRIEUR.

Voyage en bateau sur la rivière Iharoka. — Crocodiles. — Crainte superstitieuse qu'ils inspirent aux indigènes. — Fables et légendes. — Paysage et végétation des bords de la rivière. — L'arbre du voyageur. — Maromby. — Plantation de café et orangerie. — Difficultés de la route. — Caractère du paysage. — Climat. — Ranomafana et sa source thermale. — La « feuille de dentelle. » — Greniers indigènes. — Solidité des porteurs. — Aspect de la population. — Musique indigène. — Ressources du pays. — Ampasimbé. — Tissage des étoffes. — Le palmier rofia. — Misères nocturnes. — Beforona. — Elévation des montagnes et des plateaux. — Maisons sur la route. — Forêt d'Alamazaotra. — Difficultés de la marche. — Luxuriance de la végétation. — Orchis, bambous, plantes grimpantes. — Pauvreté et caractère particulier de la faune. — Théories géologiques. — Intérieur de l'île encore inexploré. — La rivière Mangaro. — Episode de la persécution. — Vue étendue du haut de l'Ifody. — Maisons des Hovas. — Insectes. — Angavo. — Absence d'arbres dans l'Imérina. — Nombreux villages. — Ambatomanga. — Toilette primitive. — Première vue de la capitale. — Ses dimensions. — Vol de sauterelles. — Entrée à Tananarive.   49

CHAPITRE V.

TANANARIVE. — LA « CITÉ DE MILLE VILLES. »

Situation pittoresque de la capitale. — Vue de la ville du côté de l'orient. — Ambohipotsy. — Eglise commémorative. — Maison en pierre. — Bonnes intentions de Radama. — Chapelle catholique. — Maison du prince Ramonja. — Palais royaux. — Eglise commémorative de Faravohitra. — Mauvais état des chemins dans l'intérieur de la ville. — Peu de rues. — Anciennes portes. — Soldats malgaches. — Termes européens de commandement. — Panorama du haut de la colline. — Andohalo, place des réunions publiques. — Eglise indigène. — Bâtiments de la mission catholique. — Vieux figuiers. — Canons. — Ambohijanahary. — Plaine d'Imahamasina. — Pierre sacrée. — Cimetière européen. — Lac et palais d'été de la reine. — Jardins près de la ville. — Ecole centrale. — Imprimerie. — Route pavée. — Ambatonakanga et son église commémorative. — Système de marchés. — Visite à Zoma. — Produits et manufactures indigènes. — Marché aux esclaves. — Ateliers du gouvernement. — Hôpital de la Mission. — Conditions sanitaires. — Approvisionnement d'eau de la ville. . . . .

CHAPITRE VI.

ENVIRONS DE LA CAPITALE ; VILLES SAINTES DE L'IMÉRINA.

Les douze montagnes saintes. — Usage symbolique du nombre *douze*. — Situation et nom des anciennes villes capitales. — Alasora, siége des ancêtres de la famille régnante. — Entretien des routes de la capitale. — Tombeaux qui bordent la route du nord. — Champs de riz. — Culture du riz. — Scènes de la moisson. — Silos à riz. — Cruel supplice. — Manjakaray et son église. — Fortifications des villes hovas. — Colline de granit. — Géologie de l'Imérina. — Ilafy. — Tombeau de Radama. — Marché à Asabotsy. — Mangahozo ou manioc. — Diverses plantes indigènes. — Villages indigènes. — Manière d'engraisser les bestiaux. — Ambohimanga, ancienne capitale, fermée aux Européens. — Amparafaravato et l'idole Rakelimalaza. — Ambohitrabiby. — L'idole Ramahavaly et son village. — Ber-

ceau de l'idolâtrie et des superstitions hovas. — Ambohidratimo.
— Curieux aménagement d'une maison. — Digues sur la rivière. — Inondations. — Cataracte d'Ifarahantsana. — Ponts de pierre. — Palais d'Isoaniérana. 137

CHAPITRE VII.

MŒURS ET COUTUMES DES MALGACHES.

Similitude générale des mœurs dans l'île entière. — Bienveillance naturelle. — Point d'usages barbares. — Situation honorable de la femme. — Fiançailles. — Mariages. — Mariages entre parents. — Restrictions légales. — Cérémonies nuptiales. — Naissance des enfants. — Habitudes licencieuses. — La polygamie et ses conséquences. — Les « douze femmes » du souverain. — La vady-kély ou seconde femme. — Divorce. — Adoption. — Noms malgaches. — Noms dérivés des enfants. — Longueur de certains noms. — Maisons de bois. — Mode de construction dans l'Imérina. — Elévation des toits. — Couvertures en chaume. — Chevrons sculptés. — Intérieur et ameublement des maisons. — « La vieille suie. » — Mesures du temps. — Cadrans solaires. — Noms des mois d'origine arabe. — Jours heureux, et jours néfastes. — Maisons d'argile. — Emploi de la brique cuite au soleil. — Maisons modernes. — Singulier emploi des points cardinaux. — Salutations. — Usages de politesse. — Alimentation. — Abondance des denrées. — La cuisson du riz appliquée à la mesure du temps. — Collations. — Usage du tabac. — Emploi du chanvre par les fumeurs. 177

CHAPITRE VIII.

MŒURS ET COUTUMES DES MALGACHES (suite).

Vêtements des deux sexes. — Elégance du lamba indigène. — Habileté des femmes à filer et à tisser. — Variété des tissus. — Absence de vêtements chez les jeunes enfants. — Tatouage. — Malpropreté. — Lits. — Occupations diverses des habitants. — Leur habileté manuelle. — Absence de l'art de la sculpture. — Travail des métaux. — Soufflets indigènes. — Poteries. — Réquisitions du gouvernement funeste à l'industrie. — Commerçants indigènes. — Système monétaire. — Usage des monnaies étrangères. — Pesage de l'argent. — Débats et conclusion des marchés. — Amusements indigènes. — Coups de pieds au bleu. — Chants et danses. — Musique. — Valiha et lokanga. — Les chants nationaux tombés en désuétude. — Chant en l'honneur de la reine. — Circoncision. — L'alliance du sang. — Esclavage. — Douceur relative de cette institution. 207

CHAPITRE IX.

TOMBEAUX ET RITES FUNÉRAIRES.

Notions des indigènes touchant une vie à venir. — Esprits ou fantômes. — Fable relative à une rétribution future. — Idées panthéistes. — Respect pour les morts. — Soins et dépenses dont les tombeaux sont l'objet. — Construction des tombes. — Plaques de basalte. — Tombeau de famille du premier ministre. — Usage de placer les tombes près des maisons. — Usages funéraires sur la côte orientale. — Tombeaux des nobles et des rois. — Tombeaux des Vazimbas. — Cénotaphes. — Pierres tumulaires. — La sépulture refusée aux criminels. — Deuil de parents et d'amis. — Exposition du corps. — Funérailles d'une dame de haut rang. — Abatage de bœufs. — Caractère sacré des tombeaux. Durée du deuil. — Translation des corps. — Rites funéraires pour les souverains. — Funérailles de Radama Ier. — Dépenses énormes. — Présages prétendus de la mort de Ranavalona Ire. — Obsèques obscures de Radama II. — Obsèques de la reine Rasoherina. — Têtes rasées. — Préparatifs funèbres. — Cercueil d'argent. — Décoration splendide du palais. — Description du tombeau. — Objets de prix ensevelis avec le corps. 237

CHAPITRE X.

ORIGINE DES MALGACHES. LEUR CONSTITUTION POLITIQUE ET SOCIALE.

Origine asiatique des Malgaches. — Date de l'immigration. — Unité de langue. — Les Vazimbas. — Les Kimos, race de nains. — Chiffre de la population. — Caractères physiques des diverses tribus. — Hovas. — Betsiléos. — Antsianaques. — Betsimisaraques. — Sakalaves. — Obscurité des données ethnographiques. — Ancien régime féodal. — Robert Drury. — Révolution aboutissant au régime absolu: — Développement de la puissance militaire. — Abolition de l'esclavage sous l'influence de l'Angleterre. — Radama devient roi de Madagascar. — L'armée. — Les *honneurs*. — Officiers du palais. — Proportion exagérée des officiers relativement aux simples soldats. — Aspect et valeur des troupes indigènes. — Exercices. — Revues. — Uniformes. — Termes de commandement européens. — Mena-vazanas, ou vieux soldats. — Gardes du corps. — Châtiments militaires. — Gardes de police. — Prépondérance d'une famille. — Gouvernement. — Conseil. — Progrès récents dans le sens du régime constitutionnel. — Juges. — Courriers royaux. — Chefs du peuple. — Militaires et bourgeois, andrians et hovas. — Lois. — Cours de justice. — Procédure. — Epreuve du tanghin. — Caractère barbare des peines. — Insensibilité des indigènes. — Progrès sous l'influence du christianisme. — Corruption et vénalité. — Représentants étrangers. — Traité d'alliance. — Perspectives encourageantes. 265

CHAPITRE XI.

LA ROYAUTÉ A MADAGASCAR ; ÉTIQUETTE DE LA COUR. CÉRÉMONIES OFFICIELLES. FÊTES PUBLIQUES.

Hiérarchies des andrians ou nobles. — Respect pour la royauté. — Le souverain est regardé comme le représentant et le grand-prêtre de la Divinité. — Cérémonial et pompe dont s'entoure la royauté. — Salutations. — Habits royaux. — Extravagance de l'adulation. — Incident qui marqua l'ensevelissement d'un ambassadeur. — Respect professé pour la propriété royale. — Localité interdite. — Manière de prêter le serment de fidélité. — « La lance ennemie des mensonges. » — Changement de nom. — Caractère sacré du nom royal. — Coutume semblable dans la Polynésie. — Présentation à la cour. — Aspect personnel de la reine Rasohérina. — Pique-nique avec la cour. — Jardins de la reine à Mahazoarivo. — Fête du Jour de l'An ou Fandroana. — Présents du peuple. — Le Zoma. — Feux de joie. — Jaka. — Bain de la reine. — Deuil des parents morts. — Anciennes coutumes. — Sang répandu sur les portes. — Incidents de la fête. — Le jaka mangé au palais. — Visite de la reine à Ambohimanga. — Garde sévère aux portes de la capitale. — Rentrée solennelle à Tananarive. — Souillure atta-

chée aux cadavres. — Pardon accordé aux criminels qui
voient le souverain. 312

CHAPITRE XII.

CÉRÉMONIES OFFICIELLES (suite et fin).

Royauté malgache. — Descriptions des palais de Tananarive. — Signature du traité avec l'Angleterre. — Cérémonie du couronnement. 348

CHAPITRE XIII.

IDOLATRIE MALGACHE ET CROYANCES RELIGIEUSES.

Caractère de l'idolâtrie malgache. — Idoles principales. — Sens de leurs noms. — Fady ou tabou. — Aspect des idoles. — Autres formes de superstition plus puissantes que l'idolâtrie. — L'épreuve par le tanghin. — Sorcellerie. — Le *sampy* ou dieu de la maison. — Récit de Drury sur les coutumes religieuses. — Expiation par le sang. — Sacrifices. — Sacrifices humains. — *Faditra* ou expiation. — Sorona. — Divination. — Culte des ancêtres et des souverains décédés. — Traces de l'idée d'un Être suprême. — Idolâtrie d'introduction moderne. — Proverbes curieux et anciens dictons. 383

CHAPITRE XIV.

PREMIÈRES TENTATIVES MISSIONNAIRES, ET INTRODUCTION DU CHRISTIANISME DANS LE PAYS.

Premières tentatives de mission faites par les catholiques. — Caractère fâcheux de ces tentatives. — Missions portugaise et française. — Essai de conversions forcées. — Résultats désastreux. — Commencements de la mission évangélique. — Société des Missions de Londres. — Arrivée de MM. Bevan et Jones. — Ils sont éprouvés par la maladie et la mort. — M. Jones se rend à la capitale. — Accueil favorable de la part de Radama. — Obstacles et encouragements. — Etude de la langue. — Traduction de livres saints. — Ouverture d'écoles. — Artisans missionnaires. — Résultats de quatorze ans de travaux. — Mort de Radama. — Cruautés qui marquèrent l'avénement de Ranavalona. — Liberté accordée au début. — Préventions contre le christianisme. — Mesures restrictives. — Les chrétiens traduits en justice. — Grand kabary tendant à supprimer le christianisme. — Départ des missionnaires. — Persécutions. — Leur durée. — Périodes de sévérité excessive. — Premier martyr chrétien. — Souffrances des chrétiens. — Le prince Rakoto. — Son caractère. — Grande persécution de 1849. — Supplices du précipice et du bûcher. — Fermeté et courage héroïques des martyrs. — Impression produite sur les indigènes. — Visites du Rév. Ellis ; but et résultat de ces visites. — Complot formé par les Français pour détrôner la reine. — Défaite et châtiment des conspirateurs. — Nombreux chrétiens lapidés. — Résultats de la persécution. — Mort de Ranavalona. — Avénement de Radama II. — Reprise de la mission. — Arrivée de M. Ellis et d'autres missionnaires. . . 418

CHAPITRE XV.

REPRISE ET PROGRÈS DE L'ŒUVRE CHRÉTIENNE. TRAVAUX DE LA SOCIÉTÉ DES MISSIONS DE LONDRES A TANANARIVE.

Brillants débuts du règne de Radama II. — Sa mort ; causes et conséquences de cette mort. — Eléments contradictoires dans son caractère. — Folie dansante. — Garanties de liberté civile et religieuse obtenues sous la reine Rasohérina. — Sa conduite juste et tolérante. — Rapides progrès du christianisme pendant son règne. — Travaux des missionnaires. — Traits saillants de la vie chrétienne chez les indigènes. — Esprit de recherche et désir de s'instruire. — Reconnaissance et libéralité des chrétiens indigènes. — Construction de chapelles. — Esprit missionnaire. — Caractère du christianisme malgache. — Son influence sur les païens. — Amélioration des mœurs publiques. — Œuvre médicale de la Mission. — Mort de Rasohérina. — Sa superstition. — Progrès décisifs à l'avénement de Ramoma. — Renonciation publique à l'idolâtrie. — Grand nombre des fidèles. — Développement de l'influence du christianisme. — Dédicace de l'église commémorative d'Ambohipotsy. — La cour y assiste. — Baptême de la reine et du premier ministre. — Dangers attachés à une pareille prospérité. — Encouragements. — Suppression des dernières entraves à l'œuvre chrétienne. 466

CHAPITRE XVI.

TRAVAUX MISSIONNAIRES ENTREPRIS PAR DIVERSES COMMUNIONS RELIGIEUSES.

Mission catholique romaine. — Son zèle et son énergie. — Elle réussit peu. — Raison de cet échec. — Défiance des indigènes à l'égard des Français. — Connaissances bibliques des chrétiens malgaches. — Faux rapports des Français. — Visite de la reine actuelle à l'église catholique. — Lettre imaginaire de Radama II au pape. — Prétendu couronnement de Radama par les prêtres. — « Pieux stratagème » pour baptiser la reine Rasohérina. — Mission protestante de la *Société épiscopale*. — L'évêque Ryan. — Son voyage à la capitale. — But de ce voyage. — Témoignage rendu par l'évêque au christianisme de la population. — Agents de la *Société des missions de l'Eglise anglicane.* — Leur œuvre à Vohimarina. — Leur retraite à Andévourante. — Voyage de M. Campbell dans l'intérieur. — Œuvre de la *Société pour la propagation de l'Evangile* à Tamatave. — Sujets de découragement. — Mort de M. Hey. — *Société des Amis.* — M. Sewell, M. et Mme Street. — Œuvre d'éducation et de prédication. — *Société des missions de Norwége.* — Station à Bétafo. 513

CHAPITRE XVII.

LA VIE RELIGIEUSE DANS LA SOCIÉTÉ.

Caractère mélangé des congrégations indigènes. — Disposition des églises de village dans les districts. — Œuvre laïque. — Œuvre d'un missionnaire anglais. — Un dimanche à Tananarive. — Sermons. — Ecoles du dimanche. — Habitudes indigènes. — Chant religieux. — Cantiques indigènes. — Influence de ces cantiques sur les habitants. — Musique sacrée. — Bible malgache. — Versions différentes. — Classes bibliques. — Un dimanche en province. — Prédication dans les villages. — Soif d'instruction. — Prédicateurs indigènes. — Leurs sermons et anecdotes originales dont ils les émaillent. — Tenue respectueuse au culte. — Influence sociale de la mission anglaise 537

CHAPITRE XVIII.

CONSTRUCTION DES ÉGLISES COMMÉMORATIVES.

Origine du projet. — Le Rév. W. Ellis s'assure des emplacements. — Demande de secours aux chrétiens anglais. — Leur réponse généreuse. — Mission de l'auteur comme architecte. — Description des quatre emplacements : Ampamarinana, Ambohipotsy, Faravohitra et Ambatonakanga. — Commencement de la première église à Ambatonakanga. — Description de l'édifice. — Difficultés et obstacles. — Manque d'ouvriers. — Leur peu de capacité. — Travail inintelligent. — Fréquentes interruptions du fait des coutumes nationales et des demandes du gouvernement. — Service militaire. — Rareté des matériaux. — Construction de la flèche. — Pose de la dernière pierre. — Aspect de l'église. — Extérieur et intérieur. — Église d'Ambohipotsy. — Caractère supérieur de l'œuvre. — Retour en Angleterre. — Changement dans les lois malgaches au sujet des constructions en pierre. — Objections faites à la construction des églises commémoratives. — Avantages qui ont découlé de cette construction. 559
APPENDICE A. — L'æpiornis. 583
APPENDICE B. — Histoire naturelle de l'île 586
APPENDICE C. — De la langue malgache. 591
APPENDICE D. — Abolition de la traite.. 598
APPENDICE E. — Manie dansante.. 600
APPENDICE F. — De la lèpre et autres maladies. 604
APPENDICE G. — Liste d'ouvrages sur Madagascar. 607
APPENDICE H. — Tableau chronologique.. 610

FIN DE LA TABLE DES MATIÈRES.

www.ingramcontent.com/pod-product-compliance
Lightning Source LLC
Chambersburg PA
CBHW050057230426
43664CB00010B/1357